D1722680

Jonas Becker
Konzertdramaturgie und Marketing

Beihefte zum

Archiv für Musikwissenschaft

herausgegeben von Albrecht Riethmüller

in Verbindung mit Ludwig Finscher, Frank Hentschel,

Hans-Joachim Hinrichsen, Birgit Lodes, Anne Shreffler

und Wolfram Steinbeck

Band 77

Jonas Becker

Konzertdramaturgie und Marketing

Zur Analyse der Programmgestaltung von
Symphonieorchestern

 Franz Steiner Verlag

Bibliografische Information der Deutschen Nationalbibliothek:
Die Deutsche Nationalbibliothek verzeichnet diese Publikation in der Deutschen
Nationalbibliografie; detaillierte bibliografische Daten sind im Internet über
<http://dnb.d-nb.de> abrufbar.

Dieses Werk einschließlich aller seiner Teile ist urheberrechtlich geschützt.
Jede Verwertung außerhalb der engen Grenzen des Urheberrechtsgesetzes
ist unzulässig und strafbar.
© Franz Steiner Verlag, Stuttgart 2015
Druck: Offsetdruck Bokor, Bad Tölz
Gedruckt auf säurefreiem, alterungsbeständigem Papier.
Printed in Germany.
ISBN 978-3-515-11179-9 (Print)
ISBN 978-3-515-11180-5 (E-Book)

INHALT

VORWORT

Die hier vorliegende Arbeit wurde vom Fachbereich 2 Musikwissenschaft der Folkwang Universität der Künste im Juli 2014 als Dissertation angenommen.

Zuerst gilt mein ganz besonderer Dank meinem Doktorvater Prof. Dr. Matthias Brzoska, der mich und meine Arbeit durchgehend exzellent betreut hat, mich in den verschiedenen Phasen der Arbeit fachlich und persönlich unterstützt hat und mein Vorhaben mit besonderem Engagement bis hin zur Veröffentlichung begleitete.

Für die Übernahme des Zweitgutachtens bedanke ich mich herzlich bei Prof. Dr. Martin Lücke, der mich darüber hinaus in zahlreichen Seminaren und Gesprächen beriet.

Prof. Dr. Albrecht Riethmüller danke ich sehr für die Aufnahme in die vorliegende Publikationsreihe. Dem Verlag – namentlich Herrn Dr. Thomas Schaber, Frau Sarah Schäfer und Frau Katharina Stüdemann – möchte ich ebenfalls meinen ausdrücklichen Dank aussprechen.

Im Kontext der Folkwang Universität der Künste sei Prof. Dr. Udo Sirker für die zahlreichen fachlichen Hinweise und Prof. Dr. Andreas Jacob für seine hilfreiche Unterstützung und Beratung gedankt.

In der auch in der Arbeit eingehaltenen Reihenfolge danke ich abschließend

- den Duisburger Philharmonikern, v.a. ihrem Intendanten Dr. Alfred Wendel, der u.a. netterweise für das Interview zur Verfügung stand, und Sabine Smolnik,
- den Essener Philharmonikern, insbesondere Thomas Oberholz,
- der Essener Philharmonie, besonders Dr. Johannes Bultmann für das Interview, und Verena Forster und Christoph Dittmann,
- den Bochumer Symphonikern, insbesondere dem Interviewpartner GMD Steven Sloane und Marina Grochowski und Christiane Peters.

1. EINLEITUNG

1.1 BEISPIEL EINES KONZERTPROGRAMMS

Hector Berlioz – *Le Roi Lear, op. 4*

Eric Knight – *Elvis Lives!*

William Walton – *Funeral March aus Hamlet*

Antonín Dvořák – *Othello, op. 93*

Aleksandr M. Skrjabin *Le Poème de l'Extase, op. 54*

Dieses Konzertprogramm[1] im Kontext des Projekts „Am Rande des Wahnsinns" findet als zehntes Symphoniekonzert (31.05.2007, Steven Sloane) der Bochumer Symphoniker statt – und wirft ein vielschichtiges Spektrum an Fragen auf: Warum sind diese (fünf) Werke ausgewählt worden, wie stehen sie (inhaltlich) zueinander, wie lassen sie sich verknüpfen? Warum trägt das Projekt einen Titel, wie stehen die Werke zu diesem Titel, welche Rolle spielt der Titel (in der gesamten Programmgestaltung)? Wie sind die fünf Werke im Jahresprogramm und im gesamten Repertoire des Orchesters positioniert? Handelt es sich hier um ein „gelungenes" Programm, das vom (Fach-)Publikum honoriert wird?

Anhand dieses singulären Beispiels lässt sich die Komplexität des ästhetisch-inhaltlichen und organisatorisch-strukturellen Hintergrunds der Programmgestaltung und deren Kommunikation bereits erahnen – gesteigert wird dies bei einer umfassenden Betrachtung verschiedener Konzerte in verschiedenen Reihen und Projekten.

1.2 PROBLEMSTELLUNG, GEGENSTAND, AUFBAU UND ZIELE

Wie bereits angedeutet, stellt sich grundsätzlich die Frage, wie sich die Programmgestaltung eines Symphonieorchesters konstituiert, wie jegliche Segmente der Programmgestaltung (dramaturgisch) verknüpft sein können, und wie Marketing als strukturierend-organisatorisches Element mit diesen Phänomenen verbunden sein kann. Diese Verknüpfung unterliegt – sofern Programmgestaltung nicht eine willkürliche Addition von Konzertquantitäten darstellt – einer musikästhetischen oder/und markt- und publikumsorientierten Intention und bedarf einer greifbaren Definition in institutionalisierter Form: Der Begriff der Konzertdrama-

---

1   Dieses Konzert wird im Rahmen dieser Arbeit im Kapitel 3.3 analysiert.

turgie ist bisher nicht eindeutig für diese Verknüpfung definiert und unterliegt terminologischer Unklarheit.[2] Auch dessen Implementierung in den Prozess der Programmgestaltung und dessen generelles Verhältnis zu einem auch im Kontext von Marketing interpretierbaren programmgestalterischen Handeln sind nicht eindeutig – die Relevanz von Marketing im Non-Profit-Sektor und speziell innerhalb von Orchesterinstitutionen ist unbestritten.[3] Des Weiteren ist unsicher, wie sich konzertdramaturgische Entscheidungsprozesse in der Praxis identifizieren, lokalisieren und quantifizieren lassen – einerseits in Bezug einer ex-ante-Perspektive hinsichtlich bereits abgeschlossener Programmgestaltung, andererseits ex post aus der Sicht der an dem Prozess der Programmgestaltung partizipierenden Akteure. Darüber hinaus ist eine (Erfolgs-)Kontrolle über Programmgestaltung ebenfalls nicht theoretisch und praktisch fundiert. Diesem Komplex an Problemstellungen nähert sich diese Arbeit in theoretischer und praktischer Perspektive: terminologisch und hinsichtlich der Diskussion in der Forschung, ausgehend von den Begriffen (Konzert-)Dramaturgie, Programmgestaltung und (Orchester-)Marketing sowie in Form einer Analyse von drei regional vergleichbaren Orchestern samt dafür durchgeführter Interviews mit verantwortlichem Personal hinsichtlich dieser Faktoren.

Die Begriffe Programmgestaltung und Konzertdramaturgie von Symphonieorchestern sind das Zentrum des Forschungsgegenstands, der interdisziplinär um eine durch Marketing und dessen Instrumentarium bestimmte Komponente erweitert wird.

Die vorliegende Arbeit ist in vier Kapitel gegliedert: Das erste Kapitel enthält neben dieser Einleitung und Heranführung an das Thema einen einführenden Überblick über Orchesterinstitutionen in Deutschland. Typologien, Klassifikationen und personelle Zuständigkeiten im künstlerischen sowie administrativen Kontext stehen hier im Fokus der Betrachtung. Anschließend erfolgt eine Erläuterung der Auswahl der in dieser Arbeit verwendeten Orchester samt entsprechender Legitimation und methodischer Implikationen. Die Darstellung der historischen Entwicklungen der jeweiligen Orchester ist erforderlich, um bereits vergangene programmgestalterische und (konzert-)dramaturgische Schwerpunkte herauszustellen, einige Kennzahlen außerhalb des Untersuchungszeitraums zu diskutieren und die Organisations- und Personalstruktur aufzuzeigen.

Im zweiten Kapitel wird der Begriff Konzertdramaturgie einem interdisziplinären Ansatz folgend terminologisch auch im Hinblick auf die Programmgestaltung analysiert, konkretisiert und anschließend in einem Definitionsversuch zusammengefasst. Konzertdramaturgie wird dabei einem allgemeinen Dramaturgiebegriff gegenüber gestellt. Dies ist für einen Definitionsversuch von Konzertdramaturgie ebenso unerlässlich wie die genannte terminologische Analyse und die Dokumentation der vielfältigen terminologischen Verwendung in aktueller Literatur – also des aktuellen Forschungsstandes. Dieser Definitionsversuch und mögliche Indikatoren erfolgreicher Programmgestaltung und Konzertdramaturgie wer-

2   Siehe Kapitel 2.1.
3   Siehe Kapitel 2.2.

den in diesem Kapitel theoretisch fundiert, um im Praxisteil (Kapitel 3 und 4) aufgegriffen und ggf. ergänzt zu werden. Diesem Ansatz folgt auch der zweite Teil des zweiten Kapitels, in dem (Orchester-)Marketing und Programmgestaltung als dessen Bestandteil zunächst theoretisch untersucht werden, so dass ein terminologisches Fundament für den Praxisteil – insbesondere für die Auswertung und Interpretation der Interviews mit verantwortlichen Akteuren – gewährleistet ist. (Orchester-)Marketing und der damit verbundene Marketing-Management-Prozess werden hier nicht allgemein diskutiert, sondern fokussiert auf die Spezifik von Programmgestaltung und Konzertdramaturgie.

Das dritte Kapitel eröffnet den Praxisteil, indem die Konzertprogramme der drei Orchester anhand einer Konzertchronik auf ihre dramaturgischen Ausprägungen analysiert werden. Konzertdramaturgie wird hier sowohl auf Konzertreihen als auch auf einzelne (Symphonie-)Konzerte bezogen. Entsprechende Ausprägungen sind quantifizierbar und werden durch verschiedene konzertdramaturgische Kennzahlen im Anhang der Arbeit dargestellt. Neben diesem ästhetisch-künstlerischen Befund enthält dieses Kapitel auch eine Dokumentation über (meist leistungspolitische) Marketingaktivitäten, die sich aus den Konzertprogrammen identifizieren lassen. Es ist dabei nicht intendiert, die Marketingaktivitäten in Gänze darzustellen und zu analysieren, sondern sich vom Schwerpunkt her auf ihre unmittelbaren „programmrelevanten" Ausformungen zu konzentrieren.[4] Aus dem dritten Kapitel resultiert somit der Befund konzertdramaturgischer, programmgestalterischer und v.a. leistungspolitischer Faktoren.

Der Auswertung und Interpretation dieses Befunds und der Ergebnisse der Interviews widmet sich das vierte Kapitel: Hier werden entsprechende Ergebnisse aggregiert dargestellt, verknüpft mit Einschätzungen aus der Praxisperspektive. Konzertdramaturgische und allgemein statistische Kennzahlen – darunter auch Besucherzahlen und Komponistenhäufigkeiten – sind dabei Bestandteil der Auswertung. Das Verständnis von Konzertdramaturgie, (innovativer) Programmgestaltung und Orchestermarketing steht im Fokus der Interviews. Die Ergebnisse werden hinsichtlich der drei zu untersuchenden Orchester systematisiert und im Rahmen eines Vergleichs auf etwaige Differenzen und Übereinstimmungen untersucht, um abschließend einen Bezug zu den Ergebnissen aus dem Theorieteil zu ermöglichen und auf die Untersuchungsfragen explizit eingehen zu können.

Der Anhang enthält Tabellen mit jeglichen ermittelten quantitativen Daten in Bezug auf die drei Orchester sowie entsprechende Kennzahlen – jeweils nach Spielzeiten sortiert. Außerdem sind dort die Interview-Transkriptionen angefügt.

Aus der o.g. Problemstellung und dem dargestellten Forschungsgegenstand im Kontext von Konzertdramaturgie, Programmgestaltung und Orchestermarketing in ergeben sich folgende Untersuchungsziele dieser Arbeit, die eine exemplarische Analyse von drei Orchestern verbindet mit einer entsprechenden allgemein theoretischen Fundierung:

---

4   Zur terminologischen Verwendung des Programmbegriffs: Siehe Kapitel 2.2.

– Definition von Konzertdramaturgie aus musikwissenschaftlich-theoretischer
   Perspektive
– Analyse und Interpretation des Verständnisses von Konzertdramaturgie und
   Orchestermarketing in der Praxis
– Aufzeigen des Stellenwertes von Konzertdramaturgie in der Programmgestal-
   tung
– Darstellung des Marketing-Management-Prozesses hinsichtlich einer konzert-
   dramaturgischen und programmgestalterischen Spezifik
– Nachweis potentieller Stringenzen, Muster und Tendenzen von Repertoire-
   entwicklungen in der Praxis
– Nachweis von Kohärenz stiftenden Kriterien und kontextualisierenden Merk-
   malen der Konzertdramaturgie in der Programmgestaltung
– Identifikation und Dokumentation von möglichen quantitativen und qualitativen Indikatoren erfolgreicher Konzertdramaturgie und Programmgestaltung.

1.3 FORSCHUNGSSTAND UND METHODIK

Die Dokumentation des Forschungsstands zu Konzertdramaturgie, Programmgestaltung und (Orchester-)Marketing ist in die Systematik der Arbeit integriert.[5]
    Konzertdramaturgie wird in der musikwissenschaftlichen Forschung bisher
kaum berücksichtigt, ein Grund liegt in der definitorischen Unschärfe, der durch
diese Arbeit entgegengewirkt werden soll. Programmgestaltung als Oberbegriff
erfährt im musikwissenschaftlichen Kontext in jüngster Zeit mehr Beachtung:
Neben historisch fokussierten Darstellungen existieren einige aktuelle Einzelstu-
dien sowie zwei Monographien.[6] In der kultur- und orchesterspezifischen Marketingliteratur erscheint Programmgestaltung stets im Kontext von Produkt- und
Leistungspolitik. (Konzert-)Dramaturgie als ästhetisch-künstlerische Kategorie
findet hier jedoch meist keine explizite Berücksichtigung.[7]
    Die Thematisierung von Orchestern und deren (Dienst-)Leistungen – hier in
Form der Programmgestaltung und Konzertdramaturgie – lässt sich in einem musiksoziologisch determinierten Kontext deuten: Zunächst sind diese Leistungen,
zu denen u.a. die reine Konzertaufführung zählt, dem Forschungsfeld des Konzertwesens zugehörig, das musikästhetisch, musiksoziologisch und auch musik-
ökonomisch erfassbar wird;[8] es stellt das theoretische Fundament dieser Arbeit
dar. Die Analysen dieser Leistungen in Form von „Untersuchungen von Spielplä-
nen und Repertoire von Konzert- und Opernhäusern" sind ab den 1950er Jahren

---

5   Konzertdramaturgie: Siehe Kapitel 2.1, Programmgestaltung: Siehe Kapitel 2.1, (Orchester-)
    Marketing: Siehe Kapitel 2.2.
6   Letztere: Kloke 2010, Kalbhenn 2011. Die Einzeldarstellungen werden im Kapitel 2.1 behan-
    delt.
7   Siehe Kapitel 2.1.
8   Vgl. Heister 1996, Sp. 687f. Zur Theorie des Konzerts und Konzertwesens: Siehe Schwab
    1971, Heister 1983 und Salmen 1988.

Gegenstand musiksoziologischen Forschens.[9] Auch die interdisziplinäre Integration von Marketing als betriebswirtschaftlicher Terminus ist in der Musikwissenschaft musiksoziologisch determiniert.[10]

Die Methodik bzw. der Methodenmix oder die Methodentriangulation dieser Arbeit orientiert sich ebenfalls an musiksoziologischen Verfahren: Einerseits wird an die empirische musiksoziologische Methode der statistischen Repertoireanalyse von John H. Mueller[11] angeknüpft, indem Komponistenhäufigkeiten innerhalb des Repertoires ausgewertet werden. Im Rahmen dieser Arbeit, der ein Untersuchungszeitraum von 10 Jahren – 2000 bis 2010 – zu Grunde liegt, wird jedoch ein exemplarisch-komparativer Ansatz verfolgt, fokussiert auf eine Region – hier: das Ruhrgebiet. Die statistische Repertoireanalyse wird erweitert, indem Komponistendiversität, Anzahl der Konzerteinheiten und insbesondere Häufigkeiten von konzertdramaturgischen Merkmalen ebenfalls in der Auswertung Berücksichtigung finden.[12] Die konzertdramaturgischen Merkmale lassen sich einerseits durch eine explizite Erläuterung von Programmpublikationen in jeglicher Form identifizieren, andererseits ist eine vergleichende Werk-, Komponisten- und Kontextrecherche erforderlich. Generell kann der Befund an konzertdramaturgischen Merkmalen also nicht (immer) ein Abbild der jeweiligen expliziten Intentionen der Programmverantwortlichen darstellen, sondern unterliegt in der wissenschaftlichen Analyse einem interpretatorischen Zugang, der – wie in der Konzertpraxis – die Interpretation der Rezipienten des Konzerts und des Programmhefts impliziert. Somit ergeben sich aus der Intentionalität als Bestandteil der „musikalischen Urteilsbildung" musikästhetische Implikationen.[13] Konzertdramaturgische Merkmale werden im Kapitel 3 identifiziert und nachgewiesen, im Anhang werden sie in tabellarischer Form angeführt. Primärquellen für die Analyse des dramaturgischen Befunds bestehen aus jeglichen orchestereigenen Publikationen, die Programmgestaltung und Konzertdramaturgie thematisieren. Ergänzend dazu werden teilweise Rezensionen herangezogen, die Informationen über Konzertdramaturgie und ihre Deutung enthalten. O.g. statistische Kennzahlen sind den Theaterstatistiken des Deutschen Bühnenvereins entnommen.[14] Darüber hinaus ergänzen Experteninterviews die Methode der „erweiterten Repertoireanalyse". Hier ist einerseits der Wissensvorsprung der befragten Personen relevant, um allgemeine terminologische und definitorische und institutionsspezifische Fragestellungen als Bestandteile o.g. Untersuchungsziele zu thematisieren.[15] Andererseits ist die berufliche Position der Befragten eng mit den zu untersuchenden Orchestern verknüpft: Alf-

---

9   Kaden 1997, Sp. 1623.
10   Vgl. Kaden 1997, Sp. 1924 und 1926.
11   Zu Mueller und seiner Methodik und deren Rezeption: Siehe Mark 1998 sowie Vogt 2002, S. 4.
12   Zur Terminologie: Siehe Kapitel 4.
13   Vgl. Behne / Nowak 1997, Sp. 998ff.
14   Deutscher Bühnenverein (1994–2011) (Hg.): Theaterstatistik, Köln (Spielzeiten 1992/1993 – 2010/2011).
15   Vgl. Meuser / Nagel 2011, S. 57f. Insbesondere für diese Fragestellungen eignet sich ein leitfadenorientiertes Interviewverfahren.

red Wendel als Intendant der Duisburger Philharmoniker, Johannes Bultmann als ehemaliger Intendant der Essern Philharmonie sowie Steven Sloane als Generalmusikdirektor der Bochumer Symphoniker.[16] Der eindeutige Funktionskontext sowie die intendierte Vergleichbarkeit[17] und die o.g. Vielfalt der Fragestellungen sind für die Auswahl des Experteninterviews als ergänzendes (Erhebungs-)Verfahren ausschlaggebend. Die Auswertung der Experteninterviews orientiert sich an dem Verfahren der qualitativen Inhaltsanalyse: Das Kategoriensystem, das im Sinne eines Ordnungsschemas Gliederungsfunktion übernimmt, korrespondiert mit der Systematik in Kapitel 4.[18] Die dortigen Titel der Unterkapitel fungieren als jeweilige Kategorie im Rahmen der Auswertung der Experteninterviews und enthalten außerdem wie oben beschrieben Auswertung und Interpretation des dramaturgischen Befunds und der Kennzahlen – zunächst in isolierter Form, anschließend in komparativer Form.

1.4 ORCHESTERINSTITUTIONEN

Dieses Kapitel thematisiert die Institution des Orchesters[19] und gibt einerseits einen Überblick über die allgemeine deutsche Orchesterlandschaft und bundesweit gültige Klassifikationen, Typologien und Organisationsstrukturen. Andererseits erfolgt eine Fokussierung auf die drei Orchester, die im Rahmen dieser Arbeit analysiert werden. In diesem Zusammenhang werden sowohl bundesweite als auch regionale Trends und Tendenzen – auch durch die Darstellung entsprechender Kennzahlen – verdeutlicht. Des Weiteren wird die Auswahl der drei Orchester als exemplarische Untersuchungsgegenstände dieser Arbeit legitimiert.

1.4.1 Allgemeiner Überblick

Die Anzahl an Kulturorchestern in Deutschland ist aufgrund von Fusionen und Insolvenzen Schwankungen ausgesetzt. Zum Zeitpunkt Februar 2014 existieren 131 deutsche Kulturorchester, also öffentlich getragene und professionell ausgerichtete Orchester; im Vergleich zum Jahr 1992, in dem noch 168 Orchester existierten, ist ein stetiger Rückgang um etwa 22 % zu verzeichnen.[20] Anhand dieser

---

16 Auf die Nennung von akademischen Titeln wird aufgrund einer besseren Lesbarkeit verzichtet.

17 Vgl. Meuser / Nagel 2011, S. 57f.

18 Vgl. Gläser / Laudel 2010, S. 46f. Aufgrund der geringen Anzahl an Interviews – die Experteninterviews fungieren als Ergänzung zu o.g. Analysen – wird eine manuelle Durchführung der qualitativen Inhaltsanalyse vorgezogen. Vgl. Ebenda S. 202.

19 Auf etymologische, terminologische und historische Aspekte und entsprechende vertiefende Literatur sei an dieser Stelle auf Mahling / Rösing verwiesen: Siehe Mahling / Rösing, 1997.

20 http://www.miz.org/intern/uploads/statistik16.pdf [04.02.2014]. Im Jahr 2000 existierten 135 Kulturorchester, vgl. Jacobshagen 2000, S. 27. 2005 betrug die Anzahl 136, vgl. Brezinka 2005, S. 36. Im Jahr 2010 waren es 133, vgl. Mertens 2010, S. 14.

Kennzahlen ist somit zunächst ein rückläufiger Trend zu konstatieren, der auch auf die Orchestersituation im Ruhrgebiet zu übertragen ist: Fusionen aus Finanznot – die „Neue Philharmonie Westfalen" entstand aus der Fusion des „Philharmonischen Orchesters Gelsenkirchen" und dem „Westfälischen Sinfonieorchester Recklinghausen" –, Fusionen in Form eines Orchesterverbunds – „Philharmonisches Orchester Südwestfalen" und „Bergische Symphoniker" – sowie Orchesterauflösungen – „Philharmonica Hungarica" in Marl und „Theaterorchester Oberhausen" führen zu entsprechenden Veränderungen.[21]

Der Begriff des Kulturorchesters etablierte sich seit dem 1971 abgeschlossenen Tarifvertrag für die Musiker in Kulturorchestern (TVK), die sich überwiegend dem Repertoire der ernsten Musik widmen oder Operndienst ableisten.[22] Konstitutiv für die Zugehörigkeit zu den Kulturorchestern sind außerdem die (überwiegende) öffentliche Trägerschaft sowie die hauptberufliche Beschäftigung deren Mitglieder.

Kulturorchester lassen sich in verschiedene Typologien einteilen. Eine Typologie stellt das Vier-Säulen-Modell dar, in dem Konzertorchester, Opernorchester (Theaterorchester), Rundfunkklangkörper und Kammerorchester jeweils eine eigenständige Säule bilden.[23] Eine ähnliche Typologie verzichtet auf die Säule der Kammerorchester, die hier unter „Konzertorchester" rubriziert werden.[24]
Für Brezinka sind Kulturorchester in einem übergeordneten Rahmen Bestandteile von „professionellen Orchestern".[25] Ebenfalls in diese Rubrik fallen sonstige feste Ensembles, deren „staatliche Grundförderung nie mehr als 40 % des Budgets"[26] ausmacht. Somit wird eindeutig, dass ein hinreichend hoher prozentualer Anteil der staatlichen Unterstützung in Relation zum Gesamtbudget Voraussetzung für die Zugehörigkeit eines Orchesters zu der Rubrik „Kulturorchester" ist – der Anteil muss demnach mindestens 40 % betragen. Neben diesen „sonstigen festen Ensembles" mit geringer staatlicher Grundförderung sind im Rahmen der professionellen Orchester „Projektorchester bzw. Projektensembles" anzuführen: Die über 300 Projektorchester in Deutschland sind Kammerorchester oder widmen sich der adäquaten Aufführung „Alter Musik" und „Neuer Musik".[27] Der hohe Grad an fachlicher und künstlerischer Spezialisierung schlägt sich neben repertoirespezifischer Interpretation auch in der Programmgestaltung nieder, deren Konzertdramaturgie häufig im Projekt- und Festivalkontext integriert ist. Die Ensemblemitglieder sind entweder freie Musiker – dann ist der Übergang zur Rubrik „sonstige Ensembles" fließend –, oder es bilden sich im Rahmen von Konzertreihen und Projekten von Kulturorchestern verschiedene Organisationseinheiten. Diese können sich z.B. in Form eines gesonderten Streichquartetts präsentieren,

---

21 Vgl. Siegel 2003, S. 467f.
22 Vgl. Jacobshaben 2000, S. 25.
23 Vgl. Mertens 2010, S. 14.
24 Siehe Jacobshagen 2000, S. 26f.
25 Die hier angeführten Unterteilungen und Rubrizierungen orientieren sich an der Darstellung von Brezinka. Siehe Brezinka 2000, S. 36–40.
26 Brezinka 2000, S. 37.
27 Vgl. Ebenda.

das sich aus (Kultur-)Orchestermitgliedern gebildet hat. Neben besetzungs- und gattungsspezifischen Ausrichtungen sind, wie oben angedeutet, Repertoirespezifik, Fokussierung auf verschiedene Epochen sowie Konzentration auf einen oder mehrere Komponisten für Projektorchester und Projektensembles konstitutiv. Diese Aspekte erfordern eine gesonderte Behandlung von Programmgestaltung und Konzertdramaturgie, die sich nach den Faktoren der entsprechenden Ausrichtung richten – die konzertdramaturgischen Kontextualitäten eines Mittelalterensembles lassen sich beispielsweise nicht mit denen eines sich der „Neuen Musik" verpflichteten Kammerensembles vergleichen. Darüber hinaus existiert eine Vielzahl an semi- und nichtprofessionellen Orchestern in verschiedenen Besetzungen und Ausrichtungen.

Die Säule mit der quantitativ größten Ausprägung[28] ist die der **Opernorchester**. Hinsichtlich der Programmgestaltung und Konzertdramaturgie unterliegen diese Orchester eindeutig dispositionellen Einschränkungen, die sich aus den Verpflichtungen des Opern- und Musiktheaterbetriebs ergeben. Daraus resultiert eine quantitative Restriktion der Konzerte: Die Aufführungsquantitäten sind im Vergleich zu Konzertorchestern geringer ausgeprägt. Je nach Ausrichtung der Programmgestaltung des Opernorchesters „nehmen die Konzerte ebenfalls einen zentralen, jedoch zweiten Platz ein"[29]. Diese Orchester widmen sich vorwiegend Bühnenproduktionen. Außerdem sind sie institutionell oder vertraglich mit einem Theaterbetrieb verbunden.[30] Die im Zentrum positionierte symphonische Konzertreihe der Opernorchester ist jedoch im Vergleich zu ihrem Pendant der Konzertorchester meist ähnlich strukturiert.[31]

Konzertorchester widmen sich überwiegend der Aufführung von Konzerten – gelegentliche Sonderprojekte lassen jedoch ebenfalls Musiktheaterbeteiligungen zu. Die etwa 30 Konzertorchester[32] finden sich einerseits in den einwohnerstarken Städten, die parallel über ein Musiktheater verfügen, oder in kleineren Städten ohne Musiktheater wieder.[33] Die geographische Nähe der Städte im Ruhrgebiet und ihrer Orchester ist jedoch bundesweit einzigartig: Die Städte sind wegen der Nähe und Infrastruktur gut und schnell untereinander zu erreichen, so dass die o.g. Unterteilung im Rahmen dieser Untersuchung nur bedingt geeignet ist, die Situation in Bochum würde sich aufgrund des nicht vorhandenen Musiktheaters in die Rubrik „kleinere Städte" eingliedern.

---

28 Im Jahr 2010 existieren 84 Opern- bzw. Theaterorchester. Vgl. Mertens 2010, S. 14.
29 Jacobshagen 2000, S. 30.
30 Vgl. Brezinka 2006, S. 36. Jacobshagen differenziert exakter: Für Theater ohne eigenes Orchester verrichten einige Theaterorchester als selbständige Betriebe mit eigenem Etat den Theaterdienst. Andere Orchester sind Bestandteile des Theaterbetriebs. Zur ersten Gruppen gehören die Essener Philharmoniker und die Düsseldorfer Symphoniker. Vgl Jacobshagen 2000, S. 30f.
31 Siehe exemplarisch: Kapitel 3.2.
32 Stand 2010, Vgl. Mertens 2010, S. 14.
33 Vgl. Jacobshagen 2000, S. 29. Zu der Gruppe der „kleineren Städte ohne Musiktheater" zählen die Bochumer Symphoniker.

Die 12 Rundfunkklangkörper oder **Rundfunkorchester** widmeten sich ursprünglich der Vertretung der Kunstmusik in ihrem Sendegebiet, zeichnen sich bis heute aber auch durch eine der zeitgenössischen und „Neuen Musik" verpflichteten Programmgestaltung im Rahmen aufwendiger Produktionen aus.[34]

Die letzte der „vier Säulen" besteht aus den **Kammerorchestern**. Die Kriterien für eine Rubrizierung sind hier nicht eindeutig. Nur rund 10 % der etwa 80 Kammerorchester, die beim Deutschen Musikrat registriert sind, erfüllen die Kriterien der Kulturorchester – auffällig ist deren Konzentration auf das Bundesland Baden-Württemberg.[35] Etwaige Ensembles, deren Mitglieder hauptberuflich in Konzertorchestern beschäftigt sind, fallen nicht darunter. Diese Ensembles mit verschiedenen Besetzungen fallen unter die o.g. Rubrik „Projektorchester".

Insbesondere die Opern- und Konzertorchester sind meist wegen ihrer Besetzungsstärke und der daraus resultierenden Planstellenanzahl hierarchisch durch ihren Tarifvertrag (TVK) typologisiert – Abweichungen ergeben sich aus individuellen Haus- und Sondertarifverträgen. Opernorchester werden in sieben Vergütungsgruppen (Absteigend: A/F1, A/F2, A, B/F, B, C und D) eingeteilt, die Einteilung orientiert sich hier eindeutig nach der jeweiligen Planstellenanzahl und einer Mindestplanstellenanzahl für Streicher und einzelne Bläsergruppen.[36] Konzertorchester orientieren sich meist an dieser Einteilung. Die Eingruppierung ist jedoch direkt und explizit durch die Zugehörigkeit im Geltungsbereich des TVK festgelegt. Wegen der nicht zu vergleichenden Arbeitszeit und divergierenden Betriebsabläufe unterscheiden sich die Tarifverträge für Rundfunkorchester von den Orchestern im Geltungsbereich des TVK, sämtliche Rundfunkorchester bieten einen „besonderen Tarifvertrag" an.[37] Die Vergütungsgruppen können als „Orchester-Ranking" aufgefasst werden, indem sich die Attraktivität des Arbeitsplatzes für Orchestermusiker neben Reputation und künstlerischer Profilierung des Orchesters auch nach der Vergütung richtet.[38] Die Positionierung in diesem „Ranking" ist jedoch auf eine Einteilung in die maximal sieben Vergütungsgruppen beschränkt, insbesondere in den Spitzengruppen, also in den Gruppen A/F1, A/F2 und A sind o.g. Faktoren wie Reputation, künstlerische Ausrichtung und Orchesterstandort für die Arbeitsattraktivität und eine Positionierung in einer Hierarchie wie in einem „Ranking" ausschlaggebend.

Unter Berücksichtigung der Differenzierung von öffentlichen und privatrechtlichen **Rechtsformen** lassen sich Orchesterinstitutionen wie folgt typologisieren: Dem Regiebetrieb, dessen Dominanz rückläufig ist[39], steht innerhalb der öffentlichen Rechtsformen der Eigenbetrieb gegenüber. Orchesterrelevante Hauptunterschiede dieser Betriebsformen liegen in der gesteigerten Selbstständigkeit und Flexibilität im Eigenbetrieb hinsichtlich Organisation, Verwaltung und Buchhal-

---

34 Stand 2010. Vgl. Mertens 2010, S. 14 und Brezinka 2006, S. 36. Ausführlich Jacobshagen 2000, S. 33ff.
35 Vgl. Jacobshagen 2000, S. 36.
36 Vgl. Jacobshagen 2000, S. 46.
37 Vgl. Jacobshagen 2000, S. 50.
38 Vgl. Mertens 2010, S. 16.
39 Vgl. Jacobshagen 2000, S. 38.

tung.[40] Darüber hinaus eignen sich Zweckverbände, wenn die Trägerschaft aus mehreren Kommunen besteht. Unter den privatrechtlichen Rechtsformen sind für Orchesterinstitutionen als öffentlicher Betrieb die Gesellschaft bürgerlichen Rechts (GbR), die (gemeinnützige) Gesellschaft mit beschränkter Haftung ((g)GmbH), die Stiftung und der eingetragene Verein (e.V.) von Bedeutung. Die GbR spielt im Rahmen der öffentlich getragenen Orchester generell eine untergeordnete Rolle. Im Rahmen dieser Arbeit gewinnt diese Rechtsform jedoch an Relevanz: Die Deutsche Oper am Rhein, an der die Duisburger Philharmoniker in Form einer Kooperation mit den Düsseldorfer Symphoniker beteiligt sind, ist eine GbR. Haftungsrisiken werden bei einem entsprechenden Zusammenschluss mehrerer (in diesem Fall öffentlicher) Träger zumindest reduziert. Außerdem eignet sich diese private Rechtsform für Ensembles der „U-Musik", also meist ohne öffentlichen Träger. Neben der Deutschen Oper am Rhein sei das „Ensemble Modern" mit Musikern als Gesellschafter als nennenswerte Ausnahme hinsichtlich der Verwendung dieser Rechtsform im Rahmen von professionell ausgerichteten und unter öffentlicher Trägerschaft stehenden Gruppierungen zu nennen, die sich der „E-Musik" verpflichtet haben. Die GmbH bietet gegenüber der GbR neben der Haftungsbeschränkung v.a. personal- und finanzwirtschaftliche Vorteile und avanciert zur „günstigsten Rechtsform für Orchester und Musiktheaterbetriebe"[41], die den e.V. als am „meisten verbreitete privatrechtliche Organisationsform für Sinfonieorchester"[42] ablöste. Für Orchester mit einer geringen bis mittleren Betriebsgröße und Planstellenanzahl eignet sich der e.V. ebenso wie für den Förderverein großer Orchester. Der Förderverein fungiert jedoch in Form eines Trägervereins unabhängig von der ideell und finanziell zu unterstützenden Orchesterinstitution. Das in den USA auch im Orchesterkontext weit verbreitete Stiftungswesen mit sehr hohem Stiftungskapital ist in Deutschland nicht auffindbar. Dennoch existieren einige Stiftungen als Rechtsform für deutsche Orchester. Unter den fünf Stiftungen, die als Rechtsform deutscher Orchester auftreten, markiert die der Berliner Philharmoniker das bekannteste Beispiel. Bei den Stiftungen handelt es sich jedoch um öffentlich-rechtliche Stiftungsformen oder privatrechtliche Stiftungen mit Abhängigkeiten von der öffentlichen Hand. Reine privatrechtliche Stiftungen, die unabhängig von der öffentlichen Hand agieren, erfordern ein hohes Stiftungskapital, dessen Zinserträge einen wesentlichen Anteil an der Kostendeckung ausmachen. Entsprechende Stiftungen existieren für große US-Orchester.[43] Die Vorteile in der Rechtsform der Stiftung liegen auch darin, dass sie „in der Regel nicht insolvenzfähig sind"[44]. Eine kontinuierliche Finanzierung durch die öffentliche Hand ist somit ebenso gewährleistet wie eine Vertrauensbasis für jegliche Fundraising-Aktivität. Unabhängig von der Stiftung als Rechtform der Orchesterinstitution eignen sich Stiftungen als Rechtsform für die finanzielle Umset-

---

40 Vgl. Brezinka 2005, S. 41. Ausführlicher: Jacobshagen 2000, S. 37ff.
41 Jacobshagen 2000, S. 126.
42 Jacobshagen 2000, S. 42.
43 Vgl. Brezinka 2005, S. 42.
44 Mertens 2010, S. 19.

zung von gezielten Maßnahmen. Diese privaten Stiftungen können als Expansion des Förderwesens aufgefasst werden, das ansonsten von eingetragenen Vereinen dominiert wird. Der Umfang und die Kosten der zu realisierenden Maßnahmen sind jedoch für Stiftungsgründungen ausschlaggebend. Als Beispiel im Rahmen dieser Arbeit sei die „Stiftung Bochumer Symphonie" angeführt, deren Ziel sich aus der Finanzierung einer Spielstätte für die Bochumer Symphoniker konstituiert. Die Stiftung kooperiert zwar eindeutig mit dem Orchester, dessen Rechtsform (Regiebetrieb) jedoch erhalten bleibt.

Aufgrund der – auch hinsichtlich der Rechtsform – nicht einheitlichen Organisationsstrukturen der Orchester werden zentrale Aspekte wie personelle Zuständigkeiten innerhalb des Orchesters sowie die Dokumentation und Interpretation relevanter Kennzahlen in den jeweiligen Kapiteln 4 behandelt.[45] Um entsprechende orchesterspezifische Kennzahlen einordnen und interpretieren zu können, folgt deren Darstellung nun in bundesweit-aggregierter Form.

1.4.2 Kennzahlen

Aggregierte Kennzahlen eignen sich im Orchesterkontext, um globale – hier: bundesweite – Veränderungen und Trends in der Orchesterlandschaft aufzuzeigen. Kennzahlen einzelner Orchester und deren Entwicklung können so in Relation gesetzt und interpretiert werden. Insbesondere absolute und relative Zahlen der Konzertveranstaltungen und ihrer Besucher eignen sich dafür.

Bundesweit hat sich die Anzahl der Konzertveranstaltungen im Zeitraum der Spielzeiten 1993/1994 bis 2009/2010 mehr als verdoppelt (Von 5.344 auf 10.889), die Anzahl an Besuchern in diesem Zeitraum steigt von 3.3241.646 auf 4.477.727 an, dies ist ein Anstieg von ca. 34 %.[46]. Diese Zahlen, die sich auf Kulturorchester, Theaterorchester und ab der Spielzeit 2005/2006 auch Rundfunkorchester beziehen, konstituieren zunächst einen bundesweit positiven Trend – insbesondere vor dem Hintergrund einer rückläufigen Tendenz der Anzahl der Orchester. Im für diese Arbeit relevanten Untersuchungszeitraum (2000–2010) steigen die jeweiligen Zahlen um 58 % (von 6.889 auf 10.889 Konzertveranstaltungen) bzw. um 22 % (von 3.666.142 auf 4.477.727 Besucher), die Anzahl der Konzerte der Kulturorchester um 25 %.[47]

Für die Analyse von Programmgestaltung und Konzertdramaturgie der einzelnen Orchester ist die Zusammensetzung der bundesweiten Konzertveranstaltungen von Relevanz: Während die Anzahl der Symphoniekonzerte im Zeitraum der Spielzeiten 2003/2004 bis 2009/2010 stagniert, ist ein deutlich ansteigender Trend der Anzahl von musikpädagogischen Veranstaltungen in diesem Zeitraum

---

45 Spielstättensituationen, GMD- und Dirigentenwechsel sowie Kennzahlen vor dem Untersuchungszeitraum werden im Kapitel 1.4.3 skizziert.

46 In der Spielzeit 1993/1994 waren es 5.344 Konzerte, die Anzahl in der Spielzeit 2009/2010 lag bei 10.889. Vgl. http://www.miz.org/intern/uploads/statistik20.pdf [12.07.2012].

47 Vgl. http://www.miz.org/intern/uploads/statistik20.pdf [12.07.2012].

festzustellen.[48] Die Anzahl der Kammerkonzerte (+ 24 %) und die Anzahl „sonstiger Konzerte" (+ 34 %) steigt ebenfalls an, jedoch nicht im Umfang der pädagogischen Veranstaltungen (+ 90 %). Dieser Trend verdeutlicht exemplarisch die Bereitschaft, Education-Projekte vermehrt einzusetzen, und eine stärkere Gewichtung moderner Konzertformate, samt entsprechender Programmgestaltung und Konzertdramaturgie. Die Formate müssen unter der Rubrik „sonstige Konzerte" geführt werden, weil sie sich aufgrund ihrer Innovation nicht mehr innerhalb der konventionellen Symphoniekonzerte rubrizieren lassen. Dieser Aufwärtstrend und der o.g. starke Anstieg der absoluten Besucherzahlen bei einer abnehmenden Orchesteranzahl relativiert die „Orchesterkrise"[49].

Außerdem sei ein weiterer Trend angeführt: Die Anzahl der Planstellen ist bundesweit im Zeitraum 1992 bis 2012 um 19 % zurückgegangen, in Ostdeutschland sogar um fast 36 %.[50] Eine Ursache für diesen Rückgang liegt in diversen Orchesterschließungen und -Fusionen, deren Quantität besonders in Ostdeutschland hoch ausfällt. Die Orchesterdichte gemessen an der Bevölkerungsanzahl ist jedoch trotz dieser Schließungen und Fusionen in Ostdeutschland stärker ausgeprägt:

> „Auch wenn sich inzwischen, bedingt durch Fusionen und Auflösungen, die Zahl der ostdeutschen Kulturorchester um ein Drittel reduziert hat, ist die Orchesterlandschaft hier weiterhin im Verhältnis zur Bevölkerungszahl erheblich dichter besetzt als im Westen."[51]

Dieser Aspekt ist insbesondere bei der Betrachtung der Situation in Nordrhein-Westfalen und speziell im Ruhrgebiet zu berücksichtigen. Die dortig vorherrschende vermeintlich hohe Orchesterdichte ist stets in Relation zu der hohen Bevölkerungsdichte zu sehen.

1.4.3 Auswahl der Orchester und Orchesterportraits

Im Rahmen dieser Arbeit und seiner exemplarischen Studie stehen drei Orchester im Zentrum der Behandlung, um eine institutionelle Vergleichbarkeit gewährleisten zu können. Die Möglichkeit einer Vergleichbarkeit ergibt sich aus folgenden Faktoren: geographische Nähe der Orchester, ähnliche „Orchestergröße"[52] und Struktur der symphonischen Konzertreihe[53], die im Zentrum des dramaturgischen Befunds steht. Unter der Berücksichtigung des Kriterien der Orchesterklassifikation und Struktur der Orchester – hier öffentlich finanzierte „A-Orchester"[54] – und

---

48 http://www.miz.org/intern/uploads/statistik78.pdf [12.07.2012].
49 Quantitativ wegen des o.g. Rückgangs der Anzahl bundesweiter Orchester. Qualitativ: Siehe Kloke 2010, S. 11.
50 http://www.miz.org/intern/uploads/statistik16.pdf [12.07.2012].
51 Jacobshagen 2000, S. 19.
52 Typologien und Klassifikationen eignen sich, um die „Größe" der Orchester darzustellen.
53 Auf andere ähnlich konzipierte Konzertreihen – z.B. auf die der „Sonderkonzerte" – wird in den Kapiteln 3 und 4 detailliert eingegangen.
54 Die Orchester in Recklinghausen, Gelsenkirchen und Hagen sind als B-Orchester eingestuft.

der regionalen Eingrenzung auf das Ruhrgebiet sind folgende Orchester anzuführen: Duisburger Philharmoniker, Essener Philharmoniker, Bochumer Symphoniker und Dortmunder Philharmoniker – alle Orchester zu behandeln, entspräche unter Berücksichtigung o.g. Kriterien einer Vollerhebung. Aufgrund der Musiktheaterverpflichtungen, die bei allen Orchestern mit Ausnahme der Bochumer Symphoniker vorhanden sind, ergeben sich bei den verbleibenden drei Orchestern, also den Duisburger Philharmonikern, Essener Philharmonikern und Dortmunder Philharmonikern eine ähnliche Organisationsstruktur und vergleichbare Voraussetzungen hinsichtlich der Programmgestaltung in Bezug auf die symphonische Konzertreihe. Um die komplexe Struktur der Programmgestaltung und Konzertdramaturgie anhand der Ergebnisse des dramaturgischen Befunds und der Einschätzungen der Akteure sowie der zahlreichen Kennzahlen detailliert analysieren, interpretieren und vergleichen zu können, ist eine Beschränkung auf drei Orchester einer Vollerhebung vorzuziehen: Für das Aufzeigen möglicher Konvergenzen und Divergenzen in der Programmgestaltung und Konzertdramaturgie sind ein reines Symphonieorchester und zwei Orchester mit Musiktheaterverpflichtung erforderlich: So ergibt sich im Rahmen des dramaturgischen Befunds und seiner Interpretation sowohl ein Kontrast (Musiktheaterverpflichtung – reines Symphonieorchester) als auch eine vergleichbare Situation (zwei Orchester mit Musiktheaterverpflichtungen). Die Auswahl für die exemplarische Studie fällt auf die **Duisburger Philharmoniker**, die **Essener Philharmoniker** und die **Bochumer Symphoniker**. Die verschiedenen institutionellen Voraussetzungen und Organisationsstrukturen der Orchester[55] legitimieren eine differenzierte Fokussierung innerhalb der Studie. Die Analyse der Situation in Bochum stellt die Bochumer Symphoniker mit ihrer „unkonventionellen" Spielstättensituation[56] in den Vordergrund – die Analyse der Situation in Essen hingegen wird einerseits verstärkt aus institutioneller Spielstättensicht (Philharmonie Essen) dokumentiert, da die internationale Anziehungskraft der Spielstätte innerhalb der zu analysierenden Orchester als Alleinstellungsmerkmal fungiert. Anderseits steht die symphonische Konzertreihe der Essener Philharmoniker im Zentrum des dramaturgischen Befunds und seiner Interpretation.

Neben der regionalen Eingrenzung ist für eine detaillierte dramaturgische Analyse eine Auswahl eines zeitlichen Rahmens sinnvoll. Im Fokus stehen hier „aktuelle" Ausprägungen der Programmgestaltung und Konzertdramaturgie, die einen entsprechend hohen Innovationsgrad vermuten lassen. Um hierbei die Auswirkungen von zäsurähnlichen Ereignissen wie z.B. GMD- und Intendantenwechsel oder gravierende Änderungen der Spielstättensituation berücksichtigen zu können, ist ein Untersuchungszeitraum von etwa 10 Jahren geeignet: O.g. Änderungen und Wechsel, die sich in den jeweiligen Orchestern zeitlich unabhängig ereignen, können in einem entsprechend langen Zeitraum Berücksichtigung fin-

---

55   Siehe Kapitel 1.4.
56   Siehe Kapitel 1.4.

den.[57] Die folgenden Abschnitte enthalten eine thematische Einführung in Form von „Portraits" der Orchester als Untersuchungsgegenstände, um in die (historische) Programmgestaltung der Orchester einzuführen, indem deren künstlerische Entwicklung auch aus programmgestalterischer und konzertdramaturgischer Perspektive skizziert wird.

1.4.3.1 Duisburger Philharmoniker

Die Entwicklung eines städtischen Orchesters in Duisburg begann 1877: Der Düsseldorfer Kapellmeister Hermann Brandt beschloss in diesem Jahr, mit seiner nach ihm benannten Formation nach Duisburg umzusiedeln. Der zentrale Beweggrund Brandts ist auf die Konkurrenzsituation in Düsseldorf zurückzuführen, neben der „Brandtschen Kapelle" existierten dort zu diesem Zeitpunkt zwei konkurrierende Orchester.[58]

In Duisburg konnte sich vor 1877 keine dauerhafte städtische Musikinstitution etablieren, auch wenn Albrecht zur Nieden, der Begründer des „Duisburger Gesangvereins", 1852 den „Instrumentalverein" wiederbelebte. Dieser 1847 gegründete „Instrumentalverein" war für die Aufführung symphonischer Werke und Oratorien personell unterbesetzt und auf entsprechende Unterstützung angrenzender Chöre angewiesen – z.B. durch die „Viercksche Kapelle" aus Krefeld.[59] Trotz seiner kurzzeitigen Existenz ist der „Instrumentalverein" samt seiner Wiederbelebung mit der Zielsetzung, „anspruchsvolle Programme" zu gestalten und umzusetzen, als „sicheres Fundament einer duisburgischen Musikpflege" zu bezeichnen.[60]

Die „Brandtsche Kapelle" und der „Duisburger Gesangsverein" erhielten 1887 ihre Spielstätte: die Tonhalle (1.200 Sitzplätze). Zuvor fanden Aufführungen in der „Societät", im „Burgacker" oder in der „Schützenburg" statt, in der eine Aufführung und Rezensionen der *Matthäus-Passion* 1886 Anlass für die Konzeption des Baus der Tonhalle waren. Der „Brandtschen Kapelle" wurde 1889 der Titel „Städtische Kapelle" verliehen. Trotz der neuen Spielstätte war die Kapelle weiterhin personell massiv unterbesetzt, bis 1895 verfügte sie über 21 Instrumentalisten, die teilweise saisonal pausierten.

Brandts Nachfolger, der Konzertmeister Julius Steiniger, markierte einen Wendepunkt dieser Entwicklung der Personalsituation. In dem Zeitraum seiner Tätigkeit erhöhte sich die Instrumentalistenanzahl auf 26, Abonnementkonzerte

---

57 In den Kapiteln der jeweiligen Orchester wird ihre (historische) Gesamtsituation skizziert. GMD-Wechsel werden hier ebenso dokumentiert wie damit korrespondierende, gravierende Änderungen des künstlerischen Profils, der Spielstättensituation und der Programmgestaltung und der Konzertdramaturgie.

58 Vgl. Mandelartz / Falcke 1977, S. 8.

59 Vgl. Meyer-Tödten 1960, S. 13.

60 Mandelartz / Falcke 1977, S. 10.

wurden wiedereingeführt und die Besucheranzahl stieg an.[61] Parallel zu dieser Entwicklung war Hugo Grüter zunächst Chorleiter (ab 1884) und erhielt vier Jahre später den Titel „Städtischer Musikdirektor". Hinsichtlich der Programmgestaltung wurde das Orchester unter seiner Leitung bereichert. Sowohl „ältere, in Duisburg unbekannte Werke"[62] als auch zeitgenössische Kompositionen wurden in die Programmgestaltung integriert. Die Ausrichtung der Programmgestaltung erweiterte sich so um ein breiteres Komponisten-Spektrum. Dies ist u.a. anhand zahlreicher Uraufführungen von Werken des Komponisten Louis-Théodore Gouvy – u.a. die *dramatische Szene Electra* (1888) – abzulesen, er widmete sein Oratorium *Polyxena* dem „Duisburger Gesangsverein".[63] Expansive Programmgestaltung, Uraufführungen und die Gründung einer Konzertgesellschaft unterstrichen die Zielsetzung Grüters, das Duisburger Musikleben professionell, künstlerisch qualitativ und anspruchsvoll zu gestalten.

Nach Grüters Wechsel nach Bonn übernahm der 31 Jahre alte Walther Josephson das Amt des Städtischen Musikdirektors. Das Orchester hatte im Wahlverfahren, dem sich 65 Bewerber stellten, kein Mitspracherecht.[64] Auch unter Josephson erfuhr das Orchester eine personelle und finanzielle Expansion, die durch sein Drängen gegenüber der städtischen Verwaltung ermöglicht wurde. Josephsons Verhandlungsgeschick war die Übernahme der „Brandtschen Kapelle" durch die Stadt Duisburg zu verdanken, die deren Mitgliedern finanzielle Absicherung zusicherte. Der Städtische Musikdirektor äußerte sich selbstkritisch hinsichtlich seiner restriktiven programmgestalterischen Ambitionen, die nicht alle Publikumspräferenzen berücksichtigen konnten:

> „Das Repertoire bleibt mehr oder weniger auf die leichte Unterhaltungsmusik beschränkt, so daß das bessere musikalische Publikum sich von diesen Veranstaltungen fast ganz zurückgezogen hat."[65]

Diese Äußerung ist als eine Orientierung an dem breiten Publikum in Form einer populären Programmgestaltung zu interpretieren, dennoch zeichnete sie sich unter Josephons wie unter seinem Vorgänger teilweise auch durch die Integration von zeitgenössischen Werken aus. Im Rahmen eines 1903 veranstalteten „Musikfestes zur fünfzigjährigen Jubelfeier des Duisburger Gesangvereins" ist die deutsche Erstaufführung der *9. Symphonie* Anton Bruckners unter dem Dirigat Josephons musikhistorisch relevant; Richard Strauss dirigierte seine Tondichtung *Tod und Verklärung*, und Ferruccio Busoni war der Solist in Beethovens *Chorfantasie*.[66] Dieser Auszug aus der Programmgestaltung und die Auswahl der Dirigenten und Solisten verdeutlichen den Einfluss, den Bekanntheitsgrad und das Beziehungs-

---

61 Vgl. Tegethoff 2002, S. 22. Steiniger als Nachfolger Brandts wird in den Darstellungen von Meyer-Tödten und Mandelartz / Falcke nur am Rande erwähnt – hier wird Hugo Grüters als sein Nachfolger implizit angeführt.

62 Mandelartz / Falcke 1977, S. 14.

63 Vgl. Meyer-Tödten 1960, S. 17.

64 Vgl. Tegethoff 2002, S. 24.

65 Walther Josephson, zitiert nach Tegethoff 2002, S. 25.

66 Vgl. Tegethoff 2002, S. 27.

netzwerk Josephsons im damaligen Musikleben. Nach dem Ersten Weltkrieg – Josephson wurde wie viele der Orchestermitglieder eingezogen – setzten die Orchestermitglieder jedoch trotz der Verbesserung ihrer Arbeitsbedingungen durch, dass Josephson ab der Spielzeit 1920/21 nicht mehr ihr Dirigent war.[67]

Im Anschluss an Josephons Zeit in Duisburg begann die Ära von Paul Scheinpflug, der ab 1920 das Amt des städtischen Musikdirektors innehatte. Unter seiner Führung konnte die Anzahl der Orchestermitglieder auf zeitweise bis zu 85 Personen gesteigert werden – auch die Anzahl der Konzerte und Gastspiele wurde erhöht.[68] Somit erfuhr das Orchester, das ab 1921 Musiktheaterverpflichtungen hatte, eine Expansion, die auch an der Theatergemeinschaft mit der Stadt Bochum abzulesen ist. Hinsichtlich der Programmgestaltung war zunächst die Erweiterung der Kompetenz- und Zuständigkeitsbereichs relevant: Trotz „ausschließlicher Verantwortung gegenüber dem städtischen Musikausschuss" seitens Scheinpflugs partizipierte der Chorvorstand an dem Prozess der Programmgestaltung.[69] Des Weiteren dokumentieren zahlreiche Musikfeste die Präferenz Scheinflugs für diese Form der Programmgestaltung, die z.B. zu Ehren Georg Friedrich Händels, Beethovens und Regers gebildet werden. Der übermäßige Erfolg dieser teilweise monumentalen und opulenten Musiktage und -Feste ist an äußerst positiven Rezensionen abzulesen. Weitere Indikatoren für den Erfolg sind die Ernennung Scheinflugs zum Generalmusikdirektor und v.a. die Bewilligung von fünf weiteren Planstellen für das Orchester.[70] Das Engagement Scheinpflugs für zeitgenössische Musik übersteigt das seiner Vorgänger. Als Belege fungieren vier Ur- und drei wichtige Erstaufführungen – darunter die Uraufführung von Hindemiths *Konzert für Orchester, op. 38* – sowie das Zitat eines damaligen Düsseldorfer Rezensenten:

> „Will man über das zeitgenössische Schaffen auf dem Laufenden bleiben, muß man nach Duisburg fahren."[71]

Persönliche Gründe waren 1928 der Anlass dafür, dass der Vertrag mit Scheinpflug nicht verlängert wurde.

Nach zwei Jahren „dirigentischen Interregnums"[72] (1928–1930) wurde Eugen Jochum als neuer (Star-[73])Dirigent bzw. Generalmusikdirektor vorgestellt. In die Zeit des Interregnums fiel die Uraufführung von der Oper *Maschinist Hopkins* von Max Brand im Rahmen des „59. Tonkünstlerfests des Allgemeinen Deutschen Musikvereins". Das breit angelegte und „gewaltige" Programm des Tonkünstlerfestes enthielt weitere Ur- und Erstaufführungen – auch von Instrumental-

---

67 Vgl. Tegethoff 2002, S. 28. Meyer-Tödten führt als Grund für das Amtsausscheiden Josephons (außerdem) die „Trübung der Verhältnisse zwischen Professor Josephson und der Stadtverwaltung" an. Meyer-Tödten 1960, S. 24.
68 Vgl. Tegethoff 2002, S. 30f.
69 Vgl. Mandelartz / Falcke 1977, S. 25.
70 Vgl. Mandelartz / Falcke 1977, S. 24.
71 Mandelartz / Falcke 1977, S. 24f.
72 Meyer-Tödten 1960, S. 28.
73 Bruno Walter und Eugen Jochum werden als Stars tituliert. Vgl. Mörchen 2003, S. 532.

und Chorwerken – und wurde äußerst positiv rezensiert.[74] Unter Eugen Jochum passte sich die Programmgestaltung zwar als Folge der wirtschaftlichen und von Arbeitslosigkeit geprägten Verhältnisse an: Auch wegen der personellen Reduzierung der Musiker auf 65 Mitglieder wurde die Programmgestaltung quantitativ eingeschränkt. Trotz dieser Einschränkung fiel jedoch ein Urteil bzgl. der Qualität des Orchesters äußerst positiv aus:

> „Die Duisburger Konzerte unter GMD Eugen Jochum sind sehr wohl vergleichbar mit denen der Berliner Philharmoniker."[75]

Nachfolger Eugen Jochums, dessen Dienstzeit nur zwei Jahre andauerte, wurde Otto Volkmann. Die Zeit seines Wirkens in Duisburg ist deckungsgleich mit der des Dritten Reichs (1933–1945). Somit waren sowohl seine Programmgestaltung als auch aufführungsrelevante Aspekte stark von nationalsozialistischer „Musikpolitik" und vom Krieg gezeichnet – Theater und Tonhalle waren am Ende des Jahres 1942 zerstört, die Kooperation mit dem Theater Bochum unter der Generalintendanz von Saladin Schmitt fiel dieser Politik zum Opfer. Das Engagement Volkmanns für Uraufführungen von Werken von Komponisten mit regionaler Bedeutung ging einher mit dem Versuch, sich der Partizipation an den „Nationalen Sonderkonzerten" zu entziehen.[76]

Nach dem Zweiten Weltkrieg erwirkte der Kapellmeister und Chordirektor der Oper Richard Hillenbrand, dass zunächst Unterhaltungskonzerte veranstaltet wurden. Dieser Zustand erstreckte sich über ein Jahr, bis Georg Ludwig Jochum, der Bruder von Eugen Jochum, Generalmusikdirektor wurde. Sein Wirken war zunächst vom Wiederaufbau gekennzeichnet: Nachdem ein Ausweichen auf Provisorien der Spielstätten unmittelbar nach Kriegsende unverzichtbar war, standen in den 1950er und 1960er Jahren die Neubauten Deutsche Oper am Rhein (1956, in Kooperation mit den Düsseldorfer Symphonikern) und Mercator-Halle (1962) im Mittelpunkt. Die Mercator-Halle (1.700 Sitzplätze) verfügte über eine „ausgezeichnete Akustik"[77]. Somit waren die Voraussetzungen für ein erfolgreiches Orchester hinsichtlich der Spielstättensituation erfüllt. Die Programmgestaltung stützte sich auf ein Fundament der Symphonik Beethovens, Bruckners und Brahms' – „keine bedeutende Konzertsaison ohne die bedeutenden Klassiker und Romantiker" – und wurde durch die Programmierung zeitgenössischer Kompositionen ergänzt. Die regelmäßig wiederkehrende Integration von Werken Hindemiths und Regers ist analog zu der konstanten Programmierung Beethovens, Bruckners und Brahms' zu sehen.[78] Die Konzert(reihen-)-dramaturgie ist somit von diesen beiden Konstanten geprägt. Der Erfolg der Programmgestaltung und Konzertdramaturgie unter Georg Ludwig Jochum war an den ab seinem Wirkungszeitraum praktizierten Wiederholungen der Symphoniekonzerte abzulesen. Diese Wiederholung bildet das bis heute gültige konzertdispositorische Rückgrat

---

74   Vgl. Mandelartz / Falcke 1977, S. 32.
75   „Kritikerurteil", zitiert nach Mandelartz / Falcke 1977, S. 31.
76   Vgl. Tegethoff 2002, S. 38f.
77   Mörchen 2003, S. 532.
78   Vgl. Tegethoff 2002, S. 46.

der Programmgestaltung in Form der symphonischen bzw. philharmonischen Konzertreihe. Ein weiteres Novum in der Programmgestaltung war die Einführung von Education-Projekten: Der derzeitige Kulturdezernent Dittrich konnte die Einrichtung von „Jugendkonzerten" und deren Emanzipation von der Hauptkonzertreihe durchsetzen. Die Aufführungen dieser „Jugendkonzerte" wurden vom Generalmusikdirektor nicht nur toleriert, sondern forciert, indem er den „soziologischen Forderungen an die Programmgestaltung" gerecht werden wollte.[79] Der Erfolg der durch „erläuternde Vorträge am Klavier" eingeleiteten „Jugendkonzerte" ist einerseits dadurch dokumentiert, dass diese „ausabonniert" waren.[80] Andererseits bildet die Einrichtung eines eigenständigen Ressorts für diese Konzerte einen eindeutigen Indikator für den Erfolg dieser Konzerte. Ab 1948 leitete der stellvertretende Kapellmeister Heinz-Reinhart Zilcher das Ressort.[81] Unabhängig von dem Erfolg der Jugendkonzerte konstatiert Meyer-Tödten der Einführung von Education-Projekten einen Pioniercharakter:

> „[...] Duisburg entschloß sich als vielleicht erste Stadt des Bundesgebiets, den Faktor Jugend entscheidend in seine Kulturplanung einzusetzen."[82]

Walter Weller wurde nach Jochums Tod Generalmusikdirektor. Während seiner nur 15 Monate andauernden Amtszeit löste sich der Konzertchor auf, ohne dass entsprechende Alternativen gefunden werden konnten.[83] Durch die kurze Amtszeit konnte Weller hinsichtlich der Programmgestaltung kein eigenständiges Profil kreieren. Im Anschluss an seine Amtszeit folgte eine zweite Übergangsphase, in der 16 „namenhafte" Gastdirigenten[84] am Pult des Orchesters standen. Einer von ihnen, Miltiades Caridis, etablierte sich 1975 dauerhaft, indem er der neue Generalmusikdirektor wurde.[85] In dem Zeitraum seiner Amtszeit änderte sich der Titel des Orchesters in „Duisburger Sinfoniker". Der Programmgestaltung und Konzertdramaturgie der Hauptprogramme wurden Vielseitigkeit, Ausgewogenheit und Umsichtigkeit konstatiert – darüber hinaus setzte sich Caridis für die Realisierung teilweise internationaler Musikfestivals ein.[86]

Caridis' Nachfolger war ab 1982 Lawrence Foster. Auch in seiner Amtszeit wurden Musikfestivals veranstaltet, darunter das „Internationale Dimitri-Schostakowitsch-Festival" in der Spielzeit 1984/1985. Die erste Spielzeit leitete Jewgenij Mravinskij, der die Leningrader Philharmonie dirigierte, durch ein Gastdirigat ein. Dieses Gastdirigat fungierte als ein „Orchester-Tausch": Parallel unternahmen die Duisburger Sinfoniker eine Tournee nach Leningrad, Vilnius und

---

79 Vgl. Meyer-Tödten 1960, S. 33.
80 Vgl. Tegethoff 2002, S. 41.
81 Vgl. Tegethoff 2002, S. 39.
82 Meyer-Tödten 1960, S. 33.
83 Vgl. Mandelartz / Falcke 1977, S. 41.
84 Vgl. Mörchen 2003, S. 532. Hier wird die Rolle von temporären Dirigenten und Gastdirigenten unterstrichen.
85 Vgl. Mandelartz / Falcke 1977, S. 42.
86 Vgl. Mandelartz / Falcke 1977, S. 45 und Tegethoff 2002, S. 49.

Moskau unter der Leitung von Foster, der das Bestehen seines Orchesters im „internationalen Vergleich" lobend hervorhob.[87]

Aufgrund beeindruckender Leistungen eines Gastdirigats von Alexander Lazarev im Rahmen des „Internationalen Dimitri-Schostakowitsch-Festivals" konnte Lazarev ab 1988 neuer Generalmusikdirektor werden. In seiner Programmgestaltung bildete v.a. russische Musik des 20. Jahrhunderts einen programmatischen Grundstock, der durch die Verwendung von Werken amerikanischer Komponisten erweitert war.[88] 1993 unternahm das Orchester eine England-Tournee.

Bruno Weil hatte ab 1994 den Posten des Generalmusikdirektors inne.[89] Im Gegensatz zu der Programmgestaltung und seiner konzertdramaturgischen Ausrichtung seiner beider Vorgänger Foster und Lazarev präferierte Weil eine Rückbesinnung auf die Epoche der „Klassik und Frühromantik":

> „Bruckners Symphonien wie auch die Konzertprogramme Bruno Weils zeichneten sich durch eine phantasievolle innere Dramaturgie aus. In seinen Programmen versuchte Bruno Weil sowohl inhaltlich als auch kunstspartenübergreifend (Literatur, Bildende Kunst) Bezüge und Betroffenheit herzustellen. Dies gelang im auf geradezu verblüffende Weise."[90]

Diese äußerst positive Darstellung der Konzertdramaturgie unter Weil dokumentiert die zuvor dargestellte doppelte Bedeutungsebene von (Konzert-)Dramaturgie explizit: Die „phantasievolle innere Dramaturgie" wirkt sowohl werkimmanent in Bruckners Symphonik als auch in der konzert- und werkübergreifenden Programmgestaltung. Mit Letzterem ist eindeutig Konzertdramaturgie gemeint, die Bezüge und „kunstspartenübergreifend" Kontextualitäten generieren kann.[91] Preisgekrönte CD-Einspielungen sowie eine Orchestertournee nach China im Jahr 1997 unterstreichen den künstlerischen Erfolg Weils.[92] Im Jahr 2000 erhielt das Orchester den bis heute gültigen Titel „Duisburger Philharmoniker". Kritischen Ansätze hinsichtlich der Programmgestaltung und explizit der Konzertdramaturgie stehen innovative und positive Äußerungen bzgl. der Jugendkonzerte, Einführungsveranstaltungen, Gastspiele und Kammermusik gegenüber.[93]

Ab 2002 war Jonathan Darlington Generalmusikdirektor des Duisburger Orchesters.[94] In der Jubiläumsspielzeit, die sich auf das 125-jährige Bestehen des Orchesters bezieht, wurde das entsprechende historisch relevante Repertoire in die Programmgestaltung integriert. Konzertdramaturgische Kontexte wurden generiert, indem Brahms' 2. Symphonie aufgeführt wurde. Das Jahr der Uraufführung dieser Symphonie ist identisch mit dem der Orchestergründung. Darüber hinaus

---

87 Vgl. Tegethoff 2002, S. 98.
88 Vgl. Tegethoff 2002, S. 52.
89 Die Programmgestaltung und Konzertdramaturgie unter GMD Weil sind teilweise Bestandteile der dramaturgischen Analyse in dieser Arbeit.
90 Tegethoff 2002, S. 54.
91 Zur werkimmanenten Dramaturgie und ihrem Verhältnis zu Konzertdramaturgie: Siehe Kapitel 2.1.
92 Vgl. Tegethoff 2002, S. 54.
93 Mörchen 2003, S. 533.
94 Die Programmgestaltung und Konzertdramaturgie unter GMD Darlington sind teilweise Bestandteil der dramaturgischen Analyse in dieser Arbeit.

ist die Aufführung von Bruckners *9. Symphonie* eine Reminiszenz an deren deutsche Erstaufführung in Duisburg.[95] Der konzertdramaturgische Kontext besteht hier aus orchesterhistorischen Merkmalen.

Im Zeitraum zwischen 1981 und 2001 bleiben die Anzahl der Konzerte und die Besucheranzahlen auf einem konstanten Niveau – lediglich 1991 sinken die entsprechenden Kennzahlen auf ein Minimum, 1996 ist bei beiden Kennzahlen ein paralleler Aufwärtstrend beobachtbar.[96]

1.4.3.2 Essener Philharmoniker

Die historische Entwicklung der Orchestermusik in Essen bis zu ihrer heutigen institutionellen und öffentlichen Erscheinung in Form der Essener Philharmoniker und Essener Philharmonie begann im 19. Jahrhundert. Unter Ausblendung der bedeutenden (kirchen-)musikalischen Rolle der Stadt Essen ab dem Mittelalter ist vor allem die Entwicklung der Orchestermusik relevant, da eine Oper oder ein Musiktheater bis 1892 nicht vorhanden war und vereinzelte Musiktheateraufführungen nur marginale Bedeutung aufweisen konnten. Die Entwicklung der Orchestermusik verläuft ab dem 18. Jahrhundert in der damaligen Kleinstadt konventionell – Konzerte wurden u.a. im abteilichen Saal am Burgplatz und in der „Gesellschaft Verein" veranstaltet.[97] Das öffentliche Konzertleben in Essen geht auf Johann Wilhelm Georg Nedelmann (1795–1862) zurück, der im 19. Jahrhundert die musikalischen Institutionen „Bergmusikkorps", „Gesang-Musikverein" und „Schulchor" prägte. Deren Mitglieder und Mitglieder des ebenfalls von Nedelmann gegründeten „Instrumentalvereins" (1840) führten zusammen „größere Werke"[98] auf – die Programmgestaltung war jedoch (noch) personellen Restriktionen unterworfen. Die Programmgestaltung, die zwar „abwechslungsreiche" Züge trug, enthielt jedoch auch „minderwertige Erzeugnisse damaliger Modekomponisten"[99]. Die Institutionen „Bergmusikkorps" und „Instrumentalverein", deren Leitung ab 1855 von Ernst Helfer übernommen wurde, standen im Zentrum der Entwicklung des öffentlichen Konzertlebens der Stadt Essen. Aus diesen Institutionen entwickelten sich die „Helfersche Kapelle" und anschließend die „Essener Kapelle" sowie das „Städtische Orchester". Im Rahmen dieser Entwicklung wurden stets Mitglieder der vorhergehenden Institution übernommen, so dass sich eine eindeutige Linie verfolgen lässt: „Bergmusikkorps", „Instrumentalverein", „Helfersche Kapelle", „Essener Kapelle" und „Städtisches Orchester".[100] Die letz-

---

95 Vgl. Tegethoff 2002, S. 55.
96 Siegel 2003, S. 468f. Siegel folgert daraus die Existenz einer entsprechenden (hohen) Korrelation: "Mehr Konzerte, mehr Besucher."
97 Vgl. Feldens 1955, S. 93.
98 Vgl. Feldens 1955, S. 96. Hier wird ein „ernsthafterer Musikwille" unterstellt, indem Symphonien Haydns und Beethovens sowie Mozart-Konzerte zum ersten Mal in der Programmgestaltung erscheinen.
99 Feldens 1973, S. 68.
100 Vgl. Feldens 1955, S. 97.

te Stufe dieser Entwicklung markiert somit das „Städtische Orchester", das als Vorläufer der Essener Philharmoniker aufzufassen ist. Die zweite Säule des öffentlichen und durch Nedelmann geprägten Essener Musiklebens war der „Gesangmusikverein" – später „Städtischer Musikverein". Trotz personeller Restriktionen, die auch hier die Programmgestaltung beeinflussten, enthielten die Programme ebenfalls neben „kleinen Solovorträgen" ein „größeres Werk oder Teile davon"[101].

Neben Nedelmanns Wirken und seinen Einflüssen auf das Essener Musikleben ist v.a. Georg Hendrik Witte für das professionell orientierte musikalische Profil Essens relevant: Am 1. April 1899 wird das städtische Orchester in Essen gegründet, Witte wurde mit seiner „Zusammenstellung und Heranbildung"[102] beauftragt. Entsprechende Kompetenzen konnte er als langjähriger Leiter des „Musikvereins" nachweisen. Die Programmgestaltung des neuen Orchesters markierte trotz ihrer Koexistenz mit dem eher der Vokalmusik verpflichteten „Musikverein" einen Wendepunkt: Die „sog. Sinfoniekonzerte"[103] generierten eine Konkurrenz zu den Konzerten des Orchesters im Rahmen des „Musikvereins". Diese Konkurrenz wurde preispolitisch hinsichtlich der Gestaltung von Eintrittspreisen untermauert. Neben der symphonischen Konzertreihe etablierten sich Sonderkonzerte, deren Programmgestaltung vornehmlich durch Kammermusik bestimmt wurde. Darüber hinaus wurde Giorgio Obsner für die Durchführung von vielen Unterhaltungskonzerten verpflichtet. Die vielfältigen Bereiche des Orchesters wurden außerdem durch die Operntätigkeit – das Grillo-Theater wurde 1892 als Dreispartenhaus eröffnet – ergänzt, die aus einem Vertrag mit dem Theaterdirektor resultierten.[104] Im Zeitraum von 1899 bis 1911, in dem Witte den Posten des Musikdirektors innehatte, wurden Max Regers *Sinfonietta* und Gustav Mahlers *6. Symphonie* in Essen uraufgeführt.

Wittes Nachfolger, Hermann Abendroth, setzte sich ab 1911 für eine personelle Verstärkung des Orchesters (und des „Musikvereins") ein, und er agierte verstärkt unter der Berücksichtigung „wirtschaftlicher Erwägungen"[105]. In seiner Programmgestaltung und Konzertdramaturgie grenzte er sich von seinem Vorgänger eindeutig ab: Wittes „einheitliche Linie" wird von Abendroth unterbrochen, indem er einerseits eine Konzertdramaturgie, die auf einen Komponisten pro Konzert ausgerichtet ist, favorisierte. Andererseits generierte er konzertdramaturgische Kontexte z.B. durch die Verwendung „nur lebender Komponisten" oder ausschließlich „slawischer Musik" – diese konzertdramaturgischen Prinzipien fasste Brandi als „geschlossene Form"[106] auf. In den Zeitraum des Wirkens

---

101 Feldens 1955, S. 98. An dieser Stelle wird zusätzlich eine „dritte Säule" thematisiert: Auch das ebenfalls von Nedelmann initiierte Männerchorsingen unterlag einem Mangel an Personal: Mehrstimmige Gesänge im gymnasialen Gesangsunterricht durch Nedelmann waren aufgrund fehlender Bässe zunächst auf Quartette beschränkt.
102 Brandi 1949, S. 3. Detaillierter: Siehe Feldens 1973, S. 71ff.
103 Brandi 1949, S. 4.
104 Vgl. Feldens 1973, S. 76.
105 Brandi 1949, S. 6.
106 Ebenda.

Abendroths (1911–1916) ist die Uraufführung von Max Regers *Böcklin-Suite* anzuführen, die am 12. Oktober 1913 in Essen von dem Komponisten dirigiert wurde.

Auch Abendroths Nachfolger, Max Fiedler, der das Orchester von 1916 bis
1933 leitete, orientierte sich in der Programmgestaltung an anderen konzertdramaturgischen Prinzipien als sein Vorgänger: Statt „sog. einheitlicher Konzertprogramme, die [...] dazu geeignet waren, die Zuhörer zu ermüden"[107], präferierte er
den Einsatz von inhaltlichen Gegenüberstellungen und Gegensätzen. Kontrastierungen bildeten somit sein konzertdramaturgisches Fundament. Ein weiterer die
Programmgestaltung tangierender Aspekt bestand aus dem Einsatz der Ouvertüre.
Im Gegensatz zu Abendroth enthielt die Programmgestaltung unter Fiedler wieder
vermehrt Ouvertüren, somit stiegen die Komponistenhäufigkeiten[108] von Richard
Wagner und Carl Maria von Weber unter Fiedlers Leitung wieder an – außerdem
setze er sich wie sein Vorgänger für den Einsatz zeitgenössischer Musik in der
Programmgestaltung ein.[109]

Johannes Schüler wurde 1933 Fiedlers Nachfolger. Seine Präferenz für zeitgenössische Musik in der Programmgestaltung – auch unter Einsatz des konzertdramaturgischen Prinzips der Gegenüberstellung – zeigt sich bereits in einer Erläuterung seines ersten Programms:

> „Ich habe mich bemüht, dem Winterprogramm 1933/34 eine Linie zu geben, die innerhalb ei-
> nes weiten Zeitraumes nicht nur die großen Erscheinungen, sondern auch vieles erfaßt, was
> im Schatten der Großen wenig bemerkt, aber doch höchst reizvoll und lebendig er-
> wuchs.[...]"[110]

Diese Äußerung ist paradigmatisch für die gesamte Programmgestaltung unter
Schüler. Die hohe Komponistenvielfältigkeit in der Zeit seines Vorgängers wurde
unter Schüler noch gesteigert und erweitert. Es existierte bei ihm kein Programm
mit einer Konzerteinheit[111], „in dem nicht mindestens ein moderner Komponist zu
Worte gekommen wäre."[112]

Wegen der Berufung Schülers zum Berliner Staatskapellmeister übernahm
Albert Bittner ab 1936 das Amt des Musikdirektors. Die Programmgestaltung in

---

107 Brandi 1949, S. 11.
108 Feldens beziffert für den Zeitraum 1926 bis 1933 die Komponistenhäufigkeiten Webers und
    Wagners mit jeweils 9. Siehe Feldens 1973, S. 89. Aus Brandis Zusammenstellung der Kon-
    zertprogramme lässt sich die Tendenz der erhöhten Komponistenhäufigkeit Webers und
    Wagners und insbesondere der Aufführungshäufigkeiten ihrer Ouvertüren und Vorspiele in
    Fiedlers Wirkungszeitraum ablesen. Siehe Brandi 1949, S. 58. Außerdem wird Fiedlers Pro-
    grammen neben seiner Vorliebe für Brahms eine Präferenz auf „bunte Komponistenvielfäl-
    tigkeit" konstatiert. Feldens 1973, S. 88.
109 Vgl. Brandi 1949, S. 11. Die Durchführung eines Schreker-Zyklus im Jahr 1922 ist ebenso
    ein Indikator für diese Tendenz wie die Integration der Komponisten Hindemith, Schönberg
    und Bloch in die Programmgestaltung. Vgl. Schüssler 1999, S. 15.
110 Schüler, zitiert nach Feldens 1973, S. 92.
111 Eine Konzerteinheit entspricht einem Werk in der Programmgestaltung. Siehe Kapitel 2.1.
112 Feldens 1973. S. 93.

seiner Ära als Musikdirektor war von der nationalsozialistischen Kulturpolitik gekennzeichnet:

> „Junge deutsche Komponisten wurden – sofern sie nicht den ‚Neutönern' zuzurechnen waren
> – gefördert, jüdische Komponisten wie Mendelssohn und Mahler, die vorher selbstverständli-
> cher Bestandteil des Repertoires gewesen waren, verschwanden."[113]

Programmgestaltung und damit auch Konzertdramaturgie konnten sich nicht frei entfalten, entsprachen nicht den künstlerischen Intentionen der Verantwortlichen, sondern litten massiv unter dem Diktat nationalsozialistischer Interessen. Bittners Programmgestaltung, die zeitgenössische Musik erst nach „sorgfältiger Auslese" integrieren konnte, war außerdem um eine „wirkungsvolle" Erscheinung be-müht.[114] Anlässlich des 100-jährigen Bestehens des Essener „Musikvereins" wur-de 1938 eine Festwoche organisiert, die sich diesem Jubiläum widmete. Im Ver-lauf dieser Festwoche wurden vielfältige Chor-, Kammer- und Symphoniekonzer-te veranstaltet, die auch unter den Dirigaten Bittners Vorgängern sehr erfolgreich rezipiert wurden. Die folgenden Jahre Bittners stehen stark unter den Einflüssen des drohenden und eintretenden Weltkrieges.[115]

Auch bei der Betrachtung der Nachfolge Bittners durch Gustav König ab 1943 ist die Kriegssituation zu berücksichtigen, die sich massiv auf das Essener Musikleben auswirkte: Viele Orchestermitglieder fielen dem Krieg zum Opfer. Nach der Einberufung Königs am 1. September 1944 und seiner Entlassung aus der Kriegsgefangenschaft 1946 konnten Konzerte nur in verschiedenen auf das gesamte Essener Stadtgebiet verteilten Spielstätten stattfinden. Insbesondere die Intensität des Engagements Königs hinsichtlich des (musikalischen) Wiederauf-baus Essens stellte eine „bemerkenswerte Leistung" dar.[116] Diese Intensität spie-gelte sich außerdem sowohl in der Anzahl der Konzerte in den ersten 10 Nach-kriegsjahren wider als auch in der Klassifizierung („Klasse 1" im Jahr 1947 und „Klasse A (Sonderklasse)" im Jahr 1966) innerhalb der Deutschen Kulturorches-ter. Für die Programmgestaltung sind v.a. die ab der Spielzeit 1951/52 vermehrt auftretenden Komponistenzyklen erwähnenswert. Symphonische und kammermu-sikalische Werke Beethovens, Brahms', Schuberts und Mozarts wurden konzert-übergreifend kombiniert – teilweise auch im Rahmen von „Kammermusikabenden für Jugend". Diese Jugendkonzerte wurden ab der Spielzeit 1946/1947 themati-siert und etabliert. Sie zielten darauf, die Jugend mit „Standardwerken der Musik" vertraut zu machen.[117] Das Erreichen dieses Ziels wurde durch vermittelnde Ein-führungsveranstaltungen zu den sechs Orchesterkonzerten pro Spielzeit verstärkt.

---

113 Schüssler 1999, S. 16.
114 Vgl. Feldens S. 95.
115 Vgl. Brandi 1949, S. 23 und Schüssler 1999, S. 16f.
116 Vgl. Feldens 1973, S. 102.
117 Vgl. Feldens 1973, S. 103ff. Außerdem wurden ab der Spielzeit 1954/55 regelmäßig Konzerte für Volksschulen veranstaltet, deren Programme sich unter eine „bestimmte Thematik"
stellten. Siehe Feldens 1973, S. 106. Dieses Vorgehen entspricht der konzertdramaturgischen
Integration in Kontexte – hier, um einem bestimmten Publikum den Zugang zu bestimmten
Werken zu erleichtern.

Ebenfalls eine vermittelnde Wirkung war mit dem Einrichten der „Theaterring-Konzerte" intendiert. Diese erfüllten die Aufgabe, „weiteste Kreise für eine lebendige und volkstümliche Kunstpflege zu gewinnen."[118] Neben dieser Vermittlungskomponente wurde jedoch auch das Ziel der Besucherneugewinnung eindeutig avisiert, um über das Abonnement-Publikum hinaus neue Besucherschichten zu generieren. Hier deuteten sich bereits erste Formen von Audience-Development[119] als Marketinginstrument an. 1950 wurde der neue Saalbau eröffnet, das Orchester hat nun wieder eine eigene Spielstätte.

In der Spielzeit 1975/76 wurde König von Heinz Wallberg als Generalmusikdirektor abgelöst, eine Spielzeit später erfolgte die Namensänderung des Orchesters: Das „Städtische Orchester" nennt sich nun „Philharmonisches Orchester der Stadt Essen". Im Wirkungszeitraum Wallbergs wurde das Orchester bereits drei Jahre vor der Eröffnung des Aalto-Musiktheaters im Jahr 1988, das die „räumliche Kapazität für großbesetzte Werke" aufwies, in die „Gruppe A mit Fußnote 2" des TVK eingestuft.[120] Anhand der stetig aufsteigenden Klassifizierungen lässt sich also ein Aufwärtstrend der Orchesterentwicklung ablesen. Dieser Trend manifestiert sich ebenfalls in Auslastungsquoten von bis zu 98 % in der Spielzeit 1986/1987 sowie in einer weiteren Expansion von Konzertformaten. Als ein Beispiel sei ein Werkskonzert in der „Essener Verkehrs-AG" im Jahr 1985 angeführt.[121]

Wallbergs Nachfolger wurde 1991 Wolf-Dieter Hauschild, dessen Programmgestaltung u.a. die „Reger-Tradition" Essens aufgriff. Auch sein künstlerisches Wirken (1991–1997) ist für den Einsatz von Ur- und Erstaufführungen verantwortlich – wenn auch nicht unter seinem eigenen Dirigat und im Umfang seiner Vorgänger. In der Zeit unter Hauschild wurde das Orchester in der Spielzeit 1991/1992 durch den Deutschen Musikverlegerverband prämiert („Bestes Konzertprogramm in Deutschland").

Seit der Spielzeit 1997/98 war Stefan Soltesz[122] in Personalunion Generalmusikdirektor der Essener Philharmoniker und Intendant des Aalto-Musiktheaters. Zuvor hatte er das Amt des Chefdirigenten der Flämischen Oper von Antwerpen inne. Diese vorherige Wirkungsstätte und seine Funktion als Intendant des Aalto-Musiktheaters unterstreichen den Stellenwert des Musiktheaterengagements Soltesz'. Dieser hohe Stellenwert drückt sich ebenfalls in seinen zahlreichen und weltweit durchgeführten Gastdirigaten und CD-Einspielungen aus sowie in der Prämierung als „Opernhaus und Orchester des Jahres" aus.[123] Neben zahlreichen Ur- und Erstaufführungen im Orchester- und Musiktheaterbetrieb – u.a. Tan Duns *Orchestral Theatre*-Zyklus unter dem Dirigat des Komponisten – wurde die seit

---

118 Feldens 1973, S. 108.
119 Zu Audience-Development: Siehe Mandel 2008 und Siebenhaar 2009.
120 Vgl. Schüssler 1999, S. 18.
121 Vgl. Ebenda.
122 Die Programmgestaltung und Konzertdramaturgie unter GMD Soltesz sind teilweise Bestandteile der dramaturgischen Analyse in dieser Arbeit.
123 Vgl. http://www.essener-philharmoniker.de/generalmusikdirektor [01.08.2012]. An dieser Stelle werden verschiedene Gastdirigate vorgestellt.

1996 etablierte Unicef-Gala unter Mitwirkung von Yehudi Menuhins veranstaltet.[124]

In der Organisationsstruktur des institutionellen Essener Orchester- und Musiklebens sind die Essener Philharmoniker samt GMD Stefan Soltesz und ihre (Haupt-)Spielstätte[125], ab der Spielzeit 2004/2005: Philharmonie Essen, wie folgt einzuordnen: Unter dem Namen „Theater und Philharmonie Essen" (TUP – Rechtsform GmbH) bietet die Tochtergesellschaft der Stadt Essen ein fünfspartiges Kulturprogramm an. Sowohl die Essener Philharmoniker also auch die Philharmonie Essen nehmen eine Sparte für sich in Anspruch. Die andern Sparten setzen sich aus dem Aalto-Musiktheater, dem Aalto Ballett Theater Essen und dem Schauspiel Essen zusammen.[126] Die Essener Philharmoniker weisen als einziges der drei hier behandelten Orchester die Rechtsform der GmbH auf. Dieses Geflecht ermöglicht durch breitgefächerte Kombinationsmöglichkeiten der Sparten und Spielstätten eine Vielzahl von Kulturaufführungen. Die Programmgestaltung und die damit verbundene Konzert- und Probendisposition einzelner Sparten sind stets in Abstimmung mit den anderen Sparten zu realisieren. Dies spiegelt sich in der Anzahl an Konzerten wider, die im Zeitraum von 1981 bis 2001 zwar um 27 % abnimmt, hierbei sind jedoch Spielstättensituation vor der Eröffnung der Philharmonie Essen und die Doppelbelastung durch Musiktheaterverpflichtungen zu berücksichtigen – Soltesz wird 2003 ein „überaus erfolgreiches Agieren" konstatiert.[127]

1.4.3.3 Bochumer Symphoniker

Trotz einer Fülle an Chören, Kapellen und musikalischen Kleingruppierungen in der ersten Hälfte des 19. Jahrhunderts existierte in Bochum keine öffentliche Orchesterinstitution:

> „Es ist erstaunlich, daß sich bei solch einem ‚Kaleidoskop' von Musiziermöglichkeiten und seit Auflösung des Berghautboisten-Corps 1861 in Bochum kein ortsansässiges Ensemble von Bestand und Dauer etablieren konnte."[128]

Personelle Voraussetzungen für die Gründung eines städtischen (Symphonie-) Orchesters konnten mit der Vielzahl an verschiedenen Musikern erfüllt werden. Aufgrund des raschen Bevölkerungsanstiegs in Bochum war die Existenz eines städtischen Orchesters bereits aus repräsentativen Gründen legitimiert.[129] Zur Gründung eines Bochumer Orchesters kam es im Jahr 1870. Neben seiner Funkti-

---

124 Vgl. Schüssler 1999, S. 19.
125 Die Hauptspielstätte hat eine Kapazität von etwa 1.900 Sitzplätzen, vor der Eröffnung der Philharmonie Essen standen der „marode" Saalbau (1.450 Sitzplätze) und das Aalto-Theater (1.100 Sitzplätze) zur Verfügung. Vgl. Mörchen 2003, S. 535.
126 Vgl. http://www.theater-essen.de/tup-portraet/ [01.08.2012].
127 Vgl. Siegel 2003, S. 471ff.
128 Bloch 1973, S. 63.
129 Vgl. Becker 2010, S. 7.

on als städtischer symphonischer Klangkörper war das Orchester für den „Musikverein", diverse Chöre und das Theater unabdingbar. Erster Musikdirektor wurde
Vollrath Schmidt, der mit 12 Instrumentalisten aus Mühlheim nach Bochum über-
siedelte. Unmittelbar nach Orchestergründung wurden Abonnementkonzerte veranstaltet, und die intensive Kooperation mit dem ehemaligen „Musikverein", jetzt:
„Bochumer Verein", begann. Nachdem Schmidt das Orchester verließ und dies
kurzeitig von August Schulze, Georg Schmidt und Julius Pursche geführt wurde,
markierte die Ära Ferdinand Küttner die erste längere Zusammenarbeit zwischen
Orchester und Dirigent.[130] Der Zeitraum, in dem Küttner städtischer Kapellmeister war, erstreckte sich von 1884 bis 1891. Die Konzertreihe der Abonnementkonzerte konnte fortgesetzt und durch „große Extra-Concerte" ergänzt werden, die
eine Besetzungsverstärkung erforderten – diese Konzerte wurden entweder in
Form neuer Reihen realisiert oder in die Abonnementstruktur integriert.

Der Erfolg des Orchesters brach unter Küttners Nachfolger, Karl Hermann
Robert Riedel, ein. Gründe dafür bestanden aus dem wachsenden Konkurrenz-
druck durch private musikalische Institutionen und der daraus folgenden „unwür-
digen Beschäftigung" und Entlohnung der Musiker im Orchester.[131]

Die Verpflichtung von Franz Merkert und Ferdinand Ehrhardt markierte den
Anfang einer Übergangszeit, die durch den nachfolgenden Musikdirektor, Heinrich Hammer, beendet wurde. Die Programmgestaltung unter Hammer war hauptsächlich geprägt von „zeitgenössischer Moderne", „französischer Musik" und
„Ouvertüren zu Richard Wagners Bühnenwerken" – der Erfolg dieser Programmgestaltung ist abzulesen an der Erhöhung der Musikeranzahl auf 42 Mitglieder
und einer Expansion der Konzertreihen.[132]

Im Anschluss übernahm Merkert als Dirigent erneut die Führung des Orchesters und konnte an den Erfolg seines Vorgängers anknüpfen. Seine Programmgestaltung und Konzertdramaturgie rückten v.a. Programmmusik in den künstlerischen Mittelpunkt. Im Gegensatz dazu präferierte der ab 1904 in Bochum tätige
Musikvereinsdirigent, Arno Schütze, „vegetative" Kompositionen.[133] Die künstlerische Leitung der „Städtischen Kapelle" und des „Musikvereins" verfolgten somit eine konzertdramaturgisch konträre Position. Schützes Programmgestaltung
zeichnete sich darüber hinaus dadurch aus, dass „stilistische und wesensverwandte
Zusammenhänge"[134] Berücksichtigung fanden. Diese Zusammenhänge sind als
konzertdramaturgische Kontexte zu interpretieren, die von Schütze bewusst und
erfolgreich eingesetzt wurden.

---

130 Vgl. Bloch 1973, S. 63f. Zum Musikverein und dessen Entstehung. Siehe ebenda S. 52ff.
131 Vgl. Bloch 1973, S. 66.
132 Vgl. Bloch 1973, S. 74. Erwähnt werden hier Symphonie-, Abonnements-, Garten-, Evangeli-
     sche Vereinshaus- und Volkskonzerte. Des Weiteren dokumentiert eine Etaterhöhung seitens
     der Stadt die Zufriedenheit der Zusammenarbeit mit dem Orchester. Zeitgenössische „Sach-
     kenner" stellten fest, daß es sich bei Hammer um einen Dirigenten handle, „um den uns Essen
     und Dortmund beneiden." Ebenda.
133 Vgl. Bloch 1973, S. 78. Der Terminus wird hier jedoch nicht näher erläutert.
134 Bloch 1973, S. 90.

Merkerts Nachfolger war Rudolf Schulz-Dornburg, der sich gegen seinen einzigen Rivalen erst per Los durchsetzen konnte. Schulz-Dornburgs Hauptaufgabe bestand zunächst im Orchesterdienst für das (Musik-)Theater, das von Saladin Schmitt geleitet wurde. Neben diesen Musiktheaterverpflichtungen setzte sich der Kapellmeister das Ziel, ein „leistungsfähiges Symphonieorchester"[135] aufzubauen. Trotz der personellen Restriktionen, die durch den 1. Weltkrieg verursacht wurden, erfuhr das Orchester eine Expansion der Programmgestaltung – neben 12 Volkssymphoniekonzerten wurden „differenziertere Werken [...] wie etwa [...] Mahlers Zweite und Siebente Symphonie"[136] aufgeführt, die jeweils durch Einführungsveranstaltungen vermittelt wurden. Die o.g. konzertdramaturgischen Kontexte fanden explizit in den Konzertprogrammen Verwendung, z.B. im Aufruf der Bochumer Musik- und Theaterkommission. Hier wurden die Volkskonzerte beworben, die „miteinander im Zusammenhang stehen sollen". Durch eine konsequente Preispolitik, die durch niedrige Preise bestimmt war, wurden breite Bevölkerungsschichten erreicht und teilweise eine Auslastungsquote von 100 % realisiert. Als ein weiteres Beispiel für die Konzertdramaturgie unter Schulz-Dornburg fungiert die Spielzeit 1920/21, in der sechs Hauptkonzerte mit Symphonik des 19. Jahrhunderts mit sechs Konzerten mit zeitgenössischer Musik konfrontiert wurden.[137] Die Form und Struktur der unter Schulz-Dornburg veranstalteten Jugendkonzerte ab 1921 hatten laut Bloch Pioniercharakter, der v.a. aus der Konzertdramaturgie dieser Konzerte resultiert:

> „Wenn er [Schulz-Dornburg] sich auch an kulturgeschichtliche Bezüge bei Zusammenstellung und Erläuterung des Programms hielt, so waren seine Themen doch nicht – wie in Münster – dem festen Schema des Schulunterrichts untergeordnet."[138]

Konzertdramaturgie wird hier eindeutig – sogar im Rahmen von Jugendkonzerten – eine essentielle Rolle zugeschrieben.

Eine andere Facette der Konzertdramaturgie unter Schulze-Dornburg dokumentiert eine Doppelreihe von „Haupt- und Volkskonzerten, die zeitgenössische Kompositionen nach deren Entstehensorten"[139] beinhaltete. Konzertdramaturgische Kontexte werden hier unter Berücksichtigung geographischer Kriterien generiert. Die Programmgestaltung und die Persönlichkeit des Dirigenten sind für die überregionale Reputation und den Erfolg des Klangkörpers verantwortlich, der durch viele Rezensenten dokumentiert wird und an diversen Ur- und Erstaufführungen – u.a. von und durch Paul Hindemith – abzulesen ist. 1924 wurde Schulz-

---

135 Bloch 1973, S. 95
136 Bloch 1973, S. 98.
137 Vgl. Bloch 1973, S. 99.
138 Bloch 1973, S. 100. Der zuvor von Meyer-Tödten festgestellte Pioniercharakter der Jugendkonzerte der Duisburger Symphoniker verblasst, da diese Konzerte in Duisburg erst seit 1948 veranstaltet werden. Siehe Meyer-Tödten 1960, S. 33.
139 Bloch 1973, S. 101.

Dornburg der Titel des Generalmusikdirektors verliehen.[140] Die innovative Programmgestaltung nahm das Publikum jedoch nicht unkritisch auf.[141]

Nach Schulz-Dornburg, der als Operndirektor 1927 mit dem Choreographen Kurt Jooss die *Folkwangschule für Musik, Tanz und Sprechen* gründet, übernahm Leopold Reichwein die Orchesterführung, der in seine Programmgestaltung „überwiegend klassisch-romantische Musik"[142] integrierte. In den Zeitraum des Wirkens von Reichwein (1926–1938) musste sich der Dirigent ab 1937 wie andere Orchester der nationalsozialistischen „Kulturpolitik" beugen, deren Einfluss auf die Programmgestaltung „lähmend und dämpfend"[143] wirkte.

Bis zum Ende des 2. Weltkriegs übernahm Klaus Nettsträter das Amt des Generalmusikdirektors ab 1939.

Nach dem Zweiten Weltkrieg – bereits im Juni 1945 – vergrößerte der neue künstlerische Leiter, Herman Meißner, das Bochumer Orchester auf 64 Mitglieder. 1955, im vorletzten Jahr seiner Dienstzeit, gastierte Paul Hindemith in Bochum. Die Programmgestaltung und Konzertdramaturgie orientierten sich an dem Jahr 1925, in dem die Erstaufführung seines Klavierkonzerts in Bochum realisiert wurde.[144]

Franz-Paul Deckers Programmgestaltung führte ab 1956 zu einer Ausweitung der Konzertreihen: Die Reihen „Musica viva" und „Konzerte junger Künstler" wurden eingeführt. Die Reihe „Musica viva" bot Raum für zeitgenössische Werke, denen Decker konzertdramaturgisch „den Zyklus stets ausverkaufter symphonischer Darbietungen"[145] entgegensetzte. Eine auch ökonomisch erfolgreiche Reihe ermöglichte somit durch „Quer-Subventionierung" die Existenz einer hinsichtlich Programmgestaltung und Konzertdramaturgie experimentellen Konzertreihe. In Anlehnung an Schulz-Dornburg verstärkte Decker die Realisierung von Jugend- und Familienkonzerten, die nun in entsprechend betitelter Form Verwendung fanden. Der Erfolg Deckers spiegelte sich auch auf internationaler Ebene wider: Unter seiner Leitung gastierte das Orchesters im Brüsseler „Palais des Beaux-Arts" im Rahmen des Weltausstellungs-Festprogramms.[146] Darüber hinaus

140 Vgl. Bloch 1973, S. 101ff. Die Integration zeitgenössischer Werke wird in ähnlicher Form wie in Duisburg gewürdigt: „Wenn man heute neue Musik hören will, muß man nach Bochum fahren". Zitiert nach Bloch 1973, S. 101.
141 Vgl. Mörchen 2003, S. 529.
142 http://www.bochumer-symphoniker.de/html/gesamt_orchester.htm [04.09.2012].
143 Bloch 1973, S. 121. Hier attestiert Bloch der Spielzeit 1935/36 eine „für diese Zeit typische Gliederung des städtischen Konzertwesens". Die dreiteilige Grundgliederung besteht aus Symphonie-, Chor und Meisterkonzerten. Bis heute ist die Differenzierung zwischen Symphonie- und Chorkonzerten eine Grundlage der Programmgestaltung der Bochumer Symphoniker.
144 Vgl. Bloch 1973, S. 124.
145 Bloch 1973, S. 128.
146 Vgl. Bloch 1973, S. 129.

wurden Gastkonzerte von Bruno Maderna und René Leibowitz in Bochum veranstaltet.[147]

Der Generalmusikdirektor Yvon Baarspul erreichte 1967 eine erneute personelle Expansion des Orchesters und dessen Umbenennung in den bis heute gültigen Titel „Bochumer Symphoniker".

Othmar Mága hatte ab 1971 dieses Amt des Orchesterleiters inne, dessen Programmgestaltung primär „stilgeschichtlichen Gesichtspunkten folgt."[148] Im Jahre 1973 konstituierte sich der „Freundes- und Fördererkreis zur ideellen und praktischen Unterstützung der Bochumer Symphoniker". Die Spielstättensituation und die Kategorisierung des Orchesters änderten sich in diesem Jahr: Einstufung in die A-Kategorie des TVK und Pläne zur zukünftigen Nutzung des sich noch nicht fertiggestellten „Auditorium Maximum" (1.980 Sitzplätze) an der Ruhr-Universität Bochum, das neben dem Schauspielhaus (836 Sitzplätze) als Aufführungsstätte verwendet werden sollte. Diese bis heute praktizierte Verwendung der Spielstätten in Bochum wird nicht nur wegen akustischer Aspekte kritisiert.[149] Sie ist darüber hinaus (Argumentations-)Ausgangspunkt für Diskussionen und für den anschließenden Beschluss für einen Neubau der „Bochumer Symphonie" als vielfältig verwendbare Bochumer Spielstätte. Im Jahre 1981 waren die Bochumer Symphoniker hinsichtlich der Konzertanzahl und der Kennzahl der absoluten Besucheranzahl im Ruhrgebiet führend.[150]

Nach Gabriel Chmura, dem Nachfolger Mágas, der an dessen künstlerischen Erfolg anknüpfte, war Eberhard Kloke ab 1988 Generalmusikdirektor.

Kloke realisierte mehrere erfolgreiche Projekte (u.a. in der „Jahrhunderthalle") und kündigte bereits während seiner Nominierung durch den Kulturausschuss an, sich vermehrt zeitgenössischer Musik zu widmen. Im Jahre 1991 wurde er für die Umsetzung mit dem Deutschen Kritikerpreis ausgezeichnet. Die innovative Programmgestaltung und künstlerisch äußerst fundierte Konzertdramaturgie unter Kloke ist in einer Monographie dokumentiert, in der Kloke programmatische Zugänge detailliert darlegt und anhand seines Wirkens aus verschiedenen Perspektiven aufzeigt.[151] Seine Programmgestaltung zielte neben der Integration zeitgenössischer Musik v.a. auf eine innovative (Konzert-)Form, die sich bewusst von dem konventionellen Aufbau eines symphonischen Konzerts entscheidend distanzierte. Sparten, Formen und aufführungsästhetische Normen wurden durch seine aus „expliziten Bezügen"[152] bestehende Konzertdramaturgie gezielt und provokativ

---

147 http://www.bochumer-symphoniker.de/html/gesamt_orchester.htm [04.09.2012]. Bruno Maderna steht in der Spielzeit 1995/1996 unter dem Titel „Monteverdi meets Maderna" im Zentrum der projektbezogenen Konzertdramaturgie.

148 Bloch 1973, S. 138. Entsprechende Kompetenzen in der Programmgestaltung werden Mága an dieser Stelle durch sein Studium der Musikwissenschaften zugesprochen.

149 Vgl. Mörchen 2003, S. 529.

150 Vgl. Siegel 2003, S. 468f.

151 Kloke 2010. In der Monographie schildert Kloke ausführlich seine programmatischen Ansätze in Form einer „Zwischenbilanz" des Zeitraums 1980–2010. In diesen Zeitraum fällt auch seine Bochumer Zeit.

152 Heß 1994, S. 253.

überwunden. Kloke erreichte überregionales Presseecho, und er wurde zum „Reformer" des Symphoniekonzerts stilisiert. Trotz seines hohen Bekanntheitsgrades riefen seine Programme massive Irritationen im Publikum hervor, die sich v.a. in einem massiven Abonnementrückgang widerspiegelten.[153]

Der Kulturausschuss der Stadt Bochum tagte am 20. April 1993 und entschied über die Nachfolge von GMD Eberhard Kloke, der aus seinem Vertrag ein Jahr vor dessen Ende ausstieg. Über die Gründe für dieses vorzeitige Ausscheiden kann nur spekuliert werden, trotz fehlender Spielzeitstatistik für die Spielzeit 1993/94 wurde Kloke die „schlechteste Besucherfrequenz seit 1952"[154] attestiert. In diesem Zusammenhang entstand eine kulturpolitische Debatte, die ebenfalls eine potentielle Fusion der Bochumer Symphoniker mit dem Dortmunder Orchester thematisierte. Steven Sloane[155] wird neuer GMD der Bochumer Symphoniker. Zunächst wurde ein 5-Jahres-Vertrag für den damals 35-jährigen Dirigenten, der bereits Konzerte 1986, 1989 und 1992 in Bochum als Gast leitete, ausgehandelt.

Steven Sloane ist parallel zu seiner Tätigkeit in Bochum Chefdirigent des „Stavanger Symphonie Orchestras", er will einerseits an „Klokesche Art, Musik thematisch zu konzeptionieren"[156], anknüpfen. Andererseits ist eine Publikumsorientierung[157] explizites Ziel seiner Programmgestaltung:

> „Im Gegensatz zu seinem Vorgänger Eberhard Kloke, der sich in sechs progressiv gestalteten Spielzeiten mit programmatischen Konzertreihen und Zyklen nur am Rande um Abonnentenbesucher geschert hat, müht sich Sloane mit gedämpft konventionellem Angebot um volle Säle."[158]

Sowohl Abonnentenzahlen als auch Kennzahlen der absoluten Zuschauer steigen seit der ersten Spielzeit unter Sloane massiv an[159], bis 2001 ist eine immense Steigerung von 62 % zu beziffern.[160] Im 20-Jahres-Zeitraum von 1981 bis 2001 ist die Anzahl an Konzerten zwar um 9 % gesunken, die Kennzahl der absoluten Besucher nur leicht angestiegen: 3 %.[161] Im Vergleich zu 1996 spricht jedoch zu Beginn der Ära Sloane ein Anstieg der Konzerte um 47 % und ein Anstieg der Besucherzahl um 49 % für eine stark ausgeprägte und vom Publikum überaus honorierte Expansion der Konzerttätigkeit.

---

153 Vgl. Heß 1994, S. 263. Nach den ersten beiden Spielzeiten unter Kloke blieb lediglich ein Drittel der Abonnenten bestehen. Trotz dieses Einbruchs konnten die Zuschauerzahlen an der Abendkasse leicht zulegen. Insgesamt verzeichnet Klokes letzte Spielzeit jedoch ein Minimum an Besuchern. Vgl. Mörchen 2003, S. 530.
154 O.V., in: Westdeutsche Allgemeine Zeitung Wattenscheid vom 01.09.1994.
155 Die Programmgestaltung und Konzertdramaturgie unter GMD Sloane sind teilweise Bestandteile der dramaturgischen Analyse in dieser Arbeit.
156 O.V., in: Westdeutsche Allgemeine Zeitung v. 19.04.1993.
157 Zur Terminologie: Siehe Kapitel 4.
158 O.V., in: Ruhr-Nachrichten v. 19.05.1994.
159 Vgl. Becker 2010.
160 Vgl. Siegel 2003, S. 471.
161 Vgl. Siegel 2003, S. 468f.

2. KONZERTDRAMATURGIE, PROGRAMMGESTALTUNG UND ORCHESTERMARKETING

Dieses Kapitel thematisiert interdisziplinär den Terminus Konzertdramaturgie und dessen Bedeutungsspektrum und Rolle im Rahmen der Programmgestaltung, deren Struktur und häufig attestierte „Verflachung"[1] ebenfalls diskutiert werden. Außerdem werden potentielle, theoretisch ermittelte Erfolgsindikatoren für Programmgestaltung und Konzertdramaturgie auf- und gegenübergestellt. Das Kapitel wird abgeschlossen durch einen Überblick über Orchestermarketing samt einer Darstellung einer für diese Arbeit erforderlichen Spezifik von Programmgestaltung und Konzertdramaturgie.

2.1 KONZERTDRAMATURGIE: ETYMOLOGIE UND TERMINOLOGISCHER PROZESS; PROGRAMMGESTALTUNG

Der zusammengesetzte Terminus Konzertdramaturgie lässt sich wie folgt hinsichtlich seiner Wortherkunft deuten: Dem Konzert mit seinem vielschichtigen Bedeutungsspektrum liegt das lateinische Verb „concertare" zugrunde. Übersetzt bedeutet es sowohl wetteifern, kämpfen, streiten und disputieren sowie mit jemandem zusammenwirken.[2] Auf die (historische) und nationalspezifische Bedeutungsvielfalt des Konzertbegriffs[3] einzugehen, ist nicht Gegenstand dieser Untersuchung – der Terminus Konzertdramaturgie ist demnach nicht hinsichtlich des sich historisch ständig modifizierten Konzertbegriffs zu deuten. Vielmehr ist hier das Konzert als Konzertsumme, also als Konzertwesen zu verstehen:

> „Das Konzertwesen ist die historisch-systematische, strukturierte Summe aller Konzerte und Konzerttypen; es erscheint konkret jeweils in einem gegebenen, einerseits epochal bzw. nach Phasen, andererseits lokal, regional, national, international bestimmten Zeitraum, und ist dabei sozial (Klassen- und Schichtzugehörigkeit der Träger und des Publikums) wie ästhetisch-funktional (nach Anspruch, Erwartungshaltungen, Repertoires u.ä.) aufgefächert und differenziert."[4]

Für die – zunächst isolierte – Betrachtung und Analyse von Konzertdramaturgie sind v.a. ästhetisch-funktionale Differenzierungskriterien wie die Repertoirezusammensetzung als ein Ergebnis von Programmgestaltung und Konzertdramaturgie relevant. Die ortsgebundene Eingrenzung ist als Differenzierungskriterium für den Praxisbezug unabdingbar.[5]

---

1   Vgl. exemplarisch Kloke 2010, S. 9–13.
2   Vgl. Scherliess / Forchert 1996, Sp. 628.
3   Vgl. Schwab 1971, S. 19f u. Kalbhenn 2011, S. 26ff.
4   Heister 1996, Sp. 686.
5   Siehe Kapitel 1.4.3.

Konzert als Teil des Kompositums Konzertdramaturgie bezeichnet im weitesten Sinne den Anwendungsbereich dramaturgischen Handelns, der nicht auf der Theater- oder Opernbühne, sondern in einem nach obigen Differenzierungskriterien aufgefächerten Konzertwesen zu verorten ist. Innerhalb der etymologischen Betrachtung liegt der Fokus im Folgenden auf dem Begriff der Dramaturgie im Konzertwesen: der Konzertdramaturgie.

2.1.1 Dramaturgie in der Literaturwissenschaft

Der Begriff Dramaturgie, dessen literaturwissenschaftliche Behandlung sich hier auf für das Konzertwesen relevante Aspekte beschränkt, hat zunächst mehrere Bedeutungen und ist aus dem Substantiv Drama abzuleiten:

> „,Drama ‚Schauspiel‘, auch übertragen gebraucht im Sinne von ‚aufregendes, erschütterndes Geschehen‘: Das Substantiv wurde Ende des 16. Jahrhunderts aus gleichbed. Griech.-lat *drāma* (Grundbedeutung: ‚Handlung, Geschehen‘) entlehnt. Zugrunde liegt dieser Bildung griech. *drān* ‚tun, handeln‘, zu dem sich als Adjektiv griech. *drāstikós* ‚wirksam‘ stellt.“[6]

Der aus dem Dramenbegriff entwickelte Terminus Dramaturgie umfasst sowohl eine allgemeine als auch eine spezifisch-personelle bzw. berufsständische Komponente:

> „,Gestaltung eines Dramas; Tätigkeit des Dramaturgen‘ (Ende des 18. Jh.s von Lessing zu griech. *drāmatourgía* gebildet).“[7]

> „Dramaturgie, 1. a) Tätigkeit oder b) Büro des Dramaturgen; 2. Theorie von der Kunst und Technik des Dramas, v.a. im Hinblick auf die wirkungsästhetische Gestaltung;[...]“[8]

> „In ‚Dramaturgie‘ sind die altgriechischen Worte für Handlung ‚dran‘ und für das Werk ‚ergon‘ enthalten. Wenn man diesen zusammengesetzten Begriff übersetzt, bedeutet er so viel wie das Ins-Werk-Setzen der Handlung oder, etwas freier, die Bauform oder die Architektur der Handlung“[9]

> „Dramaturgie, 1. Wissenschaft von den Wirkungsgesetzen, Regeln und Bauformen des Dramas und seiner Gestaltung auf der Bühne [...] 2. Gesamtheit der an einem Theater, einer Fernsehanstalt u.ä. tätigen Dramaturgen [...] 3. Bearbeitung eines Theaterstücks, Films o. ä.“[10]

Für die Übertragung auf den Sektor des Konzertwesens ist neben der terminologischen Abgrenzung von einer „allgemeinen Dramaturgie" in Form o.g. „Gesamtheit" die Bedeutung – Gestaltung eines Dramas/Architektur der Handlung – von Interesse. Insbesondere dieser Gestaltungsaspekt ist hervorzuheben: Jegliche inhaltliche Fixierung im Rahmen eines Konzerts als dessen Programmgestaltung, die nicht willkürlich ist, sondern einer „Architektur", also Prinzipien oder Krite-

---

6   Dudenredaktion 2006, S. 154.
7   Ebenda.
8   Heinz 2007, S. 170.
9   Stegemann 2009, S, 10.
10   Wahrig 1981, S. 278.

rien als Resultat von Intentionalitäten entsprechender Verantwortlicher folgt, fällt unter diesen Gestaltungsaspekt.

Um die Bedeutung dieses Gestaltungsaspekts herausstellen zu können, ist der Dramaturgiebegriff zunächst im Rahmen seiner ursprünglichen Form zu untersuchen. Nachdem die „Forderung nach dramaturgischer Mitarbeit"[11] durch Johann Elias Schlegel 1747 explizit in seinem *Schreiben von Errichtung eines Theaters in Kopenhagen* aufkommt, wird der Dramaturgiebegriff von Gotthold Ephraim Lessing verwendet. Lessings Gebrauch des Dramaturgiebegriffs findet sich 1767 in seiner „Sammlung dramaturgisch-theaterkritischer Beiträge"[12] unter dem Titel *Hamburgische Dramaturgie*. In diesem Beitrag berichtet Lessing über die Aufführungen von Theaterstücken im Hamburgischen Nationaltheater, in dem er die berufliche Stellung als Dramaturg einnimmt. Für die Begriffsübertragung des Terminus Dramaturgie auf den Sektor des Konzertwesens sind repertoirespezifische und dispositorische Aspekte von Bedeutung: Die Kritik Lessings an dem nationalen „Führungsanspruch der französischen Bühnenautoren"[13] im Repertoire eines (National-)Theaters gewinnt, bezogen auf historische und aktuelle Programmgestaltungen im Musiktheater und im Konzert, an Relevanz. Im Musiktheater- und Konzertwesen sind entsprechende dramaturgische und v.a. repertoirebildende und programmgestalterische Entscheidungen erkennbar – bis hin zur Ausprägung als Politikum.

Der Dramaturgiebegriff wird ebenfalls in kontextualisierender Funktion verwendet, um strukturelle, funktionale und verbindende Merkmale von Werken und Aufführungen zu identifizieren und deren Wirkungen zu analysieren:

> „Dramaturgie beschäftigt sich mit den Kompositionsprinzipien, Strukturen und Funktionen von Texten für und in Aufführungen sowie mit den Abläufen, Strukturen und Funktionen von Aufführungen selbst, mit der beabsichtigten Wirkung von Schauereignissen."[14]

> „If ‚dramaturgy' is a term that suggests a concern with making connections and linking ideas within a larger structure, the dramaturg can seen to be a connecting force, involved in all aspects of performance-making, with a view to assisting in the process of finding cohesion in the artistic work."[15]

Die erste Aussage lässt sich auf das Konzertwesen übertragen, indem anstatt Texte Konzerte thematisiert werden. Hier wird die Differenzierung zwischen werkimmanenter Betrachtung und einer Betrachtung des gesamten Aufführungskontextes deutlich, die ebenfalls im Konzertwesen für eine exakte Darstellung des Dramaturgiebegriffs gültig ist. Auch das zweite Zitat legt eine Übertragung auf das Konzertwesen nahe durch die aufgeführten verbindungs- und zusammenhangsstiftenden Elemente, den Bezug und das Verhältnis einzelner Programmeinheiten zum Konzert und zur Konzertreihe sowie durch die Tätigkeitsbeschreibung des Dramaturgen.

---

11 Sandhack 2001, S. 301.
12 Henschen 1990, S. 315.
13 Ebenda.
14 Kotte 2005, S. 206.
15 Turner / Behrndt 2008, S. 170.

Außerdem erscheint der Dramaturgiebegriff in der Medien- bzw. Filmwissenschaft, in denen Dramaturgie neben ihrem literatur- und theaterwissenschaftlichen Vorbild v.a. unter den Gesichtspunkten von Struktur und Form begrifflich verstanden wird.[16]

Der Begriff des Dramas bzw. dessen Integration in den alltäglichen Sprachgebrauch stiftet zusätzlich terminologische Vieldeutigkeit: „Dramatische Ereignisse" und „dramaturgisch gelungene Auftritte" suggerieren – ohne exakten semantischen Bezug – eine von der Norm abweichende Situation.[17] Für die terminologische Verwendung des Begriffs Konzertdramaturgie sind solche Formulierungen irreführend – eine nachgewiesen stringente Konzertdramaturgie hingegen weicht von einem „dramaturgisch gelungenen Auftritt" eindeutig ab. Auch der Dramaturgiebegriff wird im alltäglichen Sprachgebrauch verwendet, indem Struktur und Ordnung von Ereignissen und Situationen jeglicher Art charakterisiert werden. Ob sie „(k)einer Dramaturgie folgen", also (k)einer eindeutigen Struktur und Ordnung – unabhängig von deren Motivation – folgen, entscheidet über die Wert- und Einschätzung jeweiliger Ereignisse und Situationen.[18]

2.1.2 Dramaturgie in der Theaterwissenschaft und im Musiktheaterkontext

In der Literatur- und Theaterwissenschaft erscheint der Dramaturgiebegriff einerseits im Analysekontext: Die dramaturgische Analyse kann sowohl textimmanent als auch unter der Berücksichtigung inszenatorischer Aspekte ihre Anwendung finden. Theaterwissenschaftliche Dramaturgie umfasst textimmanente Dramenanalyse. Darüber hinaus existieren verschiedene Formen von Dramaturgie, der der Theaterwissenschaftler Kotte drei Bereichen zuordnet: eine Dramaturgie des Schreibens, des Textes und des Produzierens.[19] Die Dramaturgie des Schreibens ist im Bezug zum Konzertwesen mit dem kompositorischen Prozess gleichzusetzen, der unter Berücksichtigung der jeweiligen Epoche verschiedenen Regeln folgen kann: Sowohl im Musiktheater als auch im Konzertwesen existiert eine werkimmanente musikalische Dramaturgie mit ihren vielfältigen Funktionen. Die Verwendung des Terminus „musikalische Dramaturgie" im Musiktheaterkontext suggeriert jedoch in Bezug auf die Werkkonstitution eine Dominanz der Musik im Vergleich zum Text.[20] Ein zentraler Unterschied zwischen dem theaterwissenschaftlichen Dramaturgiebegriff und seinem Pendant im Musiktheaterkontext besteht in dem Verhältnis zwischen Darstellungszeit und dargestellter Zeit: Durch Musik ist eine Ausdehnung der Darstellungszeit im Musiktheater möglich[21]. Diese

---

16 Vgl. Stutterheim / Kaiser 2009, S. 13ff und S. 278f.
17 Vgl. Stegemann 2009, S. 9, Dahlhaus 2001b, S. 551 und Dinger 1904/1905, Bd. 2., S. 288f.
18 Turner / Behrndt demonstrieren dies u.a. anhand der Dramaturgie von social events. Vgl. Turner / Behrndt, 2008, S. 37. Der Strukturierungsaspekt wird von Kotte anhand des Ablaufs eines Parteitages exemplifiziert. Vgl. Kotte 2005, S. 206.
19 Vgl. Kotte 2005, S. 203ff.
20 Vgl. Dahlhaus 2001b, S. 467
21 Vgl. Schmierer 2002, S. 421.

Form einer musikalischen und somit auch musiktheaterspezifischen Dramaturgie ist nicht eindeutig im Konzertwesen zu verorten. Dargestellte Zeit existiert hier lediglich in Ansätzen in programmatischen und sujetgebundenen Werken.

Auch die Dramaturgie des Produzierens lässt einen interdisziplinären Vergleich zum Konzertwesen zu: Produktionsbegleitend – also auch probenbegleitend – kann Dramaturgie den Theaterregisseur oder Orchesterdirigenten beratend unterstützen. Diese Form von Dramaturgie, „die das Verhältnis des einzelnen Vorgangs zum Ganzen der Inszenierung klärt"[22], ist ebenfalls im Konzertwesen von Bedeutung. Konzertimmanent ist das Verhältnis zwischen einer einzelnen Programmeinheit – z.B. einer Symphonie Beethovens – zu dem gesamten Programm eines Konzerts für eine dramaturgische Ausrichtung relevant. Im globalen Kontext von Konzertwesen ist die Relation zwischen einzelnen Programmeinheiten sowie deren Konzertreihen und der dramaturgischen Ausrichtung einer gesamten Spielzeit oder gar eines spielzeitenübergreifenden Mottos konzertdramaturgisch zu berücksichtigen.

Eine o.g. dramaturgische Analyse, für die in ihrem Anwendungsbereich im Konzertwesen nun statt Textimmanenz und Inszenierung musikalische Werkimmanenz und Interpretation konstitutiv sind, ist auch für das Konzertwesen relevant: Sie dokumentiert einerseits vorhandene Faktoren musikalischer Dramaturgie einer einzelnen Programmeinheit, also eines musikalischen Werks, im Konzert. Andererseits ist die intendierte Gesamtwirkung, die erst aus der expliziten Kontextualisierung in Form einer Einbettung in den Komplex einer Programmgestaltung resultiert, für das Ergebnis einer dramaturgischen Analyse ausschlaggebend.[23] Bezogen auf eine dramaturgische Analyse im Musiktheater stellt Dahlhaus das Auffinden von strukturstiftenden Elementen in den Vordergrund:

> „Unter einer dramaturgischen Analyse, die den Begriff des Musiktheaters beim Wort nimmt, wäre demnach der Versuch zu verstehen, sowohl im musikalischen als auch im sprachlichen Text einer Oper die Momente zu entdecken und zu akzentuieren, die für die Struktur des Werkes als Drama und Theaterereignis konstitutiv sind."[24]

Hier beinhaltet die dramaturgische Analyse eine Betrachtung und Hervorhebung von werkimmanenten Strukturen, die für das Werk als Drama konstitutiv sind, und zielt auf das Aufzeigen musikalischer (und sprachlicher) Dramaturgie. Konzertdramaturgische Analysen hingegen erfordern eine Loslösung von der Werkimmanenz durch das Aufzeigen von werk- und programmeinheitenübergreifenden Bezügen durch die Identifikation und anschließende Deutung kontextualisierender Merkmale.

Kontextualisierung ist also eine Voraussetzung für eine dramaturgische Analyse des Konzertwesens, die nicht auf die Dokumentation und Deutung werkimmanenter musikalischer Dramaturgie begrenzt ist.

---

22   Kotte 2005, S. 206.
23   In der Analyse des konzertdramaturgischen Befunds ist die durch eine Kontextualisierung hervorgerufene Gesamtwirkung zentral – werkimmanente musikalische Dramaturgie kann lediglich im Einzelfall Berücksichtigung finden.
24   Dahlhaus 1983, S. 9.

2.1.3 Berufsfeld Dramaturg

Der Berufsstand des Dramaturgen, der ursprünglich synonym mit dem eines Theaterdichters verwendet wurde[25], und dessen Tätigkeitsumfeld markieren die zweite Bedeutung des Begriffs:

> „,Dramaturg, literarischer Berater des Bühnenleiters' (18.Jh.); aus griech. *drāmatourgós* ,Schauspielmacher, -dichter' entlehnt (das Grundwort gehört zu griech. *érgon* ,Werk', vgl. Energie)"[26]

Diesem Aspekt ist die Beratungsfunktion zu entnehmen, die auch Dramaturgen in anderen Bereichen erfüllen, indem sie als „wissenschaftlich-künstlerischer Berater am Theater, auch bei Film, Funk und Fernsehen"[27] angestellt sind.

Das Tätigkeitsumfeld des Dramaturgen in Form einer Organisationseinheit ist auch Bestandteil des o.g. allgemeinen Dramaturgiebegriffs, zu dem die „dramaturgische Abteilung"[28] an einem Theater zählt. Neben den Beratungsfunktionen existiert ein vielschichtiges und v.a. sparten- und disziplinenspezifisches Aufgabenspektrum des Dramaturgenberufs.[29] Die folgende Beschreibung der Tätigkeit des programmierenden (Theater-)Dramaturgen ist für die Übertragung auf das Konzertwesen hilfreich:

> „It can often be the dramaturg's job to establish an overview and to build a sympathetic context for a performance or series of performances. This may mean selecting works that are interesting when considered in relation to each other, perhaps built around a particular show or project."[30]

Einerseits ist hier das Anliegen, einen Zusammenhang oder Kontext zu generieren, für die Übertragung auf das Konzertwesen von zentraler Bedeutung. Die Reichweite dieses Anliegens auch auf eine „series of performances" zu beziehen, ist andererseits ein Indikator für das Loslösen von einer werkimmanenten Betrachtung, die ebenfalls für die Begriffsbestimmung von Konzertdramaturgie von Bedeutung ist.

Im Musiktheater beinhaltet der Dramaturgiebegriff zwar auch Formen sprachlicher und musikalischer Dramaturgie – für eine Übertragung auf das Konzertwesen werden diese Aspekte jedoch in dieser Untersuchung ausgeblendet. Der Fokus liegt hier auf der Betrachtung der beratenden Funktion des Dramaturgen. Zusätzlich zu dieser wissenschaftlich fundierten Beratung von jeglichen Partizipierenden an einer Musiktheaterproduktion, also auch von Regisseuren, Bühnenbildnern und Kostümbildnern, fallen auch redaktionelle Aufgaben in das breit gefächerte Ar-

---

25 Vgl. Jacobshagen 2002, S. 142. Im Französischen existiert diese Bedeutung bis heute. Vgl. Jeune-Maynart 2007, Stichwort Dramaturge. Zur ähnlichen Verwendung des französischen Begriffs im 19. Jahrhundert: Siehe Larousse 1870, S. 1187.
26 Dudenredaktion 2006, S. 154.
27 Heinz 2007, S. 169. Auf die Rolle des Dramaturgen im Konzertwesen wird im Verlauf dieses Kapitels eingegangen.
28 Schmierer 2002, S. 421.
29 Siehe jeweilige Kapitel.
30 Turner / Behrndt 2008, S. 110.

beitsumfeld des Dramaturgen.[31] Sein Aufgabenspektrum kann jedoch auch ein Prüfen auf Inszenierbarkeit beinhalten. Weiter reicht das Aufgabenfeld eines Dramaturgen bis hin zu der expliziten Spielplan- und Programmgestaltung in Form einer Dramaturgie des Spielplans. Ferner umfasst es den Bereich von Öffentlichkeitsarbeit als einen Baustein des Marketingmanagement-Prozesses.[32]

Ein Prüfen auf die Inszenierbarkeit lässt sich auf das Konzertwesen nicht problemlos übertragen – Inszenierungen im Konzertkontext basieren in einem modernen Konzertverständnis darauf, die traditionelle Aufführungskultur aufzubrechen und strukturelle Faktoren des Konzerts wie Ort, Aufführungszeit, Aufführungsdauer und Ablauf im Rahmen innovativer Konzertformate stark zu modifizieren.[33]

Eine Dramaturgie des Spielplans im Musiktheater ist jedoch, auf das durch die Symphonik bestimmte Konzertwesen bezogen, übertragbar – hier repräsentiert durch das (konzert-)dramaturgische Instrument der Programmgestaltung. Der Spielplan ist sowohl im Musiktheater als auch im Konzertwesen der zeitlich und strukturelle Gestaltungsrahmen. Gemeinsamkeiten und inhaltliche Überschneidungen von einer Dramaturgie des Spielplans im Musiktheaterumfeld und im Konzertwesen ergeben sich darüber hinaus durch Kontextualisierungen.[34]

Öffentlichkeitsarbeit ist in die Kommunikationspolitik einzuordnen, die ein Marketinginstrument darstellt, entsprechende Fähigkeiten sind also Voraussetzung für den Dramaturgen.

Die Spielplan- und Programmgestaltung und die allgemeine hausinterne Beratungskomponente im Aufgabenspektrum des Dramaturgen können in Form von produktionsdramaturgischer Beratung samt „Einfluss auf die Regiekonzeption"[35] erweitert werden und im Verbund mit einer Funktion eines Lektors, der neue Werke auf „Bühnentauglichkeit und künstlerische Qualität" prüft, zusammengefasst werden: „Arbeit nach innen"[36] – oder negativ formuliert: „Rückzug nach innen"[37]. Jegliche redaktionelle Arbeit – auch explizit Öffentlichkeitsarbeit[38] – und kommunikationspolitische Kompetenzen samt möglicher inhaltlicher Legitimation und Vermittlung sind somit einer „Arbeit nach außen" zuzuordnen. Diese

---

31 Vgl. Ebenda.

32 Lukas 1994, S. 32.

33 Siehe Fein 2009, S. 211–218. Fein führt hier entsprechende Konzertsituationen an und benutzt den Terminus „RegieKonzert" für deren Charakterisierungen.

34 Siehe Kapitel 2.1. Im Musiktheater exemplifiziert Kehr die Notwendigkeit von Kontextualitäten statt reiner Willkür im Rahmen der Spielplandramaturgie anhand Carl Maria von Webers *Der Freischütz*: Diese Oper aufzuführen, da sie „nach 10 Jahren einmal wieder dran sei", sei nicht legitim, stattdessen eignen sich Berührungspunkte – als Form der Kontextualisierung – und der Fokus auf Einzelaspekte. Vgl. Kehr 1998, S. 123.

35 Jacobshagen 2002, S. 142.

36 Ebenda.

37 Rischbieter, 1980, S. 34. „Künstlerische Qualität" kann als Beurteilungs- und Bewertungskriterium mit verschiedenen Indikatoren auch im Kontext des Konzertwesens aufgefasst werden. Siehe Kapitel 2.1.10.

38 Vgl. Klein 2001, S. 78.

dichotome Einteilung wird jedoch nicht der Tatsache gerecht, dass jegliche nach „innen" gezielte dramaturgische Entscheidungen a priori Außenwirkung haben.

2.1.4 Musikdramaturgie – Konzertdramaturgie

Zunächst scheint der Transfer des Dramaturgiebegriffs – neben o.g. Übertragungsansätzen – auf den Bereich der Konzertdramaturgie über den ähnlichen Aufgaben- und Funktionsbereich eines Musikdramaturgen plausibel. Dass diese Herleitung jedoch lediglich zu einem allgemeinen Dramaturgiebegriff führt, sei wie folgt aufgezeigt. Die Verwendung des Begriffs des Musikdramaturgen ist nicht eindeutig:

> „Die klassischen Aufgaben des Musikdramaturgen, wie z.B. die konzeptionelle und beratende Begleitung einer Aufführung/eines Konzerts, die Besetzungsplanung, die produktionsbezogene Presse- und Öffentlichkeitsarbeit, die Beschaffung von Notenmaterialien, Kontaktpflege zu Künstlern, Betreuung der künstlerischen Gäste u.v.m., lassen selten eine Arbeit am Aufführungskontext zu (vgl. Jacobshagen 2002), auch wenn der Begriff Musikdramaturg am ehesten solch eine praxisorientierte, musikwissenschaftlich-künstlerische Forschungspraxis erwarten lassen würde."[39]

Dieser hier in der Kritik stehende mangelnde Bezug zum Aufführungskontext führt zu einer Distanzierung des in der Orchesterinstitution agierenden Dramaturgen von seinem Aufgabenfeld. Musikdramaturgische Innovationen durch eine Loslösung von einem traditionell geprägten Aufführungskontext ordnen sich einer Standardisierung unter, in der Variation durch interpretatorische Vielfalt erreicht wird.[40] Innovation und Variation können jedoch jenseits einer werkimmanenten Musikdramaturgie und trotz Standardisierung des Aufführungskontextes und der interpretatorischen Individualität durch konzertdramaturgische Bezüge im Rahmen der Programmgestaltung realisiert werden.

Wie im Musiktheaterkontext ist das Aufgabenfeld „Presse- und Öffentlichkeitsarbeit" klar dem Marketing-Management-Prozess zuzuordnen, es ist ebenfalls Bestandteil des vielfältigen Aufgabenspektrums eines Musikdramaturgen. Auch ist bei der obigen Auflistung von Aufgaben eines Musikdramaturgen ein fließender Übergang zu anderen Organisationseinheiten auffällig: Presse- und Öffentlichkeitsarbeit als klassische Marketingdisziplinen, der Umgang mit Notenmaterialien als zentrale Aufgabe des Notenwarts, Kontaktpflege zu Künstlern als kommunikationspolitische Aufgabe, die vom GMD unterstützt werden kann. Der Begriff des Musikdramaturgen bzw. der Musikdramaturgie fungiert so als diffuses Aufgabenbündel aus verschiedenen Organisationseinheiten im Orchester und lässt eine Konzentration auf die explizite dramaturgische bzw. konzertdramaturgische Kernfunktion nur im Konzeptions- und Beratungskontext zu. Auch aus der Perspektive des Marketings, das in der Praxis „häufig nur als Förderung des Kartenvertriebs oder als bloße Nebenaufgabe von Presse- und Öffentlichkeitsarbeit oder

---

39   Tröndle 2009, S. 22.
40   Vgl. Tröndle 2008, S. 139.

Dramaturgie"[41] fungiert, ist eine Definition und klare Zuordnung der Aufgabenbereiche nicht eindeutig. Diese Aufgabenbereiche können zu entsprechender Vernachlässigung und zu damit verbundenen Defiziten führen: Einerseits besteht die Gefahr, (Konzert-)Dramaturgie nur als untergeordnete Funktion einer Marketingabteilung aufzufassen, andererseits kann eine dramaturgische Organisationseinheit – auch allgemeine Dramaturgie genannt – der Konzeption und Durchführung von professionell ausgerichtetem Marketing im Sinne des Marketing-Management-Prozesses in einem modernen Marketingverständnis kaum gerecht werden.[42]

Aus dem Terminus der Musikdramaturgie und aus dem Aufgabenfeld des Musikdramaturgen sind die wie im Musiktheaterkontext vorhandene Beratungsfunktion und eine konzeptionelle Komponente hervorzuheben. Die konzeptionelle Komponente wird durch Programmgestaltung als Oberbegriff konzertdramaturgischen Handelns abgedeckt.

Der Begriff Musikdramaturgie findet ebenfalls Verwendung, um konzertdramaturgische Bezüge zu beschreiben und zu charakterisieren, indem Konzerte durch „eine dramaturgische Linie bzw. ein Motto"[43] verknüpft werden, um Distinktion, Positionierung und Identitätsfindung zu erzeugen – ausnahmslos ist dies jedoch nicht möglich: „Nicht jedes aufgeführte Werk kann [...] ‚dramaturgisch linientreu' sein".[44] Diese „Linien" bzw. „Mottos" fallen unter den Sammelbegriff der Kontextualisierung. Der Marketingbezug von dieser Form von Musikdramaturgie, der bereits durch die o.g. Identitätsfindung – im Sinne der Organisationsidentität bzw. Corporate Identity – erkennbar ist, wird durch folgende Feststellungen explizit:

> „Konzertreihen und Abonnements, die einer dramaturgischen Linie folgen und mit einem einprägsamen Namen betitelt sind, lassen sich besser vermarkten."[45]

Die mögliche Verbindung von einem „roten Faden" als dramaturgischem Faktor und Marketing wird auch aus der Praxisperspektive deutlich, indem ein Link zum Marketing angeführt wird.[46] „Dramaturgische Linien" und „rote Fäden" werden hier verwendet, um den intendierten Zusammenhang zwischen Konzerten, Konzertreihen oder Einzelkonzerten zu verdeutlichen, der die leistungspolitische Struktur der Programmgestaltung tangiert. Somit erzeugen (konzert-) dramaturgische Faktoren im Rahmen der Programmgestaltung einen Marketingbezug.

2.1.5 Terminologische Verwendung des Begriffs Konzertdramaturgie

Konzertdramaturgie erscheint explizit in der musikwissenschaftlichen und das Kulturmanagement thematisierenden Literatur nur vereinzelt:

---

41 Mertens 2010, S. 57.
42 Siehe Kapitel 2.2.
43 Frei / Scherz-Schade 2008, S. 22.
44 Ebenda S. 21f.
45 Scherz-Schade 2008, S. 11.
46 Vgl. Kalbhenn 2011, S. 226f.

„Die Konzertdramaturgie ist das musikwissenschaftliche Rückgrat der Programmplanung."[47]

Hier wird einerseits deutlich, dass Konzertdramaturgie eindeutig Bestandteil der – systematisch und historisch ausgerichteten – Musikwissenschaft ist. Andererseits deutet diese Formulierung darauf hin, dass sich Konzertdramaturgie von dem Begriff einer allgemeinen Dramaturgie emanzipiert und distanziert.[48]

Der Begriff Konzertdramaturgie findet außerdem ohne nähere einführende Erläuterung Verwendung, um ästhetische Ausrichtungen und Misch- und Zwischenformen von Konzertsituationen darzustellen – z.B. durch die Möglichkeit des Publikums, das Programm eigenhändig zu gestalten und außermusikalische Kontextualisierungen zu generieren. In der Praxis wird dies z.B. durch das „Kammerensemble Neue Musik" erreicht, indem Innovationen innerhalb der Konzertdramaturgie realisiert werden, diese Innovationen werden explizit nachgewiesen und einer „klassischen" Konzertsituation gegenübergestellt.[49] Dieses Beispiel zeigt auf, wie Konzertdramaturgie den konventionellen Aufführungskontext sprengen kann. Die angeführten außermusikalischen Kontextualisierungen, die z.B. durch das Aufgreifen aktueller politischer, ökonomischer und gesellschaftlicher Themen entwickelt werden, sind jedoch im Rahmen eines konventionellen Aufführungskontextes durchaus möglich und üblich.

Ebenfalls anhand einer Auflistung von Konzertsituationen werden von Fein verschiedene Faktoren für den „Bedeutungszuwachs" von Programm- und Konzertdramaturgie demonstriert:

„- Da ist zum einen der Ansatz der Musikvermittlung: Immer weniger Menschen [...] verstehen die Sprache eines Liederabends. Eine musiktheatrale Inszenierung eines Liederabends kann hier möglicherweise eine Brücke zum Zuhörer schlagen.

- Da ist zum anderen ein veritabler Marketing-Ansatz, der auf neue, junge oder verloren gegangene Publikumsschichten zielt: Besucherzahlen lassen sich mit neuen Ideen und mit spannenden oder zumindest spannend klingenden Konzertprojekten vielleicht steigern.

- Da ist drittens des Aspekt der Finanzierung: Wer innovativ programmiert und überraschend konzipiert, bekommt freundliche Briefe aus den Vergabestellen des Musikbetriebs.

- Da ist viertens der Aspekt der medialen Aufmerksamkeit, und die lässt sich nun einmal viel einfacher über das Einmalige und Neuartige erlangen."[50]

Aus diesen Faktoren wird die außermusikalische Bedeutung von Konzertdramaturgie – Programmdramaturgie wird hier synonym verwendet – expliziert: Musikvermittlung sowie Leistungs- und Kommunikationspolitik als Marketingkomponenten können durch Konzertdramaturgie forciert werden. Auch innermusikalisch führt Fein an die Bedeutung von Konzertdramaturgie heran:

„Ich spreche vom Ansatz des Konzertdramaturgen und des Musikkurators, der über die Konzertform nachdenkt, um ihr neue Nahrung zu geben; der dem Konzertleben aus einer inhaltli-

---

47 Mertens 2010, S. 135.
48 Dies wird v.a. bei der Einordnung von der Funktion von Konzertdramaturgie als Instrument der Programmgestaltung deutlich. Siehe Kapitel 2.1.7.
49 Vgl. Wildhage S. 56ff.
50 Fein 2009, S. 214f.

chen Auseinandersetzung mit der Kunst neue Impulse gibt [...]. Das kreative Potential in der Ausformulierung von konzertdramaturgischen Konzepten scheint mir jedenfalls unerschöpflich, und es bietet die Chance, als Programmmacher das zu tun, was der Musiker jeden Tag tut, wenn er die Noten von toten Komponisten spielt: die Musik zu befragen, also nach Berührungspunkten zur Gegenwart und unserer Gesellschaft zu suchen."[51]

Das breite Spektrum konzertdramaturgischen Handelns wird hier deutlich, die angeführten Berührungspunkte sind erneut unter dem Sammelbegriff Kontextualisierung zu verorten.

Die beiden Beispiele aus der Praxis verdeutlichen die stark ausgeprägte Relevanz der Kontextualisierung und Innovation im Bereich der Konzertdramaturgie. Kontexte können sich in diesem Zusammenhang direkt auf den Inhalt beziehen oder den Aufführungsrahmen von Konzerten tangieren. (Konzert-)Dramaturgie übernimmt die Funktion der Verknüpfung und Präsentation, die Genese von Leitfäden, und ist ein konstitutiver Faktor für die Programmgestaltung.[52]

2.1.6 Bisherige Ergebnisse – Ausblick

Der Etymologie und der Bedeutungsvielfalt der Begrifflichkeit von Dramaturgie sind für die definitorische Begriffsbestimmung von Konzertdramaturgie zusammenfassend folgende Aspekte zu entnehmen:

– Gestaltung und „Architektur", die aus dem literatur- und theaterwissenschaftlichen Dramaturgiebegriff folgt
– Dramaturgie als Oberbegriff für die Beschäftigung mit Strukturen und Funktionen des Konzerts und dessen Aufführungskontext
– Identifikation von verbindungs- und zusammenhangstiftenden Elementen im Konzertwesen
– Bezug und Verhältnis einzelner Programmeinheiten zum Konzert und zur Konzertreihe
– Beratungsfunktion eines Dramaturgen im Theater-, Musiktheater- und Konzertkontext
– Loslösen von werkimmanenter Betrachtung im Rahmen einer dramaturgischen Analyse
– Musikalische und außermusikalische Kontextualisierungen als Sammelbegriff für konzertdramaturgische Parameter
– Erreichen von Innovation und Variation trotz unveränderten Aufführungskontextes
– Erreichen von Innovation und Variation durch Modifikation des Aufführungskontextes
– Konzeption von Programmen in Form von Konzertprogrammierung

---

51   Fein 2009, S. 215.
52   Vgl. Kalbhenn 2011, S. 86, Siehe Kapitel 2.1.7.

- Lektorfunktion/Qualitätssicherung: Prüfen von Neuerscheinungen auf künstlerische Qualität und damit verbundene Selektion
- Dramaturgische Linie, Motto, Betitelung von
- (Konzert-)Aufführungen
- Konzertdramaturgie als musikwissenschaftliche Disziplin
- Reichweite, Bedeutungszuwachs, Potential und Möglichkeiten von Konzertdramaturgie.

Hierbei ist anzumerken, dass v.a. die Beratungsfunktion und die kommunikationspolitischen Aspekte wie PR und Öffentlichkeitsarbeit nur bedingt auf Konzertdramaturgie zu beziehen sind – vielmehr reihen sie sich in den Kontext der Organisationseinheit einer (allgemeinen) Dramaturgie ein. Im Fokus der konzertdramaturgischen Betrachtung stehen jedoch die Elemente Gestaltung und v.a. Kontextualisierung, deren Bedeutung jedoch erst im Rahmen ihrer Funktion als Instrument zur Geltung kommen – als Instrument der Programmgestaltung. Vorab lässt sich ein für das Untersuchungsziel relevanter Definitionsversuch von Konzertdramaturgie aus den bisherigen Ergebnissen ableiten:

Konzertdramaturgie ist das zentrale Instrument der Programmgestaltung, das ihre Bestandteile in Form musikalischer Einheiten durch die Generierung von Kontextualitäten verknüpft, um Stringenz und Kohärenz zu erzeugen und möglichst den künstlerischen und ökonomischen Erfolg von Programmgestaltung zu steigern.

2.1.7 Programmgestaltung als Oberbegriff konzertdramaturgischen Handelns

Programmgestaltung ist als Resultat eines historischen Prozesses zu sehen, der eng mit der Entwicklung des Konzerts und der des Konzertwesens verknüpft ist. Musikwissenschaftliche Darstellungen als Bestandteil des aktuellen Forschungsstandes über das Phänomen der Programmgestaltung sind überwiegend historisch ausgerichtet.[53] Systematische Darstellungen und Studien über einzelne Orchester widmen sich zwar nicht explizit der Konzertdramaturgie, weisen jedoch teilweise Kontext generierende Faktoren innerhalb der Programmgestaltung nach, im (methodischen) Fokus stehen jedoch eher Komponistenhäufigkeiten und ihre Deutung.[54]

---

53 Siehe Engländer 1961, Schwab 1971, Ringger 1972, Lichtenfeld 1977, Schwab 1977, Heister 1983, Salmen 1988, Heister 1996b, Kloke 2010, Kalbhenn 2011, Schaal 2012. Schaal widmet sich anhand einiger Bespiele jedoch auch aktueller Programmgestaltung.
54 Siehe Mueller 1951, Blaukopf 1986, Mark 1998, Mark 2002, Vogt 2002, Wildhage 2008, Kloke 2010, Kalbhenn 2011. Klokes und Kalbhenns Monographien beinhalten sowohl historische als auch systematische Aspekte der Programmgestaltung als musikwissenschaftliches Forschungsfeld. Blaukopfs Monographie steht exemplarisch für die Gattung Orchesterportrait, in der meist auch Programmgestaltung als Spezifikum des zu behandelnden Orchesters thematisiert wird. Muellers und Marks musiksoziologische Darstellungen zielen auf das quantitative Abbilden von Repertoireentwicklungen, dem sich auch Vogt und Wildhage annähern

Bei der Betrachtung der Programmgestaltung der Konzerthäuser stehen Eigenveranstaltungen im Vordergrund, die durch das hauseigene Orchester realisiert werden und in der Regel aus internen Entscheidungen von Verantwortlichen der Aufführungsstätte resultieren. Einen Einblick in entsprechende Praxissituationen ergibt sich aus der Interpretation des dramaturgischen Befunds sowie aus den entsprechenden Experteninterviews[55] – es können exemplarisch auch Programmgestaltungen durch externe Orchester, Solisten und Dirigenten Berücksichtigung finden.

Zunächst unabhängig von konzertdramaturgischen Bezügen ist die Programmgestaltung von Orchestern zu betrachten – ausgehend von folgendem Ansatz: Jegliche verpflichtende inhaltliche Fixierung von einer Abfolge von Werken und/oder Sätzen oder anderen musikalischen Einheiten ist als Programmgestaltung zu verstehen. Die inhaltlichen Fixierung wird in einem modernen Konzertverständnis nicht mehr selbstverständlich dem Publikum kommuniziert: Unter der Betitelung „concert sauvage" veranstaltet beispielsweise das Münchener Kammerorchester Konzerte, deren Programme und Interpreten dem Publikum vor Konzertbeginn nicht bekannt sind. Voraussetzung für die Auslastung solcher Konzerte ist jedoch das Vertrauen des Publikums gegenüber seinem Orchester.[56] Diese Konzerte sind jedoch als Ausnahme zu bezeichnen – Mitteilung und Kundgabe des Inhaltes eines Konzerts markieren die „konstitutiv bedingenden ‚Vorschriften'".[57]

Grundlegend widmet sich die Programmgestaltung der Frage, was wann wie und warum und in welcher Form und Abfolge von wem wo aufgeführt wird. Künstlerische, strukturelle, interpretatorische und personelle Aspekte der Programmgestaltung können in der Praxis je nach Orchesterinstitution, deren künstlerischer Ausrichtung, personeller Zuständigkeit und je nach sozialem, politischem und ökonomischem Umfeld stark variieren.

Die Verwendung des Terminus Programmgestaltung impliziert jedoch bereits die Selbstverständlichkeit, dass eine konzertimmanente Zusammensetzung und Abfolge von musikalischen Einheiten in eine organisatorische, höhere Einheit, in einem Programm, zusammengefasst sind. Formal lässt sich das Programm wie folgt charakterisieren:

> „Als Form des musikalischen Inhalts des Konzerts ist die Zusammensetzung mannigfaltiger einzelner Stücke zu einer relativen Einheit, zu einer Struktur, die Anfang, Ende und Reihenfolge verschiedener Teile festlegt. Dieses Programm als Form artikuliert schließlich das Programm als Formulierung, mündlich, oder, im entwickelten Konzert, schriftlich in Gestalt von Programmzettel oder -heft. So nennt es den musikalischen Gegenstand als Werk bei seinem

---

– hier jedoch unter anderen Forschungsprämissen: mit dem Fokus auf die Gesamtentwicklung eines Orchesters und dem auf „Neue Musik".
55 Siehe Kapitel 4.
56 Vgl. Frei 2008, S. 27.
57 Salmen 1988, S. 77.

Namen. [...] Das Programm gehört damit zu den Bedingungen, die das ‚Musikstück' zum ‚Werk' werden lassen."[58]

Folglich ist der Prozess einer Festlegung auf ein Programm, also der Prozess der Programmgestaltung, für die musikalische Aufführung von Musik von zentraler Bedeutung für das „Musikstück" und seine Transformation zum „Werk". Der Zweck eines Programms besteht unabhängig von den differenziert motivierten Zielen seiner Gestaltung in der Generierung und Vermittlung der inhaltlichen Informationen durch Vorankündigung, in der Förderung des entsprechenden (musikalischen) Verständnisses und in der Konstitution einer „quasi-juristischen Verbindlichkeit"[59] durch die Festlegung im Programm. Der erste Aspekt des Programmzwecks erzeugt explizit einen direkten kommunikationspolitischen Marketingbezug, indem Informationsgenerierung und deren Vermittlung die Beziehung zwischen Orchesterinstitution und Rezipienten konstituiert.

Grundlegend existiert für die Programmgestaltung kein allgemeingültiger Leitfaden, der als Anleitung oder Orientierung für deren (erfolgreiche) Durchführung fungieren könnte – einerseits wegen der Vielfältigkeit der Orchesterinstitutionen, andererseits wegen der Subjektivität der jeweiligen Programmverantwortlichen. Entsprechende Versuche, dennoch grundlegende Prinzipien programmgestalterischer Arbeit zu generieren, wurden von Schugk[60] unternommen: Neben einem institutionseigenen Stil bilden Variation und Innovation die Grundprinzipien einer „unter künstlerischen und teilweise auch gesellschaftspolitischen Gesichtspunkten objektiv notwendigen pluralistischen Spielplangestaltung"[61]. Variation und Innovation sind hier im produkt- und leistungspolitischen Marketingkontext zu verstehen. Neben programmatischer und stilistischer Innovation reiht sich explizit dramaturgische Innovation in ein Kategoriensystem von Orchestermarketing-Zielen in konkreter Form eines produktpolitischen Ziels ein.[62] Diesen sich eher der Marketingterminologie zugewandten Prinzipien stehen sich nach Kloke folgende Beobachtungen „heutiger, relevanter Konzert- und Musiktheaterprogramme oder allgemeiner Programmcharakteristika" gegenüber:

„1 Immanente Programmstringenz eines Programmsolitärs oder Einzelprojekts

2 Programmbedeutungen und –zusammenhänge über das Einzelprogramm hinaus

3 Inhaltliche und organisatorische Vernetzungen im jeweiligen Umfeld

4 Konkreter Programm-Einstieg geknüpft an musikimmanente oder außermusikalische Implikationen".[63]

Diese vier Aspekte sind eindeutig der Konzertdramaturgie zuzuordnen: Stringenz ist als Indikator konzertdramaturgischen Erfolgs interpretierbar[64], Bedeutungen

58   Heister 1983, S. 399f.
59   Heister 1996b, S. 65.
60   Schugk 1996, S. 180f.
61   Schugk 1996, S. 180.
62   Vgl. Schmidt-Ott 2011, S. 276.
63   Kloke 2010, S. 18.
64   Siehe Kapitel 2.1.10.

und Zusammenhänge in der Programmgestaltung fallen unter den Sammelbegriff Kontextualisierung. Insofern demonstriert diese (aktuelle) Beobachtung die wichtige Rolle von Konzertdramaturgie in der Programmgestaltung.

Um den Prozess der Programmgestaltung darzustellen, ist somit dessen zentrales Instrument, die Konzertdramaturgie, anzuführen: Programmgestaltung kann verschiedene Intentionalitäten und Ziele der jeweiligen Orchesterinstitution berücksichtigen[65] und verfolgen, die u.a. durch Konzertdramaturgie erreicht werden können. Ein Ziel von Programmgestaltung besteht unabhängig von einer möglichen Intention der Maximierung der absoluten Auslastung darin, die Anzahl der Zielgruppen durch Vielfältigkeit im Programm zu erhöhen.[66] Die Erhöhung der Zielgruppenanzahl tangiert den Marketing-Management-Prozess: Bereits die Identifizierung von Zielgruppen ist Bestandteil der Marktsegmentierung. Eine reine Ausrichtung nach der Maximierung von Zielgruppen birgt jedoch die Gefahr einer im künstlerischen Sinne willkürlich wirkenden Programmgestaltung, die jedoch durch den Einsatz von Konzertdramaturgie aufgehoben werden kann. Somit ist Konzertdramaturgie als ein Instrument im Rahmen der Spielplan-, Konzertreihen- und Programmgestaltung anzusehen, das Bezüge herstellt, Zusammenhänge jeglicher Art identifiziert und Kontextualisierung hervorruft.

Unabhängig von der allgemeinen Dramaturgie als Institution, Organisationseinheit und Tätigkeitsbeschreibung des Dramaturgen[67], die ebenfalls Einfluss auf Programmgestaltung nehmen kann, übernimmt Konzertdramaturgie in der Spielplan-, Konzertreihen- und Programmgestaltung der Orchesterinstitution folgende Rolle:

> „Hier [im Rahmen der Konzertdramaturgie (Anm. d. Autors)] wird abgewogen, geprüft und entschieden, welche Programmkonstellationen inhaltlich zusammenpassen, wo Beziehungen zwischen Werken und Komponisten liegen, wie thematische und inhaltliche Brücken geschlagen werden können. Welcher Komponist hat wann welchen runden Geburts- oder Todestag (z.B. Mozart-. Haydn-, Mendelssohn-Jahr)? Wo passt die Uraufführung eines zeitgenössischen Werkes hinein? Wie und mit welchen inhaltlichen Linien sollen die bestehenden Konzertreihen bestückt werden? Welche thematischen Schwerpunkte sollen hierbei gesetzt werden? Wie sollen bestehende Reihen weiterentwickelt und ggf. neu aufgebaut werden?"[68]

Die Rolle von Konzertdramaturgie hat im Rahmen der Programmgestaltung eine hohe Relevanz und entscheidet mit über deren Erfolg oder Misserfolg und damit häufig über den allgemeinen Orchestererfolg.

Inhaltlicher Zusammenhalt, Beziehungen zwischen Werken und deren Komponisten und zwischen anderen Werken und deren Komponisten sowie das Kreieren thematischer und inhaltlicher Brücken und Verbindungen und daraus resultie-

---

65 Siehe Kapitel 2.2.5.
66 Vgl. Theede 2007, S. 108 und S. 111: Hier dokumentiert Theede die Relevanz eines vielfältigen Programmangebots. Gar jeder Zielgruppe ihr eigenes Konzertformat zu erstellen, ist eine Forderung, die in einigen Orchestern der USA im Rahmen von Audience-Development-Bestrebungen auftritt. Vgl. Ellmenreich 2003, S. 7. Aufgrund immenser Marktforschungskosten erscheint diese Forderung in Deutschland und speziell im Ruhrgebiet als unrealistisch.
67 Siehe Kapitel 2.1.
68 Mertens 2010, S. 135.

render Kombinationen sind in komprimierter Form unter dem Stichwort Kontextualität – im musikalischen und außermusikalischen Sinn – als konzertdramaturgisches Instrument programmgestalterischer Arbeit zu verstehen. Die von Mertens
angeführten Fragestellungen eignen sich exemplarisch, um konzertdramaturgisches Handeln im Kontext der Programmgestaltung zu dokumentieren.

Die Programmgestaltung ist eingebettet in die Spiel- und Konzertplangestal-
tung einer Orchesterinstitution, die den globalen zeitlichen Rahmen der Konzerte
markiert. Im Unterschied zu Orchestern mit Musiktheaterverpflichtungen, die
mehrschichtigere Dispositions- und Planungsstadien erfordern, stehen Konzertreihen und Projekte als strukturstiftende Elemente im Vordergrund von Konzertorchestern.[69] Hier sind jedoch Spezifika zu berücksichtigen – etwa eine spezielle
Spielstättensituation, die raumakustische und repertoirespezifische Restriktionen
hervorrufen kann. Die im dispositorischen Zentrum stehenden Projekte und Konzertreihen, deren einzelne Organisationseinheiten – z.B. deren Konzerte – auch in
Doppelfunktion im Kontext von Projekt und Konzertreihe stehen können, werden
anhand verschiedener Kriterien entwickelt: Meist ist einer Spielzeit ein Titel oder
Motto zugeordnet, das mit Titeln einzelner Konzertreihen oder auch Einzelkonzerten inhaltlich korrespondiert. Diese Korrespondenz ist als ein konzertdramaturgisches Merkmal zu klassifizieren. Unabhängig von diesen Merkmalen ist jegliche Programmgestaltung stets mit einer Aussage verbunden, auch wenn man
konzertdramaturgische Bezüge nur marginal berücksichtigt:

> „‚Ein Programm zu haben' meint im Konzertbereich zunächst, mit den ‚auf das Programm
> gesetzten' Einzelstücken eine sinnvolle Verbindung untereinander herzustellen. Dabei um-
> reißt die Frage, welche Stücke oder Stoffe in welche Zusammenhänge gedacht oder gebracht
> werden, nur einen kleinen, jedoch nicht unwichtigen Teil der Programmdebatte. Darüber hin-
> aus ‚hat man ein Programm', wenn man mit den ausgewählten Stücken oder dem Gesamtpro-
> gramm eine Intention bezweckt. Da das Programm-Schema Einleitungsstück-Solistenstück-
> Symphonie als Phänomen so langweilig ist wie der Musik- und Konzertbetrieb selber, wird
> über den zweiten Aspekt zu reflektieren sein."[70]

Konzertdramaturgische Bezüge werden hier trotz der apostrophierten „langweiligen" Schemata (in der Praxis) als nicht unwichtig charakterisiert. Für die Programmgestaltung ist die Intention oder Aussage, die mit einer bestimmten Auswahl verbunden ist, von hoher Bedeutung. So kann die Einrichtung einer neuen
Konzertreihe per se eine Aussage oder Intention generieren, ohne konzertdramaturgische und verbindungsstiftende Bezüge wahrzunehmen. Bezogen auf die o.g.
Titel- oder Mottowahl einer Spielzeit ist bereits die entsprechende Formulierung
eines Titels oder eines Mottos Ausdruck einer Intention und mit einer Aussage
verbunden – ohne die möglichen einzelnen konzertdramaturgischen Bezüge zu
explizieren.

Generell ist jegliche Programmgestaltung strukturell durch die Veranstal-
tungscharakteristik eines Orchesters geprägt: Öffentlich getragene Orchesterinsti-

---

69   Vgl. Mertens 2010, S. 123.
70   Kloke 2010, S. 4.

tutionen präferieren „überwiegend den Veranstaltungstyp des Konzerts"[71]. Programmgestaltung richtet sich also primär auf diesen Veranstaltungstyp, der jedoch in Form von verschiedenen Konzerttypen sehr vielfältig ausgelegt werden kann. Im Zentrum der Orchesterinstitution liegt das Orchesterkonzert – meist repräsentiert und betitelt durch das Symphoniekonzert oder das philharmonische Konzert. Neben kammermusikalischen Konzerten und etwaigen Musiktheaterverpflichtungen existiert ein Konglomerat von Sondertypen von Konzerten und ganzen Konzertreihen, die sich einer eindeutigen Einordnung in einen Konzerttypenkatalog[72] entziehen. Das angeführte konzerttypologische Differenzierungskriterium „Gattung" ist im Konzertwesen bereits durch dessen historische Entwicklung nicht problemlos zu behandeln: Die Gestaltung von Konzertprogrammen fördert(e) Gattungsvielfalt – unabhängig von einer möglichen Standardisierung des Repertoires und den o.g. Aussagen von Kloke, Programmgestaltung sei nur eingeschränkt ausgeprägt oder wirke „langweilig". Gattungsrestriktionen und -hierarchien wurden und werden durch gattungsheterogene Programmgestaltung überwunden und durchbrochen.[73] Konzerttypologische Differenzierungskriterien – speziell im Hinblick auf den Innovationsgrad heutiger Konzertformate – sind individuell aufzustellen. Entsprechende (umfassendere) Kriterien in Bezug auf die Integration „Neuer Musik" in der Bundesrepublik Deutschland in den 80er Jahren entwickelt Heß: Neben nach traditionellen und konventionellen Schemata ablaufenden Konzerten mit oder ohne diese Integration existieren Konzerttypen mit innovativen Präsentations- und Aufführungsformen. Außerdem werden Konzerte angeführt, „die durch Programmierung musikalisch, strukturelle Zusammenhänge zwischen Werken herstellen"[74] – also Konzerttypen mit (stringenter) Konzertdramaturgie. Heutige Konzerte und Konzertreihen können jedoch trotz der Wahrung traditioneller und konventioneller Schemata – hierunter fällt die Programmabfolge: Ouvertüre, Solokonzert und Symphonie – konzertdramaturgisch stringent gestaltet sein. Diese Typologie kann jedoch trotz ihrer sinnvollen Funktion für die konzerttypologische Dokumentation der Integration „Neuer Musik" nicht universell sein. Sie wäre zu grob, um eine Einordnung der Vielfalt an allgemeinen Konzerttypen, Konzertreihen und Einzelkonzerten und v.a. ihrer enormen Vielfalt an jeweiligen Bezügen und Kontextualitäten zu gewährleisten. Wegen dieser Vielfalt ist eine Typologie sinnvoll, deren Differenzierungskriterien aus diesen Bezügen und Kontextualitäten abzuleiten sind – also eine Typologie mit konzertdramaturgischen (Differenzierungs-)Kriterien. Somit eignet sich ein konzertdramaturgischer Kriterienkatalog für die typologisierte Darstellung einer allgemeinen und unabhängig von Differenzierung nach dem Kriterium Konzerttyp ausgerichteten Programmgestaltung.

---

71   Theede 2007, S. 90.
72   Heinrichs / Klein und Theede thematisieren einen Katalog von Konzerttypen, deren Differenzierungskriterien v.a. anhand der Besetzung, Gattung, Veranstaltungsorganisation und „Musikrichtung" aufgestellt werden. Vgl. Heinrichs / Klein 2001, S. 165 und Theede 2007, S. 89f.
73   Vgl. Heister 1983, S. 66, Heister 1996, Sp. 698 und Böggemann 2007, S. 134f.
74   Heß 1994, S. 226.

2.1.8 Programmgestaltung: Konzertreihe

Konzertreihen bilden nach der globalen Spielplangestaltung das Grundgerüst programmgestalterischen Handelns, sie stellen in der Organisationshierarchie der Programmgestaltung die nächste Ebene dar. Inhaltliche und quantitative Ausprägungen – sowohl hinsichtlich der Reihenanzahl als auch hinsichtlich der jeweiligen Konzertanzahl – variieren je nach Orchestertyp, Spielzeitmotto und Projekten. Häufig sind den Projekten explizit eigene Reihen gewidmet oder deren inhaltliche Bestandteile werden in bereits vorhandene Reihen integriert.

Eine Konzertreihe lässt sich definieren als: programmgestalterisch-inhaltliche Organisationseinheit, die unter der Wahrung bestimmter identischer Merkmale in regelmäßig wiederkehrender Form im Rahmen eines Orchesterspielplans erscheint. Streng genommen sind konstitutive Vorgaben einer Konzertreihe bereits durch eine regelmäßige Wiederholung programmgestalterisch-inhaltlich identischer Einzelkonzerte erfüllt. Meist sind jedoch zwei Konzertaufführungen, die z.B. in Form von Symphoniekonzerten an zwei Tagen in der Woche realisiert werden, im Programm identisch, um kundenorientiert dem Publikum einen Ausweichtermin für den Konzertbesuch zu ermöglichen. Die oben angesprochenen Merkmale charakterisieren den Typ einer Konzertreihe, deren Vielfalt in deutschen Konzertinstitutionen stark ausgeprägt ist. Eine entsprechende Differenzierung und Typologisierung erscheint sinnvoll, um diese Merkmale herausstellen zu können: Theede rubriziert Konzertreihen unter den jeweiligen Titeln „veranstaltungsrahmenbezogen", „personen-/institutionsbezogen" und „programmbezogen", diesen Rubriken sind Reihentypen zugeordnet, deren Titel die inhaltliche oder intendierte programmgestalterische Ausrichtung darstellen.[75] Die Bezüge und inhaltliche Verknüpfungen und Verbindungen vieler Reihen sind durch Konzertdramaturgie hergestellt. Konzertdramaturgische Aspekte sind auch in einer „Konzertreihenkomposition" nicht zu vernachlässigen, viele Reihentypen sind analog zu einem Einzelkonzert aufgebaut: Die Abfolge der Organisationseinheiten einer Konzertreihe – also der Einzelkonzerte – entspricht der konzertimmanenten Abfolge. Somit ist die Programmgestaltung von v.a. neuen Konzertreihen mit der Spezifik der konzertimmanenten Programmgestaltung vergleichbar, wenn auch der Stellenwert neuer Konzertreihen aus Publikums- und leistungspolitischer Marketingsicht u.a. durch das Abonnementsystem deutlich höher ausfällt.

In das o.g. dreigliedrige Raster Theedes lassen sich verschiedene Konzertreihen integrieren, grundsätzlich sind der Programmgestaltung bzgl. der Konzertreihenprogrammierung kaum Grenzen gesetzt – solange diese mit der globalen inhaltlichen und v.a. künstlerischen Ausrichtung einer Konzertinstitution vereinbar sind.

---

75   Vgl. Theede 2007, S. 84f.

2.1.9 Programmgestaltung: Symphoniekonzert

Die Konzertreihe, die das inhaltliche und programmgestalterische Zentrum der Orchesterinstitutionen markiert, ist die symphonische Konzertreihe: der Typus des Symphoniekonzerts. Dieser Typus findet sich im programmgestalterischen Spektrum vieler Orchesterinstitutionen wieder und gilt als Aushängeschild der Orchester. Das Symphoniekonzert ist wegen der weltweiten Vergleichbarkeit[76] als Prüfstein bzw. interpretatorisches Qualitätskriterium anzusehen und ist integriert in das „städtische Unterhaltungsangebot, das einen Hauptfaktor im urbanen Kulturbudget ausmacht."[77] Die wichtige programmgestalterische Bedeutung des Konzertreihentypus Symphoniekonzert ist darüber hinaus wegen der historischen und musiksoziologischen Entwicklung ihrer Institution stark ausgeprägt.[78]

Meist[79] sind die Einzelkonzerte dieser Reihe mit „Symphoniekonzert", „Sinfoniekonzert" oder „philharmonisches Konzert" bezeichnet, durchnummeriert und bilden das programmgestalterische Fundament, das mit dem globalen Spielzeitenmotto oder mit der Spielzeitenüberschrift dramaturgisch direkt korrespondiert.

Der Terminus Symphoniekonzert ist jedoch nicht problemlos: Neben seinem o.g. Status als Konzertreihentyp existiert der Gattungsbegriff des Symphoniekonzerts – z.B. in der Symphonik Beethovens oder Bruckners – und die institutionelle Begriffsverwendung. Letztere erscheint in Form des Symphoniekonzerts als Idealtypus. Die Verwendung des Begriffs von Max Weber im Kontext von Konzerten resultiert nicht aus dessen „Äußerungen über Musik"[80], sondern ist das Ergebnis des Versuchs, „Grundbegriffe der Weberschen Soziologie"[81] auf die Musiksoziologie zu beziehen. Dahlhaus exemplifiziert dies anhand der sozialhistorischen Entwicklung der Institution des Symphoniekonzerts. Er führt deren charakteristische Merkmale an, die dadurch gekennzeichnet sind, „dass

- erstens Sinfonien das Rückgrat der Programme bilden;

- zweitens auch die übrigen Teile – die Ouvertüre und das Solokonzert – zum sinfonischen Stil tendieren;

- drittens die Instrumentalmusik sich zum Rang einer Kunst erhebt, die um ihrer selbst willen das ist;

- viertens die Hörer die Verhaltensnormen der ästhetischen Kontemplation – der selbst- und weltvergessenen Versenkung in musikalische Vorgänge – akzeptieren;

- fünftens Konzerte prinzipiell öffentlich und – gegen Bezahlung – allgemein zugänglich sind und

---

76 Vgl. Mark 1998, S. 162f.
77 Salmen 1988, S. 120.
78 Vgl. Kalbhenn 2011, S. 105ff.
79 Siehe Kapitel 3.
80 Dahlhaus 1981, S. 206
81 Ebenda.

- sechstens die Musik in geschlossenen, oft eigens für musikalische Zwecke gebauten Räumen, in Konzertsälen, gespielt wird. (Die Aufzählung ist durchaus nicht vollständig, genügt aber zur Demonstration des methodologisch Grundsätzlichen.)"[82]

Die Bezeichnung Idealtypus dient hier einer Beschreibung von Konzerten, die nicht alle Merkmale erfüllen, sondern sich auf eine wechselnde Auswahl dieser Merkmale stützen.[83] Dies ist auch für die Programmgestaltung der Konzertreihe des Symphoniekonzerts und deren Einzelkonzerte gültig, die sich an diesen Merkmalen orientieren kann. Der Anspruch, alle Merkmale zu erfüllen, kann und sollte in der Praxis eines modernen Konzertverständnisses nicht lückenlos erfüllt werden: Eine statische, konservative und v.a. hinsichtlich der Orchesterinstitutionen austauschbare Programmgestaltung wäre das Resultat. Die hier vorausgesetzte Abfolge Ouvertüre – Solokonzert (Pause)[84] – Symphonie ist das Ergebnis eines langwierigen Diskurses und ein Relikt der Auseinandersetzung zwischen Anhängern des solistischen und häufig virtuosen Instrumentalkonzerts und des reinen Orchesterkonzerts.[85] Diese Abfolge entspricht einer bis heute angewandten „Universalform"[86], deren Gültigkeit sich auf die symphonischen Konzertreihen erstreckt, und ist häufig Gegenstand für Kritik. Insbesondere die Konzertreihe der Symphoniekonzerte ist bzgl. ihrer Programmgestaltung von verschiedenen Seiten Kritik ausgesetzt. Ihr wird eine „quantitative Minderung" und „qualitative Verflachung"[87] sowie eine „kaum noch erträgliche Enge und Reizlosigkeit"[88] konstatiert. Ursachen für die in der Kritik stehende qualitative Verflachung sind – zumindest partiell – historisch bedingt: „Die Standardisierung der Programmabfolge und die Historisierung der Programme"[89] ab 1850 regten einen entsprechenden Normierungsprozess an, dessen Wirkung bis heute anhält und der durch eine falsch interpretierte Publikums- und Besucherorientierung[90] forciert wird. Da Publikumserwartungen wiederum aus diesem Normierungsprozess resultieren, ergibt sich durch eine starre Orientierung an diesen Erwartungen ein Kreislauf, der die Geschwindigkeit und Intensität dieses Prozesses noch steigert. Darüber hinaus sind Symphoniekonzerte auch leistungs- oder produktpolitisches Fundament der Orchesterinstitution, da sich ihre Abonnementstruktur als wichtiges Instrument der Kundenbindung hauptsächlich an dieser Konzertreihe orientiert. Die mittlerweile vielfältig modulierbaren Abonnementformen stützen sich auf die Reihe des symphonischen Konzerts. Programmgestaltung in symphonischen Konzerten ist demnach stets unter dem Trade-Off zwischen einer Berücksichtigung der Befriedigung des Abonnementpublikums auf der einen Seite und einer innovativen, vermittelnden und v.a. mit der mit dem aktuellen kulturpolitischen Anspruch ein-

---

82 Dahlhaus 1981, S. 207.
83 Vgl. Ebenda.
84 Zur Funktion der Pause: Siehe Heister 1983, S. 524f.
85 Vgl. exemplarisch: Kalbhenn 2011, S. 118f.
86 Kalbhenn 2011, S. 118.
87 Kloke 2010, S. 18.
88 Westphal 1966, S. 169.
89 Tröndle 2003, S. 20.
90 Siehe Günter / Hausmann, 2009, S. 16f.

hergehenden Programmgestaltung auf der anderen Seite zu betrachten. Die Funktion von Konzertdramaturgie manifestiert sich hier in der Erzeugung von Stringenz durch die Erzeugung o.g. Kontextualitäten – trotz eines etwaigen standardisierten und universalen Rahmens.[91]

Darüber hinaus existieren ebenfalls symphonische Konzerte, die nicht unter diesem Trade-Off zu betrachten sind: Wohltätige Konzerte oder Benefizkonzerte sind als funktionale Konzerte einzuordnen[92] und verfolgen die Zielsetzung der zweckgebundenen Maximierung ökonomischer Größen. Die Größen können intern ausgerichtet sein, z.B. durch die Einzahlung in Pensions-, Waisen- und Witwenkassen[93] oder als Fundraising-Maßnahme in Form der Akquisition von Geldleistungen für orchestereigene Projekte, z.B. einen Konzerthausbau oder andere strukturelle Investitionen. Externe Ausrichtungen dieser Größen liegen vor, wenn Geld- und Sachleistungen für Ziele externen Unternehmen und (wohltätige oder Non-Profit-)Organisationen akquiriert werden. Diese Konzerte sind häufig an ihrem Titel oder Untertitel, der explizit der entsprechenden Organisation oder ihren Projekten zuzuordnen ist, zu identifizieren. Unabhängig von interner oder externer Ausrichtung spielen Innovationsgrad, konzertdramaturgische Stringenz und Bildungs- und Vermittlungsorientierung in der Programmgestaltung dieser Konzerte eine untergeordnete Rolle. Im Vordergrund steht die „sichere ästhetische Anziehungskraft"[94], die heute meist durch eine konservative und konventionelle Programmgestaltung populärer (symphonischer) Werke erreicht wird. Solche Formen von (symphonischer) Programmgestaltung beinhalten im Extremfall verschiedene Formen von Bearbeitungen[95] oder Arrangements dieser populären Werke.

Die symphonische Konzertreihe ist generell eindeutig von den Symphonien Beethovens bestimmt, seine Symphonien sind elementar für die Programmgestaltung von Symphoniekonzerten – auch wenn deren Anteile am gesamten Repertoire historisch und personell bedingt erheblichen Schwankungen unterliegen.[96]

2.1.10 Erfolgreiche Programmgestaltung und Konzertdramaturgie

Nachdem eine terminologische und inhaltliche Einordnung der Begriffe Programmgestaltung und Konzertdramaturgie erfolgt ist, erscheint eine Darstellung und Deutung möglicher Kriterien zu ihrer Beurteilung und Einordnung sinnvoll. Aufgrund der Spezifik der einzelnen Orchesterinstitutionen und ihres individuel-

---

91 Standardisierung in der Programmgestaltung (Ouvertüre – Instrumentalkonzert – Symphonie) wird im Rahmen dieser Arbeit als ein konzertdramaturgische Merkmal klassifiziert – ebenso wie die Orientierung an dieser Standardisierung, die vorliegt, wenn mindestens zwei dieser Gattungen in entsprechender Abfolge verwendet werden.
92 Vgl. Heister 1983, S. 323.
93 Vgl. Heister 1983, S. 322f.
94 Heister 1983, S. 323.
95 Siehe Heister 1983, S. 444f.
96 Vgl. exemplarisch Kloke 2010, S. 50, Blaukopf 1972, S. 11, Mark 1998, S. 162f und Mark 2002, S. 27. Schwankungen sind nachgewiesen in Blaukopf 1986, S. 219.

len, organisatorischen, dispositorischen und personellen Umfelds ist eine allgemeingültige Sammlung entsprechender Kriterien fragwürdig. Um diese Spezifik und Individualität im Rahmen des Praxisteils berücksichtigen zu können, ist die Auseinandersetzung mit strukturellen Faktoren der jeweiligen Orchesterinstitutionen unabdingbar, um Kriterien und Indikatoren für die Beurteilung und Bewertung des Erfolgs und/oder der Qualität[97] von Programmgestaltung und Konzertdramaturgie zu identifizieren. Deshalb ergeben sich entsprechende Kriterien erst als ein Resultat des Praxisteils.

Der Qualitätsbegriff ist jedoch bzgl. seiner Interpretation und bzgl. seines spezifischen Anwendungsbereichs im Konzertwesen nicht eindeutig: Die Dominanz eines „anwenderbezogenen Ansatzes"[98], in dem Qualität dann vorhanden ist, wenn die Präferenzen der Nachfrager unabhängig von Produkteigenschaften erfüllt sind, ist im Konzertwesen ausgeprägt. Durch diesen Ansatz entsteht eine grundsätzliche Subjektivität in der Beurteilung von (künstlerischer) Qualität. Ansätze hinsichtlich eines reinen präferenz- und damit publikumsbezogenen Indikatorensystems sind für die Bewertung der künstlerischen Qualität von Programmgestaltung und Konzertdramaturgie somit nur bedingt geeignet. Das Instrument der isolierten Publikumsbefragung eignete sich für diesen Zweck aufgrund dieses Subjektivitätsbedenkens lediglich bei einer hohen Zahl von befragten Besuchern im Rahmen eines mehrstufigen Befragungszyklus.[99] Publikumsbefragungen als Instrument der Konzertpublikumsforschung dienen meist der Untersuchung der Publikumsstruktur, Besuchsmotivation und deren Voraussetzungen.[100] Die o.g. Problematik in Form von heterogenen Teilpublika verschärfte sich durch Pluralität hier zu analysierender Orchester.

Ausgehend von den Orchesterzielen[101] entwickeln sich die Kriterien und Indikatoren für eine quantifizierbare Beurteilung und Bewertung von Programmgestaltung und Konzertdramaturgie: Leistungs- und Sachziele, die z.B. die – zunächst als subjektiv zu charakterisierende – Qualität eines Konzerts beinhalten können, stehen v.a. marktspezifischen bzw. monetären Ziele wie Publikumszahlen, Auslastungsgrad, Budgetmaximierung und Konzertanzahl gegenüber. Diese Gegenüberstellung legitimiert eine grundsätzliche Differenzierung von Bewertungsindikatoren in einer quantitativen und qualitativen Komponente.

Hinsichtlich der Berücksichtigung einer **quantitativen Komponente** der Abbildung des Erfolgs von Programmgestaltung und Konzertdramaturgie steht ein begrenztes Instrumentarium zur Verfügung: An Kennzahlen wie Besucher- und Abonnementzahlen lassen sich zwar kurz- und langfristige Konzerterfolge ablesen; eine dementsprechende (Mono-)Kausalität, die sich z.B. in Form von der Erhöhung der Besucheranzahl durch das Etablieren einer neuen Konzertreihe als

---

97 Der Qualitätsbegriff ist hier nicht im ökonomischen Sinne zu verstehen, sondern markiert einen ästhetischen oder künstlerischen Wert von Musik. Vgl. Stöckler 2008, S. 276.

98 Vgl. Schwarzmann 2000, S. 162.

99 Vgl. ebenda, S. 163.

100 Vgl. Rhein 2009, S. 162ff. Entsprechende Studien zur Konzertpublikumsforschung werden hier vorgestellt und verglichen.

101 Siehe Kapitel 2.2.5.

Folge von Programmgestaltung manifestieren könnte, ist nicht gegeben. Stattdessen lässt sich jedoch eine allgemeine Tendenz in diesen Daten ablesen, wenn signifikante Veränderungen mit zeitlich gravierenden räumlichen, personellen oder programmgestalterischen Ereignissen übereinstimmen. Quantitative Indikatoren sind demnach auf die Institution Orchester zu beziehen und nicht auf die Programmgestaltung oder ihr Instrument Konzertdramaturgie. Der „Erfolg" von Programmgestaltung und Konzertdramaturgie ist eher den qualitativen Indikatoren zu entnehmen, er korrespondiert dann eher mit der künstlerischen Qualität. Der betriebswirtschaftliche Terminus Erfolg eignet sich auch innerhalb der öffentlich finanzierten Orchesterinstitution nur bedingt für die Beschreibung eines quantitativen Indikators.

Auf die Betrachtung der Orchesterziele zurückgehend, ergeben sich nach Schwarzmanns Controlling-Ansatz grundsätzlich dafür folgende Indikatoren: Veranstaltungsanzahl und Besucherzahlen als Bestandteile des Leistungsmengenbezugs sowie Output-, Wirtschaftlichkeits- und Inputindikatoren in Bezug auf monetäre Formalziele.[102] Veranstaltungsanzahlen, aufgefächert nach deren Typ, sind als struktureller Indikator für die Beurteilung der symphonischen Orchesteraktivität – z. B. in Relation zu Musiktheater- und Kammermusikveranstaltungen – denkbar. Im Rahmen eines auf eine Orchesterinstitution bezogenen „Zeitvergleichs" kann so eine absolute und relative Zu- oder Abnahme der entsprechenden Orchesteraktivität abgebildet werden, ein Vergleich mit anderen Kulturinstitutionen („Unternehmensvergleich") ist aufgrund der strukturellen Differenzen nur auf Oberflächenebene möglich.[103] Darüber hinaus konstituiert der Innovationsgrad der Programmgestaltung einen Indikator. Dieser zunächst qualitativ anmutende Indikator entsteht durch die anteilige Darstellung von innovativen Werken innerhalb von Konzerten, Konzertreihen oder Spielzeiten. Potentielle Subjektivität entsteht anfangs aufgrund der terminologischen Unschärfe, die der Begriff Innovation in diesem Kontext beinhaltet.[104] Im Rahmen des in dieser Arbeit verfolgten kontextualisierenden Ansatzes können die von Schugk genannten werkimmanenten Merkmale jedoch nicht berücksichtigt werden.

Absolute Besucherzahlen sind für einen Unternehmensvergleich ungeeignet, relative Besucherzahlen sind jedoch institutions- bzw. orchesterintern gut geeignet, um die Entwicklung von Auslastungstendenzen und quantitative Veränderungen in der Abonnementstruktur abzubilden. Indikatoren in Bezug auf monetäre Formalziele sind wegen der heterogenen Einnahmen- und Kostensituation ebenfalls für einen interinstitutionellen Vergleich nicht verwendbar.[105]

Zusammenfassend bleibt festzustellen, dass sich die Vielzahl an quantitativen Indikatoren für den Praxisteil als (sekundär-)statistisches Fundament eignet, um

---

102 Schwarzmann 2000, S. 166.

103 Vgl. Schwarzmann 2000, S. 166.

104 Vgl. Schugk 1996, S. 276. Hier werden für die Bewertung des Innovationsgrades im Konzertkontext Entstehungsjahr, Werkstruktur, Harmonik, Melodik, Rhythmus, Tonalität bzw. Atonalität, Instrumentierung und die Verwendung „bestimmter musikalischer Formen" angeführt.

105 Vgl. Schugk 1996, S. 281.

Tendenzen abzubilden, jedoch nicht, um eine eindeutige interinstitutionelle Vergleichbarkeit des Erfolgs von Programmgestaltung und Konzertdramaturgie zu erzeugen.

Die o.g. Probleme, die aus dem nicht eindeutig identifizierbaren Kausalitätszusammenhang von Programmgestaltung und Orchestererfolg resultieren, bestehen bei der Betrachtung der künstlerischen Qualität bzw. der **qualitativen Komponente** auf einer anderen Ebene: Eine eindeutige Bemessungsgrundlage für die Beurteilung und Bewertung von künstlerischer Qualität der Programmgestaltung ist nur schwer bestimmbar. Objektiv ist diese Form von Qualität im Gegensatz zur industriellen und Güterproduktion aufgrund der Relativität der individuellen Perspektive des Rezipienten und dessen Erfahrung und v.a. aufgrund nicht existierender Qualitätsstandards nicht mess- und bestimmbar.[106]

Analog dazu stellt sich die Situation der Konzertdramaturgie dar, deren künstlerische Qualität ebenfalls zunächst nicht problemlos abzubilden ist. Einen Ansatz für die Indikation künstlerischer Qualität führt Richter an, indem er „Beziehungen zwischen den Werken eines Konzerts sowie zwischen den Konzerten einer Spielzeit [...] und einen Zusammenhang zwischen dem früheren und heutigen Kulturleben"[107] als wesentliche Dokumentationsmerkmale für ein „gutes Programm" bezeichnet. Diese Beziehungen und Zusammenhänge sind eindeutig Bestandteile von Konzertdramaturgie, sie stellen Kontextualitäten dar. „Gute Programme" mit künstlerischer Qualität zeichnen sich somit durch eine im Sinne von Intentionalität und Kontextualität stringente Konzertdramaturgie aus, die als entsprechender Indikator fungiert. Das Dokumentieren dieser Stringenz eignet sich somit, um künstlerische Qualität abzubilden.

Ein weiterer Indikator ist in Rezensionen zu sehen, die sich aufgrund des „hohen Sachverstandes [von Musikexperten], der eine realistische Leistungs- und Qualitätsbeurteilung gewährleisten sollte"[108], für das Abbilden künstlerischer Qualität gut eignen: Konzertrezensionen stellen – isoliert betrachtet – zumindest eine (inter-)subjektive Größe zur Beurteilung künstlerischer Qualität dar. Entsprechende Rezensionen sind jedoch zu differenzieren, die Dokumentation künstlerischer Qualität erfolgt hinsichtlich der Interpretation z.B. durch Dirigent, Solisten und Orchester und im Sinne der Programmgestaltung und Konzertdramaturgie. Hier sind vor allem die Überregionalität der Zeitungen und ihr Grad des fachlichen (spezialisierten) Diskurses für die repräsentative Ausrichtung ihrer Rezensionen konstituierend.

Ebenfalls auf (inter-)subjektiver Ebene lassen sich durch die durchgeführten Experteninterviews[109] Einschätzungen über Kriterien von Programmgestaltung und Konzertdramaturgie ableiten.

Darüber hinaus fungieren (auch international) anerkannte Prämierungsinstitutionen – z.B der Deutsche Musikverleger-Verband e.V. (DMV) – als potentielle

---

106 Vgl. Schugk 1996, S. 271 und Wahl-Zieger 1976, S. 141f.
107 Richter 2007, S. 153, zitiert nach Mertens 2010, S. 138.
108 Schwarzmann 2000, S. 163.
109 Siehe Kapitel 1.3.

Indikatoren. Eine Auszeichnung durch das institutionelle Gremium des DMV stellt durch seine Reputation und vor allem bundesweite Erfassung der Orchester und deren Programmgestaltung, die eine Vergleichbarkeit ermöglicht, einen repräsentativen, qualitativen Indikator dar.

2.2 ORCHESTERMARKETING UND PROGRAMMGESTALTUNG

In diesem Kapitel werden der Terminus Orchestermarketing und v.a. dessen Entwicklung und Forschungsstand dargestellt. Dabei ist die Adaption des Prozesses des Marketing-Managements auf den zu untersuchenden Orchesterbetrieb und die Implementierung der Produkt- bzw. Leistungspolitik in diesem Prozess Voraussetzung für ihre Verknüpfung mit der Programmgestaltung und Konzertdramaturgie.

Für die Orchesterspezifik konzentriert sich die Darstellung marketingwissenschaftlicher Literatur auf den Non-Profit-Sektor. Der Übersicht halber sei einleitend auf allgemeine Marketingdefinitionen eingegangen, um den Prozess der terminologischen Hierarchie Marketing – Kulturmarketing – Orchestermarketing zu verdeutlichen. Die Bestandteile des Marketing-Managementprozesses werden anhand der Forschungsliteratur und v.a. anhand der Spezifik und Kriterien von lang- und kurzfristiger Programmgestaltung und Konzertdramaturgie betrachtet. Nach dieser allgemeinen und hierarchisch-terminologischen Darstellung, den konzertdramaturgischen Implikationen, die im Rahmen des Marketing-Managementprozess demonstriert werden, und der Darstellung der postulierten Verknüpfung von Programmgestaltung und Konzertdramaturgie mit der Produkt- bzw. Leistungspolitik wird der Marketingbegriff hier stets hinsichtlich seiner orchesterspezifischen Ausprägungen gedeutet.

2.2.1 Definitionen und Terminologie

Unabhängig von differenziert motivierten Marketingdefinitionen[110] entlang der etwa 100-jährigen Geschichte des Marketings und entsprechend vielfältiger interpretatorischer Ansätze wird die Beeinflussung von Austauschprozessen, denen Güter und Leistungen unterworfen werden, als Marketing bezeichnet. Trotz dieser unterschiedlichen Interpretationsansätze[111] des Terminus Marketing gilt folgende allgemeine Definition auch für den zu analysierenden Orchestersektor:

---

110 Vgl. Meffert / Burman / Kirchgeorg 2012, S. 10–12.
111 Wöhe unterstreicht den interdisziplinärem Ansatz von Marketing und gliedert den Terminus in drei Versionen: „(1) Marketing als Lehre von der optimalen Gestaltung des Absatzbereichs. (2) Marketing als (marktbezogene) Betriebswirtschaftslehre. (3) Marketing als selbstständige Wissenschaft" (Vgl. Wöhe 2008, S. 382).

> „Marketing ist ein Prozess im Wirtschafts- und Sozialgefüge, durch den Einzelpersonen und Gruppen ihre Bedürfnisse und Wünsche befriedigen, indem sie Produkte und andere Dinge von Wert erzeugen, anbieten und miteinander austauschen."[112]

In diese nicht ausschließlich markt- und unternehmensorientierte Definition lässt sich die institutionelle Orchesterspezifik ebenso implementieren wie in die einer Stakeholder-Orientierung[113] folgenden Definition der American Marketing Association, der ein „modernes und erweitertes Marketingverständnis"[114] zu Grunde liegt:

> „Marketing is an organizational function and a set of processes for creating, communicating and delivering value to costumers and for managing costumer relationships in ways that benefit the organization and its stakeholders."[115]

Die in dieser Definition enthaltene Stakeholder-Orientierung ist für den Non-Profit-Sektor ein zentraler Bestandteil des Marketings.[116] Stakeholder entsprechen im Orchesterkontext jeglichen betroffenen Anspruchsgruppen im weitesten Sinne wie etwa Publikum, Sponsoren und Politiker. In einer systematischen Darstellung in Form einer Komprimierung stellt die Stakeholder-Orientierung die höchste, komplexeste und v.a. wettbewerbsresistenteste Entwicklungs- bzw. Evolutionsstufe innerhalb der marketinghistorischen Entwicklung dar.[117] Der Austauschprozess zwischen Kulturanbieter und -Nachfrager z.B. in Form eines Publikums ist der zentrale Ausgangspunkt der Stakeholder-Orientierung. Des Weiteren existieren jedoch vielfältige Interessensgruppen – also Stakeholder –, die aufgrund ihrer stark variierenden Kontexte differenziert ermittelt, hierarchisch geordnet und bzgl. der Durchführung des Kommunikationsprozesses strategisch abgestimmt werden müssen.[118] Programmgestalterische und konzertdramaturgische Implikationen ergeben sich aus der Stakeholder-Orientierung, indem Interessensgruppen in programmpolitische Entscheidungen eingreifen – dieser Vorgang ist trotz künstlerisch und inhaltlich determinierter Zielsetzung im Rahmen bestimmter Konzerte legitimiert: Etwa bei Sonderkonzerten, (Gala-)Events und Weihnachts- und Silvesterkonzerten sind verschiedene Stakeholder aus Politik und Wirtschaft Gegenstand einer entsprechenden Orientierung, die sich auch inhaltlich, also konzertdramaturgisch, auf eine eher konventionelle und eine auf hohen Bekanntheitsgrad fokussierte Programmpolitik niederschlagen kann.

---

112 Kotler 2011, S. 39.
113 „Nach dem Stakeholder-Konzept (Harmoniemodell) hat die Unternehmensleitung die Aufgabe, die Interessen der Anspruchsgruppen im Verhandlungsweg zusammenzuführen und alle Stakeholder in angemessener Weise am Unternehmenshandeln und am Unternehmenserfolg teilhaben zu lassen." Bzgl. der strikten Anwendung dieses Konzepts nimmt Wöhe eine kritische Position ein: „Dieser ‚friedensstiftende Ansatz' ist zwar gut gemeint, aber schlecht zu realisieren. Er scheitert an unüberbrückbaren Interessensgegensätzen." (Vgl. Wöhe 2008, S. 56–57).
114 Meffert / Burmann / Kirchgeorg 2012, S. 12.
115 Zitiert nach Meffert / Burmann / Kirchgeorg 2008, S. 12.
116 Vgl. Klein 2005, S. 224ff.
117 Vgl. Munkwitz 2008, S. 28.
118 Vgl. Klein 2011, S. 99f.

Generic Marketing wird hingegen als „Beeinflussungstechnik angesehen, um bestimmte Ideen, die einen gesellschaftlichen Nutzen (z.B. Aufklärungskampagnen für Aids) stiften, zu verbreiten."[119] Unter diese Kategorie lässt sich Marketing innerhalb des Orchestersektors auf den Kompositionsprozess (Produktion) und die mögliche, intendierte Verbreitung eines aufzuführenden Werkes erweitern. Hinsichtlich der Reproduktion und Rezeption des zuvor komponierten Werkes im Konzertbetrieb ist die Stakeholder-Orientierung innerhalb der Marketinginterpretationen ausreichend und sinnvoll.[120] Die Berücksichtigung und Integration der Ziele bzgl. Interessens- und Anspruchsgruppen ist für die öffentliche Unternehmung elementar und für den Erfolg einer Institution maßgeblich verantwortlich. Beispielsweise ist die Bindung an einmal gewonnene Sponsoren oder Mäzene und deren intensive Kontaktpflege ein kommunikationspolitisches Marketinginstrument unter Berücksichtigung des Stakeholder-Ansatzes.

Ausgehend von dieser einerseits allgemeinen Marketingdefinition, die andererseits aber auch Anknüpfungspunkte für die Adaption auf den Non-Profit-Sektor bietet, ist jedoch ein konstitutiver Unterschied zu dem auf betriebswirtschaftlichen Gewinn oder dem Shareholder-Konzept[121] verpflichtete private (Kultur-)Unternehmung festzustellen: Neben den unterschiedlichen ausgerichteten Zielsetzungen ist der Forderung nach Kostenreduktion bei konstanter inhaltlicher Ausrichtung im Non-Profit-Sektor häufig nicht nachzukommen.[122]

Die (terminologische) Übertragung auf den Non-Profit-Sektor, in den nichtkommerziell agierende Kulturbetriebe wie die hier zu betrachtenden Orchester fallen, ist analog zu der Entwicklung der Ökonomie von Kulturgütern in der Volkswirtschaftslehre Gegenstand zahlreicher Betrachtungen: Zunächst sei auf Hasitschka und Hrutschka hingewiesen, die den allgemeinen Marketingbegriff auf Non-Profit-Organisationen, die sie als „Bedarfswirtschaften" definieren und konventionellen Erwerbswirtschaften gegenüberstellen, übertragen und terminologische und definitorische Probleme sowie verschiedene Abgrenzungskriterien darlegen.[123] Kulturmarketing erfährt in der Publikation von Günter und Hausmann eine praxis- und kommunikationspolitisch-orientierte Darstellung inklusive moderner Marketingmaßnahmen, die sich meist auf die Orchesterspezifik übertragen lassen.[124] Hier sei noch eine allgemeine Kulturmarketingdefinition angeführt, in der das (unveränderte) Produkt Ausgangspunkt für Marketingentscheidungen ist:

„Kulturmarketing ist die Kunst, jene Marktsegmente bzw. Zielgruppen zu erreichen, die aussichtsreich für das Kulturprodukt interessiert werden können, indem die entsprechenden Austauscheigenschaften (z.B. Preis, Werbung, Vertrieb, Service usw.) dem künstlerischen Pro-

---

119 Meffert / Burmann / Kirchgeorg 2012, S. 10.
120 Ur- und Erstaufführungen werden hier nicht anhand ihres „gesellschaftlichen Nutzens" analysiert.
121 „Nach dem Shareholder-Konzept hat die Unternehmensleitung die Aufgabe, unternehmerische Entscheidungen so zu treffen, dass die Einkommens- und Vermögensposition der Shareholder (=Eigenkapitalgeber) verbessert wird." (Vgl. Wöhe 2008, S. 55)
122 Vgl. Klein 2005, S. 39.
123 Vgl. Hasitschka / Hruschka 1982, S. 7ff.
124 Günter / Hausmann, 2012.

dukt bzw. der kulturellen Dienstleistung möglichst optimal angepasst werden, um dieses mit einer entsprechenden Zahl von Nachfragern erfolgreich in Kontakt zu bringen und um die mit der allgemeinen Zielsetzung des Kulturbetriebs in Einklang stehenden Ziele zu erreichen."[125]

Seit den 1980er Jahren hat sich Orchestermarketing – zunächst in den USA – als eigenständige Disziplin des Non-Profit-Segments innerhalb der Kulturbetriebswirtschaftslehre bzw. des Kulturmarketings etabliert.[126]

Im Gegensatz zu diesem allgemeinen Kulturmarketing existieren bzgl. der besonderen Spezifik einer Orchesterinstitution nur wenige monographische Darstellungen[127], die sich dem Themenspektrum Orchestermarketing und Orchestermanagement aus verschiedenen Blickwinkeln nähern: Schmidt-Ott überträgt US-amerikanische Marketingstrategien auf die deutsche Orchesterlandschaft. Ihm gelingt in seinen Vorüberlegungen eine präzise Definition von Orchestermarketing:

„Orchestermarketing ist die Aufgabe, die Beziehungen zwischen einem Orchester und seinen Anspruchsgruppen zu optimieren und nutzstiftend und dauerhaft die Bedürfnisse und Wünsche zwischen ihnen zu befriedigen."[128]

Giller[129] und Schugk[130] widmen sich der Thematik aus (betriebs-)wirtschaftswissenschaftlicher Sicht. In Theedes Darstellung, in der u. a. Publikumsorientierung innerhalb des orchesterspezifischen Marketings thematisiert wird, stehen Management und Marketing aus Sicht der Institution Konzerthaus als „kulturelles Veranstaltungsgebäude mit der vornehmlichen Funktion als konzertante Aufführungsstätte"[131] im Vordergrund. Einen Überblick über das breite Spektrum des Orchestermanagements und des Orchestermarketings bietet Mertens' Publikation[132] und Schmidt-Otts Darstellung[133] über Orchestermarketing als Bestandteil des Kulturmarketings.

Um die für die Orchesterinstitutionen zentralen Marketinginstrumente Produkt-, Programm- und Leistungspolitik herauszustellen, ist die Darstellung ihrer Zugehörigkeit und hierarchischen Stellung unter Berücksichtigung der o.g. postulierten Verknüpfung im (Kultur-)Marketing-Managementprozess zu beachten.

---

125 Klein 2004, S. 388.
126 Schmidt-Ott beschreibt die Übertragung der allgemeinen Marketingdefinition auf eine Definition von Orchestermarketing. Siehe Schmidt-Ott 1998, S. 35–40.
127 Schmidt-Ott 1998, Giller 1992, Schugk 1996, Theede 2007, Mertens 2010.
128 Schmidt-Ott 1998, S. 40.
129 Giller 1992.
130 Schugk 1996.
131 Theede 2007, S. 22.
132 Mertens 2010.
133 Schmidt-Ott 2011.

2.2.2 Spezifik des Marketing-Managementprozesses

Der allgemeine Kulturmarketing-Managementprozess, der sowohl für potentielle konzeptionelle Vorarbeiten für den Aufbau einer Orchesterinstitution als auch für den laufenden Betrieb im Orchestermanagement relevant ist, fungiert als Orientierungshilfe und Leitfaden. Marketing-Management wird generell eindeutig als „Prozess gesehen, der die Analyse, Planung, Durchführung und Steuerung umfasst, der Ideen, Waren und Dienstleistungen einschließt, der auf dem Konzept des Austausches fußt und dessen Ziel es ist, die Beteiligten zufriedenzustellen."[134] Auch diese definitorische Darstellung lässt sich auf den Non-Profit-Sektor übertragen – kulturmarketingspezifische Probleme können sich hier aus differenziert motivierten Faktoren ergeben.[135] Zur Präzisierung und wegen der Sonderrolle der Produkt- und Leistungspolitik als wichtigem Bestandteil des Marketing-Mix sei eine ausführlichere Definition von Marketing-Management angeführt, die explizit den Marketing-Mix als operatives Element beinhaltet:

> „Sämtliche Aufgaben und Aktivitäten des Marketings können zusammenfassend als ein eindeutig identifizierbarer Prozess der Willensbildung und Willensdurchsetzung gekennzeichnet werden. Das Marketingmanagement umfasst folgende rückgekoppelte Aufgaben: (1) Situationsanalyse, (2) Prognose, (3) Definition der Marketingziele, (4) Zielorientierte Ableitung der Marketingstrategie, (5) Festlegung des strategieadäquaten Marketing-Mix, (6) Gestaltung der Marketingorganisation zur Implementierung des Marketing-Mix und (7) Marketing-Controlling zur Erfassung der Erfolgswirkung und Initiierung eines Rückkopplungsprozesses mit allen Planungsstufen und Verantwortlichen."[136]

Beide (zunächst allgemeinen) Definitionen von Marketing-Management unterstreichen den dynamischen und komplexen Prozess, der „nie als Teilfunktion der Betriebsführung, sondern stets als umfassendes Management-Konzept institutioneller Beziehungen"[137] zu begreifen ist – dieses Postulat stößt jedoch häufig auf Widerstand, der v.a. aus Unkenntnis und einem mangelnden Verständnis von (modernem) Marketing resultiert.[138]

Ein weiterer Kritikpunkt ergibt sich aus dem hierarchischen Ansatz dieses „klassischen" Prozesses mit Modellcharakter, der von der Analysephase bis zum Marketingcontrolling reicht. Für die Orchesterinstitution stellt der Marketing-Managementprozess – wie oben erwähnt – eine orientierungsstiftende Hilfe dar, die jedoch auch unabdingbare, existentielle und auch praxisnahe Teilbereiche umfasst, die einer linearen und hierarchischen Struktur folgen. Der die obige Definition abschließende Rückkopplungsprozess, der durch das Marketingcontrolling

---

134 Kotler / Bliemel, 2006, S. 25.
135 Vgl. Klein 2005, S. 88ff.
136 Meffert / Burmann / Kirchgeorg 2012, S. 20.
137 Schmidt-Ott 1998, S. 115.
138 Marketing wird z. B. gleichgesetzt mit Werbung. Vgl. Meffert / Burmann / Kirchgeorg 2008, S. 879. (Kultur-)Betriebswirtschaftliche Terminologie und die Tendenz zu einer Besucherorientierung im Sinne der Servicepolitik sind häufig mit Vorurteilen behaftet. Marketingkritische Äußerungen waren im Kultursektor weit verbreitet. Vgl. Theede 2007, S. 31ff und Schmidt-Ott 2011, S. 266ff.

ausgelöst wird, sprengt die Linearität und löst die strenge Hierarchie zumindest partiell auf. Die programmgestalterischen und konzertdramaturgischen Implikationen und Wechselwirkungen tragen außerdem zu der Dynamisierungsentwicklung bei, indem sie viele Teilbereiche des Marketing-Managementprozesses tangieren und direkt und indirekt beeinflussen können.[139]

In den folgenden Abschnitten wird der (strategische) Kulturmarketing-Managementprozess dargestellt und hinsichtlich seiner für die Orchesterinstitution und Konzertdramaturgie erforderlichen Modifikationen angepasst. Es wird in diesem Zusammenhang generell differenziert zwischen Transaktionsmarketing, das sich lediglich dem Austausch von Gütern und Dienstleistungen widmet, und dem für den Kultur- und insbesondere Orchesterbereich relevanten Beziehungsmarketing, das dem Stakeholder-Konzept folgt. Hier werden neben dem Güterautauschprozess auch die Beziehungen der beteiligten Partner untereinander analysiert. Kunden- und Netzwerkbildung innerhalb der verschiedenen Anspruchsgruppen basieren im Beziehungsmarketing auf dem „Aufbau von Vertrauen als Grundvoraussetzung jeder dauerhaften Beziehung."[140] Die für den Kultursektor überaus wichtigen Anspruchsgruppen legitimieren in diesem Zusammenhang die institutionelle Gültigkeit der für den Orchesterbetrieb zuvor als Stakeholder-Ansatz bezeichneten allgemeinen Marketingdefinition – auch wenn „sich z. B. zwischen Konsumgütermärkten, industriellen Märkten, internationalen Märkten, und Non-Profit-Märkten [Unterschiede zeigen]."[141]

2.2.3 Organisationszweck und -Identität

Ausgehend von einem kulturspezifischen Marketing-Managementprozess[142] ist der **Organisationszweck** für die Kultur- bzw. Orchestereinrichtung konstitutiv[143]: Das Mission Statement ist für den Erfolg einer langfristig agierenden Organisation unentbehrlich. Neben seiner Funktion als „das alles beeinflussende Oberziel"[144] der Orchestereinrichtung wird das Mission Statement mit „Orchesterphilosophie" gleichgesetzt, personifiziert und als Referenz- und Kontrollinstitution deklariert. Im Mittelpunkt steht hierbei die „,Persönlichkeit' des Klangkörpers hinsichtlich der spezifischen, historisch gewachsenen Denkschemata und Handlungsmuster

---

139 Die Darstellung des möglichen Einflusses von Konzertdramaturgie auf die Bausteine des orchesterspezifischen Marketing-Managementprozesses erfolgt im Anschluss an die jeweiligen Unterkapitel.

140 Meffert / Burmann / Kirchgeorg 2012, S. 43.

141 Kotler / Bliemel 2006, S. 26.

142 Vgl. Klein 2005, S. 97.

143 Die Existenz eines Mission Statements sichert auch konzeptionelle und organisatorische Vorteile sowie eine „mittelsparende und ergebnisoptimierende Vorgehensweise." (Vgl. Scheuch 2007, S. 478) „Das Mission Statement sollte sich dabei auf die unbedingt notwendigen ‚Schlüsselworte' fokussieren, die kommuniziert werden müssen." (Heinrichs / Klein 2001, S. 278)

144 Klein 2005, S. 101. Vgl. Klein 2011, S. 102.

seiner Mitglieder [...]; er umfasst sowohl Bereiche der musikalischen Tradition, der Klangideale und programmatischen Schwerpunkte als auch der strukturellen Organisation der künstlerischen Arbeitsabläufe"[145]. Die v.a. langfristige Programm- und Programmreihengestaltung korrespondiert so auf direktem Wege mit dem Mission Statement und unterstreicht die dortige Existenz einer ökonomisch-immanenten Komponente.[146] Die Formulierung eines Mission Statements, das sowohl eine Innen- als auch eine Außenwirkung entfaltet[147], gibt so einerseits ein inhaltliches Handlungsspektrum vor, in das auch konzertdramaturgische Prozesse und Merkmale sowie Entscheidungen einfließen. Andererseits sind besonders akzentuierte und langfristig wirkende konzertdramaturgische Vorgaben – z.B. für Festivals und Projekte bestimmter musikalischer Gattungen und Sparten – für die Spezifizierung eines Oberziels bzw. Mission Statements unabdingbar.

Der Aufbau und die Pflege einer **Organisationsidentität**, die Corporate Identity genannt wird und auch als Bestandteil einer Zielsetzung im Kulturmarketing fungieren kann, sind ebenfalls konstitutiv für die Kultur- und v.a. Orchesterinstitution, um Wiedererkennbarkeit und Einzigartigkeit – auch im programmatischen Geflecht einer hohen Orchesterdichte – zu garantieren. Häufig vollzieht sich dieser Prozess in der Orchesterinstitution in enger Absprache mit der Öffentlichkeitsarbeits- bzw. PR-Abteilung, in der die Instrumente „Corporate Design (z.B. Farben, Schrift, Produkte), Corporate Communications (z.B. Anzeigen, Kundenmagazin, Slogan) und Corporate Behaviour (z.B. Auftreten, Umgangston)"[148] Verwendung finden. Ein von der Konzertdramaturgie ausgehender Einfluss auf diesen Prozess ist z.B. durch die Vermittlung des künstlerischen Profils an die Öffentlichkeit evident. Diese Vermittlung ist auch als konzertdramaturgische Subfunktion aufzufassen. Mission Statement und Corporate Identity sind die Bestandteile des ersten Komplexes des strategischen Kulturmarketing-Managementprozesses und markieren die „grundsätzliche inhaltliche Orientierung einer Kultureinrichtung."[149] Neben der reinen Produktorientierung im öffentlichen Kulturbetrieb wird durch den Einsatz von Marketing angestrebt, die Bedürfnisse und Präferenzen der Konsumenten zu berücksichtigen und so die Besucherorientierung zu verstärken. Die Relation von Produkt- und Besucherorientierung kann ein institutioneller Faktor innerhalb der Programmgestaltung und Konzertdramaturgie und der universellen künstlerischen und (kultur-)betriebswirtschaftlichen Profilierung und Ausrichtung sein. Besucherorientierung ist terminologisch jedoch stets zu differenzieren: in eine rein künstlerisch-ästhetische Komponente und eine Komponente der Servicepolitik als Bestandteil des Marketing-Managementprozesses. Die erste Komponente bietet Spielraum für eine negative Konnotation, indem die Programmgestaltung lediglich auf Publikumspräferenzen ausgerichtet sein kann. Be-

---

145 Schmidt-Ott 1998, S. 129.
146 Auf (Ober-)Ziele von Orchesterinstitutionen und ihre die Konzertdramaturgie beeinflussenden Wirkungen wird im Kapitel 2.2.5 eingegangen.
147 Vgl. Klein 2011. S. 102.
148 Klein 2005 S. 115 und Fritzsche 2003, S. 25.
149 Klein 2005, S. 96.

sucherorientierung als Bestandteil der Servicepolitik hingegen ist stets positiv konnotiert.

2.2.4 Analyse

Ein weiterer Komplex bzw. Baustein besteht in der Analysephase, in der neben der Nachfrageanalyse sowohl interne als auch externe Parameter Berücksichtigung finden. Im Rahmen der Analysephase existiert eine terminologische Unschärfe, die aus der Vielzahl[150] an teilweise kongruenten und teilweise gegensätzlichen Begriffen resultiert. Auf einige entsprechende Ausprägungen sei im Folgenden hingewiesen: Die für die Kultureinrichtung unabdingbare Untersuchung von Eigenschaften und Präferenzen der Besucher sowie deren strukturelle und verhaltensorientierte Merkmale finden im Rahmen der Nachfrageanalyse statt.[151] Die Nachfrageanalyse setzt Informationen aus Markt- und Publikumsforschung voraus. Trotz der teilweise hohen Kosten, die eine entsprechende Datenerhebung verursachen kann, hat sich die Legitimation der Marketing- und Marktforschung auch im Non-Profit-Sektor etabliert, da „sich in zunehmendem Maße die Erkenntnis durch[setzt], dass auch [den Non-Profit-Organisationen] die Marketingforschung nützen kann."[152] Die Konkurrenz-, Umwelt- und Beschaffungsanalyse beinhalten externe Faktoren. Für die v.a. langfristige Programmgestaltung und Konzertdramaturgie ist die Unternehmungsanalyse relevant, in der explizit die Inhalte des Konzertangebots Beachtung finden.[153] In der Konkurrenzanalyse[154] steht die Gewichtung der Präferenzen der Konsumenten hinsichtlich ihrer Freizeitgestaltung im Zentrum, hier werden die konkurrierenden Freizeitgestaltungsmöglichkeiten, die sich dem Konsumenten bieten, differenziert analysiert. Diese gezielte Beobachtung der direkten Konkurrenz ist für einen öffentlichen Kultur- und Orchesterbetrieb, dessen Ziel nicht in der Gewinnmaximierung besteht, äußerst bedeutsam, um z.B. einen hohen Auslastungsgrad der eigenen Institution zu

---

150 Vgl. Schmidt-Ott 1998, S. 116ff, Giller 1992, S. 53ff und Klein 2005, S. 183ff.

151 „In der Praxis zeigt sich, dass die Aufmerksamkeit der Manager von Kunstinstitutionen im wesentlichen nach innen gerichtet ist.[...] Die Bemühungen, die eigenen Kunden kennenzulernen, halten sich dagegen in Grenzen. Eine Zusammenarbeit zwischen Sinfonieorchester und Marktforschungsinstituten muss im deutschsprachigen Raum als Ausnahmesituation betrachtet werden." (Giller 1992, S. 53)

152 Kotler / Bliemel 2006, S. 202.

153 Vgl. Giller 1992, S. 89f.

154 Giller führt verschiedene Formen von Konkurrenz in hierarchischer Form an: Generische Konkurrenz, Produktform- und Unternehmungskonkurrenz. (Vgl. Giller 1992, S. 74) Für die hier zu analysierenden Orchester existiert direkte Unternehmungskonkurrenz meist nicht, da die Städte über ein Symphonieorchester verfügen. Zeitliche innerstädtische Überschneidungen mit anderen symphonischen Darbietungen finden in der Regel nicht statt. Jedoch erzeugen Symphoniekonzerte in Partnerstädten im Ruhrgebiet aufgrund der geringen räumlichen Distanz zu anderen Großstädten (Bspw. Essen – Bochum – Dortmund) eine Form einer erweiterten Unternehmungskonkurrenz. Theede betitelt diese Formen der Konkurrenz mit Kern-, Sparten- und Kultur- bzw. Freizeitkonkurrenz. (Vgl. Theede 2007, S. 55)

realisieren und damit die Inanspruchnahme öffentlicher Mittel und Sponsoring-Finanzierung zu legitimieren. Juristische, finanzielle und technische Rahmenbedingungen sowie demographische und soziologische Entwicklungen sind für die Umweltanalyse charakteristisch.

Der Beschaffungsanalyse, in der ebenfalls externe Parameter berücksichtigt werden, liegt die Untersuchung institutionsspezifischer Teilmärkte wie Personal- und Finanzierungsmarkt zugrunde. Diese Märkte unterliegen kameralistischen Restriktionen und bedürfen einer gesonderten Investitions- und Finanzierungskonzeption und Durchführung.

Zu den internen Analysen zählen die Potential- und Zielanalyse, in denen potentielle Stärken und Schwächen in Relation gesetzt werden und auch konkrete (Teil-)Ziele präzisiert aufgegriffen werden. Durch Operationalisierung stehen entsprechende Ergebnisse den Kontroll- und Erfolgsinstanzen zur Verfügung.[155]

Die Synthese von Umwelt- und Potentialanalyse ist auch unter dem Terminus SWOT-Analyse[156] bekannt: Stärken und Schwächen werden sowohl extern als auch intern anhand möglichst objektiver Kriterien quantitativ beurteilt.[157]

Die Portfolio-Analyse hat sich innerhalb des strategischen Kultur- und Orchestermarketings etabliert: Die einzelnen Produktkernkategorien, die z.B. aus Konzerten und Opernaufführungen bestehen, werden in *Strategische Geschäftseinheiten* gegliedert, die in einer Matrix entsprechend ihrer Ausprägungen *Marktwachstum* und *relativer Marktanteil*[158] dargestellt werden können. Das Ergebnis des Adaptionsprozesses von Produktkernkategorien innerhalb der konzertdramaturgischen Konzeption zu *Strategischen Geschäftsfeldern bzw. -Einheiten*[159] bietet eine messbare Größe in der Programmgestaltung, die eine orchesterimmanente und -übergreifende Vergleichbarkeit generiert.[160]

2.2.5 Marketingziele

Im Gegensatz zu dem rein privatwirtschaftlich ausgerichteten Marketing, dessen Marketing-Zielsetzung häufig ökonomisch ausgerichtet ist, ist ein entscheidendes Legitimations- und v.a. Beurteilungskriterium des Kultur- und Orchestermarketings nicht problemlos zu definieren.

Die (Ober-)Zielsetzung ist im öffentlichen Kulturbetrieb zusätzlich inhaltlich determiniert und wird – wie oben dargestellt – im Mission Statement präzise und knapp formuliert. Innerhalb eines Orchesterbetriebs existiert eine Zielsetzung, die

---

155 Orchesterspezifische Kontroll- und Erfolgsinstanzen: Siehe Kapitel 2.1.10.
156 **S**trenghts, **W**eaknesses, **O**ppurtunities, **T**hreats.
157 Vgl. Klein 2005, S. 183ff.
158 Relativer Marktanteil = Quotient aus eigenem Marktanteil und Marktanteil des größten Mitbewerbers.
159 Vgl. Meffert / Burmann / Kirchgeorg 2012, S. 255. Programmgestalterische und konzertdramaturgische Details hinsichtlich der Segmentierung der Programmstruktur im Konzertwesen sind im Kapitel 2.1 dargelegt.
160 Z.B. in Form einer symphonischen oder philharmonischen Konzertreihe.

„Kontroll-, Koordinations- und Motivationsfunktionen"[161] erfüllt. Folgende Komponenten sind in dieser orchesterspezifischen Zielsetzung enthalten:

– Leistungs- und Sachziele, die z.B. anhand der Qualität der Aufführungen auszumachen sind („An erster Stelle steht eine künstlerisch möglichst hohe Qualität der Aufführungen und Produktionen (‚performance excellence')"[162]; Produktinnovationen können neben ihrer Bedeutung innerhalb der Produktpolitik bereits Bestandteil der allgemeinen Marketingzielsetzung sein[163]),
– marktspezifische (Formal-)Ziele/monetäre Ziele wie Umsatz, Marktanteil, Auslastungsgrad,
– finanzielle Ziele, zu denen Produktivität, verantwortliche Budgetierung und Akquisition von Spenden und Sponsoren zählen,
– personalspezifische Ziele (Mitarbeiterorientierung und -Zufriedenheit),
– pädagogische Ziele (Education-Programme)[164],
– gesellschaftliche und psychografische Ziele, die z.B. aus Kundenbindung, Akzeptanz und Prestigeerfolg bestehen,
– stakeholder-bezogene Ziele.[165]

Diese Zielsetzung beinhaltet also sowohl qualitative als auch quantitative und quantifizierbare Komponenten, deren Korrelationen positiv und negativ ausfallen können.[166] Die dogmatische Sachzieldominanz[167] in öffentlichen Orchesterinstitutionen weicht also bereits wegen der quantitativen Fülle an potentiellen Zielkom-

---

161 Schmidt-Ott 1998, S. 129.
162 Hoegl 2006 S. 173.
163 Die Korrespondenz zwischen (Marketing-)Zielsetzung und produktpolitischer Spezifik (z.B. durch Produktinnovation) wird hier deutlich. Ziegler reiht die für die Produktpolitik notwenige Innovation in den allgemeinen Zielsetzungskanon ein. Die betrachtete Musiktheatersituation ist in diesem Einzelfall analog zum Orchesterbetrieb zu sehen. (Vgl. Ziegler 1994, S. 140)
164 Vgl. Brezinka 2005, S. 99.
165 Vgl. Meffert / Burmann / Kirchgeorg 2012, S. 257.
166 Giller stellt bzgl. dieser Thematik zwei Thesen auf: 1. Der künstlerische Wert ist sehr schwer zu beurteilen/ 2. Zwischen künstlerischem und ökonomischem Erfolg besteht kein eindeutiger Kausalzusammenhang. Der zweiten These ist uneingeschränkt zuzustimmen, da hier eine direkte und eindeutige Kausalität trotz potentieller Korrelation nicht gegeben sein muss. Der ersten These ist grundsätzlich ebenfalls zuzustimmen, auch wenn eine Aufstellung qualitativer Erfolgsindikatoren (Siehe Kapitel 2.1.10) darauf abzielt, dem entgegenzuwirken. Giller betont in diesem Zusammenhang die Notwendigkeit der Formulierung von klaren unternehmungspolitischen Zielsetzungen. (Vgl. Giller 1992, S. 11ff)
     Schwarzmann konkretisiert die Zielgewichtung in Kulturorchester und ermöglicht eine somit die Voraussetzung für eine entsprechende Erfolgsmessung. (Vgl. Schwarzmann 2000, S. 45ff)
     Wahl-Zieger führt die Ursache für diesen elementaren Konflikt auf die unterschiedlichen Wertesysteme zurück: Künstlerische Bewertung unterliegt einem „komplex soziologisch-ästhetischen Prozess der Wertbildung, die ökonomische Bewertung ergibt sich aus dem Marktzusammenhang." (Vgl. Wahl-Zieger 1975, S. 140f)
167 Vgl. Hoegl 2006 S. 173.

ponenten auf. Pädagogische und finanzielle Zielkomponenten sind Bestandteil der allgemeinen orchesterspezifischen Zielsetzung. Deren Gewichtung erfolgt nicht voluntaristisch, sondern ist meist kulturpolitisch motiviert. Programmgestalterische sowie konzertdramaturgische Faktoren fallen hauptsächlich unter die Klassifikation der Sachziele. Besonders gelungene und ggf. auch institutionell-prämierte Konzertdramaturgie und Programmgestaltung können eine hohe Gewichtung innerhalb der postulierten Zielsetzung ausmachen. Bei diesen ergibt sich der zentrale Zielkonflikt, der in fast allen öffentlichen Kultur- und Orchesterinstitutionen auftritt: Leistungsziele und marktspezifische Ziele verhalten sich meist konfligierend zueinander und lassen eine erfolgreiche Integration in ein gemeinsames Oberziel in der Praxis (Mission Statement) nicht problemlos zu. Dies sei anhand einer simplen und auch tendenziösen Beobachtung exemplifiziert: Eine extrem anspruchsvolle Programmgestaltung unter Berücksichtigung moderner Konzertdramaturgie – z.B. repräsentiert durch „neueste Musik" in einem innovativen Konzertformat – lässt sich in der Regel nicht mit dem Ziel der Vollauslastung der Spielstätte vereinbaren. Generell tritt dies Phänomen ein, „wenn eine bestimmte Maßnahme die Erreichung mindestens eines Zieles fördert, gleichzeitig aber die mindestens eines anderen Zieles beeinträchtigt oder gefährdet (vgl. z.B. den klassischen Zielkonflikt des kulturellen Managements: ökonomisch motivierte Verkaufspolitik versus künstlerisch motivierte Autonomie der Musik)."[168] Um auf das o.g. Beispiel zurückzukommen: Sobald die Zielsetzung eine Maximierung der Auslastung inkludiert, ist das Erreichen des Leistungsziels zumindest partiell gefährdet. Geforderte Rentabilität und zu minimierende Kostenstrukturen sind hier nicht mit dem Sachziel kompatibel. Der Ursprung dieses Dilemmas liegt – wie Hoegl nachweist – in dem „Überschneiden zweier Wertesysteme: Einerseits werde kunstimmanent beurteilt, andererseits handelt es sich bei ihnen [Konzerten] um eine Dienstleistung, die entsprechend dem individualökonomischen Ansatz durch den Markt bewertet wird."[169] Hier wird explizit ein zentraler Fragenkomplex berührt, da sich qualitativer und quantitativer Orchestererfolg durch das Erreichen von Formal- und Leistungszielen in Form eines Zielsystems konstituiert. Eine (ceteris-paribus)-Orientierung an den Konzertkonsumenten, die formale und monetäre Ziele durch eine „Anpassung des künstlerischen Niveaus an den Geschmack des breiten Publikums"[170] erreicht, kann nicht das Oberziel einer öffentlichen und großstädtischen Orchesterinstitution sein. Vielmehr bemühen sich Orchesterinstitutionen um qualitativen und quantitativen Orchestererfolg sowie um das Einhalten des (bildungs-)politischen Auftrags, indem beide Erfolgskomponenten trotz ihrer scheinbaren konfligierenden Dichotomie als ein Oberziel fungieren. Die Operationalisierung von Zielsetzungen und -Systemen erfordert hinsichtlich der qualitativen Ziele und der daraus resultierenden Erfolgskomponenten eine

---

168 Schmidt-Ott 1998, S. 132.
169 Hoegl 2006, S. 176.
170 Ebenda. S. 176f.

exakte Formulierung des intendierten Zielerreichungsgrads, um einem entsprechenden (Erfolgs-)Urteil Validität zu verleihen.[171]

Das Verhältnis des Zielsystems auf der einen und der Programmgestaltung und Konzertdramaturgie auf der anderen Seite ist interdependent: Marketingziele im Orchesterkontext werden eindeutig von der Programmgestaltung und Konzertdramaturgie beeinflusst. Marketingziele können jedoch auch die Programmgestaltung und Konzertdramaturgie bestimmen.

2.2.6 Marketingstrategie

Die Marketingstrategie, die sich aus einer Kombination aus Marketinganalyse und Marketingzielen und als Schnittstelle zu den Marketinginstrumenten konstituiert, fungiert als Vermittlungsinstanz und als folgender Baustein im Marketing-Managementprozess. Mit ihrer Hilfe ist es möglich, die bereits postulierten Zielsetzungen durch effizienten Einsatz des verfügbaren Instrumentariums des Marketing-Mix[172] zu realisieren. Orchesterspezifische Beispiele für klassische – also der allgemeinen Marketingliteratur entnommene – Strategievarianten stellt Giller dar.[173] Ihr Bestandteil Produktentwicklung betrifft unmittelbar programmgestalterische und konzertdramaturgische Entscheidungen: Innovative Konzertreihen und Einzelkonzerte können als neues Produkt klassifiziert werden und werden somit zu einem Bestandteil der Marketingstrategie. Programmgestaltung und Konzertdramaturgie können ebenfalls von Markstimulierungsstrategien tangiert werden, indem neue Produkt- bzw. Leistungsprogramme, die z.B. in Form von strukturell neuartig konzipierten Konzertreihen auftreten können, initiiert werden.

Die bei der Anfertigung der Nachfrageanalyse bereits erforderliche intensivierte individuelle Untersuchung der Nachfrager (Kundenanalyse)[174] legitimiert eine Segmentierung[175] des Gesamtmarkts in Käufergruppen bzw. Rezipientengruppen. Die Gruppengröße und damit ihre Anzahl variieren stark, in der Orchesterinstitution ist jedoch hinsichtlich der Konzertdramaturgie eine entsprechende zu stark ausgeprägte Differenzierung der Gruppen aus künstlerisch-ästhetischen Gesichtspunkten nicht sinnvoll: Jede Rezipientenpräferenz kann nicht berücksichtigt werden. Dieser Extremfall fände in der atomisierten Segmentierung statt, auf die Individual-Marketing beruht.[176] Die individuelle Programmgestaltung und Kon-

---

171 Vgl. Hasitschka / Hruschka 1982, S. 84. Giller führt jedoch an, dass 53 % der durch ihn befragten Symphonieorchester über schriftliche Zielsetzungen verfügen. (Vgl. Giller 1992, S. 77) Auch die hier zu analysierenden Orchester fallen darunter.
172 Die Kombination der einzelnen Marketinginstrumente wird als *Marketing-Mix* bezeichnet.
173 Vgl. Giller 1992, S. 84ff.
174 Vgl. Giller 1992, S. 53ff.
175 Der Prozess der Segmentierung kann einen eigenständigen und differenzierten Analysekomplex darstellen (Vgl. Hasitschka / Hruschka, S. 39ff) und einer strategisch ausgerichteten Konzeption folgen. (Vgl. Schugk 1996, S. 164ff).
176 Kotler / Bliemel 2006, S. 422.

zertdramaturgie für eine Person widersprechen der Typologie des (bürgerlichen) Konzerts[177] und des symphonischen Konzertwesens.

Im symphonischen Konzertbetrieb ist eine Konsumenten- bzw. Rezipientensegmentierung als theoretische Konstruktion sinnvoll, um verschiedenen Zielgruppen ein adäquates Programm zu bieten. Der Umfang dieser Segmentierung hängt hier von der Kategorisierung des Orchesters, der Orchesterreputation und der absoluten und relativen Publikumsquantität (=Auslastung) ab. Kombinierbare Kriterien für diese Segmentierung sind grundsätzlich geographische, soziodemographische, psychographische und verhaltensorientierte[178] Merkmale, die ebenfalls interdependente Einflussfaktoren der Nachfrage nach Konzerten[179] innerhalb der Kundenanalyse darstellen und darüber hinaus auch als Orchesterziel[180] fungieren können. Die Merkmalsausprägungen, anhand derer die Segmentierung erfolgt, sind vielfältig und nicht allgemeingültig und variieren stark, da regionale und institutionsspezifische Faktoren berücksichtigt werden. In Adornos Hörertypologie werden Rezipienten bereits 1939[181] segmentiert: Dem „Experten", dem „guten Zuhörer", dem „Bildungskonsumenten" steht der „emotionale Hörer", der „Ressentiment-Hörer" und der Typus des „Gleichgültigen, Unmusikalischen und Antimusikalischen" gegenüber.[182] Diese hierarchisch geformte Typologie beschränkt sich jedoch auf die explizite Werkrezeption und lässt soziodemographische Kriterien wie Beruf und Ausbildung unberücksichtigt. Diese qualitative Typologie ist jedoch „bloß idealtypisch zu verstehen"[183] und blendet einen Großteil der Kriterien der Marktsegmentierung aus. Stärker differenziertere Marktsegmentierungsverfahren stellen das „Life-Style-Konzept" und die mikrogeographische Marktsegmentierung dar.[184] Giller knüpft an Adornos Hörertypologie an und fokussiert hauptsächlich die Merkmalsausprägungen Alter, Einkommensklassen, Bedürfnisse und Verhaltensweisen.[185] Eine permanente Dynamisierung der Kriterien ist für den intendierten Maßnahmenerfolg, der aus der Segmentierung resultiert, notwendig und unerlässlich.[186] Generell ist eine Differenzierung zwischen Segmentierungen anhand der musikalischen Präferenzen und anhand demographischer Faktoren sinnvoll. Im Rahmen der (Musik-)Publikumsforschung ergeben sich hier verschiedene Ansätze.[187]

Die diesbezüglichen programmgestalterischen Implikationen sind evident: Die Disposition des Konzertprogramms ermöglicht eine entsprechende Ausrich-

---

177 Vgl. Heister 1983, S. 100ff.
178 Meffert / Burmann / Kirchgeorg 2012, S. 213.
179 Vgl. Giller 1992, S. 65.
180 Siehe unten.
181 Vgl. Fuhrimann 2004, S. 36.
182 Vgl. Adorno 1975, S. 14ff.
183 Ebenda. S. 16.
184 Vgl. Schmidt-Ott 1998, S. 126f.
185 Vgl. Giller 1992, S. 89ff.
186 Ziegler führt diese Notwendigkeit für den Musiktheaterbetrieb an (Siehe Ziegler 1994, S. 143f).
187 Vgl. Rhein 2010.

tung anhand dieser durch die Segmentierung hervorgerufenen Merkmalsausprägungen unter Berücksichtigung oder mit Hilfe von Konzertdramaturgie.

Neben der Segmentierung (**Segmenting**) besteht die grundlegende Strategie
des sog. STP-Marketings aus der Auswahl der kriterienspezifischen Selektion der
Zielgruppen (**Targeting**), die ebenfalls Bestandteile der Rezipiententypologie beinhalten kann, und aus der Produktpositionierung (**Positioning**). Diese fundamen-
tale Basisstrategie ist häufig Grundlage des Kulturmarketings und Ausgangspunkt
für weitere Marketingmaßnahmen[188]. Segmenting und Targeting stehen im Non-
Profit-Sektor und speziell bei der Betrachtung von Symphonieorchestern in einem eng verzahnten und interdependenten Verhältnis: Die aus einer Marktfor-
schungsmaßnahme resultierende Zielgruppenerfassung legitimiert eine Marktsegmentierung. Auch die Akquisition neuer Zielgruppen und neuer Zielgruppen-
segmente durch umfassende programmgestalterische und konzertdramaturgische
Maßnahmen sind Bestandteil des Segmenting:

> „Das Ziel solcher Marktforschung liegt auf der Hand: Es soll erkundet werden, welche neuen
> Konzertformate den Publikumsgeschmack treffen bzw. welches Angebot das Interesse neuer
> Zuhörerkreise wecken könnte."[189]

Eine bereits vorhandene und erfolgreiche Marktsegmentierung erleichtert potenti-
ell die Erschließung neuer Zielgruppen. In der Praxis sind jedoch Ansätze für eine
Segmentierung „im Theater- und Orchestersektor als relativ dürftig anzusehen"[190],
Giller weist nach, dass die Konzertrezipienten aus Sicht von Dramaturgen und
Programmverantwortlichen keiner heterogenen Struktur unterliegen, obwohl eine
zielgruppenspezifische produktpolitische Ausrichtung vorherrscht:

> „Von den befragten Sinfonieorchestern behaupten 71 %, sie könnten keine Zuhörergruppen
> (Segmente) identifizieren [...]. Das Ergebnis ist verwunderlich, wo doch 74 % angeben, Kon-
> zerte für bestimmte Zielgruppen anzubieten [...]."[191]

Aus heutiger Sicht spricht z.B. zumindest der permanente Ausbau von zahlreichen
Education-Programmen, die ganze Konzertreihen konstituieren, gegen diesen
Trend.[192] Auch die Implementierung einer expliziten – kulturpolitisch motivierten
– Forderung nach „jungem Publikum" in den Zielsetzungskanon der Orchesterin-
stitution untermauert die heutige Tendenz zur Segmentierung ebenso wie spezielle
Premiumkonzerte mit international renommierten Interpreten, die preispolitisch
deutlich anhand der Ausprägung (hohes) Einkommen segmentieren. Inhaltliche
Segmentierungen, die anhand musikalischer Präferenzen vorgenommen werden,
existieren in Form von Konzertreihen, deren Distinktionsmerkmale z.B. aus verwendeten Gattungen, Epochen oder Spielstätten bestehen können. Kritische An-

---

188 Vgl. Schmidt-Ott 1998, S. 134ff.
189 Ellmenreich 2003, S. 7.
190 Ebenda.
191 Giller 1992, S. 191.
192 Details zur generellen Erstellung von Konzertreihen und zu den zu analysierenden Konzert-
    reihen der Orchester sind dem Kapitel 2.1 und 3 zu entnehmen. Hier ergeben sich auch poten-
    tielle Segmentierungsintentionen.

sätze stellen jedoch (Publikums-) Segmentierungen, die ohne Marktforschung auskommen und somit de facto willkürlich ausfallen, zu Recht in Frage.[193]

2.2.7 Marketing-Mix

Das strategische Instrumentarium des Marketings, das unter den Titeln *operatives Marketingprogramm* und *Marketing-Mix* verwendet wird, markiert einen weiteren Baustein innerhalb des Kulturmarketing-Managementprozesses. Zunächst umfasst dieser Baustein vier[194] Bereiche:

– Produkt- und Leistungspolitik (inklusive „Servicepolitik"[195])
– Preispolitik
– Distributionspolitik
– Kommunikationspolitik.

Diese vier Bausteine werden im Folgenden auf den Kultur- bzw. Orchestersektor abgestimmt, insbesondere durch die Dienstleistungsspezifik der Leistungspolitik, der z.B. eine Konzertaufführung unterliegt.[196]

2.2.7.1 Produkt- und Leistungspolitik

Für Unternehmen und öffentliche Kultur- und Orchesterbetriebe ist v.a. die Produkt- bzw. Leistungspolitik[197] das zentrale Marketinginstrument. Im produkt-,

---

193 Mertens 2010, S. 66. Mertens verweist generell auf das Ausbleiben von Marktforschung und Befragungen im Orchesterkontext. Ebenda, S. 64f.

194 Diese vier Marketinginstrumente werden teilweise auf bis zu 30 Instrumente erweitert. Vgl. Meffert / Burmann / Kirchgeorg 2012, S. 22.

195 Servicepolitik ist als erweitertes Produkt bzw. als Value-Added-Service Bestandteil der Darstellung der Produkt- bzw. Leistungspolitik.

196 Für Klein ist der Dienstleistungsbegriff in dem allgemeinen Produktbegriff inkludiert, er legitimiert dadurch den kulturmarketingspezifischen Marketing-Mix. (Vgl. Klein 2005, S. 309) Schmidt-Ott verzichtet auf eine „vertiefende Ausarbeitung" hinsichtlich der Prozesspolitik (Vgl. Schmidt-Ott 1995, S. 149). Giller weist auf terminologische Differenzen in der Marketing-Literatur hin. (Vgl. Giller 1992, S. 97)

197 Hier wird die im Orchestermarketing, im Marketing-Mix und in dieser Arbeit zentrale Komponente der Produkt- und v.a. Leistungspolitik thematisiert. Konzertdramaturgische Details und konstitutionelle und dispositorische Faktoren der expliziten Konzertprogrammgestaltung bleiben hier zunächst ausgeklammert und finden sich im Kapitel 2.1 wieder. Ebenso werden die zentralen Parameter, Handlungs- und Entscheidungsfelder der Produkt- und Leistungspolitik in diesem Kapitel direkt mit ihren konzertdramaturgischen Implikationen verknüpft: Innovation, Variation, Differenzierung und Eliminierung von Produkten und Leistungen werden in die konzeptionelle Struktur der Konzertdramaturgie und Programmgestaltung integriert.

leistungs- und programmpolitischen[198] Kontext entstehen Entscheidungsprozesse, aus denen hervorgeht, welche Produkte bzw. Leistungen die Kulturinstitution generell anbietet. Grundsätzlich beeinflussen diese Prozesse Faktoren aller Entscheidungen, die „sich auf die Gestaltung der [...] anzubietenden Leistungen beziehen."[199] Die anzubietende Leistung einer Orchesterinstitution ist jedoch differenziert aufzufassen und legitimiert somit eine plurifaktorielle Betrachtung der Leistung als ein nutzenstiftendes Leistungsbündel, das im Produkt-, Leistungs- oder Angebotsprogramm zusammengefasst wird. Voraussetzung für die orchesterspezifische Anwendung der allgemeinen betriebswirtschaftlichen Terminologie der Produkt- und Programmpolitik ist ein erweiterter, generischer Produktbegriff.[200] Somit sind sämtliche die Orchesterinstitution tangierende (Dienst-)Leistungen in den Produktbegriff einzuordnen und unterliegen produkt- und programmpolitischen Entscheidungen. Die Orchesterinstitution und ihr Angebot sind eindeutig als Dienstleistungsbetrieb aufzufassen, da die Faktoren Intangibilität, Nichtlagerfähigkeit, Integration des externen Faktors – hier: Publikum – und das wahrgenommene Risiko zu Merkmalen der zentralen Leistung, nämlich der Konzertaufführung, zählen.[201]

Analog zu privatwirtschaftlichen Unternehmen[202] wird auch im öffentlichen Kulturbetrieb zwischen strategischer und operativer Produktpolitik differenziert: Die langfristig ausgerichtete **strategische** Produktpolitik thematisiert grundsätzliche Fragestellungen über Produktlinien, die im Orchesterbetrieb der Sparte oder dem Orchesterprofil entsprechen. Die Übereinstimmungen zwischen Produktlinie und Orchesterprofil konstituieren sich aus der Definition von Produktlinien und der Kulturorchestertypologie:

> „Eine Produktlinie ist eine Gruppe von Produkten, die aufgrund bestimmter Kriterien wie z. B. Bedarfs- oder Produktionszusammenhang in enger Beziehung zueinander stehen."[203]

> „Die deutschen Kulturorchester lassen sich hinsichtlich ihres Profils und ihrer vorherrschenden Produktionsweise – Konzert, Oper oder Rundfunk – in Konzertorchester, Theaterorchester und Rundfunkorchester unterteilen."[204]

Produktionszusammenhang und teilspezifische, vorherrschende Produktionsweise sind hier identisch – z.B. fallen unter die strategische Produktpolitik Entscheidungen über potentielle Musiktheaterverpflichtungen eines Orchesters. Diverse Orientierungsparameter, Entscheidungstatbestände und Verbundeffekte der pro-

---

198 Programmpolitik ist hier ein betriebswirtschaftlicher Terminus und nicht mit der Spielplan- und Konzertprogrammgestaltung gleichzusetzen.

199 Meffert / Burmann / Kirchgeorg 2012, S. 385.

200 Vgl. Ebenda. S. 386.

201 Vgl. Günter / Hausmann 2012, S. 54. Die Terminologie der Produktpolitik wird dennoch teilweise übernommen, da wie o.g. ein erweiterter, generischer Produktbegriff zu Grunde liegt.

202 Schwarzmann verweist jedoch auf die konstitutiven Differenzen, die aus unterschiedlichen Zielsystemen, Gütertypologien und orchesterspezifischen Elastizitäten resultieren (Vgl. Schwarzmann, 2000, S. 244).

203 Meffert / Burmann / Kirchgeorg 2012, S. 388.

204 Jacobshagen 2000, S. 26.

grammpolitischen Ausrichtung spiegeln sich in der Orchesterprofilierung wider: Die scheinbare Dichotomie zwischen Produkt- und geforderter Besucherorientierung[205] im Rahmen des Orchesterprofils und der dramaturgischen und kulturbetriebswirtschaftlich-orientierten Ausrichtung markiert den zentralen und fundamentalen Faktor innerhalb des Entscheidungsprozesses.

Entscheidungen über Spielplan, Repertoire, (Konzert-)Dramaturgie und Konzertprogramm, also Entscheidungen innerhalb der Produktlinie, sind unter dem Konglomerat **operative** Produkt- bzw. Leistungspolitik zusammengefasst. Dieser Sektor enthält sowohl das Kernprodukt, das im Orchesterbetrieb v.a. durch die „jeweilige künstlerische Aufführung repräsentiert"[206] wird, als auch das erweiterte Produkt, zu dem z.B. die Akustik und Kapazität des Konzertsaals bzw. der Aufführungsstätte zu zählen sind. Auch die Abonnementstruktur ist laut Schmidt-Ott Bestandteil des Kernprodukts und damit der Produktpolitik:

> „Das Kernprodukt eines Orchesters ist das, was ein Konzerthörer mit dem Erwerb einer Konzertkarte bzw. eines Abonnements ‚eigentlich kauft', nämlich die musikalische Aufführung [...]."[207]

Institutionskontextuelle Aspekte, die z.B. Kasse, Parkplatz und Garderobe sowie deren Personal betreffen, sind Faktoren, die eine Entscheidung über einen potentiellen Konzertbesuch beeinflussen können und zählen zu dem Bereich des erweiterten Produkts (der Produktpolitik) bzw. Value-Added-Service (der Leistungspolitik) oder neutral zu dem Bereich der Servicepolitik. Die Bedeutung dieses Bereichs ist nicht zu unterschätzen, dessen reibungsloser und erfolgreicher Ablauf trägt maßgeblich zum Erfolg der Institution bei.[208]

Zusätzlich kann einem Konzertbesuch ein einzigartiger Eventcharakter anhaften, der ebenfalls in den Bereich der Produkterweiterung einzuordnen ist.[209] Auch die konzertdramaturgischen Entscheidungen können die Voraussetzungen dafür erfüllen, zum Produktkernbereich oder im Kontext des erweiterten Produkts innerhalb der Produktpolitik präsent zu sein:

> „Aber auch Leistungen der Dramaturgie oder der Pädagogik bzw. Vermittlung von Kulturbetrieben können den so genannten ‚core/primary products' zugerechnet werden."[210]

Somit ist durch diesen Zusammenhang ein Indikator für das postulierte Betrachten von Konzertdramaturgie als Bestandteil der Leistungspolitik bereits gegeben – auch wenn sich Dramaturgie in diesem Kontext ebenfalls auf eine „allgemeine Dramaturgie"[211] beziehen lässt.

---

205 Vgl. Klein 2005, S. 61.
206 Schugk 1996, S. 180.
207 Schmidt-Ott 1998, S. 149.
208 Vgl. Giller 1992, S. 108ff. Vgl. Ellmenreich 2003, S. 10. Vgl. Schwarzmann 2000, S. 248 und Günter / Hausmann 2009, S. 53.
209 Vgl. Klein 2005, S. 342ff.
210 Günter / Hausmann 2012, S. 53. Auf diesen Zusammenhang wird im Kapitel 2.1 detaillierter eingegangen.
211 Siehe Kapitel 2.1.

Konzertdramaturgie im Sinne der Definition dieser Arbeit[212] und als Instrument der Programmgestaltung ist eindeutig dem leistungspolitischen Entscheidungsfeld zuzuordnen: Programmgestaltung ist als Leistung des Orchesters – zeitlich vor der Konzertaufführung – zu klassifizieren. Die o.g. Merkmale des Dienstleistungsbetriebs sind auch hier zutreffend, jedoch in differenzierter Betrachtung: Die Intangibilität der Konzertaufführung ist analog zu dem kreativen Prozess der Programmgestaltung anzusehen, das Ergebnis des Prozesses in Form des als Produkt realisierten (gedruckten) Konzertprogramms erfüllt das Kriterium der Intangibilität jedoch nicht. Die Nichtlagerfähigkeit einer Konzertaufführung bzw. eines „Live-Erlebnisses" entfällt bei der Programmgestaltung, die dokumentier- und archivierbar ist. Der Integration des externen Faktors hat auch bei der Programmgestaltung und v.a. Konzertdramaturgie Bestand, die eindeutig auf das Publikum abzielen. Eine besondere Rolle nimmt das wahrgenommene Risiko ein: Die Qualitätsunsicherheit seitens der Rezipienten ist nicht nur auf die Interpretation zu beziehen, sondern vielmehr auf den Inhalt der Aufführung, auf die Programmgestaltung. Dies betrifft insbesondere dem Publikum unbekannte Konzerteinheiten sowie unbekannte konzertdramaturgische Verknüpfungen bekannter Konzerteinheiten.

Programmgestaltung und Konzertdramaturgie sind zentrale Faktoren innerhalb der Entscheidungsfelder der Leistungspolitik bzw. der Leistungsprogrammgestaltung: Leistungsinnovation, -variation, -differenzierung und -eliminierung. Im Rahmen der **Leistungsinnovation** wird die Entwicklung und Einführung neuer Produkte und Dienstleistungen thematisiert.[213] Leistungsinnovation als betriebswirtschaftlicher Terminus und innovative Programmgestaltung sind hier eindeutig voneinander abzugrenzen: Erstere setzt eine signifikante Modifikation des Konzertformats oder deren Struktur voraus oder bezieht sich auf markt- oder technologieinduzierte Innovation.[214] Programmgestaltung kann auch in einem konventionellen Konzertformat oder gar in der standardisierten Konzertabfolge Ouvertüre – Instrumentalkonzert – Symphonie konzert-(reihen-)immanent innovativ sein, z. B. durch konzertdramaturgische Bezüge und interdisziplinäre Kontexte. Jedoch korrespondiert auch Leistungsinnovation mit programmgestalterischen und konzertdramaturgischen Faktoren, da eine entsprechende Abstimmung und künstlerisch-ästhetische Einbettung auch bei neuen Produkten und Dienstleistungen relevant sein können. **Leistungsvariation** kann sich im Orchesterkontext auf die Auswahlmöglichkeit von Konzerten aus der Abonnementstruktur beziehen, jedoch nicht auf gravierende Änderungen in der Konzertreihenstruktur, da „das Leistungsprogramm unverändert bleibt"[215] und somit die (globale) Programmgestaltung keinen inhaltlichen Änderungen unterworfen ist. **Leistungsdifferenzie-**

---

212 Siehe Kapitel 2.1.
213 Vgl. Meffert / Bruhn, 2012, S. 245.
214 Vgl. Günter / Hausmann, 2012, S. 56. Als Beispiel für eine technologieinduzierte Innovation wird die Live-Übertragung der Konzerte der Berliner Philharmoniker angeführt. Auch die hier behandelten Orchester weisen Leistungsinnovationen auf. Siehe Kapitel 3.
215 Günter / Hausmann 2012, S. 57.

rung hingegen erweitert das Leistungsprogramm mit dem Ziel, unterschiedlichen Zielgruppensegmenten gerecht zu werden.[216] Somit stellen Änderungen der Programmgestaltung Leistungsdifferenzierung dar, wenn zielgruppenspezifische Distinktionsmerkmale neue Konzertreihen oder die entsprechende Änderung bestehender Konzertreihen begründen. **Leistungseliminierung** führt zu einem gegenteiligen Effekt, einer Reduzierung des Leistungsprogramms.[217] Im Orchesterkontext können die Gründe dafür in unzureichenden Besucher- oder Abonnementzahlen liegen, oder sie können auch konzertdramaturgisch determiniert sein: Das Repertoire einer epochen- oder gattungsspezifischen Konzertreihe kann „ausgeschöpft" sein, eine Änderung des künstlerischen Profils des Orchesters kann ein Einstellen von Konzertreihen legitimieren, oder eine neue Konzertreihe kann Distinktionsmerkmale der alten Konzertreihen aufgreifen. Letzteres kann sich entweder als inhaltlich neue Konzertreihe mit anderen Distinktionsmerkmalen ereignen oder lediglich in Form einer neuen Konzertreihenbetitelung – z.B. aus markenpolitischen Gründen – auftreten.

Durch die Bedürfnisbefriedigung des (Konzert-)Nachfragers durch den Anbieter bzw. der Orchesterinstitution in Form von verschiedenen Produkten und Leistungen werden verschiedene Kategorien von Nutzen generiert. Dieser Nutzenpluralismus – analog zum Kernnutzen und erweiterten Nutzen – , der durch eine soziale und symbolische Komponente erweitert[218] wird, ist auf die Mehrdimensionalität des Leistungsbündels zurückzuführen. Zwischen Leistungsimmanenz – Konzertaufführung und Konzertdramaturgie als Bestandteil des Kernprodukts – und Konzertdramaturgie als Bestandteil des erweiterten Produkts existiert jedoch eine Interdependenz: Verbundenheit von Leistungen, Substitutionen und Komplementarität[219] sind neben einer immanent-komplexen strukturellen Disposition nicht zu unterschätzende Faktoren innerhalb des Produkt- bzw. Leistungsprogramms einer Orchesterinstitution. Exemplifiziert sei diese Problematik anhand einer künstlerisch-konzertdramaturgisch motivierten Etablierung einer neuen Konzertreihe angeführt. Durch diese Konzertreihe könnte eine bereits bestehende Konzertreihe Publikumsverlust in Höhe der Zunahme durch die neue Konzertreihe erleiden – in diesem Fall ergäbe sich somit hier die Problematik einer (Publikums-)Substitution.

Ferner sind die verschiedenen Restriktionen relevant, denen die Produkt- und Leistungspolitik im Kulturbereich unterliegen: Budgetäre, finanzielle und insbesondere organisatorische und die oben angesprochenen personellen Faktoren können die produktpolitischen Prozesse verlangsamen und einschränken.

Die generellen produkt-, programm- und leistungspolitischen Entscheidungsprozesse können unterschiedliche personelle Strukturen aufweisen. Bezüglich der personenspezifischen Zuständigkeiten ergeben sich in der Orchesterinstitution

---

216　Vgl. Meffert / Bruhn 2012, S. 245.
217　Vgl. ebenda.
218　Vgl. Günter / Hausmann, 2012, S. 55. (In Anlehnung an Meffert / Burmann / Kirchgeorg 2008, S. 399)
219　Vgl. Hasitschka / Hruschka 1982, S. 104.

verschiedene Konstellationen, die von der jeweiligen Organisationsstruktur ab-
hängen: Wenn Dirigent oder Intendant über die Programmplanung die alleinige
Entscheidungsgewalt haben, ist mit einer einheitlichen, konfliktlosen und somit
zügigen Durchführung des Prozesses der Programmplanung zu rechnen. Die Person, die nun jeweils nicht explizit für die Programmplanung verantwortlich ist –
in diesem Fall also Intendant oder Dirigent – fungiert als Kontrollinstanz: der Dirigent im musikalisch-künstlerischen, der Intendant in der Regel auch im ökonomischen Sinne. Bei einer Personalunion von Intendant und Dirigent ist häufig eine
externe Kontrollinstanz – z.B. durch den kommunalen Kulturausschuss – vorhanden. Außerdem können Dirigent und Intendant gemeinsam über die Programmplanung entscheiden.[220] Diese Konstellation institutionalisiert entscheidungsbe-
dingte Spannungs- und Konfliktpotentiale, bietet jedoch einen sehr großen Spielraum für die künstlerische und ökonomische Leistung des Orchesters. In diesem
Zusammenhang sei jedoch auf die künstlerische Verantwortung des Chefdirigenten oder GMD hingewiesen, die im Anstellungsvertrag expliziert ist, entsprechende inhaltliche und kommunikative Konflikte können das gesamte Orchester be-
treffendes und damit existentielles Ausmaß annehmen.[221] Darüber hinaus existiert
eine erweiterte Konstellation, in der externe Berater für die Programmplanung
und für produkt- bzw. leistungspolitische Entscheidungsprozesse hinzugezogen
werden können – im Rahmen der zu untersuchenden öffentlichen Konzertinstitutionen existiert diese Erweiterung nur in meist interdisziplinären und v. a. projekt-
spezifischen Veranstaltungen, die das Konsultieren einer externen Fachkraft erfordern.

2.2.7.2 Preispolitik

Ein weiteres Marketinginstrument, dessen Gebrauch jedoch im öffentlich subventionierten Kulturbetrieb nur sehr restriktiv möglich ist, stellt die Preispolitik dar.
Neben preis- und entgeltpolitischen Grundsätzen stehen programmgestalterische
und konzertdramaturgische Konsequenzen preispolitischer Entscheidungen im
Vordergrund.

    Generell stellt sich in einem subventionierten Orchesterbetrieb die Frage, ob
für die Inanspruchnahme der (subventionierten) kulturellen (Dienst-)Leistung
grundsätzlich Entgelt zu erheben ist.[222] Neben einer kostensenkenden und subven-
tionslegitimierenden Einkommensquelle sprechen v.a. die Wertschätzung durch
das Publikum, die eine Entgelterhebung verursachen kann, und die Möglichkeit,
Konsumentenverhalten und Nachfrage zu steuern, für ein Entgelt. Entgeltpolitik
fungiert als Oberbegriff, der einerseits preispolitische und monetäre Faktoren wie
die Festlegung der Höhe des Eintrittskartenpreises inkludiert. Andererseits besteht

---

220 Vgl. Giller 1992, S. 99ff.
221 Vgl. Mertens 2010, S. 132f.
222 Den historischen Prozess der konzertinstitutionellen Preispolitik untersucht und analysiert
    Heister. Siehe Heister 1983, S. 122ff.

die Notwendigkeit, nicht-monetäre Aufwendungen seitens des Besuchers wie „Aufwendungen an Zeit, physischer und psychischer Energie"[223] auf ein Minimum zu reduzieren, da der Handlungsspielraum der expliziten Preispolitik stark restriktiv ist:

> „Faktisch und praktisch orientiert sich der Musiker/Veranstalter an – vom historischen Wandel einmal abgesehen – lokal, regional und institutionell wechselnden Erfahrungswerten. Die diese bestimmenden Regulationsmechanismen der Produktions- und Verkehrsverhältnisse, zumal das Wertgesetz in seinen verschiedenen Auffächerungen und Konkretisierungen, brauchen ihn nicht weiter zu interessieren."[224]

Heister apostrophiert hier die Vernachlässigung einer preispolitisch effizienten Lösung, die im kompetitiven und privaten Unternehmen als Resultat des Marktmechanismus fungierte. Der meritorische Charakter der Güter und Leistungen, die ein Orchesterbetrieb anbietet, prädestiniert die Preispolitik unabhängig von ihrer nicht avisierten effizienten Ausrichtung im hohen Umfang: Die Festlegung der Höhe des Entgelts resultiert nicht aus der angestrebten Gewinnmaximierung, sondern ergibt sich aus dem kultur- und sozialpolitischen Anspruch, die kulturellen Leistungen möglichst allen Bevölkerungsschichten anbieten zu können. Die kostenorientierte Preisbestimmung ist demnach als alleinige Methode der Preissetzung nicht akzeptabel, vielmehr eignet sich eine Kombination aus dieser und der besucher- und wettbewerbsorientierten Preisbestimmung, die politische und soziale Zielsetzungen, also Ermäßigungen etc. und Konkurrentenbetrachtung einschließt[225]. Eine preispolitische Berücksichtigung des permanenten Legitimationsdrucks durch den Subventionsgeber schließt einen Marktpreis von null ebenso aus wie die o.g. Orientierung anhand der Gewinnmaximierung, die einem Großteil der Bevölkerung von einem potentiellen Konzertbesuch aus finanziellen Gründen abhielte. Insbesondere besteht diese Gefahr im Zusammenhang mit der Forderung nach „jungem Publikum":

> „Der Eintrittspreis wird an erster Stelle als Hinderungsgrund vor allem von jungen Leuten genannt, die sich mittelmäßig bis gar nicht für Kultur interessieren."[226]

Ein Marktpreis von null – also eine unentgeltlichen Konzertdarbietung – determinierte jedoch ebenfalls rezeptionsspezifische, musikästhetische und musiksoziologische Faktoren:

> „Sie [‚Musikkultur'] bildet sie [gesellschaftliche Verhältnisse] aber auch nach: wenn etwa der Musiker als eigenständiger Verkäufer einer Dienstleistung in Warenform auftritt, ist diese Formbestimmtheit Ausdruck wie Instrument einer Veränderung seines gesellschaftlichen Sta-

223 Schugk 1996, S. 193.
224 Heister 1983, S. 249.
225 Vgl. Günter / Hausmann 2012, S. 61ff.
226 Keuchel 2009, S. 94. Wahl-Zieger vergleicht die Vor- und Nachteile des preisabhängigen Zugangs (Vgl. Wahl-Zieger 1975, S. 195). Gründe dafür können jedoch auch in einer mangelnden kulturellen Akzeptanz und in Informationsdefiziten innerhalb der Preispolitik liegen.

tus; ebenso wird Musik, für die man eigens bezahlt, in der Regel anders wahrgenommen als in funktionalem Kontext an sich selbst gratis mitgelieferte."[227]

Darüber hinaus lassen sich jedoch partiell marktgerichtete und in vollem Umfang unternehmensgerichtete preispolitische Ziele[228] auf die Orchesterinstitution übertragen: Die Gewinnung neuer Marktanteile und die Konstitution eines individuellen Preisimages durch eine preispolitische Akzentuierung ist in Regionen mit hoher Orchesterdichte – wie dem Ruhrgebiet – durchaus sinnvoll und möglich. Trotz meist nicht zu realisierender kostenorientierter Preisbildung ("Ausrichtung der Preisbildung an bestimmten Kostenbestandteilen bzw. den Gesamtkosten"[229]) stellt Kostenbewusstsein ein betriebsgerichtetes Ziel dar. Faktoren wie Preiselastizität der Nachfrage[230] und deren allgemeine Wahrnehmung müssen bei der Festlegung des Preises berücksichtigt werden.[231] Im Orchesterbetrieb sind innerhalb der Preisdifferenzierung als preispolitische Strategie verschiedene Merkmale relevant: Akustische und optische Unterschiede der Position der Sitzplätze rechtfertigen eine dementsprechende Preisdifferenzierung ebenso wie eine unterschiedliche Zahlungsbereitschaft verschiedener Kunden für ein „identisches" Konzert, in „dem man zwar dieselbe [Musik] hört, aber doch nicht ganz auf dieselbe Weise, sondern besser oder schlechter"[232]. Typische Kriterien dieser Preisstrategie sind Differenzierungen nach Ort/Raum, Zeit, anhand von Nachfragemerkmalen und der Menge, letztere meist in Form von Preisbündelungen z. B. Abonnements.[233] Preisdifferenzierungen weisen verschiedene Motivationen und – wie eine generelle Entgelterhebung – ein gewisses Steuerungspotential auf. Schmidt-Ott und Giller weisen jedoch nach, dass innerhalb der Preispolitik vorwiegend konventionell nach zielgruppenspezifischen Kriterien und Sitzplatzqualität differenziert wird.[234] Das preispolitische Potential, das sich aus einer stärker ausgeprägten Preisdifferenzierung – wie oben gezeigt – in Form von gezielten Steuerungsmechanismen ergäbe, wird nicht ausgeschöpft. Im Gegensatz zu Preisdifferenzierungen, die gewissen Regelmäßigkeiten folgen, ist die Preisvariation als preispolitische Strategie dynamisch und aus Publikumsperspektive unvorhersehbar.[235] Eine besondere Form der Preisvariation unter Berücksichtigung der Kapazitätssteuerung stellt das Yield Management dar:

---

227 Heister 1983, S. 28.
228 Vgl. Meffert / Burmann / Kirchgeorg 2012, S. 309.
229 Schwarzmann stellt konkurrenz-, kosten-, und nachfrageorientierte Preisbildungen gegenüber und konstatiert, dass nachfrageorientierte Preisbildung die höchste Effektivität aufweist. (Vgl. Schwarzmann 2000, S. 252)
230 Preiselastizität der Nachfrage = Relation: Preisänderung/Nachfrageänderung.
231 Vgl. Hoegl, 2006, S. 166–177 und Günter / Hausmann 2012, S. 62.
232 Heister 1983, S. 247.
233 Vgl. Günter / Hausmann 2012, S. 64ff.
234 Schmidt-Ott 1998, S. 270. Giller 1996, S. 197f.
235 Vgl. Günter / Hausmann 2012, S. 67.

„Das Yield Management ist ein Instrument zur Ertragsoptimierung, bei dem auf der Grundlage eines integrierten Informationssystems eine dynamische Preis-Mengen-Steuerung zur gewinnoptimalen Nutzung der Kapazitäten führen soll"[236]

Im Orchesterkontext steht in der Regel jedoch nicht eine gewinnoptimale Nutzung der Kapazitäten im Vordergrund, sondern eine Maximierung der Kapazitätsauslastung als ein möglicher Indikator für quantitativen Orchestererfolg:[237] Bei hoher Auslastung entstehen als Folge eines erfolgreichen Yield Managements positive Effekte für Anbieter und Nachfrager, die Konzertanbieter erlangen ex ante Bestätigung ihrer zu diesem Zeitpunkt noch nicht (komplett) realisierten Dienstleistung – Programmgestaltung, Konzertdramaturgie und auch Preispolitik sind bereits partiell erfolgreich. Aus interpretatorischer Sicht existieren diverse Sichtweisen hinsichtlich v.a. der quantitativen Ausprägungen des Publikums.[238] Auch die Konzertnachfrager fühlen sich in der Wahl, ein bestimmtes Konzert selektiert zu haben, aufgrund der Auslastung des Konzerts bestätigt und hinsichtlich ihrer Bedürfnisse und Präferenzen befriedigt.[239]

Preispositionierungen als Bestandteil der Preisstrategien, die z. B. in Form einer „Premium-Ausrichtung"[240] wirken, können Qualitätsbewusstsein durch bekannte Interpreten und Stars schaffen. Selbst die hohen Eintrittspreise stoßen in diesem Fall häufig auf Akzeptanz.

Wegen des in Deutschland stark ausgeprägten Abonnementsystems, das „auch heute noch als Stütze des Orchesterbetriebs"[241] fungiert, ist die Konditionen- und Rabattpolitik ein wichtiges Marketinginstrument. Das Konzertabonnement ist eine Form des Mengenrabatts, der neben dem Frühbezugs- und Treuerabatt im Orchesterbetrieb eine wichtige Funktion für die Beeinflussung einer Kaufentscheidung übernimmt. Die langfristige Kundenbindung durch ein Abonnement setzt jedoch im Vergleich zu einer konzert- oder konzertreihenimmanent motivierten Konzertdramaturgie eine andere Profilierung voraus: Sämtliche in der Abonnementstruktur enthaltenen dispositionellen, leistungs- und produktpolitischen und auch preispolitischen Faktoren sind zu berücksichtigen und auf den Rahmen des Abonnements zu beziehen. Präferenzen des Abonnementpublikums sind sensibel zu handhaben:

„Außerdem dürfen die Repertoire- und Stil-Erwartungen der Abonnenten, die ja langfristige Nutzungsverträge abgeschlossen haben, nicht enttäuscht werden."[242]

Diese Form der Besucherorientierung unterstreicht den Zusammenhang zwischen Mengenrabatt als Bestandteil der Preispolitik und konzertdramaturgischen Auswirkungen. Trotz der hier postulierten Sensibilität gegenüber dem Abonnement-

---

236 Meffert / Burmann / Kirchgeorg 2008, S. 522.
237 Siehe Kapitel 2.1.10.
238 Vgl. Heister 1983, S. 500ff.
239 Vgl. Heister 1983, S. 102.
240 Vgl. Klein 2005, S. 375ff.
241 Schmidt-Ott 1998, S. 173. Heister analysiert Formen und soziale und ökonomische Auswirkungen von Subskription und Konzertabonnements ausführlich. (Vgl. Heister, 1983 S. 180ff)
242 Hutter 2009, S. 58.

publikum ermöglicht die Wahlmiete als Abonnementform einen konzertdramaturgisch-emanzipierten Gestaltungshorizont:

> „Eine Alternative [zum Platz-Abonnement] bietet die Abonnementform der sogenannten Wahlmiete, die dem Zuhörer die individuelle Zusammenstellung eines Konzertzyklus ermöglicht."[243]

Giller verweist des Weiteren auf die generelle Wechselwirkung zwischen Preispolitik und programmgestalterischen und konzertdramaturgischen Folgen, die bei Preisreduktion stets negativ ausfallen:

> „Die Preisgestaltung ist besonders eng mit der Programmgestaltung verknüpft. Es ist klar, dass Konzerte mit bekannten Werken und berühmten Interpreten zu höheren Preisen angeboten werden, während Preisreduktion in der Regel nur auf Kosten der Qualität der Konzerte durchgeführt werden können."[244]

Angesichts der in Deutschland gängigen Subventionierung der Orchesterinstitutionen ist in der Regel zwischen Preisreduktion der Eintrittskarten und einem abnehmenden Qualitätsniveau keine Kausalität zu sehen. Der Zusammenhang zwischen dem Grad der interpretatorischen Qualität in Verbindung mit der Reputation und Medienwirksamkeit und -Präsenz des Orchesters und einem höheren Eintrittspreis ist offensichtlich und nachvollziehbar.[245]

„Die höherpreisige Ansetzung von besser nachgefragten Werken, Wochenendtagen oder interessanten Besetzungen"[246], also Formen der Preisdifferenzierung nach nicht ausschließlich zielgruppenspezifischen Merkmalen, übt einen potentiellen Einfluss auf die Programmgestaltung aus: Eine preispolitische Akzentuierung einer Orchesterinstitution, die ausschließlich nachfrage- und gewinnorientiert ist, kann eine programmgestalterische und konzertdramaturgische Reduktion zur Folge haben. Dies kann sich z.B. in Form von Konzerten äußern, die aus v.a. populären Werken und „Klassik-Hits" bestehen, Starinterpreten aufweisen und besonders an Wochenendtagen hohe Preise zur Folge haben. Sowohl leistungspolitische als auch preispolitische Eindimensionalität kann somit eine Ursache für ein Abflachen von Programmgestaltung und Konzertdramaturgie darstellen.

2.2.7.3 Distributionspolitik

Die Distributionspolitik beinhaltet und thematisiert die möglichen Wege, auf denen das kulturelle Produkt bzw. die Kultur(dienst-)-leistung den Nachfrager erreicht, und inkludiert „alle Entscheidungen in Bezug auf jene internen und exter-

---

243 Schmidt-Ott 1998, S. 172.
244 Giller 1992, S. 117.
245 In diesem Fall läge eine „Preisdifferenzierung nach Produktmerkmalen vor" (Vgl. Schmidt-Ott 1992, S. 169).
246 Rädel 2006, S. 162.

nen Organe, die den Tauschprozess zwischen Anbieter und Abnehmer [...] herbeiführen oder unterstützen."[247]

Im Rahmen der hier zu untersuchenden Orchester stellen sich also distributionspolitische Fragen bei der Betrachtung der Dienstleistung Konzertaufführung, die „unmittelbar vom Produzenten zum Konsumenten, d.h. ohne zwischengeschaltete Absatzmittler"[248] gelangt. Distributionspolitische Entscheidungen betreffen ebenfalls jegliche Prämissen, Faktoren und Einflussgrößen des Ticketverkaufs und -Vertriebs. Tickets fungieren hier „als materielles Trägermedium."[249]

Innerhalb der Distributionspolitik als Dienstleistungsmarketinginstrument werden vertriebsspezifische Wege hinsichtlich ihrer direkten und indirekten Distribution differenziert. Der Kulturanbieter (die Orchesterinstitution) vertreibt Eintrittskarten ohne Vermittlungsinstanz bei einer direkten Distribution, während externe Vermittlungsinstanzen bei der indirekten Distribution „zwischengeschaltet" werden, um z.B. einen höheren Effektivitäts- und Effizienzgrad zu erreichen. Vorverkaufsstellen, andere Kulturanbieter und v.a. Ticketing-Webseiten sind Beispiele für die – in der Praxis unabdingbare – indirekte Distribution.[250] Sowohl direkte als auch indirekte Distribution wird über ein elektronisches und vernetztes Informationssystem realisiert, das sämtliche produkt- und preispolitischen Daten enthält. Auch Kunden- und Abonnentendaten werden so erfasst und ermöglichen bzw. erleichtern statistische Verfahren.[251]

Die externe Distribution lässt sich jedoch nicht ausschließlich über (eintritts-)kartenvertriebspolitische Parameter auf die Orchesterinstitution übertragen: Die Teilfunktion des Tauschmittlers besteht abstrakt in einer Quantitäts- und Qualitätsfunktion, „es handelt sich hier um die Zusammenfassung von Gütern verschiedener Anbieter und deren Weitergabe an die Abnehmer in geänderter Qualität und/oder Menge".[252] Die Gütermenge von produzierten, d.h. komponierten Werken wird unter konzertdramaturgischen Gesichtspunkten als Programmgestaltung – also in geänderter Qualität und/oder Menge – an den Konsumenten weitergegeben. Der Dirigent, Intendant oder Konzertdramaturg übernimmt in diesem Fall die Funktion der Vermittlungsinstanz – nicht im Sinne von Konzertvermittlung als pädagogisches Hilfskonstrukt, sondern als Tauschmittler innerhalb der durch ihn externalisierten Konzertdistribution.

---

247 Hasitschka / Hruschka 1982, S. 118.
248 Giller 1995, S. 151. Giller bezeichnet hier die Terminierung von Konzerten als ein zentrales Element distributionspolitischer Gestaltung.
249 Günter / Hausmann 2012, S. 69.
250 Vgl. Günter / Hausmann 2009, S. 67f.
251 Schmidt-Ott stellt verschiedene Distributionsmöglichkeiten und deren (technische) Besonderheiten detailliert dar und dokumentiert, dass alle befragten Orchester sowohl über eine orchestereigene Konzertkasse als auch über orchesterexterne Konzertkassen – also eine Form indirekter Distribution – verfügen. (Vgl. Schmidt-Ott 1998, S. 177ff und S. 272ff) Schwarzmann konstatiert hingegen die nur spärliche Nutzung von Absatzmittlern in der Praxis öffentlicher Kulturinstitutionen. (Vgl. Schwarzmann 2000, S. 250).
252 Hasitschka / Hruschka 1982, S. 119.

Unabhängig von diesen den Kartenvertrieb und die konzertdramaturgischen Implikationen durch Tauschmittleräquivalenz betreffenden Faktoren ist räumliche und zeitliche Zugänglichkeit[253] zumindest partiell Bestandteil des distributionspolitischen Kalküls: Spielstättengröße, -qualität und -erreichbarkeit sind für eine erfolgreiche Konzertaufführung und deren Auslastung unabdingbar. Zentrale Lage, exzellente Verkehrsanbindung durch öffentlichen Nahverkehr und Parkplatzangebot der Spielstätte sind sowohl distributions- als auch leistungspolitische Maßnahmen, die für den Kaufentscheidungsprozess des Konsumenten eine nicht zu unterschätzende Rolle spielen.[254] Die zeitliche Zugänglichkeit als Voraussetzung für eine erfolgreiche Konzertaufführung ist distributionspolitisch zu deuten: Konzertterminierung aus makroskopischem Blickwinkel (Saison- und Spielplanterminierung) und aus mikroskopischer Sichtweise (Konzertanfangszeiten) tangieren die Bedeutung zeitlicher Zugänglichkeit. Aus makroskopischer Perspektive stellt die Konzertsaison a priori eine Beschränkung der zeitlichen Zugänglichkeit dar.[255] Programmgestalterische und konzertdramaturgische Implikationen ergeben sich somit auch in der Distributionspolitik: Bestimmte Werke lassen sich aufgrund ihrer Dauer nicht in einen disponierten Zeitrahmen integrieren[256]– obwohl eine künstlerische und konzertdramaturgische Motivation dies fordern könnte. Giller postuliert in dem Zusammenhang von Konzertterminierung eine Flexibilisierung der Anfangszeiten, um ein breites Kundenspektrum und neue Kundensegmente erreichen zu können.[257]

Auch die standortspezifische Ausgabe und Verteilung von Informationsmaterial jeglicher Art zählen zu diesem Marketinginstrument. Differenziert wird speziell im Kulturbetrieb zwischen der örtlichen Identität und Separation von Produktion und Rezeption. Für die Orchesterinstitutionen ist jedoch – wenn man von dem Absatz von Musik-CDs als Bestandteil medialer Verbreitung absieht – die örtliche Identität relevant, die bei einem konventionellen Orchesterkonzert besteht. Dies betrifft auch die Ausgabe bzw. den Verkauf des Konzertprogramms in Print-Version.

2.2.7.4 Kommunikationspolitik

Die Kommunikationspolitik fasst jegliche Entscheidungen zusammen, die sich auf die markt- und zielgruppengerichteten Informationen beziehen. In die umfassende Definition von Günter/Hausmann wird der zentrale Stakeholder-Ansatz integriert:

> „Die Kommunikationspolitik umfasst sämtliche Aspekte der Generierung, Aufbereitung und der Vermittlung bzw. des Austausches von Informationen zwischen einem Kulturanbieter

---

253 Vgl. Schwarzmann 2000, S. 249 und Giller 1992, S. 152.
254 Siehe Kapitel 2.2.7.
255 Vgl. Heister 1983, S. 332.
256 In diesem Zusammenhang sind auch die Rahmenbedingungen, die der TVK hinsichtlich der Dienstzeiten der Orchestermitglieder setzt, zu berücksichtigen. Siehe Kapitel 1.4.3.
257 Vgl. Giller 1992, S. 152.

(Sender) und seinen Stakeholdern (Empfänger). Ziel ist es, Aufmerksamkeit zu erzielen und Wissen zu vermitteln, aber auch Einstellungen, Erwartungen und Verhaltensweisen der Empfänger zu beeinflussen."[258]

Diese Definition lässt sich problemlos auf den Orchesterkontext beziehen, in dem die Kommunikationspolitik einen hohen Stellenwert einnimmt und im Vergleich zur Preis- und Distributionspolitik erheblich breiteren Gestaltungsspielraum ermöglicht. Dies wird durch die Gliederung in die Phasen Analyse, Planung, Durchführung und Kontrolle[259] deutlich – insbesondere die Ziel- und Zielgruppenidentifizierung sowie der Kontrollmechanismus zeugen von einem langwierigen Planungsprozess und von einer ähnlichen Dimension wie der (Kultur-)Marketing-Managementprozess. Analog zu Orchesterzielsetzungen als Bestandteil dieses Prozesses ist die Zieloperationalisierung von Kommunikationszielen nicht immer eindeutig. Psychographische Ziele[260] und deren Kategorien (Information, Emotion und Aktualität) dienen als Orientierung:

- Bekanntheit
- Einstellung
- Wettbewerbsprofilierung
- Kaufabsicht
- Wiederkaufabsicht.

Diese Ziele beinhalten eindeutig programmgestalterische und konzertdramaturgische Implikationen: Vom Standard-Repertoire[261] abweichende und damit eher unbekannte Werke – z.B. von „Kleinmeistern" – fördern eine Form von Produktwissen beim Konsumenten bzw. Rezipienten. Wahl-Zieger attestiert dem Konsumenten gar einen grundlegenden Informationsmangel bezüglich der Produktkenntnis:

„Es scheint, dass man gerade im Bereich des künstlerischen Angebots der Theater und Orchester von einem fast grundsätzlichen Informationsdefizit des Konsumenten ausgehen muss [...]."[262]

Diese Argumentation birgt jedoch ebenfalls die Gefahr, die Souveränität des Konsumenten zu missachten und dessen Präferenzen – trotz eines etwaigen Informationsdefizits – nicht zu erfüllen. Jedoch eignen sich (noch) unbekannte

---

258 Günter / Hausmann 2012, S. 71. Ziel der Definition ist grundsätzlich sind grundsätzlich externe Kommunikationsmaßnahmen. Zu interner und orchesterspezifischer Kommunikationsstruktur: Siehe Mertens 2010, S. 107ff.

259 Vgl. Günter / Hausmann 2012, S. 75.

260 Vgl. Meffert / Burmann / Kirchgeorg 2012, S. 608f. Schmidt-Ott adaptiert Bestandteile dieses Zielkanons auf die allgemeine Orchesterinstitution (Schmidt-Ott 1998, S. 155f).

261 Siehe Kapitel 2.1.

262 Wahl-Zieger 1975, S. 244ff. Die Autorin bezieht sich in diesem Zusammenhang auf die Legitimation des Konzepts meritorischer Güter. Hier demonstriert und exemplifiziert sie verschiedene Aspekte des Informationsdefizits.

Werke zur dramaturgischen Profilierung einer Orchesterinstitution. Analog zu der konzertdramaturgischen Verwendung o.g. Werke – jedoch mit erhöhtem kommunikationspolitischen Wirkungsgrad – lässt sich die Programmierung „Neuer Musik" einordnen: Auch hier wird Produktwissen in Form von Repertoire- und Werkkenntnis vermittelt. Die angeführte Profilierung einer Orchesterinstitution erfährt durch die dramaturgische Berücksichtigung und stringente Implementierung „Neuer Musik" eine besondere Beachtung. „Neue Musik" signalisiert Innovationsbereitschaft, Urteilsvermögen, Risikobereitschaft[263] und Individualität. Somit ergänzt und unterstützt ihre generelle Verwendung den Zielkanon der Kommunikationspolitik. Die (Wieder-)Kaufabsicht des Konsumenten wird naturgemäß neben den verschiedene Präferenzen konstituierenden Faktoren – wie beispielsweise favorisierte Interpreten, fester Anlass (z.B. bei einem Neujahrskonzert) oder außergewöhnliche Spielstätte (z.B. Konzertaufführung in einem industriekulturellem Rahmen) – durch die Programmgestaltung ausgelöst. Das Zusammenspiel von psychografischen und ökonomischen Zielen (Auslastungsgrad, Umsatz oder Überschuss) wird in diesem Zusammenhang offensichtlich und demonstriert, dass kommunikationspolitische Maßnahmen die Zielsetzungen aufweisen sollten, „die Kaufabsicht der Nachfrager bezüglich eines Produkts zu stärken und im Verbund mit den anderen Marketinginstrumenten dafür [zu] sorgen, dass sich die Kaufabsicht auch in einer tatsächlichen Kaufhandlung niederschlägt."[264]

Im Rahmen der Durchführung von kommunikationspolitischen Maßnahmen ergeben sich im Kontext von Web 2.0 und diversen Formen von Social Media neue Formen. Zunächst zählt jedoch die zielgruppenspezifische Werbung zu einer konventionellen Maßnahme, die in adäquater Kommunikationsform übermittelt wird und in vielschichtiger Form von Werbeträgern Verwendung findet: Plakat- u. Außenwerbung, Anzeigen in jeglichen Printmedien, Werbespots und Banner in Funk, Kino, Fernsehen, Internet und auch Social Media sind die gängigen Medien.[265] Die zielgruppenadäquate Kommunikationsform und v.a. Wahl des Werbeträgers stellen hier ein erfolgsentscheidendes Kriterium dar.

Ein wichtiges Merkmal der Kommunikationspolitik besteht in der Öffentlichkeitsarbeit (Public relation). Die Implementierung des Stakeholder-Ansatzes manifestiert sich in der Öffentlichkeitsarbeit in Form ihres Adressatenbezugs, der einerseits prinzipiell aus der gesamten Öffentlichkeit besteht. Andererseits ist eine Orientierung an „Meinungsführern wie Medien, meinungsbildende Institutionen

---

263 Vgl. Theede 2007, S. 170. Theede schreibt „Neuer Musik" – zu der er auch Carl Orffs *Carmina Burana* (UA 1937) zählt – eine hohe kommunikationspolitische Wirkung zu. Bestätigt wird diese These durch seine Intendantenbefragung zwar nicht, die nicht nachzuweisende positive Bedeutung für den Imagefaktor der Konzertinstitution ist jedoch evident.

264 Meffert / Burmann / Kirchgeorg 2012, S. 608.

265 Giller führt tabellarisch Merkmale verschiedener Werbemittel und -Träger an (Vgl. Giller 1992, S. 142f). Bis auf (kommunikations-)budgetäre Aspekte lassen die verschiedenen Formen klassischer Werbung auch auf den Orchesterkontext übertragen. Zur klassischen Werbung: Siehe Meffert / Burmann / Kirchgeorg 2012, S. 623–634.

u. a. Multiplikatoren"[266] für die Orchesterinstitutionen eine Alternative zur kostenintensiven Werbung. Zeitungsberichte, Kommentare und insbesondere Rezensionen in der regionalen und überregionalen Tages-, Wochen- und Fachpresse und zunehmend in Online-Plattformen sind somit als Werbesubstitute zu sehen, die ebenfalls als (Erfolgs-)Indikatoren fungieren können.[267] Der intensive und zu pflegende Kontakt zu Presseinstitutionen ist für eine (langfristig) erfolgreiche Kommunikationspolitik Voraussetzung. Analog dazu ist die Kommunikation – auch indirekt über die Presse – mit sämtlichen Ansprechpartnern der Stakeholder wie z.B. mit Politikern und Sponsoren zu sehen.

Dem persönlichen Verkauf[268] als kommunikationspolitischer Maßnahme wird auch im Orchesterkontext ein hoher Stellenwert zugeschrieben: Jegliche Stakeholder – neben dem Publikum insbesondere Sponsoren und Politiker – lassen sich in einem persönlichen Rahmen bzw. Gespräch gezielt ansprechen und ggf. überzeugen.

Verkaufsförderung ist in der orchesterspezifischen Kommunikationspolitik eher restriktiv und spielt eine nur untergeordnete Rolle.[269] Auch Messen und Events sind als kommunikationspolitische Maßnahmen für den Orchesterkontext nur bedingt geeignet. Online-Kommunikation reiht sich in den traditionellen Maßnahmenkatalog ein[270], hierzu zählen insbesondere im Orchesterkontext die Webseite und Plattform-gestützte Kommunikation.

Neuere Maßnahmen der Kommunikationspolitik und Mundwerbung lassen sich auch von Orchesterinstitutionen durchführen, hier wird unterschieden zwischen:

– Social Media,
– Mobile Marketing,
– Guerilla Marketing,
– Ambient Marketing,
– Ambush Marketing und
– Mundwerbung.[271]

---

266 Schmidt-Ott 1998, S. 162.
267 Siehe Kapitel 2.1.10. Mertens betont die häufig mangelnde und unprofessionelle Behandlung der Öffentlichkeits- bzw. Presse- und Medienarbeit (Vgl. Mertens 2010, S. 72). Den intendierten Anspruch auf Professionalität innerhalb jeglicher kommunikationspolitischer Maßnahmen heben Günter / Hausmann hervor (Vgl. Günter / Hausmann 2012, S. 77f).
268 Vgl. Günter / Hausmann 2012, S. 79.
269 Vgl. Giller 1992, S. 132.
270 Vgl. Günter / Hausmann 2012, S. 81.
271 Vgl. Günter / Hausmann 2012, S. 81ff. Grundsätzlich lassen sich alle Maßnahmen auf den Orchesterkontext beziehen. Insbesondere können technologiedominierte Maßnahmen jedoch durch ihren schnellen Wandlungsprozess abschreckend wirken. Zur Maßnahme Social Media: Siehe Günter / Hausmann 2012, S. 92ff.

Werbung, Öffentlichkeitsarbeit, Verkaufsförderung und persönlicher Verkauf weisen die identischen Zielwirkungsstufen auf, die anhand des Akronyms AI-DA[272] kategorisiert werden können. Wahrnehmung und deren Verarbeitung stehen hier unter konzertdramaturgischem Einfluss: Stringenz, Plausibilität und v.a. Verständnis von Konzertdramaturgie sind für den Faktor Wahrnehmung als kommunikationspolitische Wirkungsstufe konstitutiv. Zu komplexe oder gar eklektizistische Konzertdramaturgie kann als kommunikationspolitische Barriere fungieren, die eine negative Einflussgröße innerhalb des gesamten Marketing-Mix generiert. Darüber hinaus ist die konzert-immanente und die nach dem Konzert stattfindende Kommunikation mit dem Publikum für den Orchestererfolg relevant – auch wenn diese Kommunikationsform nicht zu dem marketingspezifischen kommunikationspolitischen Instrumentarium zu zählen ist.[273]

2.2.8 Marketingcontrolling

Den abschließenden Baustein im (Kultur- bzw. Orchester-)Marketing-Managementprozess stellt das Marketingcontrolling dar. Controlling ist auch im Orchesterkontext legitimiert[274] und zielt darauf ab, „die Planung, Durchführung und Kontrolle sämtlicher Aktivitäten im Kulturmarketing durch eine entsprechende Informationsversorgung zu unterstützen, um so die Effektivität (Wirksamkeit) und Effizienz (Wirtschaftlichkeit) der Marketingmaßnahmen sicherzustellen."[275] So ergibt sich eine enge Verbindung zu Marketingzielen und dem Marketing-Mix im Orchesterkontext. Dies kann auch ein Konfliktpotential implizieren, das aus Zieloperationalisierungen, Quantifizierungen und Subjektivitätsfaktoren resultiert.[276] Innerhalb des Controllings stehen diverse Analyseverfahren[277] zu Verfügung:

– Produktlebenszyklusanalyse und Portfolioanalyse (Bezug zu der Programmgestaltung – hier musikwissenschaftlicher Terminus – als Bestandteil der Produkt- und Leistungspolitik: Insbesondere die Gestaltung von Konzertreihen öffnet sich so einem Controlling-Verfahren, indem sich hier analog zur Programmgestaltung – hier als betriebswirtschaftswissenschaftlicher Terminus – eindeutig abgrenzbare Produkte und Produktlinien analysieren und korrigieren lassen. Die Periodizität der Spielzeiten eignet sich für Controlling-Intervalle.),

---

272 Attention, Interest, Desire, Action. Vgl. Meffert / Burmann / Kirchgeorg 2012, S. 742.
273 Vgl. Wahl-Zieger 1975, S. 142.
274 Vgl. Schwarzmann 2000, S. 100ff. Schwarzmann führt aber auch Berührungsängste zwischen Künstlern und betriebswirtschaftlicher und insbesondere Controlling-Terminologie an. Vgl. ebenda, S. 108f.
275 Günter / Hausmann 2012, S. 129.
276 Siehe Kapitel 2.2.5. Hier werden auch das Controlling tangierende Implikationen von Programmgestaltung und Konzertdramaturgie dargestellt.
277 Vgl. Günter / Hausmann 2012, S. 130–142.

- Break-Even-Analyse (Klassische Gewinnschwellenanalyse, die (einge-schränkt) auch im Orchesterkontext Verwendung finden kann),
- Kennzahlen und Kennzahlensysteme (Hier ergibt sich eine unmittelbare Kor-respondenz zu den Erfolgsindikatoren[278] im Orchesterkontext.),
- Werbewirkungs- und Sponsoring-Erfolgskontrolle (Controlling kommunika-tionspolitischer Maßnahmen).

Die inhaltliche Nähe von Controlling und Evaluation zeigt sich – zumindest im Kulturkontext – anhand ihrer jeweiligen Maßnahmen und Zielsetzungen:

> „Manageriales Handeln, somit auch kulturmanageriales, ist ziel- und erfolgsorientiert. Daher kommt der Überwachung der Zieleinhaltung ganz besondere Bedeutung zu, denn die Kultur-einrichtung will sowohl wissen, ob sie ihre langfristig gesetzten inhaltlichen Ziele erreicht hat, als auch sehen, ob sie bei unmittelbar feststellbaren Zielabweichungen im Marketing-Management-Prozess korrigierend eingreifen kann."[279]

Ein zentraler Unterschied zwischen einer konventionellen Evaluation und strategi-schem Controlling als betriebswirtschaftlichem Terminus liegt in dem jeweiligen Fokus: Evaluationen bilden Urteile aus der Perspektive der Nachfrager ab, wäh-rend das „klassische" Controlling meist unternehmensintern – also aus Anbieter-perspektive – kontrolliert und korrigiert. Insbesondere durch teilweise identische Erhebungsverfahren z.B. Kunden- oder Besucherbefragungen existiert im Kultur-bereich keine terminologische Einheitlichkeit. Dort besteht in der o.g. Fokussie-rung auf die Nachfragerperspektive die Gefahr, die Produkt- und Leistungspolitik ausschließlich auf die Ergebnisse von Evaluationen auszurichten.[280] Künstlerische Vielfalt und Innovationskraft könnten somit durch einen zu starken Einfluss ent-sprechender Methoden analog zu den im Orchesterbetrieb potentiell vorhandenen Zielkonflikten[281] eingeschränkt werden. Jegliche durchgeführte Erhebung als Be-standteil von Evaluation und Controlling ist jedoch bei hohem Professionalisie-rungsgrad kostenintensiv und birgt die Gefahr, zwar durchgeführt zu werden, im Anschluss jedoch folgenlos zu bleiben. Insbesondere bei knappen Orchesterbud-gets sind diese mit den damit verbundenen Mehrausgaben nicht oder nur einge-schränkt durchführbar, weil es sich nicht primär um künstlerisch zu klassifizie-rende Maßnahmen handelt, deren verschiedene Nutzendimensionen nur schwer kommunizierbar sind.

Schwarzmann rückt den Zielbezug in das Zentrum eines Controlling-Ansatzes von Kulturorchestern: „Zielorientierte Steuerung durch Planung und Kontrolle" ist

---

278 Siehe Kapitel 2.1.10. Hier werden auch das Controlling tangierende Implikationen von Pro-grammgestaltung und Konzertdramaturgie dargestellt.
279 Klein 2005, S. 503. Dieses Zitat wird ebenfalls von Wegner verwendet, um Evaluationen zu legitimieren. Vgl. Wegner 2011, S. 187.
280 Vgl. Wegner 2011, S. 197.
281 Siehe Kapitel 2.2.5.

die Grundlage dieses Ansatzes, der Zielerreichungsgrad kann durch „Bereitstellung von entscheidungsrelevanten Informationen" verbessert werden.[282]

In der Praxis bedeutet dies für Orchester bzw. deren Programmgestalter, ihr „Produkt" nach Ende der Spielzeit auf zuvor gesetzte Ziele und deren effiziente und effektive Umsetzung hin zu überprüfen: Ist eine bestimmte Konzertreihe gut ausgelastet, gut rezensiert oder gar prämiert? War die Programmgestaltung und Konzertdramaturgie aus der Perspektive der Verantwortlichen stringent umgesetzt? Ließ sich diese Konzertreihe schlüssig in das künstlerische Gesamtkonzept und in das Orchesterprofil integrieren? Welche Schlussfolgerungen zieht man im Bereich von Steuerung auf die zukünftige Reihenplanung? Waren die für diese Konzertreihe durchgeführten kommunikationspolitischen Maßnahmen zielführend? Wie lassen sich zukünftig die (interne) Informationsbereitstellung und -vermittlung optimieren?

Unabhängig von den Zielkonflikten ist das Abzielen auf qualitativ hochwertige und innovative Konzertdarbietungen und Interpretationen nicht problemlos in einen meist quantitativ dominierten Controlling-Ansatz zu integrieren – dies betrifft Programmgestaltung und verstärkt auch Konzertdramaturgie. Zwar lassen sich wie oben angedeutet einzelne Kennzahlen – z B. zeitintervallbestimmte Besucher- und Auslastungsdaten – von Konzertreihen analog zu Produkten und Produktlinien in einen Controlling-Ansatz implementieren, eine eindeutige indikative Zuordnung ist jedoch nicht problemlos zu realisieren.[283] Controlling als „Informations- sowie Planungs- und Kontrollsystem" beinhaltet neben Leistungsindikatoren die Teilbereiche Kostenrechnungs- und Budgetierungssysteme.[284] Diese meist von der Spezifik der Kameralistik dominierten Teilbereiche sind eindeutiger quantifizierbar und somit für „klassisches" Controlling verwendbar.

---

282 Vgl. Schwarzmann 2000, S. 102. An dieser Stelle werden terminologische Aspekte des Controllings diskutiert.
283 Siehe Kapitel 2.2.5.
284 Vgl. Schwarzmann, 2000, S. 109. Die Kostenrechnungs- und Budgetierungssysteme werden ausführlich thematisiert. Siehe S. 112–152 und 167–196.

3. BEFUND UND DRAMATURGISCHE ANALYSE, DOKUMENTATION DER MARKETINGAKTIVITÄTEN

Dieses Kapitel enthält den „Befund" und die dramaturgische Analyse der Konzertprogramme bzw. der Produkt- und Leistungspolitik der drei zu untersuchenden Orchester: der Duisburger Philharmoniker, Essener Philharmoniker und Bochumer Symphoniker. Die Darstellung ist jeweils nach Spielzeiten gegliedert und auf die symphonischen Konzertreihen fokussiert. Sie dokumentiert darüber hinaus den Einsatz anderer Marketinginstrumente, die sich aus den Konzertprogrammen und den orchesterspezifischen Publikationen[1] ablesen und interpretieren lassen. Diese chronologische Darstellung führt insbesondere entsprechende strukturelle Änderungen der Konzertreihen sowie der Marketinginstrumente an, wenn diese erstmalig auftreten oder sich identifizieren lassen. Dieses Prinzip erstreckt sich auf das gesamte Kapitel. Außerdem werden bei einigen Konzerten überregionale Presserezensionen herangezogen.

3.1 DUISBURGER PHILHARMONIKER

Spielzeit 2000/2001

Die zwölf Symphoniekonzerte der Duisburger Philharmoniker werden seit der Spielzeit 2000/2001 in durchnummerierter Form unter dem Titel *Philharmonisches Konzert* geführt. Das Vorwort des Jahresprogrammhefts gibt Aufschluss über eine konzertdramaturgische Ausrichtung dieser Spielzeit: Neben eher „unbekannten" Werken Wolfgang Amadeus Mozarts ist diese Ausrichtung bestimmt durch die Programmierung von Werken Paul Hindemiths, Felix Mendelssohn Bartholdys und durch „zu Unrecht vernachlässigte Werke und Komponisten (Max Reger, Adolf Busch, Julius Weismann)"[2].

Das erste Philharmonische Konzert (06.09.2000, Yoav Talmi)[3] dieser Spielzeit ist durch eine eher konventionelle Konzertdramaturgie geprägt. Lediglich Hans Werner Henzes *Drei Orchesterstücke auf eine Klaviermusik von Karl Amadeus Hartmann* zu Beginn ragen aus der konventionellen Abfolge Ouvertüre – Konzert – Symphonie heraus. Im Anschluss daran stehen Mozarts *Klarinetten-*

---

1 Siehe Kapitel 1.3. Schreibweisen orientieren sich – auch im Anhang – teilweise danach.
2 Jahresprogrammheft der Duisburger Philharmoniker, Spielzeit 2000/2001, S. 3.
3 Die philharmonischen Konzerte werden am anschließenden Tag wiederholt – entsprechende Abweichungen von dieser terminlichen Disposition werden angeführt. Ebenso werden etwaige Abweichungen von der Spielstätte und dem Konzertbeginn (Mercator-Halle, Großer Saal, 20 Uhr) benannt.

konzert A-Dur KV 622 und Antonín Dvořáks *8. Symphonie G-Dur op. 88* auf dem Programm, in das durch einen „Konzertführer live"[4] eingeführt wird.

Ebenfalls von eher konventioneller Konzertdramaturgie ist das zweite Philharmonische Konzert (27.09.2000, Bruno Weil) geprägt. Dieses Konzert erfüllt paradigmatisch die o.g. standardisierte Abfolge: Mendelssohn Bartholdys Konzertouvertüre *Die Hebriden b-Moll op. 26* markiert den Beginn, im Anschluss ist Jean Sibelius' *Violinkonzert d-Moll op. 47* programmiert, dem Ludwig van Beethovens *2. Symphonie D-Dur op. 36* folgt. Dramaturgische Stringenz wird neben der Einhaltung der standardisierten Abfolge durch einen identischen Aufführungskontext der ersten beiden Konzerteinheiten erzeugt: Sowohl Mendelssohn Bartholdys Konzertouvertüre als auch Sibelius' Violinkonzert wurden in einer jeweils überarbeiteten Fassung zum ersten Mal in Deutschland in Berlin aufgeführt.

Im dritten philharmonischen Konzert (18.10.2000, Bruno Weil) bilden verschiedene Werke Mozarts den Schwerpunkt. Die erste Konzerteinheit besteht aus *Adagio und Fuge für Streicher c-Moll KV 546* und dem *Klavierkonzert Nr. 24 c-Moll KV 491*. Drei Klavierstücke (*KV 574, 335 und 455*) markieren die zweite Konzerteinheit, an die Pëtr Il'ič Čajkovskijs *Suite für Orchester Nr. 4 G-Dur op. 61* anschließt. Stringenz wird hier generiert durch die Verwendung des Komponisten Mozart: in den ersten beiden Konzerteinheiten durch die Programmierung seiner Werke, in der dritten Konzerteinheit durch Čajkovskijs Werk, das einerseits den Subtitel „Mozartiana" als Resultat seiner Mozartverehrung trägt. Andererseits ist durch die Verwendung von Originalmusiken Mozarts in diesem Werk ein entsprechend verbindender Kontext hergestellt. Innovativ ist darüber hinaus die Symbiose von Symphonie- und Kammerkonzert, die sich aus der Programmgestaltung ergibt.

Das vierte philharmonische Konzert (08.11.2000, Bruno Weil) ist betitelt mit *Zum 50. Todestag von Julius Weismann am 22. Dezember 2000*. Mit Weismanns *Ouvertüre zur Oper Die pfiffige Magd* beginnt das Konzert, das außerdem aus Joseph Haydns *Symphonie Nr. 103 Es-Dur* und Johannes Brahms' *Violinkonzert D-Dur op. 77* besteht. Im konzertdramaturgischen Zentrum steht Weismanns Ouvertüre, anschließend wird erneut die standardisierte Abfolge aufgegriffen – allerdings in umgekehrter Reihenfolge.

Mendelssohn Bartholdys *Oratorium Elias – Ein Oratorium nach Worten des Alten Testaments op. 70* ist alleiniger Bestandteil des fünften philharmonischen Konzerts (29.11.2000, Bruno Weil), dessen Inhalt und Beschreibung bereits im Vorwort des Jahresprogrammhefts hervorgehoben werden.

Im sechsten philharmonischen Konzert (17.01.2001, Bruno Weil) bestehen die ersten beiden Konzerteinheiten aus Werken Mozarts. Die im Vorwort angekündigte Verwendung „unbekannter" Werke Mozarts wird hier wie im dritten

---

4   Die Duisburger Philharmoniker veranstalteten in Zusammenarbeit mit der Volkshochschule Duisburg jeweils eine Stunde vor Konzertbeginn im Seitenfoyer der Mercatorhalle (bzw. im Foyer des Theaters der Stadt Duisburg) eine Einführungsveranstaltung, die altersunabhängige Musikvermittlung in Form eines Konzertführers leistet.

philharmonischen Konzert umgesetzt: Mozarts *Kassation D-Dur (KV 62 und 100)* bilden die ersten Konzerteinheit, gefolgt von seinem *Klavierkonzert für zwei Klaviere Es-Dur KV 365*. Abgeschlossen wird das Konzert durch die *Symphonie Mathis der Maler* von Hindemith, dessen Name ebenfalls im Vorwort als programmatische Akzentuierung aufgeführt wird.

Im siebten philharmonischen Konzert (14.02.2001, Michael Hofstetter) wird ein thematischer Kontext generiert, indem Toru Takemitsus *Starisle* und Gustav Holsts *Die Planeten op. 32* einen konzertdramaturgischen Rahmen bilden. Die Form und der Titel des Werks von Takemitsu sind angelehnt an einen galaktischen Spiralnebel, Holsts Werk nimmt formal und thematisch Bezug zu den Planeten des Sonnensystems. In der Mitte dieses Rahmens ist Samuel Barbers *Violinkonzert op. 14* programmiert – ohne sich in den o.g. Kontext einzuordnen.

Das achte philharmonische Konzert (07.03.2001, Bruno Weil) greift erneut – wie im Vorwort angekündigt – Kompositionen von Mozart und Hindemith auf: Die ersten beiden Konzerteinheiten bestehen aus Mozarts *Divertimento D-Dur KV 251* und Hindemiths *Konzert für Klavier und Orchester*. Den Konzertabschluss bilden Beethovens Ouvertüre *Die Geschöpfe des Prometheus op. 43* und *Fantasie für Klavier, Chor und Orchester c-Moll op. 80*. Die Konzertdramaturgie orientiert sich hier an der allgemeinen Ausrichtung dieser Spielzeit.

Im neunten philharmonischen Konzert (04.04.2001, Stefan Blunier) stehen Heinz Holligers *Liszt-Transkriptionen*, Camille Saint-Saëns' *Konzert für Violoncello und Orchester Nr. 1 a-Moll op. 33* und Richard Strauss' *Ein Heldenleben op. 40* auf dem Programm, dessen Konzertdramaturgie ohne sichtbare Bezüge und Kontexte gestaltet ist.

Die Konzertdramaturgie der letzten beiden Konzerteinheiten des zehnten philharmonischen Konzerts (25.04.2001, Bruno Weil) ist durch die Verwendung von Original und Bearbeitung als kompositionsästhetischem Aspekt gekennzeichnet. Mendelssohn Bartholdys *Ein Sommernachtstraum op. 61* bildet den Konzertabschluss. Zuvor werden *Hochzeitsmarsch und Elfenreigen* aus diesem Werk in der Klavierbearbeitung von Franz Liszt dargeboten. Die standardisierte Reihenfolge wird im Rahmen dieses Konzerts dramaturgisch motiviert umgedreht: Das Konzert beginnt mit Haydns *Symphonie Nr. 101 D-Dur* und Béla Bartóks *Klavierkonzert Nr. 3 Sz 119* – den dramaturgische Höhepunkt markiert der Abschluss des Konzerts, indem das Originalwerk Mendelssohn Bartholdys programmiert ist.

Das elfte philharmonische Konzert (09.05.2001, Bruno Weil) beginnt mit Regers *Variationen und Fuge über ein Thema von Beethoven op. 86*, gefolgt von Buschs *Violinkonzert op. 20*. Hier wird konzertdramaturgische Stringenz durch biographische Bezüge erzeugt: Busch war einerseits begeisterter Interpret von Kompositionen Regers und Brahms', andererseits fungiert Reger als Vorbild für Busch. Die letzte Konzerteinheit – Brahms' 3. *Symphonie F-Dur op. 90* – erfüllt darüber hinaus wie die Programmierung von Buschs Instrumentalkonzert die Konventionen der standardisierten Abfolge. Die Konzertdramaturgie wird in einer Presserezension als „vorzüglich" charakterisiert.[5]

---

5 Tegethoff, in: Rheinische Post vom 11.05.2001.

Den Abschluss der Reihe des Symphoniekonzerts bildet das zwölfte philharmonische Konzert (13.06.2001, Georg Fritzsch), das ausschließlich aus einer Konzerteinheit besteht: Gustav Mahlers *5. Symphonie cis-Moll.*

Neben der Reihe der symphonischen Konzerte werden Kammerkonzerte, Haniel-Akademie-Konzerte, Konzerte im Foyer, Kinder- und Jugendkonzerte, Serenadenkonzerte und Meisterkonzerte veranstaltet.[6] Unter der Reihe „Meisterkonzerte" sind Konzerte anderer Orchester in den Spielstätten in Duisburg rubriziert. Darüber hinaus unterstützt die Konzertreihe „Profile" die Symphoniekonzerte dramaturgisch: Analog zum Trägerprofil im ingenieurwissenschaftlichen Konstruktionswesen „kommentieren" kammermusikalische Ensembles als „Grundlage des Orchesterklangs" die symphonische Programmgestaltung – eine vermittelnde Rolle übernimmt in diesem Zusammenhang die begleitende Moderation.[7] Diese Konzertreihe ist als konzertdramaturgische Innovation zu klassifizieren, da sie den Rahmen einer konventionellen Kammermusikreihe durch ihre ergänzende und kontextualisierende Funktion sprengt. Sonderkonzerte – Galanacht, Neujahrskonzert und Sommer-Proms-Konzert – weisen eine dem breiten Publikum bekannte Programmgestaltung auf, durch eine entsprechende Preispolitik, die z.B. aus Eintrittspreisen von bis zu 120 DM besteht, wird versucht, Einnahmen für das Orchester zu generieren. Diese Konzerte und die Open-Air-Veranstaltungen, darunter ein Konzert auf der Burg Linn in Krefeld (09.11.2000), haben Eventcharakter.

Im Rahmen der Marketingaktivitäten steht die Neubenennung des Orchesters, das ab dieser Spielzeit den Titel trägt: „Duisburger Philharmoniker".[8] Als Bestandteil der **Preis- und Konditionen- bzw. Rabattpolitik** werden vier (übertragbare) Abonnements angeboten: Neben zwei Abonnements für die Symphoniekonzerte (12 Konzerte, eins pro Aufführungstag) existieren für jeweils sechs Konzerte Abonnements für Kammer- und Jugendkonzerte. Die in vier Raten zahlbaren Abonnements gewähren 25 % Preisermäßigung - Schülern, Studenten, Auszubildenden, Zivil- und Wehrdienstleistenden (bis zu 27 Jahren), Schwerbehinderten (ab 80 %) und Arbeitslosen wird eine Ermäßigung in Höhe von 50 % auf den Preis angeboten. Die Preispolitik weist somit keine für eine Orchesterinstitution ungewöhnlichen Merkmale auf. Die **distributionspolitische** Ausrichtung ermöglicht einen Ticketbezug und Vorverkauf über Kasse, Telefon, Post und Internet

---

6   Die Konzertreihe „Haniel-Akademie-Konzerte" findet in Zusammenarbeit mit der Franz-Haniel-Akademie statt, hier werden v.a. Werke der „Neuen Musik" verwendet. Entsprechende Konzerte sind teilweise innovativ gestaltet, indem ungewöhnlichen Besetzungen, Ensembles und Interpreten gattungsübergreifend programmgestalterische und konzertdramaturgische Freiheiten geboten werden. Unter dem Konzertreihentitel „Meisterkonzerte" werden diverse Gastspiele anderer, zum Teil internationaler Orchester rubriziert. Neue Konzertreihen, die Einstellung von Konzertreihen sowie deren etwaige Modifikationen werden in jedem Spielzeiten-Kapitel dokumentiert.

7   Vgl. Jahresprogrammheft der Duisburger Philharmoniker, Spielzeit 2000/2001, S. 28.

8   Die Marketingimplikationen, die sich aus der Namensänderung ergeben, sind im Jahresprogrammheft skizziert: Siehe Jahresprogrammheft der Duisburger Philharmoniker, Spielzeit 2000/2001, S. 2. Die Benennung der Konzertreihe der symphonischen Konzerte orientiert sich daran.

(www.ticketonline.de). Auch hier sind keine Besonderheiten festzustellen – hierbei handelt es sich um übliche Distributionskanäle. Die Internetpräsenz und die E-Mailfunktion als **kommunikationspolitische Ausprägung**, die im Jahresprogrammheft erwähnt wird, sind in die der Stadt Duisburg eingebunden (www.duisburg.de/Philharmoniker).

Spielzeit 2001/2002

In der Spielzeit 2001/2002 – der letzten Spielzeit unter Bruno Weil als Generalmusikdirektor – sind erneut 12 *Philharmonische Konzerte* enthalten. Die bisherige Programmgestaltung und Konzertdramaturgie werden von der Intendanz im Jahresprogrammheft gewürdigt:

> „In seinen Programmen versucht Bruno Weil sowohl inhaltlich als auch kunstspartenübergreifend (Literatur, Bildende Kunst) Bezüge und Betroffenheit herzustellen.[...] Die Philharmonischen Konzerte sind stets nahezu ausverkauft und die Duisburger Philharmoniker haben einen Qualitätsstandard erreicht, der überregional hohe Anerkennung findet."[9]

Bezüge und Kontextualitäten sind als konzertdramaturgische Parameter einzustufen, hohe Auslastung und überregional anerkannte Qualitätsstandards fungieren als Indikatoren für den quantitativen und qualitativen Erfolg von Programmgestaltung und Konzertdramaturgie, der hier von Arnold bilanzierend konstatiert wird. Neben dieser nicht unbefangenen Einschätzung enthält das Vorwort jedoch kaum Informationen über die programmatische oder dramaturgische Akzentuierung in dieser Spielzeit – lediglich das Abschiedskonzert Weils findet Erwähnung.

Das erste Philharmonische Konzert (05.09.2001, John Axelrod) beginnt mit drei Werken Maurice Ravels: *Ma mère l'oye*, *Klavierkonzert G-Dur* und *La valse*. Die zweite Konzerteinheit besteht aus Modest Musorgskijs *Bilder einer Ausstellung*. Der konzertdramaturgische Bezug wird hier durch die Identität des Verantwortlichen für die Orchestrierung der zweiten Konzerthälfte und dem Komponisten der ersten drei Konzerteinheiten hergestellt.

Im zweiten Philharmonischen Konzert (26.09.2001, Bruno Weil) folgen die letzten beiden der drei Konzerteinheiten der konventionellen Abfolge: Hindemiths *Violinkonzert* und Beethovens *7. Symphonie A-Dur op. 92*. Die erste Einheit – Friedrich Witts *Symphonie C-Dur* – generiert einen Bezug zu Beethoven, da das Werk ursprünglich diesem Komponisten zugeschrieben war. Um diesen Zusammenhang zu verdeutlichen, wird die ursprünglich vermutete Autorschaft explizit im Programm erwähnt.

Ebenfalls durch explizite Erwähnung (hier des 100. Geburtstags von Ernst Pepping) ist dessen *Praeludium für Orchester* als erste Konzerteinheit des dritten Philharmonischen Konzerts (17.10.2001, Ira Levin) konzertdramaturgisch legitimiert. Die folgenden drei Konzerteinheiten erfüllen die Konventionen der standardisierten Abfolge: Mozarts *Klavierkonzert Es-Dur KV 482*, Auszüge aus Hec-

---

9   Jahresprogrammheft der Duisburger Philharmoniker, Spielzeit 2001/2002, S. 3.

tor Berlioz' *Romeo und Julia – Symphonie dramatique op. 17* und Richard Wagners *Ouvertüre zur Oper Rienzi* in modifizierter Form.

In dramaturgischer Korrespondenz zum fünften Philharmonischen Konzert der Spielzeit 2000/2001 bzw. zu dessen Fortführung (Mendelssohn Bartholdys Oratorium *Elias – Ein Oratorium nach Worten des Alten Testaments op. 70*) steht das vierte Philharmonische Konzert (07.11.2001, Bruno Weil), das aus Mendelssohn Bartholdys Oratorium *Paulus – Oratorium nach Worten der heiligen Schrift op. 36* besteht.

Im dramaturgischen Zentrum des fünften Philharmonischen Konzerts (28.11.2001, Gregor Bühl) steht die Gattung des Klarinettenkonzerts, die durch Aaron Coplands und Artie Shaws *Klarinettenkonzerte* repräsentiert wird. Umrahmt werden diese Konzerte durch Stravinskijs *Zirkuspolka* und Witold Lutosławskis *Konzert für Orchester*.

Das sechste Philharmonische Konzert (09.01.2002, Kirill Petrenko) widmet sich ausschließlich russischen Komponisten, deren Herkunft auch die des Dirigenten ist. Die erste Konzerteinheit besteht aus Anatolij Ljadows *Der verzauberte See op. 62*. Die zweite und dritte Konzerteinheit schließen sich erneut der konventionellen Abfolge an, sie werden gebildet durch Sergei Rachmaninovs *Klavierkonzert Nr. 1 fis-Moll op. 1* und Aleksandr Glazunovs *Symphonie Nr. 5 B-Dur op. 55*, so dass eindeutig ein nationalspezifischer Kontext die Konzertdramaturgie dieses Konzerts bestimmt.

Lediglich eine Konzerteinheit beinhaltet das siebte Philharmonische Konzert (30.01.2002, Bruno Weil): Anton Bruckners *Symphonie Nr. 8 c-Moll*. Das letzte Philharmonische Konzert unter der Leitung von Bruno Weil schließt einen konzertdramaturgischen Kreis: Im Auftaktkonzert unter Weils Dirigat steht ebenfalls eine Bruckner-Symphonie auf dem Programm.

Skandinavischen Kompositionen widmet sich das achte Philharmonische Konzert (27.02.2002, Ari Rasilainen), das im Rahmen des NRW-Festivals „Windrose" aufgeführt wird: Auf Magnus Lindbergs *Kinetics für Orchester* folgen Edvard Griegs *Klavierkonzert a-Moll op. 16* und Sibelius' *Symphonie Nr. 5 Es-Dur op. 82*. Hier ist dramaturgische Stringenz einerseits wie im sechsten Philharmonischen Konzert durch einen nationalbedingten Kontext realisiert. Andererseits ist Lindberg an der Sibelius-Akademie tätig, somit ergänzen biographische Bezüge diesen Kontext. Darüber hinaus sind die letzten beiden Konzerte Bestandteil der standardisierten Abfolge.

Weitaus weniger Kontexte und Bezüge bietet die Konzertdramaturgie des neunten Philharmonischen Konzerts (20.03.2002, Hans Wallat), das aus Haydns *Symphonie Nr. 96 D-Dur* und Strauss' *Eine Alpensymphonie op. 64* besteht – hier ist lediglich die Gattungseinheit erwähnenswert.

Das zehnte Philharmonische Konzert (10.04.2002, Lan Shui) ist in vier Konzerteinheiten gegliedert, in deren Zentrum im Sinne einer „Sandwich-Dramaturgie" zwei chinesische Kompositionen stehen: Chen Yis *Fiddle Suite für Huquin und Orchester* und Bright Shengs *Stream Flows*. Deren Rahmen besteht aus Nikolaj Rimskij-Korsakovs *Russische Ostern op. 36* und Čajkovskijs *Francesca da Rimini – Fantasie nach Dante op. 32*.

Niccolò Paganinis *Violinkonzert Nr. 4 d-Moll* und Mahlers *Symphonie Nr. 5 cis-Moll* werden im elften Philharmonischen Konzert (08.05.2002, Asher Fisch) aufgeführt, erneut werden zwei Gattungen dramaturgisch in der standardisierten Reihenfolge verwendet.

Im Rahmen des zwölften Philharmonischen Konzert (05.06.2002, Antoni Witt) wird Krzysztof Meyers *Klarinettenkonzert* uraufgeführt, nachdem Lutosławskis *Mi-parti* dargeboten worden ist. Die zweite Konzerthälfte wird durch französische Werke bestimmt: Auf Olivier Messiaens *Le tombeau resplendissant* folgt Francis Poulencs *Gloria*.

Die Konzertreihe „Musik im Industrieraum" findet zum ersten Mal Erwähnung im Jahresprogrammheft, obwohl sie bereits 1999 und 2000 „mit Erfolg Industrieräume füllte"[10]. Ihre konzertdramaturgische Funktion wird dort jedoch nicht erläutert. Wegen der unkonventionellen Spielstätte (Kraftzentrale Duisburg-Meiderich) weist das als Konzertreihe deklarierte Einzelkonzert Event-Charakter auf. Das vierte „Profile-Konzert" ist ebenfalls als Konzert-Event zu klassifizieren: Der Film *Goldrausch* wird durch seine Originalmusik, interpretiert von einem Kammermusikensemble der Duisburger Philharmoniker, begleitet. Auch das Open-Air „Sommer-Proms-Konzert" ist als Konzert-Event zu verstehen. Einige Einzelkonzerte fungieren als Bestandteile für das Festival „Windrose", an dem die Ruhr-Orchester partizipieren und das als Innovation zu klassifizieren ist. Das Neujahrskonzert ist zugleich das letzte Konzert des GMD Bruno Weil.

Spielzeit 2002/2003

Das Jahresprogrammheft der Spielzeit 2002/2003 ist betitelt mit „Jubiläumssaison". Das 125-jährige Jubiläum besteht in der Orchestergründung durch die Mitglieder der ehemaligen Brandtschen Kapelle 1877.[11] Außerdem übernimmt in dieser Spielzeit Jonathan Darlington das Amt des Generalmusikdirektors. Sein Vorwort im Jahresprogrammheft gibt Aufschluss über programmatische und konzertdramaturgische Schwerpunkte in dieser Spielzeit: Neben dem Motto „Jahrestage", das innerhalb der Programmgestaltung Kontextualisierung und Stringenz hervorrufen soll, werden Auftragskompositionen angeführt. Darüber hinaus kündigt Darlington eine – teilweise zyklisch aufgebaute – Programmgestaltung an, deren Konzertdramaturgie sich durch „kontrastierende Kompositionsstile"[12] auszeichnet. Im Gegensatz zu seinem Vorgänger setzt der neue GMD auf ein „stärker französisch-englisch gefärbtes Programm mit deutlicher Öffnung zum 20. Jahrhundert."[13]

---

10   O.A., in: Westdeutsche Allgemeine Zeitung v. 10.07.2001.

11   Details sind dem Kapitel 1.4.3 zu entnehmen.

12   Jahresprogrammheft der Duisburger Philharmoniker, Spielzeit 2002/2003, S. 4. Inwieweit die Konzertdramaturgie von diesem Kontrastprinzip geprägt ist, wird Resultat der hier vorliegenden Analyse sein.

13   Obiera, in: Neue Rhein Zeitung v. 21.03.2002.

Das erste Philharmonische Konzert[14] (25.09.2002, Jonathan Darlington) beinhaltet Mauricio Kagels *Brocken Chords*, ein Auftragswerk zum 125-jährigen Bestehen der Duisburger Philharmoniker. Dramaturgisch eingerahmt ist dieses Werk von Berlioz' Ouvertüre zur Oper *Benvenuto Cellini* und Dimitrij Šostakovičs *Symphonie Nr. 11 g-Moll op. 103*. Die Konzertdramaturgie entspricht somit der „Sandwich"-Struktur: Das „moderne" Werk steht in der Mitte und wird von zwei konventionellen Gattungen – Ouvertüre und Symphonie – eingerahmt. Bereits in diesem Konzert wird das o.g. konzertdramaturgische Kontrastprinzip evident.

Im zweiten Philharmonischen Konzert (16.10.2002, Constantinos Carydis) bilden Werke Ravels den dramaturgischen Rahmen: *Le Tombeau de Couperin* und *Rapsodie espagnole*. Ein weiterer dramaturgischer Kontext ergibt sich zum einen aus dem Spanienbezug, den die dritte Konzerteinheit durch Manuel de Fallas *Nächte in spanischen Gärten* herstellt. Zum anderen sind die erste und zweite Konzerteinheit – Igor Stravinskijs *Pulcinella-Suite* – an Suiten-Formen angelehnt bzw. in deren Werktiteln explizit formuliert.

Ein amerikanischer Kontext wird durch die Programmgestaltung und die Herkunft des Dirigenten des dritten Philharmonischen Konzerts (30.10.2002, Lawrence Foster) erzeugt: Auf Coplands *Fanfare for a common man* folgt Michael Tilson Thomas' *Aus dem Tagebuch der Anne Frank* und Leonard Bernsteins *Symphonie Nr. 2 D-Dur op. 73*. Coplands Werk markiert dramaturgisch den Beginn des Konzerts in Form einer Eröffnungsfanfare. Konventionell abgeschlossen wird das Konzert durch eine Symphonie – allerdings im o.g. amerikanischen Kontext.

Aus einer Konzerteinheit besteht das vierte Philharmonische Konzert (20.11.2002, Jonathan Darlington): Benjamin Brittens *War Requiem op. 66*, das 1962 uraufgeführt wurde, wird 2002 in den Jubiläumskontext eingebunden. Außerdem wird durch die Verwendung der Gattung Requiem ein Bezug zur Spielzeitendramaturgie („Gedanken von Geburt und Wiedergeburt"[15]) erzeugt.

Das fünfte Philharmonische Konzert (04.12.2002, Jonathan Darlington) enthält nach Henri Dutilleux' *Tout un monde lointain – Konzert für Violoncello und Orchester* Brahms' *Symphonie Nr. 2 D-Dur op. 73*, die am 30.12.2002, also exakt 125 Jahre nach ihrer Uraufführung, programmiert ist. Hier wird der (auf die ganze Spielzeit bezogene) Jubiläumskontext, der sich aus dem 125-jährigen Bestehen des Orchesters ergibt, auf das aufgeführte Werk ausgeweitet.

Unter Berücksichtigung der konventionellen Konzertabfolge, die hier jedoch umgekehrt wird, steht das sechste Philharmonische Konzert (15.01.2003, Jonathan Darlington). Zwei sehr populäre Werke (Mozarts *Symphonie Nr. 29 A-Dur KV 201* und Beethovens *Violinkonzert D-Dur op. 61*) werden von Bartóks *Tanzsuite* abgeschlossen. Die Mozart-Symphonie übernimmt konzertdramaturgisch die

---

14   Die Hauptspielstätte des Orchesters ist nun übergangsweise das Theater am Marientor – bis die Mercatorhalle wiedereröffnet wird.
15   Jahresprogrammheft der Duisburger Philharmoniker, Spielzeit 2002/2003, S. 3.

Funktion der Ouvertüre. Diese gattungsfremde Funktion ist als verbreitete Praxis zu charakterisieren.[16]

Die *zweite Symphonie c-Moll* von Mahler, aus der das siebte Philharmonische Konzert (12.02.2003, Jonathan Darlington) besteht, trägt den Untertitel „Auferstehungssymphonie". Dieser Untertitel sowie die Widmung im Konzertjahresprogramm („In memoriam Herbert W. Köhler und Ingeborg Köhler-Osbahr") tragen dazu bei, dass das Konzert eine Verbindung zu der o.g. Spielzeitendramaturgie herstellt.

Eine bisher nicht verwendete Variante der Konzertdramaturgie wird im achten bzw. neunten Philharmonischen Konzert (09.04.2003/11.04.2003, Bruno Weil) umgesetzt. Diese beiden Konzerte werden zyklisch verknüpft, um sämtliche Klavierkonzerte Beethovens zu vereinen. Kontinuität und der Anspruch auf zyklische Vollständigkeit sind hier die konzertdramaturgischen Intentionen, die sich zumindest temporär den Restriktionen der Programmgestaltung von durchnummerierten Symphoniekonzerten widersetzen.

Die erste Konzerteinheit des zehnten Philharmonischen Konzerts (07.05.2003, Alexander Lazarev) besteht aus Nikolai Korndorfs *Smile of Maud Lewis*. Der lokale Bezug wird erreicht, da Korndorf Preisträger der Stadt Duisburg ist. Sergej Prokof'evs *Klavierkonzert Nr. 2 g-Moll op. 16* wird laut Jahresprogrammheft anlässlich des 50. Todestags Prokof'evs programmiert – das jedoch erst im Mai stattfindende Konzert ist demnach nicht stringent gestaltet. Ottorino Respighis *Feste romane* bildet den Konzertabschluss.

Im Rahmen des elften Philharmonischen Konzerts (21.05.2003, Jonathan Darlington) wird Manfred Trojahns *Vier Orchesterstücke* uraufgeführt. Es handelt sich erneut um eine Auftragskomposition, die anlässlich des Orchesterjubiläums vergeben wird. Somit ist hier der Bezug zur Spielzeitendramaturgie gewahrt. Stravinskijs *Symphonie für Bläser* und Claude Debussys *La mer* bilden ohne sichtbaren Kontext die zweite und dritte Konzerteinheit.

Dvořáks *Serenade für Streicher E-Dur op. 22* markiert den Beginn des zwölften Philharmonischen Konzerts (18.06.2003, Jonathan Darlington). Im Anschluss ist wieder ein Werk Prokof'evs programmiert: *Alexander Newski – Kantate für Mezzosopran, Chor und Orchester op. 78*. Dieses Werk wird jedoch nicht kontextualisiert, lediglich der 50. Todestag des Komponisten erscheint in wiederholter Konzertdramaturgie als entsprechende im Jahresprogrammheft explizit erwähnte Legitimation.

Das bis dahin erste dreizehnte Philharmonische Konzert (09.07.2003, Jonathan Darlington) beginnt mit einer Konzerteinheit, die aus Alban Bergs *Sieben frühe Lieder für Gesang und Orchester* besteht. Anschließend eröffnet sich ein Kontext: Bruckners *Symphonie Nr. 9 d-Moll* wird zum ersten Mal in Deutschland am 23.05.1903 aufgeführt. Das 100-Jährige Jubiläum dieses insbesondere für die Duisburger Philharmoniker wichtigen Werks wird jedoch dramaturgisch erneut nur in zeitlicher Unschärfe aufgegriffen. Ein Grund für diese Unschärfe kann

---

16 Vgl. Demirsoy: in Süddeutsche Zeitung v. 10.01.2003. Die dieses Konzert behandelnde Rezension ist inhaltlich auf die Interpretation und die Solistin (Sarah Chang) fokussiert.

spielzeitendramaturgisch motiviert sein, da die Konzerteinheit dieses Werks den symphonischen Abschluss der gesamten Spielzeit markiert.

Gravierende Änderungen der Konzertreihenstruktur haben sich im Vergleich zur vorangegangenen Spielzeit nicht ergeben – die Reihe „Musik im Industrieraum 2001" ist eingestellt. Verschiedenen Konzerten kann in dieser Spielzeit ein Event-Charakter zugesprochen werden: Neben dem üblichen Open-Air Sommer-Proms-Konzert fungiert eine Auftaktveranstaltung als Konzert-Event, indem der Rahmen der konventionellen Konzertsituation gesprengt wird. Ein „Non-Stop-Programm" im Ausstellungskontext des Jubiläums ermöglicht den Besuchern und Zuhörern, das Orchester und deren einzelne Instrumentengruppe aus nächster Nähe zu sehen und zu hören.

Spielzeit 2003/2004

Das Jahresprogrammheft der Spielzeit 2003/2004 gibt nur skizzenhaft Aufschluss über die Programmgestaltung und dramaturgische Ausrichtung:

> „Die neue philharmonische Saison versucht dort fortzufahren, wo die letzte endete: mit einem profilierten Angebot großer Meisterwerke des sogenannten ‚klassischen' Repertoires (beispielsweise Mahler-, Bruckner- und Brahms-Zyklen) in Verbindung mit zeitgenössischen Werken und in Fortsetzung weiterer Zyklen von Komponisten [...] des 20. Jahrhunderts."[17]

Diese Ausrichtung ist eindeutig spielzeitenübergreifend orientiert und unterstreicht die Intention einer zyklisch angelegten Konzertdramaturgie. Außerdem wird die Einbeziehung internationaler Solisten mehrfach betont.[18]

Die Reihe der Philharmonischen Konzerte beginnt mit einem perkussionsorientierten ersten Konzert (17.09.2003, Jonathan Darlington), dessen erste Einheit aus einem Konzert von Antonio Vivaldi besteht, das von der Solistin Evelyn Glennie bearbeitet ist. Auch die zweite Konzerteinheit ist wegen ihrer Besetzung innovativ: John Psathas' *View from Olympus – Doppelkonzert für Schlagwerk, Klavier und Orchester*. Einen konventionellen Abschluss bildet die letzte Konzerteinheit, die aus Beethovens *4. Symphonie B-Dur op. 60* besteht.

Das zweite Philharmonische Konzert (29.10.2003, Jonathan Darlington) knüpft – wie im Jahresprogrammheft angekündigt – an die vorherige Spielzeit an, indem die erste Konzerteinheit aus der zyklischen Fortsetzung von Trojahns *Vier Orchesterstücke* gebildet wird, die erneut im Rahmen einer Uraufführung realisiert wird. Einen konzertdramaturgischen Kontext bilden die folgenden beide Werke durch die Kongruenz ihrer Kompositionszeiträume (ca. 1829–1833): Frédéric Chopins *Klavierkonzert e-Moll op. 11* und Mendelssohn Bartholdys *Symphonie Nr. 3 a-Moll op. 56*.

Zwei Kompositionen Mozarts – *Symphonie g-Moll KV 183* und *Klavierkonzert Es-Dur KV 482* – bilden den konzertdramaturgischen Rahmen des dritten

---

17 Jahresprogrammheft der Duisburger Philharmoniker, Spielzeit 2003/2004, S. 3.
18 Vgl. ebenda, S. 3f.

Philharmonischen Konzerts (03.12.2003, Jonathan Darlington). In der Konzert-mitte ist Stravinskijs *Psalmensymphonie* programmiert.

Sämtliche Werke des vierten Philharmonischen Konzerts (07.01.2004, Ton Koopmann) stammen aus dem Ende des 18. Jahrhunderts. Somit ist der konzert-dramaturgische Kontext über die zeitlich verwandte Kompositions- bzw. Auffüh-rungszeit gebildet. Innerhalb dieses Kontextes werden die drei Werke Carl Philipp Emanuel Bachs – *Symphonie D-Dur Wq 183, Konzert für zwei Cembali F-Dur Wq 46* und *Symphonie D-Dur Wq 183,4* – einer Symphonie Haydns – *Symphonie Nr. 85 B-Dur* – kontrastierend gegenübergestellt.

Die Programmgestaltung des fünften Philharmonischen Konzerts (21.01.2004, Heinz Wallberg) ist eindeutig dem klassisch-romantischen Repertoire entnom-men, das – wie im Jahresprogrammheft beschrieben – ein spielzeitenübergreifen-des konzertdramaturgisches Fundament darstellt: Bruckners *Symphonie Nr. 5 B-Dur* ist programmiert.

Dieses Fundament ist ebenfalls im sechsten Philharmonischen Konzert (18.02.2004, Jonathan Darlington) durch Berlioz' *Symphonie fantastique op. 14* als Konzertabschluss repräsentiert. Die darüber hinaus im Jahresprogrammheft angekündigte konzertdramaturgische Kontrastierung durch die Programmierung von Kompositionen aus dem 20. Jahrhundert wird stringent umgesetzt, indem die ersten beiden Konzerteinheiten aus Stravinskijs *Concerto in Es* und Debussys *Jeux* bestehen.

Dieses Prinzip findet im folgenden Konzert – dem siebten Philharmonischen Konzert (10.03.2004, Jonathan Darlington) – seine konsequente Fortsetzung: Ar-vo Pärts *Cantus in memory of Benjamin Britten* und Brittens *Violinkonzert d-Moll op. 15* werden mit Franz Schuberts *Symphonie Nr. 4 c-Moll D 417* konfrontiert. Diese Konfrontation wird jedoch durch zwei wesentliche konzertdramaturgische Merkmale ergänzt. Erstens sind die ersten beiden Konzerteinheiten durch Britten verknüpft. Zweitens wird ein Konnex hergestellt, indem der Untertitel der Schu-bert-Symphonie („Tragische") mit Pärts Werk korrespondiert. Dieses Konzert ist somit auf mehreren Ebenen konzertdramaturgisch äußerst stringent gestaltet und darüber hinaus (auch) durch Frank Peter Zimmermann als Solist publikumswirk-sam.

Im Gegensatz zum vorangegangen Konzert steht das achte Philharmonische Konzert (31.03.2004, Jonathan Darlington), das ausschließlich Werke aus dem Ende des 19. Jahrhunderts enthält. Sowohl Dvořáks *Serenade d-Moll op. 44* als auch Bruckners *Te Deum* und Brahms' *Symphonie Nr. 4 e-Moll op. 98* sind in dieser zeitlichen Epoche komponiert und uraufgeführt. Diese zeitliche Epoche markiert damit den konzertdramaturgischen Zusammenhalt.

Im neunten Philharmonischen Konzert (28.04.2004, Marc Piollet) werden Bo-ris Blachers *Orchestervariationen über ein Thema von Niccoló Paganini* mit Mo-zarts *Violinkonzert A-Dur KV 219* und Brahms' *Klavierquartett g-Moll op. 25* kombiniert. Markant für die ersten beiden Konzerteinheiten ist der durch die Vio-line bestimmte Kontext, dem eine für den Konzertabschluss atypische Gattung konzertdramaturgisch gegenübergestellt wird.

Das zehnte Philharmonische Konzert (12.05.2004, Stefan Blunier) ist in Verbindung mit dem Kultursekretariat NRW im Rahmen der „Max-Reger-Tage 2004" gestaltet. Regers *Eine Ballettsuite op. 130* markiert den Konzertauftakt. Diese Konzerteinheit bildet einen konzertdramaturgischen Rahmen mit Franz Schmidts *Symphonie Nr. 2 Es-Dur*, die ebenfalls 1913 uraufgeführt wurde. Zeitlich und gattungsspezifisch kontrastierend dazu steht in der Konzertmitte Haydns *Cellokonzert C-Dur Hob. VIIb: 1.*

Im elften Philharmonischen Konzert (16.06.2004, Jonathan Darlington) wird durch Komponisten und Werktitel bzw. programmatischer Ausrichtung ein nationalspezifischer, hier: französischer Kontext aufgebaut: Debussys *Danses Sacrées et Profanes*, Bartóks *Musik für Saiteninstrumente, Schlagzeug und Celesta*, Leoš Janáčeks *Das Kind des Musikanten* und Ravels *Shéhérazade* stehen auf dem instrumentatorisch durch die Harfe geprägten Programm des Konzerts.

Das letzte symphonische Konzert, das zwölfte Philharmonische Konzert (14.07.2004, Jonathan Darlington), beginnt mit Wagners *„Parsifal"-Vorspiel* konventionell. Anschließend ist Mahlers *Das Lied von der Erde* programmiert.

Neu in dieser Spielzeit ist die Ausweitung von Education-Projekten, die eine ergänzende Funktion zu den bereits bestehenden Konzertreihen „Konzerte für junge Leute" und „Kinderkonzerte" einnehmen. Darüber hinaus partizipiert das Orchester an verschiedenen Konzerten im Rahmen der Ruhrtriennale. Im Jahresprogrammheft finden „Meister-Konzerte", also Gastspiele fremder Orchester in den Duisburger Spielstätten, keine Erwähnung mehr. Neben dem „Open-Air Sommer-Proms-Konzert" zählt die Veranstaltung „Classic meets Sports" (30.11.2003) zu den Event-Konzerten. In Kooperation mit dem Fussballverein MSV Duisburg tragen die Einnahmen des Konzerts zur Finanzierung des Stadions bei.

Spielzeit 2004/2005

Diese Spielzeit knüpft konzertdramaturgisch an die vorangegangene Spielzeit an, erneut ist das klassisch-romantische Kernrepertoire wesentliches Fundament der Programmgestaltung. Die Bezeichnung „Standardrepertoire"[19] im Jahresprogrammheft verdeutlicht diesen Ansatz, der jedoch ausgedehnt wird, indem dieses Repertoire durch „ungewöhnliche Klangerlebnisse"[20] erweitert wird.

Dies zeigt sich im ersten Philharmonischen Konzert (15.09.2004, Jonathan Darlington), das entsprechend der standardisierten Reihenfolge durch Brahms' *Symphonie Nr. 1 c-Moll op. 68* abgeschlossen wird. Biographische Bezüge verbinden Konzerteinheit eins und drei: Saint-Saëns' *Havanaise op. 83 für Violine und Orchester* und Ernest Chaussons *Poème für Violine und Orchester*. Beide Komponisten studierten am Pariser Konservatorium. Zwischen diesen französi-

---

19 Jahresprogrammheft der Duisburger Philharmoniker, Spielzeit 2004/2005, S. 3.
20 Ebenda.

schen Werken ist erneut ein Teil von Trojahns *Vier Orchesterstücken* programmiert, hier wird ebenfalls an die vorangegangenen Spielzeiten angeknüpft.

Einen eindeutig nationalspezifischen, hier: russischen Kontext bildet das zweite Philharmonische Konzert (06.10.2004, Kirill Petrenko) durch die Nationalität von Dirigent und den in der Programmgestaltung enthaltenen Komponisten: Zwei Werke Rachmaninovs (*Toteninsel op. 29* und *Paganini-Rhapsodie op. 43*) bilden die ersten Konzerteinheiten. In Folge ist Prokof'evs *Symphonie Nr. 3 c-Moll op. 44* programmiert, die den konventionellen konzertdramaturgischen Abschluss durch ihre Gattung legitimiert.

Im thematischen und konzertdramaturgischen Kontrast dazu steht das dritte Philharmonische Konzert (27.10.2004, Reinhard Goebel), das mit Christoph Willibald Glucks *Suite aus der Oper „Orphée et Euridice"* beginnt. Auch die folgenden Werke (Michael Haydn: *Cellokonzert B-Dur* und Mozart: *Ballettmusik aus Idomeneo KV 367* sowie Antonio Salieri *Variazioni sull'aria "La Follia di spagna"* sind aus dem 18. Jahrhundert und grenzen sich von den vorangegangenen Philharmonischen Konzerten sowie von den zentralen Ausrichtung der Spielzeit ab. Stringenz wird außerdem durch die biographische Verbindung von Mozart und Salieri erzeugt. Zum ersten Mal in dieser Spielzeit ist die Gattung der Symphonie nicht in der Programmgestaltung präsent.

Aus einer Konzerteinheit besteht das vierte Philharmonische Konzert (24.11.2004, Jonathan Darlington), das mit „In Memoriam Herbert W. Köhler und Ingeborg Köhler-Osbahr" untertitelt ist und somit diesen Unterstützern des Orchesters gewidmet ist. Mahlers *Symphonie Nr. 3 d-Moll* reiht sich in die Spielzeitenausrichtung ein, indem das Werk eine wichtige Position im Kernrepertoire aus dem Übergang vom 19. zum 20. Jahrhundert einnimmt.

Das konzertdramaturgische Zentrum im fünften Philharmonischen Konzert (12.01.2005, Jonathan Darlington) nehmen zwei Klavierkonzerte – *g-Moll op. 25 und d-Moll op. 40* – von Mendelssohn Bartholdy ein. Wagners *Waldweben aus dem Musikdrama „Siegfried"* und Stravinkijs *Suite aus dem Ballett Der „Feuervogel"* umrahmen dieses Zentrum. Auch hier wird auf die Programmierung einer Symphonie verzichtet, um zwei Klavierkonzerte zu integrieren.

Das sechste Philharmonische Konzert (26.01.2005, Jonathan Darlington) ist durch eine „klassische" Symphonie abgeschlossen, Schuberts *Symphonie Nr. 8 C-Dur D 944* bildet die letzte Konzerteinheit. Brittens *Lachrymae* und György Kurtágs *movement*, die zuvor programmiert sind, bilden einen konzertdramaturgischen Kontrast. In Rahmen dieses Konzerts wird die im Jahresprogrammheft evozierte Ausrichtung prototypisch umgesetzt: Zwei „ungewöhnliche Klangereignisse" werden mit einer „klassischen" Symphonie aus dem „Standardrepertoire" kombiniert und konfrontiert.

Im siebten Philharmonischen Konzert (24.02.2005, Jonathan Darlington) werden mehrere Kontexte generiert, die stringenzstiftend wirken: Franz Schrekers *Vorspiel zur Oper „Die Gezeichneten"*, Arnold Schönbergs Drama mit Musik *Die glückliche Hand op. 18* und das *Adagio* aus Mahlers *Symphonie Nr. 10 Fis-Dur*. Die ersten beiden Konzerteinheiten werden durch einen biographischen Bezug verknüpft – z. B. durch die Uraufführung von Schönbergs *Gurreliedern* durch

Schreker. Eine andere Verbindung wird durch die explizite Verwendung des Dramas im Konzert(unter-)-titel evident. Allen Konzerteinheiten gemeinsam sind darüber hinaus deren ähnliche Kompositionszeiträume (1910–1913). Außerdem wird ein konzertdramaturgischer Rahmen aufgespannt, indem das Vorspiel zu Beginn in einem Symphonieteil mündet.

Das achte Philharmonische Konzert (16.03.2005, Jonathan Darlington) besteht aus einer Konzerteinheit, die sich den „außergewöhnlichen Klangereignissen" zuordnen lässt: Arthur Honeggers *Le Roi David*.

Im neunten Philharmonischen Konzert (20.04.2005, Siegfried Köhler) ist die Konzertdramaturgie von einem geographischen Kontext mit Schwerpunkt auf Ungarn und Böhmen geprägt. Dieser Kontext ergibt sich durch die Programmgestaltung von Kodálys *Tänze aus Galanta*, Dvořáks *Klavierkonzert g-Moll op. 33* und Liszts *Eine Sinfonia zu Dantes „Divina Commedia"*.

Nur aus zwei Konzerteinheiten besteht das zehnte Philharmonische Konzert (11.05.2005, Friedrich Haider): Mozarts *Violinkonzert Nr. 4 D-Dur KV 218* und Šostakovičs *Symphonie Nr. 5 d-Moll op. 47*. Beide Konzerteinheiten sind in konventioneller Reihenfolge dem „Standardrepertoire" zuzuordnen, jedoch ist hier das 19. Jahrhundert nicht präsent.

Das elfte Philharmonische Konzert (01.06.2005, Francesco Corti) steht in einem nationalspezifischen Kontext. Aleksandr Skrjabins *Klavierkonzert fis-Moll op. 20* und Čajkovskijs *Symphonie Nr. 6 h-Moll op. 74* sind programmiert. Diese Konzerteinheiten korrespondieren außerdem eindeutig mit dem vorangegangen Konzert, da identische Gattungen und auch nur zwei Konzerteinheiten verwendet sind.

Auch das abschließende zwölfte Philharmonische Konzert (29.06.2005, Jonathan Darlington) enthält zwei Konzerteinheiten: Elgars *Introduktion und Allegro für Streichquartett und Streichorchester op. 47* und Bruckners *Symphonie Nr. 4 Es-Dur*. Die erste Konzerteinheit ist konzertdramaturgisch motiviert, indem sie die „Introduktion" des Konzerts markiert, das mit einem Werk aus dem im Jahresprogrammheft genannten Standardrepertoire abgeschlossen ist.

In dieser Spielzeit werden Education-Projekte erneut ausgeweitet auf nun vier Konzertreihen. „Familienkonzerte" und „Schulprojekte" sind im Vergleich zur letzten Spielzeit neu. Ebenfalls neu ist deren Struktur, sämtliche Education-Projekte und musikpädagogische Maßnahmen sind nun unter dem Titel „KLASSE! KLASSIK" rubriziert und nehmen im Jahresprogrammheft einen erheblichen Raum ein.

Im Rahmen des „Traumzeit-Festivals 2004" ist – neben dem „Open-Air Sommer-Proms" Konzert – ein Konzert-Event zu nennen, das im Landschaftspark Duisburg-Nord in der dortigen Kraftzentrale (26.06.2004) aufgeführt wird.

In dieser Spielzeit ist erstmalig eine eigene Internetpräsenz des Orchesters im Jahresprogrammheft angegeben (www.duisburger-philharmoniker.de), die nicht mehr mit der Webseite der Stadt verknüpft ist.

Spielzeit 2005/2006

Die Programmgestaltung dieser Spielzeit ist im Wesentlichen von zwei Komponisten bestimmt, Mozart und Šostakovič. Deren „‚runde' Geburtstage"[21] und deren Bezüge zu anderen Komponisten kennzeichnen die Konzertdramaturgie, die somit hauptsächlich von biographischen Kontexten geprägt ist. Mozarts Serenaden stehen hier im Mittelpunkt. Ein ähnlicher biographischer Kontext ergibt sich durch die im Jahresprogrammheft ebenfalls angekündigte Verwendung von Werken Robert Schumanns anlässlich seines 150. Todestags im Jahre 2006.

Das erste Philharmonische Konzert (07.09.2005, Jonathan Darlington) weist eine bezüglich der verwendeten Gattungen konventionelle Programmgestaltung auf: Nach Wagners *Siegfried-Idyll* – hier konzertdramaturgisch vergleichbar mit der Funktion einer Ouvertüre – folgen Elgars *Cellokonzert e-Moll op. 85* und Sibelius' *Symphonie Nr. 1 e-Moll op. 39*. Die im Jahresprogramm angeführten Kontexte sind im Rahmen dieses ersten Konzertes nicht zu finden.

Auch die Programmgestaltung des zweiten Philharmonischen Konzerts (28.09.2005, Jonathan Darlington) lässt eine entsprechende Verbindung nicht zu. Durch die Verwendung von Berlioz' *Konzertouvertüre „Le Corsaire"*, Beethovens *Tripelkonzert C-Dur op. 56* und Ravels *Daphnis et Chloé* ist erneut eine Orientierung an der standardisierten Reihenfolge abzulesen.

Dieses Prinzip ist auch Bestandteil der Programmgestaltung des dritten Philharmonischen Konzerts (12.10.2005, Jonathan Darlington). Nach Mendelssohn Bartholdys *„Meeresstille und glückliche Fahrt" – Konzertouvertüre op. 27* ist Schumanns *Klavierkonzert a-Moll op. 54* programmiert. Den Abschluss bildet die Tondichtung von Strauss' *Also sprach Zarathustra op. 30*, die hier vom o.g. Prinzip hinsichtlich der verwendeten Gattungen abweicht, da hier eine Symphonie „fehlt". Stattdessen ist jedoch der angekündigte Bezug zu Schumann evident, indem sein Klavierkonzert die zweite Konzerteinheit markiert. Schumanns 150. Todestag ist hier die konzertdramaturgische Motivation.

Das vierte Philharmonische Konzert (23.11.2005, Muhai Tang) steht im Kontrast zu dem o.g. Prinzip. Als konzertdramaturgisch ungewöhnlich bzw. innovativ ist der Beginn durch Schuberts *Symphonie Nr. 7 h-Moll D 759* zu charakterisieren. Brahms' nun folgendes *Schicksalslied für Chor und Orchester op. 54* korrespondiert semantisch mit dem Untertitel der ersten Konzerteinheit („Die Unvollendete"). Die dritte Konzerteinheit besteht aus Šostakovič' *Cellokonzert Es-Dur op. 107* sowie seiner *Ballettsuite Nr. 3* – erst im vierten Symphoniekonzert ist ein Bezug zum angekündigten konzertdramaturgischen Komponistenschwerpunkt zu finden.

Im fünften Philharmonischen Konzert (11.01.2006, Jonathan Darlington) beziehen sich die letzten beiden Konzerteinheiten auf eine lyrische Vorlage. Schumanns *Ouvertüre zu Lord Byrons dramatischem Gedicht „Manfred" op. 115* und Mahlers *Lieder nach Gedichten von Friedrich Rückert*. Die ersten beiden Konzerteinheiten stehen im dramaturgischen Kontrast: Mozarts *Serenade für Bläser*

---

21 Jahresprogrammheft der Duisburger Philharmoniker, Spielzeit 2005/2006, S. 4.

Es-Dur KV 375 und Šostakovič' *Suite aus der Oper „Die Lady Macbeth von Mzensk"* sind eindeutig Bestandteile der angekündigten Schwerpunkte.

Diese Schwerpunkte sind auch im sechsten Philharmonischen Konzert (15.02.2006, Jonathan Darlington) präsent, indem Mozarts *Serenade D-Dur KV 204* den Konzertabschluss bildet. Die Gattung Serenade wird aufgegriffen und kontextualisiert: Brittens *Serenade für Tenor, Horn und Streicher op. 31* bildet die zweite Konzerteinheit. In Bezug zur Gattung der Serenade ist die Programmierung von Anton Weberns *Passacaglia op. 1* als erste Konzerteinheit zu verstehen, beide Gattungen wurden ursprünglich im Freien aufgeführt. Darüber hinaus ist die Opuszahl 1 für einen Beginn konzertdramaturgisch prädestiniert.

Johann Strauss' *Kaiserwalzer op. 437* bildet den Beginn des siebten Philharmonischen Konzerts (15.03.2006, Lawrence Foster). Im Konzertmittelpunkt stehen Kurt Weills *Die sieben Todsünden* und Joseph Haydns *Die Vorstellung des Chaos* aus *„Die Schöpfung" Hob. XXI:2*. Sowohl epochal als auch bezüglich des Sujets – Todsünde und Schöpfung – wird hier ein Kontrast erzeugt. An diesen Kontrast knüpft die Konnotation des „Schicksals" durch die Verwendung von Beethovens *Symphonie Nr. 5 c-Moll op. 67* am Konzertschluss an.

Jürg Baur, der mit dem Orchester z.B. durch seine Prämierung mit dem Musikpreis der Stadt Duisburg eng verbunden ist, markiert den Beginn des achten Philharmonischen Konzerts (05.04.2006, Jonathan Darlington). Seine Sinfonietta *Sentieri Musicali* trägt den Untertitel „Auf Mozarts Spuren". Diese Spuren werden aufgegriffen, zwei Klavierkonzerte Mozarts sind programmiert (*KV 491 und 271*), die durch Bartóks *Tanzsuite* dramaturgisch abgetrennt werden.

Das neunte Philharmonische Konzert (26.04.2006, Jonathan Darlington) erzeugt einen ungarischen Kontext durch Liszts *Ungarische Rhapsodie Nr. 2* und Kodálys *Psalmus Hungaricus op. 13*. Zuvor ist Mozarts *Serenada D-Dur KV 320* im Rahmen des Spielzeitenschwerpunkt programmiert.

Die Konzerteinheiten zwei und drei des zehnten Philharmonischen Konzerts (10.05.2006, Jonathan Darlington) sind kontrastierend zu der standardisierten Reihenfolge programmiert: Auf Bohuslav Martinůs *Symphonie Nr. 3* folgt Dvořáks *Violinkonzert op. 53*. Janáčeks *Suite aus der Oper "Das schlaue Füchslein"* übernimmt konzertdramaturgisch zuvor die Funktion einer Ouvertüre.

Šostakovičs *Symphonie Nr. 7 C-Dur op. 60* ist einziger Bestandteil des elften Philharmonischen Konzerts (31.05.2006, Jonathan Darlington), das somit den Anforderungen des Spielzeitenschwerpunkts gerecht wird.

Mozarts *Serenata Notturna D-Dur KV 239* und sein *Konzert für zwei Klaviere und Orchester Es-Dur KV 365* bilden den symphonischen Abschluss der Spielzeit im Rahmen des zwölften Philharmonischen Konzerts (28.06.2006, Ton Koopman) – das Ende der gesamten Spielzeit ist stringent gestaltet, indem ihr Schwerpunkt in Form von Serenaden Mozarts explizit aufgegriffen wird. Die abschließende Symphonie des Konzerts ist im Jahresprogrammheft noch nicht expliziert.

Auch in dieser Spielzeit wird eine neue Konzertreihe – erneut im Rahmen der Education-Projekte – hinzugefügt: Der „Philharmonische Kindergarten" bietet die Möglichkeit, entsprechenden Kleingruppen der Altersklasse 3 bis 6 individuell terminierte Konzerte anzubieten, um so einen „ersten Kontakt"[22] mit dem Orchester herzustellen.

Eine ungewöhnliche Konzertdauer und -Aufführungszeit sind charakteristisch für das Konzert-Event „Mozart-Nacht 2006" (27.02.2006). Vier Programmblöcke mit Programmeinheiten anlässlich Mozarts 250. Geburtstags werden im Zeitraum von 18 bis 24 Uhr dargeboten. Außerdem werden zwei Konzerte erneut im Rahmen eines sportlichen Kontextes („World Games 2005") zum Konzert-Event.

Spielzeit 2006/2007

Diese Spielzeit markiert hinsichtlich verschiedener Faktoren eine Zäsur im Untersuchungszeitraum: Der bisherige Intendant Rolf-Rüdiger Arnold tritt in den Ruhestand, neuer Intendant ist Alfred Wendel. Unter seiner Intendanz ist das Jahresprogrammheft inhaltlich umfangreicher, indem die einzelnen Philharmonischen Konzerte detaillierter – auch in Bezug auf Konzertdramaturgie – erläutert werden. Außerdem ändert sich im Verlauf dieser Konzertreihe die Hauptspielstätte des Orchesters, ab dem 9. Philharmonischen Konzert finden Symphoniekonzerte primär in der neuen Mercatorhalle im CityPalais statt.

Die Programmgestaltung knüpft an die vorherige Spielzeit an, weiterhin stehen Geburts- und Gedenktage verschiedener Komponisten – hier Šostakovič, Elgar, William Walton und Philip Glass – im Fokus.

Das erste Philharmonische Konzert (30.08.2006, Jonathan Darlington) beginnt mit Mozarts *Symphonie Nr. 35 D-Dur KV 385*. Die Mozartrezeption ist ausschlaggebend für die Programmierung der zweiten und dritten Konzerteinheit, die aus Richard Strauss' *Vier letzte Lieder* und Šostakovičs *Symphonie Nr. 15 A-Dur op. 141* besteht. Durch die Kompositionszeiträume, Uraufführungen und ihre Stellung innerhalb der Schaffensperiode der beiden Komponisten entsteht darüber hinaus ein Kontrast zu der „klassischen" Mozartsymphonie zu Beginn.

Ballettmusik aus dem Anfang des 20. Jahrhundert ist die inhaltliche Quintessenz des zweiten Philharmonischen Konzerts (18.10.2006, Jonathan Darlington). Manuel de Fallas *El Amor brujo* wird kontrastierend mit Albert Roussels *Suite Nr. 2 aus dem Ballett Bacchus et Ariane* kombiniert.[23] Den Abschluss bildet Bartóks *Der holzgeschnitzte Prinz*. Die Gattung Ballettmusik bildet hier das konzertdramaturgische Prinzip.

Das dritte Philharmonische Konzert widmet sich zwei Werken, die „im Schatten"[24] stehen. Nach Čajkovskijs *Klavierkonzert Nr. 2 G-Dur op. 44* steht Šostakovičs *Symphonie Nr. 8 c-Moll op. 65* auf dem Programm, das somit auch die Konventionen der standardisierten Reihenfolge erfüllt. Die Konzertdramaturgie ist hier bestimmt durch eine ähnliche Rezeptions- und Interpretationsgeschichte von zwei Werken, die darüber hinaus die Herkunft ihrer Komponisten verbindet.

---

22 Jahresprogrammheft der Duisburger Philharmoniker, Spielzeit 2005/2006, S. 45.
23 Vgl. Jahresprogrammheft der Duisburger Philharmoniker, Spielzeit 2006/2007, S. 27.
24 Jahresprogrammheft der Duisburger Philharmoniker, Spielzeit 2006/2007, S. 28.

Das vierte Philharmonische Konzert (29.11.2006, Tomáš Netopil) setzt sich aus Schuberts *Symphonie Nr. 7 h-Moll D 759* und Bruckners *Symphonie Nr. 2 c-Moll* zusammen. Neben der Gattungsidentität korrespondieren beide Konzerteinheiten über den Untertitel von Schuberts Symphonie: Als „unvollendet" lässt sich auch Bruckners Symphonie wegen ihres Kompositionsprozesses charakterisieren, da Bruckners Selbstkritik zu zahlreichen Kürzungen führte.

Das fünfte Philharmonische Konzert (17.01.2007, Jonathan Darlington) weist keine stringente Konzertdramaturgie auf. Elgars *Violinkonzert h-Moll op. 61* wird mit Dvořáks *Symphonie Nr. 8 G-Dur op. 88* kombiniert. Lediglich der Bezug zu Brahms wird im Jahresprogrammheft als zusammenhangstiftendes Merkmal angeführt.[25]

Auch das sechste Philharmonische Konzert (31.01.2007, Johannes Kalitzke) enthält keine eindeutige konzertdramaturgische Stringenz. Auf Silvestre Revueltas' *Sensemaya* folgen eine nicht explizit beschriebene Uraufführung von Gerhard Stäbler und anschließend Musorgskijs *Bilder einer Ausstellung*. Hier ist allenfalls der Kontrast zwischen den ersten eher unbekannten Werken und dem wohl bekanntesten Werk Musorgskijs erkennbar.

„Selbstvermarktung" ist das implizite konzertdramaturgische Motto des siebten Philharmonischen Konzerts (28.02.2007, Reinhard Goebel): Georg Philipp Telemanns *Concerto grosso aus der Frankfurter Serenade* und Johann Christoph Friedrich Bachs *Concerto grosso Es-Dur für Klavier und Orchester* stehen auf dem Programm. Neben der Gattungsidentität ist der Kontrast zwischen der Selbstvermarktung von Telemann und Bach für den o.g. konzertdramaturgischen Kontext ausschlaggebend. Das Konzert wird abgeschlossen durch Mozarts *Serenade D-Dur KV 250* – hier wird ein weiterer Kontext durch die Gattung der Serenade aufgegriffen, der bereits in der vergangenen Spielzeit einen Fokus in der Programmgestaltung darstellt.

Das achte Philharmonische Konzert (29.03.2007, Jonathan Darlington) steht unter dem ebenfalls nicht explizit genannten Motto „Transzendenz", das durch einen konzertdramaturgischen Rahmen – bestehend aus Musorgskijs *Lieder und Tänze des Todes* und Rachmaninows *Die Glocken op. 35* – erzeugt wird. In der Konzertmitte steht Bartóks *Der wunderbare Mandarin* als thematischer Kontrast, der sich nicht in Bezug zum Motto setzen lässt.

Das neunte Philharmonische Konzert (25.04.2007, Jonathan Darlington) ist das Eröffnungskonzert der neuen Mercatorhalle im Citypalais. Als Reminiszenz zur deutschen Erstaufführung von Bruckners *9. Symphonie d-Moll* durch die Duisburger Philharmoniker im Jahr 1903 steht dieses Werk auf dem Programm, das außerdem Tan Duns *Symphony 1997* beinhaltet. Tan Duns Werk wird zum ersten Mal in Deutschland aufgeführt – somit wird das Merkmal „deutsche Erstaufführung" zu einem konzertdramaturgischen Kontext, an den auch der Charakter eines Eröffnungskonzerts der neuen Spielstätte anknüpft.

Das zehnte Philharmonische Konzert (09.05.2007, Jonathan Darlington) stellt die Wagnerrezeption in einen konzertdramaturgischen Fokus. Zunächst ist mit

---

25   Vgl. Jahresprogrammheft der Duisburger Philharmoniker, Spielzeit 2006/2007, S. 31.

Siegfrieds Rheinfahrt aus „Die Götterdämmerung" ein Werk Wagners programmiert, das diesen Kontext eröffnet. Die übrigen drei Konzerteinheiten bestehen aus Strauss' *Oboenkonzert D-Dur*, Debussys *L'isle joyeuse* und Stravinskijs *Petruschka*. Die Wagnerrezeption dieser Komponisten ist anhand einiger Äußerungen im Jahresprogrammheft exemplifiziert.[26]

Das elfte Philharmonische Konzert (23.05.2007, Jonathan Darlington) beginnt mit einer Uraufführung: Wilfried Maria Danners *Lumière, ombres autour d'automne...*. Die folgenden Werke bestehen aus Waltons *Violakonzert* und Rimskij-Korsakovs *Scheherazade op. 35*. Ein konzertdramaturgischer Kontext wird hier nur angedeutet, indem im Jahresprogrammheft unter den Merkmalen „Reise, Licht und Schatten" versucht wird, Verbindungen und Bezüge herzustellen.[27] Etwaige Bezüge sind nicht genauer erläutert.

Das zwölfte Philharmonische Konzert (20.06.2007, Jonathan Darlington) ist von einem konzertdramaturgischen Kontext geprägt, der aus der außermusikalischen Vorlage der ersten Konzerteinheit resultiert: Bergs *Fünf Lieder nach Ansichtskartentexten von Peter Altenberg op. 4*. Peter Altenberg führt dramaturgisch ein in die Epoche des fin de siècle, aus der die folgenden Konzerteinheiten stammen: Ravels *Gaspard de la nuit* und Mahlers *Symphonie Nr. 4 G-Dur*.

Gast- und Sonderkonzerte sind in dieser Spielzeit in einer Rubrik zusammengefasst. Die Education-Projekte umfassen drei Konzertreihen, Konzerte des „Philharmonischen Kindergartens" und der „Schulprojekte" sind nun in diese drei verbleibenden Konzertreihen integriert.

Event-Charakter bieten das „Open-Air Sommer-Proms-Konzert" sowie erneut ein „Non-Stop-Programm" im Rahmen der Veranstaltung „Philharmoniker ganz offen".

Spielzeit 2007/2008

Die Spielzeit 2007/2008, deren Konzerte zum ersten Mal vollständig in der neuen Spielstätte aufgeführt werden, markiert auch hinsichtlich der Gestaltung des Jahresprogrammhefts – auch als kommunikationspolitisches Marketinginstrument – eine Zäsur: „Größer, umfangreicher und farbig präsentiert es sich"[28]. Darüber hinaus trägt es auch einen „Einsilber" als (Unter-)Titel, der durch seine Kürze v.a. Wiedererkennungswert stiften soll. Die Untertitelung „play!" ist somit auch fundamentaler appellativer Bestandteil der Kommunikationspolitik. Auch die Beschreibung der einzelnen philharmonischen Konzerte ist umfangreicher und individuell betitelt – der Konzerttitel fungiert einerseits als inhaltlicher Leitfaden, andererseits kann er auch als markenpolitisches Merkmal angesehen werden. Ebenfalls neu und auch im Rahmen dieses Marketinginstruments zu deuten ist die Einbettung von Fotos aus dem regionalen Umfeld Duisburgs, die ein „Bekenntnis

---

26 Vgl. Jahresprogrammheft der Duisburger Philharmoniker, Spielzeit 2006/2007, S. 37.
27 Vgl. Ebenda, S. 38.
28 Jahresprogrammheft der Duisburger Philharmoniker, Spielzeit 2007/2008, S. 12.

zur Region, ihrer Vitalität und Leistungskraft"[29] demonstrieren sollen. Die Präsentation von Fotos, die mögliche Vorteile des Wirtschaftsstandorts Duisburgs hervorheben, stellt neben der künstlerischen Qualität explizit ein Marketinginstrument des Stadtmarketings dar. Diese Verflechtung wird außerdem evident, da Duisburgs Hafen als wichtiger Logistikstandort 2010 zum „Hafen der Kulturhauptstadt"[30] werden soll.

Jubiläen und Gedenktage eröffnen auch in dieser Spielzeit einen biographisch geprägten konzertdramaturgischen Kontext, in dessen Mittelpunkt v.a. Erich Wolfgang Korngold, Sibelius und Elgar stehen. Ebenfalls im Rahmen eines Jubiläums steht die Stadtpartnerschaft zwischen Duisburg und Wuhan, die durch eine China-Tournee im Herbst 2007 auch durch das Orchester gewürdigt wird.

Das erste Philharmonische Konzert (22.08.2007, Jonathan Darlington) ist mit „Ein Sommer auf dem Lande" betitelt. Dieser Titel nimmt Bezug auf die biographische Situation Prokof'evs, dessen *Symphonie Nr. 1 D-Dur op. 25* und *Suite Nr. 1 aus dem Ballett „Cinderella" op. 107* hier einen konzertdramaturgischen Rahmen bilden. Bestärkt wird dieser Rahmen durch ein Zitat aus der ersten Konzerteinheit, das in der dritten verwendet wird: Eine Gavotte wird in Anlehnung an Haydn dort zitiert, kontrastierend zu Prokof'evs ist Šostakovičs *Cellokonzert Nr. 2 g-Moll op. 126* in der Konzertmitte programmiert – auch in Bezug auf die persönlichen Beziehungen zwischen den beiden Komponisten.

Der lange Titel „Melodischer Charme und die Heiterkeit des Ballsaales" gibt Auskunft über den Inhalt des zweiten Philharmonischen Konzerts (19.09.2007, Jonathan Darlington), er bezieht sich dabei primär auf die abschließende symphonische Konzerteinheit, die durch Čajkovskijs *Symphonie Nr. 5 e-Moll op. 64* repräsentiert ist. Das Verhältnis von Russland und Frankreich – insbesondere die Verwendung des Französischen in Russland im 19. Jahrhundert – markiert einen konzertdramaturgischen Kontext, der durch Ravels *Alborada del graciosos* und André Jolivets *Klavierkonzert* auch aus Pariser Sicht eindeutig wird. Die Verwendung der Gattungen der letzten beiden Konzerteinheiten erfolgt in Anlehnung an die konventionelle Reihenfolge der Programmgestaltung.

Das Thema „Emigration und biographische Verhältnisse" prägt die Konzertdramaturgie des dritten Philharmonischen Konzerts (17.10.2007, Hendrik Vestmann), das betitelt ist mit „Sie teilen das Schicksal der Emigration". Brahms *Variationen über ein Thema von Joseph Haydn op. 56a* markiert die erste Konzerteinheit, sein „musikalisches Erbe"[31] prägt die Komponisten der folgenden Konzerteinheiten: Alexander Zemlinskys *Der 23. Psalm op. 14* und Korngolds *Passover Psalm op. 30* und *Symphonie Fis-Dur op. 40*. Da Korngold auf Empfehlung Mahlers Zemlinskys Schüler in Wien im Jahr 1909 wird, ist der Bezug zwischen diesen beiden Komponisten evident. Darüber hinaus teilen sie das Schicksal der Emigration, somit wird die Ankündigung im Konzerttitel stringent umgesetzt.

---

29   Ebenda.
30   Ebenda, S. 13.
31   Ebenda, S. 41.

Das vierte Philharmonische Konzert (14.11.2007, Marc Piollet) trägt den Titel „Auf der Nachtseite der Romantik", der sich v.a. auf die erste Konzerteinheit bezieht: Auszüge aus Debussys *Trois Nocturnes*, Bergs anschließende *Sieben frühe Lieder* und Berlioz' *Romeo und Julia – Dramatische Symphonie op. 17* (Auszüge) sind zwar in den Kontext einer ähnlichen Kompositions- und Uraufführungszeit einzuordnen – eine Verbindung zum Konzerttitel ist jedoch nur bei Debussys Werk zu erkennen.

Die mythologische Verwendung des Spinnrads als „Instrument weiblicher Dominanz"[32] steht im konzertdramaturgischen Zentrum des fünften Philharmonischen Konzerts (28.11.2007, Jonathan Darlington): Saint-Saëns' *Das Spinnrad der Omphale - Symphonische Dichtung op. 31* und Sibelius' *Pohjolas Tochter – Sinfonische Fantasie op. 49* bilden den Mittelteil des Konzerts, das den Titel „Balladen aus der Spinnstube" trägt. Die erste Konzerteinheit knüpft thematisch an diesen Mittelteil an, in Debussys *Prélude à l'après-midi d'un faune* wird die Rolle des Eros programmatisch verarbeitet. Rachmaninovs *Klavierkonzert Nr. 2 c-Moll op. 18* schließt das Konzert, die Intention dieser Programmierung ist der zeitliche Kontext der Uraufführung, der alle Konzerteinheiten vereint.

„Brillanz, Pathos und britischer Humor" ist der Titel des sechsten Philharmonischen Konzerts (23.01.2008, Jonathan Darlington), in dem ein nationalspezifischer, britischer Kontext im Fokus steht. Dieser Kontext wird v.a. durch die Verwendung von zwei Werken von Ralph Vaughan Williams generiert: *Ouvertüre aus der Schauspielmusik zu Aristophanes "Die Wespen"* und *The lark ascending für Violine und Orchester*. Beide Werke sind nicht unmittelbar nacheinander programmiert, sondern werden durch Mendelssohn Bartholdys *Violinkonzert e-Moll op. 64* unterbrochen, das in England begeisternd rezipiert wurde. Die abschließende Konzerteinheit – Elgars *Variationen über ein Originalthema op. 36 „Enigma-Variationen"* – reiht sich in den nationalspezifischen Kontext ein und ist in Bezug zum Konzerttitel zu deuten.

Maurice Maeterlincks *Pelléas et Mélisande* ist die Grundlage der Konzertdramaturgie des siebten Philharmonischen Konzerts (13.02.2008, Jonathan Darlington), das den mit dem Werk korrespondierenden Titel *Ein Traumspiel flüchtiger Bilder und dunkler Symbole* trägt. Das Konzert enthält ausschließlich Vertonungen von *Pelléas et Mélisande*, zunächst in Formen von Suiten von Gabriel Fauré und Sibelius (op. 80 und op. 46). Anschließend ist Schönbergs *Symphonische Dichtung op. 5* programmiert.

„Ein nordisches Dreieck" ist der Titel des achten Philharmonischen Konzerts (12.03.2008, Anu Tali), das mit Erkki-Sven Tüürs *Zeitraum* eröffnet. Dieses Werk des Komponisten aus Estland, interpretiert von einer estnischen Dirigentin, schafft einen geografischen Kontext, der durch die anschließende Programmierung von Čajkovskijs *Variationen über ein Rokoko-Thema op. 33* eine politische Dimension erhält. Sibelius als dritter Vertreter des „Nordischen Dreiecks" beendet das Konzert konventionell symphonisch mit der *Symphonie Nr. 2 D-Dur op. 43*.

---

32 Ebenda, S. 45.

Im neunten Philharmonischen Konzert (09.04.2008, Jonathan Darlington) mit dem Titel „Naturerlebnisse in schillernden Klangbildern" wird ein konzertdramaturgischer Rahmen erzeugt: Bartóks *Deux Images op. 10* und *Images* von Debussy. Zwischen diesen Werken, die in einem zeitlich ähnlichen Kompositionsprozess (1910 und ab 1906–1912) entstanden sind, steht dramaturgisch kontrastierend Dvořáks *Te Deum op. 103* als ein geistliches Werk aus einer anderen Epoche.

Kontrast ist ebenfalls das konzertdramaturgische Prinzip des folgenden zehnten Philharmonischen Konzerts (07.05.2008, Stefan Blunier). Im Rahmen einer deutschen Erstaufführung und unter Mitwirkung des Fauré-Quartetts als „Artists in Residence" steht Alexandre Tansmans *Symphonie Nr. 3* auf dem Programm. Dieses Werk eines „viel zu wenig bekannten Meisters der Moderne"[33] wird unter dem Konzerttitel „Ein origineller und ein universeller Kopf" mit Bruckners *Symphonie Nr. 6 A-Dur* kombiniert.

Zwei Avantgardisten[34] bilden die ersten beiden Konzerteinheiten des elften Philharmonischen Konzerts (28.05.2008, Kirill Petrenko) mit dem Titel „Kalkül und Klangsinn": György Ligetis *San Francisco Polyphony* und Janáčeks *Lachische Tänze* sind somit konzertdramaturgisch verknüpft. Die letzte Konzerteinheit – Ravels *Une barque sur l'océan (Suite Nr. 2 aus Daphnis et Chloé)* – reiht sich nicht in diesen Kontext ein, sondern ist als Fortsetzung in Bezug auf die kontinuierliche Programmierung impressionistischer Werke in den vergangenen Philharmonischen Konzerten zu deuten.

Das zwölfte Philharmonische Konzert (18.06.2008, Jonathan Darlington) wird rein symphonisch durch Mahlers *Symphonie Nr. 6 a-Moll* abgeschlossen und mit dem Titel „Schicksalsschläge mit dem Hammer" versehen.

Die Neugestaltung des Jahresprogrammhefts bringt ebenfalls deutliche Modifikationen des Konzertreihengerüsts mit sich: Unter der Rubrik „Konzerte!Konzerte" sind nun verschiedene Reihen zusammengefasst, um eine übersichtlichere Darstellung im nun entschlackten Inhaltsverzeichnis realisieren zu können. Die Konzertreihen „Profile", „Foyerkonzerte", „Akademiekonzerte", „Serenadenkonzerte" und „Große Klaviermusik" sind nun dort rubriziert. Das Ausrufezeichen als Trennzeichen in dem Konzertreihentitel ist an die Konzertrubrik der Education-Projekte („Klasse!Klassik" – nun nicht mehr in Kapitälchen und ohne Leerzeichen geschrieben) angelehnt. Somit ist diese Betitelung als ein markenführendes Merkmal zu klassifizieren, das auch im Spielzeitentitel („play!") enthalten ist, die neue Reihe „Ausgezeichnet!" ebenfalls. Hier sind verschiedene Masterclass- und Artists-in-Residence-Projekte zusammengefasst.

In Anlehnung an Wiedergabelisten von mobilen Abspielgeräten und an die Spezifik der Rezeption von technisch komprimierter Popularmusik ist die Reihe „playlist – Konzerte für Junges Publikum" konzipiert. Deren Zielgruppe sind Zuschauer, die zu alt für die Rezeption der Education-Projekte sind und die konventionelle Konzertreihen eher meiden.

---

33   Jahresprogrammheft der Duisburger Philharmoniker, Spielzeit 2007/2008, S. 55.
34   Vgl. Ebenda, S. 57.

Eindeutig als Konzert-Event ist das diesjährige „Open-Air Sommer-Proms"-Konzert zu klassifizieren, das einerseits durch David Garrett interpretatorisch sehr prominent besetzt ist, andererseits erneut im Sportkontext (anlässlich der Kanu-Weltmeisterschaft) positioniert ist und konzertdramaturgische Bezüge zu diesem Kontext aufbaut. Außerdem ist das erste Profile-Konzert als Event zu deuten – im Eintrittspreis sind Wein und Imbiss enthalten, Trinkgewohnheiten der Komponisten werden zum konzertdramaturgischen Kontext.

In dieser Spielzeit ergeben sich zwei preispolitische Neuerungen: Besuchergruppen ab 10 Personen erhalten eine Ermäßigung „von bis zu 20 %"[35]. Die Vorverkaufsgebühr für Kartenzukäufe entfällt für Abonnenten.

Spielzeit 2008/2009

Das Jahresprogrammheft ist wie in der vergangenen Ausgabe mit „play!" betitelt. Statt des sonst üblichen Vorworts, das Aufschluss über Programmgestaltung und konzertdramaturgische Ausrichtungen und Schwerpunkte gibt, ist nun ein Interview mit der Intendanz und dem GMD enthalten. In diesem Interview thematisiert der Intendant einen hohen Auslastungsgrad, der mit unorthodoxer, unkonventioneller und experimentierfreudiger Programmgestaltung einhergeht. Hinsichtlich der Konzertdramaturgie gibt der GMD einige Beispiele für Verbindungslinien, also Kontextualisierungen, die durch die Programmierung bestimmter Werke bzw. Kombinationen hervorgerufen werden:

> „Ja, ich versuche immer so etwas wie eine innere Dramaturgie zu finden. Wenn wir, wie im letzten Februar, ein Programm über ‚Pelléas und Melisande' machen, dann ist das natürlich ganz offensichtlich. Aber manchmal sind die Verbindungen subtiler: Persönliche Beziehungen zwischen den Komponisten, Übereinstimmungen der Tonart oder Werke, die im gleichen Jahr entstanden. Dann kann man vergleichen, was zu dieser Zeit in Deutschland geschehen ist, was in Frankreich und so weiter. Mittlerweile haben sich die Leute an diese ‚Darlington-Programme' gewöhnt und sind empfänglich für die besonderen Spannungen, die darin liegen."[36]

GMD Darlington führt hier explizit einige Kriterien von Konzertdramaturgie an, die anhand der Programme der vergangenen Spielzeiten nachgewiesen wurden, die von ihm angesprochene „innere Dramaturgie" entspricht der Konzertdramaturgie.[37] Im Rahmen dieses Interviews ergibt sich der Schwerpunkt in dieser Spielzeit, der in der Programmierung von Werken aus der Gattung des Violinkonzerts liegt.

Das Auftaktkonzert dieser Spielzeit, das erste Philharmonische Konzert (27.08.2008, Jonathan Darlington), kommt jedoch ohne diese Gattung aus. Unter

35 Jahresprogrammheft der Duisburger Philharmoniker, Spielzeit 2007/2008, S. 143.
36 Darlington, Jonathan, in: Jahresprogrammheft der Duisburger Philharmoniker, Spielzeit 2008/2009, S. 16.
37 Diese Äußerung aus der Praxis über „Dramaturgie" ist ein Indikator für die Gültigkeit der Definition von Konzertdramaturgie. Siehe Kapitel 2.1.

dem Titel „Tanzbeschwingt und lichtdurchflutet" wird die Spielzeit und das Konzert mit Brahms' *Akademischer Festouvertüre op. 80* veröffentlicht. Ein biographischer Bezug legitimiert die Verwendung des Komponisten Dvořák, dessen *Klavierkonzert g-Moll op. 33* die zweite Konzerteinheit markiert. Es folgt keine „große" Symphonie, die eine konventionelle Konzertdramaturgie vorsähe, sondern Bedřich Smetanas *Ouvertüre zu "Die verkaufte Braut"* und Janáčeks *Sinfonietta* – beide Komponisten weisen eine geographische Verbindungslinie zu Dvořák auf.

Im zweiten Philharmonischen Konzert (17.09.2008, Jonathan Darlington) verbindet der mangelnde Erfolg und die mangelnde Anerkennung zu Lebzeiten zwei Komponisten. Berlioz' *Le Carneval Romain, Konzertouvertüre, op. 9* eröffnet das Konzert, Schumanns *Violinkonzert d-Moll* folgt als Vertreter des Spielzeitenschwerpunkts. Ohne Bezug zu dieser Verbindung ist der zweiter Komplex innerlich stringent aufgebaut: Ludomir Różyckis *Mona Lisa Gioconda, symphonische Dichtung op. 31* und Karol Szymanowskis *Symphonie Nr. 3 op. 27* sind durch einen biographischen Kontext verbunden, beide Komponisten studierten an der Warschauer Musikakademie. Der Konzerttitel „Farben und Verlockungen des Südens" bezieht sich auf diesen Komplex, beide Komponisten vereint die programmatische „Empfänglichkeit für die Farben und Verlockungen des Südens."[38]

Die Dedikation „Für Jean Sibelius – ohne Erlaubnis" in Williams *Symphonie Nr. 5 D-Dur* ist ausschlaggebend für die Kombination von diesem Werk und zuvor Sibelius' *Violinkonzert d-Moll op. 47*. Dieser stringenten Konzertdramaturgie entzieht sich das Auftaktwerk, Carl Nielsens *Pan du Syrinx, symphonische Dichtung op. 49* reiht sich nicht in diesen Kontext ein. Auch der Konzerttitel „Virtuosenfutter und Klangstudien" – „Virtuosenfutter" ist auf das Violinkonzert zu beziehen – lässt keinen eindeutigen Bezug zu Nielsens Werk zu.

Das vierte Philharmonische Konzert (05.11.2008, Alun Francis) mit dem Titel „Zum Andenken großer Männer") ist vom Kontext des „Heldentums" geprägt. Dieser Kontext ist sowohl durch Strauss' *Ein Heldenleben, Tondichtung op. 40* sowie durch Beethovens *Symphonie Nr. 3 Es-Dur op. 55* aufgezeigt und führt somit zu einer stringenten Konzertdramaturgie.

Kontrast ist das alleinige konzertdramaturgische Prinzip des fünften Philharmonischen Konzerts (27.11.2008, Marcus R. Bosch), das den Titel trägt „Das Porträt des Diktators". Dieser Titel bezieht sich jedoch nur auf die zweite Konzerteinheit, Šostakovičs *Symphonie Nr. 10 e-Moll op. 93*. Epochal und gattungsspezifisch kontrastierend ist die erste Konzerteinheit angelegt, Haydns *Cellokonzert C-Dur Hob. VIIb:5*. Darüber hinaus sind jedoch keine Bezüge auffindbar.

Der Kontext der Königinnenkrönung steht im konzertdramaturgischen Zentrum des sechsten Philharmonischen Konzerts (14.01.2009, Jonathan Darlington). Brittens *Suite aus der Oper Gloriana op. 53a* wurde anlässlich der Krönung Elisabeths II komponiert und aufgeführt. Haydns *Symphonie B-Dur Hob. I:85 "La Reine"* folgt als zweite Einheit des Konzerts mit dem Titel „Musik für gekrönte

---

38   Jahresprogrammheft der Duisburger Philharmoniker, Spielzeit 2008/2009, S. 43.

Häupter", der sich jedoch nicht auf die abschließenden Konzerteinheit bezieht, die nicht in diesen Kontext passt: Beethovens *Klavierkonzert Nr. 4 G-Dur op. 58*. Zu dieser Konzertdramaturgie äußert sich GMD Darlington relativierend im Rahmen des Interviews im Jahresprogrammheft: „Das haben wir eigentlich mit einem kleinen Augenzwinkern gemacht..."[39].

Die Konzertdramaturgie des siebten Philharmonischen Konzerts (17.02.2009, Jonathan Darlington) ist nicht stringent, lediglich sein Titel („Klangbühne für Streicher") wirkt zusammenhangstiftend: Beethovens *Violinkonzert D-Dur op. 61* ist als Vertreter der im Spielplanfokus stehenden Gattung programmiert. Die solistischen Anforderungen[40] von Strauss' *Don Quixote op. 35* können als „Klangbühne für Streicher" angesehen werden.

Das achte Philharmonische Konzert (11.03.2009, Jonathan Darlington) hingegen ist konzertdramaturgisch stringent gestaltet. Unter dem Titel „Ein Türke in Paris" wird es mit Vincent d'Indys *Jour d'été à la montagne* eröffnet. Die *5. Symphonie op. 70* von Ahmed Adnan Saygun, ein Schüler d'Indys, folgt. Bartóks *Violinkonzert Nr. 2* schließt das Konzert ab. Bartók verbindet nicht nur seine Freundschaft mit Saygun, sondern auch das Interesse an der „Erforschung der authentischen türkischen Volksmusik"[41]. Darüber hinaus existieren innermusikalische Verbindungen zwischen Sayguns Werk und den anderen Komponisten.[42]

Das neunte Philharmonische Konzert (01.04.2009, Jonathan Darlington) besteht aus Mendelssohn Bartholdys Oratorium *Elias* ist mit „Biblisches Geschehen in packenden Klangbildern betitelt". Die Programmierung fungiert als „Beitrag zum Mendelssohn-Jahr 2009"[43].

Die Stadt Wien ist eine mögliche Verbindung der beiden Konzerteinheiten des zehnten Philharmonischen Konzerts (22.04.2009, Alexander Joel). Der Titel „Ein Besuch in Bayreuth" bezieht sich auf Bruckner, dessen *Symphonie Nr. 3 d-Moll*, die Wagner dediziert ist, das Konzert abschließt. Mozarts *Klavierkonzert B-Dur KV 595* markiert den Konzertbeginn.

Stravinskij und Čajkovskij bilden einen konzertdramaturgischen Rahmen im elften Philharmonischen Konzert (06.05.2009, John Axelrod): Stravinskijs *Divertimento aus dem Ballett "Der Kuss der Fee"* wurde anlässlich des 35. Todestages von Čajkovskij geschrieben, dessen *Symphonie Nr. 1 g-Moll op. 13* das Konzert abschließt. Die Winterthematik, die beide Werke vereint, manifestiert sich auch im Konzerttitel „Väterchen Frost und der amerikanische Frühling". „Frühling" ist kontrastierend in Bezug auf den Jahreszeitenkontext zu deuten, die Konzertmitte ist durch Coplands *Appalachian Spring* repräsentiert.

„Vier Opern in zwei Stunden" ist der Titel des zwölften Philharmonischen Konzerts (27.05.2009, Jonathan Darlington), das mit Wagners *Ring ohne Worte* die Spielzeit zumindest symphonisch beendet.

---

39 Jahresprogrammheft der Duisburger Philharmoniker, Spielzeit 2008/2009, S. 16.
40 Ebenda, S. 53.
41 Ebebda, S. 55.
42 Vgl. Ebenda.
43 Jahresprogrammheft der Duisburger Philharmoniker, Spielzeit 2008/2009, S. 16.

Die im Schwerpunkt stehende Gattung „Violinkonzert" – Interpretation durch (Star-)Solisten – ist eine Neuerung in der Struktur der Konzertreihendisposition. Ab dieser Spielzeit veranstaltet das Orchester Stadtteilkonzerte – pro Spielzeit ist diese Reihe jedoch nur mit einem Konzert repräsentiert. Das diesjährige „Open-Air Sommer-Proms-Konzert" wird anlässlich des Stadtjubiläums aufgeführt.

Außerdem werden CD-Erscheinungen des Orchesters nun bereits im Inhaltsverzeichnis angekündigt und dort als gleichgewichtiges Produkt dargestellt.

Unter dem Titel „easy go" wird ein alters- und zielgruppenspezifisches Programm mit entsprechender Programmgestaltung und Rabattierung initiiert.

Spielzeit 2009/2010

Diese Spielzeit präsentiert sich erneut unter dem Titel „play!", ihr Schwerpunkt liegt nun in der Verarbeitung des Elements Wasser, das als globales Motto fungiert. Weitere Schwerpunkte sind die Veranstaltungen und Konzerte im Rahmen des Kulturhauptstadtjahres 2010 sowie die Fortsetzung der Programmierung von Violinkonzerten und die Orgel-Einweihung in der Mercatorhalle. Gedenktage und Jubiläen – diesmal von Mendelssohn und Schumann – sind außerdem wieder Vorlagen für konzertdramaturgische Ausrichtungen. Hinsichtlich der Konzertdramaturgie ist außerdem im Vorwort des Jahresprogrammhefts erneut explizit auf entsprechende Ausprägungen hingewiesen:

> „Auch in dieser Spielzeit 2009/2010 erwartet Sie hier kein buntes Allerlei des sinfonischen Repertoires, sondern ein mit stimmiger Dramaturgie geformtes, von klaren thematischen Leitlinien durchzogenes Spielplankonzept."[44]

Stringente Konzertdramaturgie ist also hier ein ausformuliertes Ziel.

Das erste Philharmonische Konzert (09.09.2009, Jonathan Darlington) enthält in der Konzertmitte ein Violinkonzert, Karl Goldmarks *Violinkonzert a-Moll op. 28* wird von Williams *Fantasie über ein Thema von Thomas Tallis für doppeltes Streichorchester* eingeleitet. Abgeschlossen wird das Konzert durch Stravinskijs *„Le Sacre du Printemps", Bilder aus dem heidnischen Russland*. Bis auf die Verwendung des im Spielzeitenschwerpunkt stehenden Violinkonzerts und der damit korrespondierenden „ungewöhnlichen" Besetzung (doppeltes Streichorchester) der ersten Konzerteinheit ergeben sich keine konzertdramaturgischen Bezüge – lediglich der Konzerttitel ist im Zusammenhang mit dem Spielzeitenmotto (Element Wasser) zu sehen: „Beschwörung versunkener Welten".

Im konzertdramaturgischen Zentrum des zweiten Philharmonischen Konzerts (14.10.2009, Ingar Bergby) steht der „Weg der skandinavischen Nationalromantik in die Moderne"[45]. Nielsens *Symphonie Nr. 4 op. 29 "Die Unauslöschliche"* und Ragnar Söderlinds *Bratschenkonzert*, das 2008 uraufgeführt wurde, sind somit stringent programmiert. Die einleitende *Symphonie Nr. 26 Es-Dur KV 184* von

---

44   Jahresprogrammheft der Duisburger Philharmoniker, Spielzeit 2009/2010, S. 15.
45   Ebenda, S. 41.

Mozart lässt jedoch zum Konzerttitel „Elementarer Wille zum Leben" keinen expliziten Bezug erkennen.

„Raumflutender Klang, irisierende Farben" ist der Titel des dritten philharmonischen Konzerts (18.11.2009, Jonathan Darlington), in dem eindeutig die Orgel, die kurz zuvor in der Mercatorhalle eingeweiht wurde, im Mittelpunkt steht. Poulencs *Konzert für Orgel, Streichorchester und Pauken g-Moll* markiert den Konzertbeginn, gefolgt von Joseph-Guy Ropartz' *Der 136. Psalm für Chor, Orchester und Orgel* und Saint-Saëns' *Symphonie Nr. 3 c-Moll op. 78 „Orgelsymphonie"*. Die Konzertdramaturgie von „konventionellen" Symphoniekonzerten wird imitiert, indem eine „bekannte Symphonie" den Konzertabschluss bildet.

Das vierte Philharmonische Konzert (13.01.2010, Jonathan Darlington) ist mit „Facetten der Romantik betitelt" und eine Koproduktion mit der Kulturhauptstadt Europas „RUHR.2010" für das Henze-Projekt „Neue Musik für eine Metropole". Diese Facetten beziehen sich v.a. auf die eher negative Rezeption, die zwei Werke konzertdramaturgisch vereint: Mendelssohn Bartholdys *Symphonie Nr. 5 d-Moll op. 107* und Brahms' *Violinkonzert D-Dur op. 77*. Eingeleitet ist das Konzert durch Henzes *Suite aus der Oper „Die Bassariden"*. Das den Konzertschwerpunkt durch die Verwendung des Violinkonzerts aufgreifende Konzert stellt das Symphoniekonzert unkonventionell in die Konzertmitte, während das Instrumentalkonzert das Konzert beendet. Dieses Konzert steht jedoch wie das vorangegangene nicht im Bezug zum globalen Spielzeitentitel.

Im Gegensatz dazu greifen die ersten beiden Konzerteinheiten des fünften Philharmonischen Konzerts (03.02.2010, Jonathan Darlington) den globalen Spielzeitentitel explizit auf: Brittens *"Four Sea Interludes" aus der Oper "Peter Grimes"* und Debussys *La Mer*. Nicht in diesen Kontext reiht sich das abschließende *Violinkonzert D-Dur op. 35* von Čajkovskij ein, hier wird jedoch durch die kontinuierliche Verwendung der Gattung Violinkonzert zusätzliche Stringenz erreicht. Betitelt ist das Konzert mit „Kneipendunst und Sonntagsglocken".

Das sechste Philharmonische Konzert (03.03.2010, André de Ridder) ist auf die Kulturhauptstadt „RUHR.2010" ausgerichtet und wird von ihr koproduziert. Unter dem Titel „Fluchtbewegungen" beginnt es mit Schumanns *Ouvertüre, Scherzo und Finale E-Dur op. 52* – konzertdramaturgisch motiviert ist diese Programmierung durch einen biographischen Kontext: die „Flucht" Schumanns. Zwei Werke Henzes markieren dessen hohen Stellenwert in diesem Konzert und in der Spielzeit: *Das Doppelkonzert für Oboe, Harfe und Streichorchester* sowie die Suite *Fünf Botschaften für die Königin von Saba*. Auch in Henzes Biographie ist eine „Flucht" von wichtiger Bedeutung, u.a. markiert seine Übersiedelung nach Italien einen wichtigen Meilenstein. Nicht in diesem thematisch nicht eindeutig durch die Flucht bestimmten Kontext steht die Uraufführung Hauke Jasper Berheides *Seines Inneren Wildnis*, die zwischen den beiden Werken Henzes programmiert ist.

Das im siebten Philharmonischen Konzert (24.03.2010, Jonathan Darlington) verwendete Oratorium *Die Schöpfung* von Haydn ist als Fortsetzung der Oratorienprogrammierung der vergangenen Spielzeiten zu deuten. Betitelt ist das nur aus diesem Werk bestehende Konzert mit „Ein Familientreffen im Garten Eden".

Im achten Philharmonischen Konzert (14.04.2010, Antoni Witt) entsteht ein nationalspezifischer, hier: polnischer Kontext durch Wojciech Kilars *Krzesany* und Lutosławskis *Konzert für Orchester* sowie durch die Herkunft des Dirigenten. Einen konzertdramaturgischen Gegenpol markiert Beethovens *Klavierkonzert Nr. 5 Es-Dur op. 73*, das kontrastierend v.a. mit den Parametern Komponistenherkunft, Gattung und Popularität programmiert ist. Der Konzerttitel „Orchesterklang mit Spezialeffekten" verdeutlicht den Stellenwert der Filmmusik im Œuvre Kilars.

Das neunte Philharmonische Konzert (05.05.2010, Andreas Stoehr) ist in Anlehnung an Tolstois Roman mit „Krieg und Frieden" betitelt, der sich auf den Kontrast zwischen Haydns zu Beginn programmierte *Symphonie G-Dur Hob. I:100* und Beethovens *Symphonie Nr. 6 F-Dur op. 68* bezieht. Als weiterer Kontrast zu diesen beiden „bekannten" Werken mit biographischem Bezug zum Konzerttitel trennt Alfred Schnittkes *Konzert für Klavier und Streichorchester op. 136* diese voneinander im Sinne einer „Sandwich-Dramaturgie" ab.

Das konzertdramaturgische Prinzip, „eher unbekannte" Komponisten eines bestimmten Staats, aus dem auch der Dirigent stammt, mit „Konventionellem" zu kombinieren, greift das zehnte Philharmonische Konzert (02.06.2010, Jan Willem de Vriend) auf. In Fortsetzung zum achten Philharmonischen Konzert mit dem Bezug zu Polen stehen nun die Niederlande im Fokus. Johann Wilhelm Wilms und dessen *Symphonie d Moll op. 58* sind paradigmatisch dafür. Den „konventionellen" Gegenpart dazu bilden Mozarts *Ouvertüre und Ballettmusik aus "Idomeneo" KV 366* und Schuberts *Symphonie Nr. 5 B-Dur D 485*. Hinsichtlich der Reihenfolge in der Programmgestaltung ist dieses Konzert (Titel: „Ein niederländischer Beethoven" – ohne Bezug zu Schubert) konzertdramaturgisch innovativ: Zwei Symphonien umrahmen eine Ouvertüre, die klassische Abfolge wird stark modifiziert.

Ein biographischer Kontext – hier: das Lehrer-Schüler-Verhältnis – und die globale Spielzeitenthematik sind markant für das elfte Philharmonische Konzert (23.06.2010, Jonathan Darlington), das mit „Ein maritimer Liederreigen" betitelt ist: Max Bruchs *Schottische Fantasie für Violine und Orchester Es-Dur op. 46* und Williams' *Symphonie Nr. 1 "A Seas Symphonie"*.

Sibelius' *"Die Okeaniden", Tondichtung op. 73* eröffnet das zwölfte Philharmonische Konzert (14.07.2010, Eugene Tzigane) und stellt einen Bezug zur Spielzeitenthematik her. Der Konzerttitel „Peitschendes Schlagzeuggewitter" ist lediglich auf den Konzertabschluss (Prokof'evs *Symphonie Nr. 5 B-Dur op. 100*) zu beziehen. Im Konzertzentrum steht kontrastierend dazu eine „bekannte Symphonie": Mozarts *Symphonie Nr. 40 g-Moll KV 550*.

Die Konzertreihenstruktur hat sich im Vergleich zur Spielzeit 2008/2009 nur geringfügig verändert. Die Reihe „Playlist – Konzerte für Junges Publikum" ist nun in „Klasse.Klassik" (auf das Ausrufezeichen wird nun verzichtet) integriert. Eine eigene Rubrik ergibt sich aus einem außermusikalischen Projekt, der „Kunst im Foyer".

Unabhängig von Konzerten, die im Rahmen der Ruhrtriennale und der Kulturhauptstadt stattfinden, werden zwei Konzert-Events realisiert: Im Landschaftspark Duisburg-Nord wird unter dem Titel „Extraschicht" ein Open-Air-

Konzert aufgeführt, das mit einem Feuerwerk abgeschlossen wird. Außerdem wird das Projekt „Goldrausch" aus der Spielzeit 2001/2002 reanimiert.

Als kommunikationspolitische Neuerung und Innovation ist der ab dieser Spielzeit startende Weblog „dacapo" zu klassifizieren, der als mustergültiges Beispiel für „Neuerungen in der Kommunikationspolitik" fungiert – auch, wenn dieser Blog Mitte 2011 eingestellt wurde.[46] Dies ist als Indikator für eine Pionierrolle und kommunikationspolitische Profilierung zu bewerten.

3.2 ESSENER PHILHARMONIKER

Spielzeit 2000/2001

Die im Zentrum stehenden Konzerte der symphonischen Konzertreihe der Essener Philharmoniker, deren Hauptspielstätte in dieser Spielzeit das Aalto-Theater ist[47], sind durchnummeriert und mit „Sinfoniekonzert"[48] betitelt. Darauf weist das Vorwort der Jahresprogrammhefts ebenso hin wie auf die konzertdramaturgische Ausrichtung, die in dieser Spielzeit vielfältig ist: Neben dem im Fokus stehenden Jubilar Johann Sebastian Bach stehen Werke der klassischen Moderne und die von „bedeutenden klassischen und romantischen Komponisten"[49] auf dem Programm. Darüber hinaus wird durch die Programmierung von Werken des Essener „Hauskomponisten"[50] Richard Strauss ein Komponistenschwerpunkt realisiert, dem ein Instrumentenschwerpunkt – repräsentiert durch Werke mit Bandoneon und Saxophon – gegenübergestellt wird.

Das erste Sinfoniekonzert (24.09.2000, Stefan Soltesz)[51] widmet sich dem Jubilar Johann Sebastian Bach, dessen *Fuga a 6 voci aus dem „Musikalischen Opfer" BWV 1079* in der Bearbeitung von Webern den Konzertbeginn markiert. Die zweite Konzerteinheit des mit „Zum 250. Todestag von Johann Sebastian Bach" untertitelten Konzerts besteht aus dem *Brandenburgischen Konzert Nr. 2 F-Dur BWV 1047*. Daraufhin ist Leopold Stokowskis Bearbeitung von *Toccata und Fuge d-Moll BWV 565* Kontrast stiftend programmiert – gefolgt von Bachs *Brandenburgischem Konzert Nr. 6 B-Dur BWV 1051*. Den Abschluss bildet eine Bearbeitung Schönbergs (*Präludium und Fuge Es-Dur BWV 552*). Die Konzertdramaturgie dieses Konzerts ist eindeutig von dem Wechsel zwischen Original und (verschiedenen) Bearbeitungen geprägt.

---

46 Hausmann / Günter 2009, S. 80 und Hausmann / Günter 2012, S. 105f.
47 Während der vorangegangen Spielzeit wechselte die Hauptspielstätte vom Saalbau zum Aalto-Theater.
48 Diese Schreibweise wird hier übernommen.
49 Jahresprogrammheft der Essener Philharmoniker, Spielzeit 2000/2001, S. 3.
50 Richard Strauss wird wegen häufiger Aufführungen seiner Werke in Essen häufig als „Hauskomponist" tituliert.
51 Die Sinfoniekonzerte finden um 11 Uhr im Aalto-Theater statt und werden am anschließenden Tag um 20 Uhr wiederholt – entsprechende Abweichungen von dieser terminlichen und spielstättenspezifischen Disposition werden angeführt.

Das zweite Sinfoniekonzert (29.10.2000, Stefan Soltesz) kann als Kontrast zum ersten angesehen werden, hier werden – wie im Vorwort angekündigt – ausschließlich Werke der klassischen Moderne verwendet: Nach Rachmaninovs *2. Klavierkonzert c-Moll op. 18* steht eine *Suite aus „Der Feuervogel"* von Stravinskij auf dem Programm – den Abschluss bilden Auszüge aus Prokof'evs *Romeo und Julia op. 64.*

Das dritte Sinfoniekonzert (12.11.2000, Milan Horvat) besteht ausschließlich aus Werken Bruckners: Nach der *9. Symphonie d-Moll* ist sein *Te Deum C-Dur ABWV 45* programmiert.

Im Rahmen des vierten Sinfoniekonzerts (17.12.2000, Petter Sundkvist) werden verschiedene Kontexte aufgegriffen. Barbers Ouvertüre zu *The School for Scandal op. 5* eröffnet das Konzert, in dessen Mitte Tristan Keuris *Konzert für Saxophonquartett und Orchester* steht. Diese Konzerteinheit ist charakteristisch für eine „Sandwich-Dramaturgie". Die Ouvertüre fungiert als „klassische" erste Konzerteinheit, die jedoch im Kontext der „klassischen Moderne" zu sehen ist. Die zweite Konzerteinheit greift bezüglich ihrer ungewöhnlichen Besetzung den instrumentenspezifischen Schwerpunkt Saxophon auf. Konventionell abgeschlossen wird das Konzert durch Dvořáks *Symphonie Nr. 5 F-Dur op. 76.*

Die ersten beiden Konzerteinheiten des fünften Sinfoniekonzerts (07.01.2000, Heinz Wallberg) werden durch das Soloinstrument Violine bestimmt: *Violinkonzert D-Dur KV 218* und *Rondo für Violine und Orchester C-Dur KV 373*, jeweils von Mozart. Nicht in diesen Kontext zu integrieren ist der Konzertabschluss, der aus Bizets *L'Arlésienne-Suiten I und II* besteht. Hier ist lediglich die Symmetrie zwischen zwei Werken Mozarts und zwei Werken Bizets konzertdramaturgisch relevant.

Das sechste Sinfoniekonzert bezieht sich eindeutig auf den im Vorwort angekündigten Komponistenschwerpunkt. Strauss' *Streichsextett aus der Oper „Capriccio"* wird mit *Serenade für Bläser Es-Dur op. 7*, dem *Duett-Concertino AV 147* und der Tondichtung *Also sprach Zarathustra* kombiniert. Auf die konzertdramaturgische Intention, der dieses Konzert folgt, wird im Programmheft des Konzerts explizit hingewiesen: Als „Querschnitt durch sein Schaffen" werden in diesem Konzert „bewusst Werke des ganz jungen mit jenen das reifen Komponisten miteinander konfrontiert"[52]. Außerdem wird eine Korrespondenz zu einem ähnlichen Konzert der vergangenen Spielzeit, das auch ausschließlich aus Strauss-Werken besteht, hergestellt.[53] Hier wird eine konzertimmanente Dramaturgie mit einer spielzeitübergreifenden Konzertdramaturgie kombiniert – letztere wird expliziert, indem Strauss als „Hauskomponist"[54] tituliert wird.

Einer erneut instrumentenspezifischen Konzertdramaturgie folgt der Beginn des siebten Sinfoniekonzerts (18.02.2001, Stefan Soltesz) durch die Programmierung von Astor Piazollas *Konzert für Bandoneon, Schlagzeug und Streichorches-*

---

52   Konzertprogrammheft des sechsten Sinfoniekonzerts der Essener Philharmoniker, Spielzeit 2000/2001, o.S..

53   Ebenda.

54   Ebenda.

ter. Mahlers *4. Symphonie* im Anschluss wirkt kontrastierend und ist dem „klassisch-romantischen Repertoire", das im Vorwort annonciert ist, zuzuordnen.

Im Rahmen des achten Sinfoniekonzerts (11.03.2001, Leif Segerstam), dessen Dirigent auch Komponist der dritten Konzerteinheit ist, wird ein skandinavisch ausgerichteter Kontext geschaffen. Den Beginn markiert Sibelius' *7. Symphonie C-Dur op. 105*, gefolgt von Griegs *Klavierkonzert a-Moll op.16.* Kombiniert werden diese Werke mit der Uraufführung von Leif Segerstams *Sinfonie Nr. 37.* Die ersten beiden Werke sind als Komplex zu sehen, dem eine Uraufführung dramaturgisch entgegengesetzt wird.

Das neunte Sinfoniekonzert (29.04.2001, Stefan Soltesz) bildet einen Komponistenschwerpunkt: Nach Beethovens *4. Symphonie B-Dur op. 60* steht sein *Klavierkonzert Nr. 5 Es-Dur* auf dem Konzertprogramm, dessen Gestaltung die konventionelle Abfolge umkehrt.

Im Gegensatz dazu bildet im zehnten Sinfoniekonzert (13.05.2001, Hartmut Haenchen) die „klassisch-romantische" Symphonie mit Schuberts *8. Symphonie C-Dur D 944* den Abschluss. Šostakovičs *Konzert für Violoncello und Orchester Nr. 1 Es-Dur op. 107* ist als Bestandteil der „klassischen Moderne" als erste Konzerteinheit programmiert.

Biographische Bezüge und kompositionstechnische Aspekte[55] verbinden die beiden Konzerteinheiten des elften Sinfoniekonzerts (10.06.2001, Stefan Soltesz). Brahms' *Violinkonzert a-Moll op. 102* steht auf dem Programm, das ebenfalls Elgars *Enigma-Variationen op. 36* enthält. Den Abschluss bildet sein publikumswirksamer *Marsch Nr. 1 D-Dur aus „Pomp and Circumstances" op. 39.*

Eine Konzerteinheit – Mozarts *Bearbeitung von Händels „Das Alexanderfest"* – markiert im zwölften Sinfoniekonzert (01.07.2001, Marcus Creed) den symphonischen Spielzeitenabschluss.

Die im Zentrum stehende symphonische Konzertreihe wird ergänzt durch Sonder-, Kammer- und Foyerkonzerte sowie den Education-Projekten in Form von Kinder- und Familienkonzerten und „Konzerten für junge Leute". In dieser Rubrizierung ist die Gewichtung der Education-Projekte außergewöhnlich hoch. Die Foyerkonzerte sind als spielstättenspezifische[56] Reihe zu klassifizieren – in dieser Spielzeit mit kammermusikalischer Besetzung. Die zeitliche Disposition dieser Konzertreihe ist eindeutig an die der Symphoniekonzerte angelehnt – sinfoniekonzertfreie Sonntage werden so ausgefüllt.

In der Rubrik der Sonderkonzerte finden sich mehrere Event-Konzerte: „Unicef-Gala-Konzert", Neujahrskonzert und „Oster-Gala 2001". Ebenfalls ist in dieser Konzertreihe ein Konzert „für behinderte Essener Bürger" programmiert, das ebenfalls im Open-Air-Rahmen wiederholt wird und jeweils Event-Charakter hat.

Im Rahmen der **Preis- und Konditionen- bzw. Rabattpolitik** werden zahlreiche (übertragbare) Abonnements angeboten, für die Sinfoniekonzerte jeweils

---

55 Siehe Konzertprogrammheft des elften Sinfoniekonzerts der Essener Philharmoniker, Spielzeit 2000/2001, o.S..

56 Die Konzerte finden im Aalto-Foyer statt.

drei pro Aufführungstag. Darüber hinaus existieren Abonnements für Kammer- und Foyerkonzerte sowie für die Reihe „Konzerte für junge Leute". Ermäßigungen (50 % auf den Kartenpreis) sind gültig für alle Abonnements, Schüler, Jugendliche, Studenten, Soldaten und Zivildienstleitende können eine Ermäßigung i.H.v. 40 % bei Einzeleintrittskarten in Anspruch nehmen. Für Schwerbehinderte, Seniorenpassinhaber und Arbeitslose sowie Sozialhilfeempfänger existieren Ermäßigungen von bis zu 75 %. Die „TheaterCard" fungiert als preispolitische Imitation der „Bahncard" der Deutschen Bahn: Gegen eine jährlich zu entrichtende Gebühr ist eine Halbierung des Eintrittspreises realisierbar, die sich auf alle Sparten (Oper, Ballett, Schauspiel im Grillo-Theater und Konzert) übertragen lässt. Unter dem Titel „Last-Minute-Verkauf" wird auf den Reisesektor rekurriert, indem – je nach über den Vorverkauf erzielter Auslastung – kurz vor Beginn des Konzerts „günstige Restkarten an der Abendkasse des Aalto-Theaters"[57] verkauft werden. Dieser „Last-Minute-Verkauf" basiert auf zeitbedingten Präferenzunterschieden als Merkmal der zeitlichen Preisdifferenzierung mit dem Ziel, nicht ausgelastete Kapazitäten zu füllen.[58] Die **distributionspolitische** Ausrichtung ermöglicht einen Ticketbezug und Vorverkauf über Kasse, Telefon, Post und über die Internetpräsenz des Theaters (www.theater-essen.de), die als **kommunikationspolitisches** Merkmal des Orchesters im Theaterkontext verankert ist.

Spielzeit 2001/2002

Die globale Ausrichtung der Spielzeit 2001/2002 ist erneut vielschichtig: Einerseits knüpft sie an die vorangegangene Spielzeit an, indem ein Fokus der Programmgestaltung und Konzertdramaturgie darin besteht, „Standard-Werken der großen symphonischen Literatur"[59] Raum zu bieten. Diesem eher konventionellen Fokus werden jedoch andererseits mehrere unkonventionelle Facetten der Programmgestaltung kontrastierend gegenübergestellt: Im Kontext der Stadt Essen wird *Timescape* des Essener Komponisten Gerhard Stäblers uraufgeführt – ebenfalls in diesem Kontext steht die Programmierung von Mahlers *7. Sinfonie*, die in Essen ihre deutsche Erstaufführung hatte. Die Personalunion von Komponist und Dirigent, die sich als konzertdramaturgisches Prinzip in der vorangegangen Spielzeit bewährt hat, wird in Form einer „Konzertreihe" fortgesetzt. Ein weiteres konzertdramaturgisches Prinzip besteht in der Programmierung von Werken Arnold Schönbergs anlässlich seines 50. Todesjahrs.

Das erste Sinfoniekonzert (30.09.2001, Stefan Soltesz) ist durch einen Komponistenschwerpunkt geprägt: Gershwins *An American in Paris*, *Lullaby* und *Cuban Ouvertüre* werden mit *Porgy and Bess* kombiniert. Die Konzertdramaturgie zielt hier neben diesem Schwerpunkt auf biographische Bezüge und die Ge-

---

57   Jahresprogrammheft der Essener Philharmoniker, Spielzeit 2000/2001, S. 49.
58   Vgl. Meffert / Burmann / Kirchgeorg 2008, S. 515.
59   Jahresprogrammheft der Essener Philharmoniker, Spielzeit 2001/2002, S. 3.

genüberstellung von Gattungen wie Ouvertüre, Fantasie und Streichquartett mit dem Werk *Porgy and Bess*.

Im Rahmen des zweiten Sinfoniekonzerts (21.10.2001, Friedemann Layer) wird durch Ljadovs *Der verzauberte See op. 62*, Čajkovskijs *Variationen über ein Rokoko-Thema op. 33* und Rachmaninovs *Symphonie Nr. 1 d-Moll op. 13* ein nationalspezifischer bzw. russischer Kontext aufgespannt. Die Reihenfolge orientiert sich an der standardisierten Abfolge im Symphoniekonzert.

Das dritte Sinfoniekonzert (11.11.2001, Cristóbal Halffter) kombiniert diesen nationalspezifischen Kontext – jetzt mit spanischer und französischer Ausrichtung – mit der Personalunion von Komponist und Dirigent. Das Konzert ist implementiert in das Festival „Windrose" und wird durch Ramón Carnicer y Battles *Ouvertüre zu Il barbiere di Siviglia* mit offensichtlich spanischem Bezug eröffnet. Auch die folgende Konzerteinheit ist durch Komponistenherkunft und thematischen Bezug zu Spanien angelehnt: Manuel de Fallas *Noches en los jardines en España*. Die französische Komponente wird nun abgedeckt durch die Programmierung von Saint-Saëns' *Africa op. 89* – dieses Werk des französischen Komponisten wurde in Paris uraufgeführt. Den Abschluss markiert *Odradek* von dem spanischen Dirigenten des Konzerts.

Das vierte Sinfoniekonzert (16.12.2001, Stefan Soltesz) widmet sich dem Verhältnis zwischen Brahms und Schönberg, dessen 50. Todestag Anlass für einen entsprechenden Komponistenschwerpunkt bietet, der bereits im Vorwort des Jahresprogramms angekündigt wird.[60] Zusätzlich zu den biographischen und rezeptionsbedingten Bezügen zwischen den beiden Komponisten ist die Programmierung von Brahms' *4. Sinfonie e-Moll op. 98* wegen ihres von Schönberg geschätzten Kompositionsprinzips gewählt.[61] Schönbergs *Pierrot lunaire* bildet den Konzertauftakt.

Die einzige Konzerteinheit des fünften Sinfoniekonzerts (13.02.2002, Stefan Soltesz) ist eindeutig Bestandteil des Repertoires von „Standard-Werken der großen symphonischen Literatur": Beethovens *9. Sinfonie d-Moll op. 125*.

Čajkovskijs *1. Klavierkonzert b-Moll op. 23* – ebenfalls eindeutig zu diesem Repertoire gehörend – markiert den Beginn des sechsten Sinfoniekonzerts (17.02.2002, Milan Horvat), das durch die folgende Konzerteinheit, Šostakovičs *Sinfonie Nr. 10 e-Moll op. 93*, an die standardisierte Reihenfolge angelehnt ist und erneut einen nationalspezifischen, hier: russischen Kontext erzeugt.

Das siebte Sinfoniekonzert (24.03.2002, Heinz Wallberg) weist durch die Programmierung von Smetanas *Die Moldau* und Dvořáks *Symphonie Nr. 8 op. 88* einen nationalspezifischen, zunächst tschechischen, konzertdramaturgischen Rahmen auf. Dem „Sandwich-Konzept" folgend sind Hindemiths *Sinfonische Metamorphosen nach Themen von Carl Maria von Weber* in die Konzertmitte gesetzt. Durch die Weber-Rezeption, insbesondere seine Zuweisung als „deutscher Nationalkomponist", generiert diese Konzerteinheit einen weiteren national-

---

60 S.o..

61 Vgl. Konzertprogrammheft 4. Sinfoniekonzert der Essener Philharmoniker, Spielzeit 2001/2002), o.S..

spezifischen, jetzt jedoch rezeptionsbedingten Kontext, in den sich die (Unter-) Titel der anderen Konzerteinheiten einreihen („Mein Vaterland" und „Die Englische").

Im Rahmen des achten Sinfoniekonzerts (14.04.2002, Jac van Steen) bilden die ersten beiden Konzerteinheiten (Bernsteins *Sinfonische Suite aus „On the Waterfront"* und Bernd Alois Zimmermanns *Trompetenkonzert in C)* durch ihre identische Entstehungszeit (1954) und durch das identische Geburtsjahr ihrer Komponisten (1918) einen Kontext, dem sich Sibelius' folgende *Sinfonie Nr. 2 D-Dur op. 43* nicht zuordnen lässt.

Das neunte Sinfoniekonzert (05.05.2002, Toshiyuki Kamioka) vereint die Werke von drei Komponisten mit ähnlicher zeitlicher, wenn auch nicht epochaler Einordnung. Weberns *Im Sommerwind* und Zemlinskys *Die Seejungfrau* bilden einen konzertdramaturgischen Rahmen, in dessen Mitte Williams' *Tubakonzert f-Moll* steht. Dieser Rahmen wird u.a. durch biographische Bezüge erzeugt, zu dem Williams Werk einen Kontrast bildet.

Im Zentrum des zehnten Sinfoniekonzerts steht die Uraufführung des Kompositionsauftrags der „theater & philharmonie essen", Gerhard Stäblers *Timescape*. In einem eindeutigen Kontrast dazu, der – wie im Vorwort des Jahresprogramms angedeutet[62] – als Schwerpunkt der Spielzeit bezeichnet werden kann, steht Mendelssohn Bartholdys *Ein Sommernachtstraum*.

Diesem Kontrastprinzip widerstrebend, zeigt sich das elfte Sinfoniekonzert (16.06.2002, Nicolai Gerassimez), das in Anlehnung an die standarisierte Reihenfolge ausschließlich aus „Standard-Werken der großen symphonischen Literatur" – hier außerdem durch ihre Popularität vereint – besteht: Mozarts *Klavierkonzert Nr. 9 Es-Dur KV 271* und Čajkovskijs *Sinfonie Nr. 4 f-Moll op. 36*.

Zum ersten Mal in Essen erklingt Mahlers *Sinfonie Nr. 7 e-Moll* als symphonischer Konzertabschluss im Rahmen des zwölften Sinfoniekonzerts (07.07.2002, Stefan Soltesz).

Die globale Konzertreihenstruktur erfährt keine Änderungen in dieser Spielzeit.

Die Anzahl von Konzertevents, die weiterhin im Rahmen der Konzertreihe „Sonderkonzerte" realisiert werden, steigt massiv an: Verschiedene Gala- und Benefizkonzerte, ein Open-Air-Konzert, das „Konzert für behinderte Essener Bürger" und das Neujahrskonzert belegen dies.

Spielzeit 2002/2003

Neben der Fortführung der Programmierung von „Standard-Werken der großen symphonischen Literatur"[63], die jetzt mit „großem klassischen Repertoire"[64] beschrieben sind, bilden „seltener zu hörende Stücke von Erich Wolfgang Korngold,

---

62   Jahresprogrammheft der Essener Philharmoniker, Spielzeit 2001/2002, S. 3.
63   S.o..
64   Jahresprogrammheft der Essener Philharmoniker, Spielzeit 2002/2003, S. 3.

Hans Pfitzner, Witold Lutosławski, Ralph Vaughan Williams und Anton Webern"[65] einen konzertdramaturgischen Gegenpol in der globalen Spielzeitenausrichtung. Außerdem ist der vom Generalmusikdirektor erklärtermaßen favorisierte
Komponist Strauss Widmungsträger des letzten Sinfoniekonzerts. Darüber hinaus
wird die Personalunion von Komponist und Dirigent bzw. Solist erneut konzertdramaturgisches Prinzip.

Das erste Sinfoniekonzert (08.09.2002, Stefan Soltesz) beginnt mit der *Sinfonie Nr. 1 B-Dur op. 38* von Schumann, sowohl Nummerierung als auch der Bei-
name „Frühlingssinfonie", der zwar nicht zum Aufführungszeitpunkt passt, suggerieren einen Auftaktcharakter der ersten Konzerteinheit. Die anschließende Konzerteinheit, Brahms' *Klavierkonzert Nr. 1 d-Moll op. 15,* reiht sich in diesen Auf-
taktkontext ein und wird zusätzlich über die intensiven biographischen Bezüge
zwischen den beiden Komponisten verknüpft. Beide Werke vereint ihre Zuordnung zum klassischen Standardrepertoire.

Anlehnend an die „Frühlingssymphonie" enthält das zweite Sinfoniekonzert
(22.09.2002, Stefan Soltesz) Stravinskijs *Le sacre du printemps* als konzertüber-
greifenden konzertdramaturgischen Bezug. Vorangehend ist Beethovens *Violinkonzert D-Dur op. 61* programmiert, um einen epochen- und gattungsspezifischen
Kontrast zu erzeugen.

Das dritte Sinfoniekonzert (20.10.2002, Heinz Wallberg) beginnt mit der Uraufführung von *Veränderungen 1998* des ausscheidenden Solo-Cellisten Dieter
Meßlingers. Ebenfalls in einem besonderen Aufführungskontext steht die zweite
Konzerteinheit: Carl Reineckes *Flötenkonzert D-Dur op. 238* wird im Rahmen
einer Essener Erstaufführung dargeboten. Rimskij-Korsakovs *Scheherazade op.
35* schließt dieses Konzert ab, das ohne klassisches Standardrepertoire auskommt
und in dessen konzertdramaturgischem Zentrum die Personalunion von Komponist und Interpret und die Ur- bzw. Erstaufführung unter dem Dirigat eines ehemaligen Generalmusikdirektors stehen.

Kontrastierend dazu ist das vierte Sinfoniekonzert (17.11.2002, Stefan Sol-
tesz) strukturiert, das mit einer Ouvertüre – Korngolds *Viel Lärm um nichts op. 11*
– beginnt und unter Berücksichtigung der standardisierten Reihenfolge mit einem
Instrumentalkonzert – Pfitzners *Violinkonzert h-Moll op. 34* – fortgeführt wird.
Den Abschluss bildet Musorgskijs *Bilder einer Ausstellung* kontrastierend als
Bestandteil des Standardrepertoires. Die beiden ersten Konzerteinheiten sind im
Vorwort des Jahresprogramms als „seltene Werke" eingestuft worden.

Die ersten beiden Konzerteinheiten des fünften Sinfoniekonzerts (15.12.2002,
Stefan Soltesz) verbinden biographische Bezüge, Elgars *Cellokonzert e-Moll op.
85* und Strauss' *Till Eulenspiegels lustige Streiche op. 28.* Kompositionsästhetische Verknüpfungen bzw. die Verwendung von Klangfarben erzeugen einen Kontext zwischen der zweiten und dritten Konzerteinheit: Ravels *Suite Nr. 2 aus
Daphnis et Chloé.*

Unter dem Einhalten der standardisierten Reihenfolge pointiert das sechste
Sinfoniekonzert (26.01.2003, Heinrich Schiff) das konzertdramaturgische Kon-

---

65 Ebenda.

trastprinzip dieser Spielzeit: selten gespielte Werke und solche des großen klassischen Standardrepertoires in Kombination, hier: Lutosławskis *Cellokonzert* und Bruckners *Sinfonie Nr. 4 Es-Dur*.

Im siebten Sinfoniekonzert (23.02.2003, Jos van Veldhoven) bildet die Gattung der Symphonie einen konzertdramaturgischen Rahmen, indem zwei ihrer Hauptvertreter die Programmgestaltung prägen: Haydns *Sinfonie Nr. 49 f-Moll* und Mozarts *Sinfonie Nr. 36 C-Dur KV 425*. Zwischen diesen Sinfonien sind – erneut stark kontrastierend – Mahlers *Kindertotenlieder* eingerückt. Auch hier wird das Kontrastprinzip aufgegriffen, wenn man Mahlers Rückert-Vertonung entsprechend einstuft.

Das achte Sinfoniekonzert (23.03.2003, Milan Horvaz) grenzt sich von diesem Prinzip ab, hier sind ausschließlich Werke des großen klassischen Standardrepertoires unter Berücksichtigung der standardisierten Reihenfolge aneinandergereiht: Beethovens *Klavierkonzert Nr. 1 C-Dur op. 15* und Čajkovskijs *Sinfonie Nr. 6 h-Moll op. 74*. Die Verwendung und Kombination dieser höchst populären Werke ist eindeutig im Kontext des nächsten Konzerts zu deuten.

Im Rahmen dieses neunten Sinfoniekonzerts (20.04.2003, Sir Peter Maxwell Davies) wird konzertübergreifend und v.a. stringent im Vergleich zum vorangehenden Konzert die andere Seite des konzertdramaturgischen Kontrastprinzips aufgegriffen: Williams *Sinfonie Nr. 6* und Peter Maxwell Davies *Roma Amor* stehen auf dem Programm – beides zweifelsfrei „selten gespielte" Werke, das erste sogar im Rahmen einer Deutschen Erstaufführung. Zusätzlich zu dem Kontrastprinzip ist hier die o.g. Personalunion als konzertübergreifender „Roter Faden" ausschlaggebend.

Das zehnte Sinfoniekonzert (11.05.2003, Stefan Soltesz) beginnt mit dem *Sinfonischen Zwischenspiel* von Albert Lenz. Durch die Programmierung des Werkes eines Essener Komponisten ist der lokale Bezug evident, dem kontrastierend Mozarts *Sinfonia concertante für Violine, Viola und Orchester Es-Dur KV 364* gegenübergestellt wird. Beethovens *Sinfonie Nr. 6 F-Dur op. 68* bildet als „Standardwerk" den konventionellen Konzertabschluss.

Eindeutig ebenfalls als populäres „Standardwerk" ist Haydns *Die Jahreszeiten* zu klassifizieren, das das elfte Sinfoniekonzert (25.05.2003, Howard Armann) konstituiert.

Wie im Jahresprogrammheft angekündigt, bildet ein „Strauss-Konzert" den symphonischen Abschluss dieser Spielzeit durch das zwölfte Sinfoniekonzert (06.07.2003, Stefan Soltesz). *Liebesszene aus „Feuersnot" op. 50, Vier letzte Lieder* und *Eine Alpensinfonie op. 64* bestimmen das von einer konzertimmanent stringenten Dramaturgie geprägte Konzert: Alle Strauss-Werke markieren Œuvre-spezifische Eckpunkte.

Die Konzertreihenstruktur erfährt keine gravierenden Änderungen in dieser Spielzeit – auch nicht in der an Event-Konzerten reichen Reihe der „Sonderkonzerte". Ebenso ergeben sich keine signifikanten marketingrelevanten Änderungen in der Programmgestaltung.

Spielzeit 2003/2004

In der Spielzeit 2003/2004 wirkt sich die Zäsur in der Spielstättensituation auch auf die Programmgestaltung aus: Die ersten neun Sinfoniekonzerte finden noch im Aalto-Theater statt. Nach einem Eröffnungskonzert und einem „Proms-Konzert" wird das zehnte Sinfoniekonzert in der neuen Philharmonie in Essen aufgeführt. Die zuvor gültige konzertdramaturgische Ausrichtung erfährt keine Änderungen, wenn man von den Konzertevents um die Eröffnung der Philharmonie absieht.[66]

Das erste Sinfoniekonzert (02.11.2003, Stefan Soltesz) enthält Verdis *Messa da Requiem*. Mit der Programmierung dieses Werks als Spielzeitauftakt erfüllt sich der Dirigent „einen lang gehegten Wunsch".[67]

Im Rahmen des zweiten Sinfoniekonzerts (14.12.2003, Stefan Soltesz) stehen drei Konzerteinheiten auf dem Programm: Aleksandr Borodins *Eine Steppenskizze aus Mittelasien*, Rachmaninovs *Rhapsodie über ein Thema von Paganini op. 43* und Beethovens *Sinfonie Nr. 3 Es-Dur op. 55*. Konzertdramaturgische Implikationen ergeben sich hier aus der gemeinsamen Herkunft der Komponisten. Außerdem ist die Symphonie Beethovens fester Bestandteil des klassischen Repertoires.

Das dritte Sinfoniekonzert (11.01.2004. Hartmut Haenchen) enthält ebenfalls eine Sinfonie des „klassisch-romantischen" Repertoires: Bruckners *Sinfonie Nr. 8 c-Moll* (in der Fassung von 1890).

Auch das vierte Sinfoniekonzert (08.02.2004, Stefan Soltesz) ist vom „klassisch-romantischen" Repertoire geprägt, Mendelssohn Bartholdys *Sinfonie Nr. 4 A-Dur op. 90* bildet die dritte Konzerteinheit. Der als Hauskomponist titulierte Richard Strauss ist durch sein *Hornkonzert Nr. 2 Es-Dur* in der zweiten Konzerteinheit vertreten – Instrumentalkonzert und Sinfonie sind hier in der standardisierten Reihenfolge programmiert, der sich die erste Konzerteinheit (Kodálys *Tänze aus Galánta*) entzieht. Außer dieser Reihenfolge und dem lokalen Bezug – Strauss als Hauskomponist – sind keine konzertdramaturgischen Implikationen erkennbar.

Beide Konzerteinheiten des fünften Sinfoniekonzerts (29.02.2004, Jac van Steen) (Bergs *Sieben frühe Lieder* und Bruckners *Sinfonie Nr. 6 A-Dur*) verbindet ein biographischer Kontext, auf den das Programmheft durch ein Zitat Bergs explizit hinweist.[68]

Das sechste Sinfoniekonzert (21.03.2004, Petter Sundkvist) markiert eine Ausnahme in Bezug auf die Programmierung von Werken aus dem „klassisch-romantischen" Repertoire. Rodion Ščedrins *Carmen Suite* wird mit Allan Pettersons *Sinfonie Nr. 8* kombiniert. Beide Werke vereint ihre Uraufführungszeit, die am Ende der 1960er Jahre zu verorten ist.

---

66 Auf diese Konzertevents und deren Konzertdramaturgie wird im Einzelnen eingegangen.
67 Jahresprogrammheft der Essener Philharmoniker, Spielzeit 2003/2004, S. 3.
68 Konzertprogrammheft 5. Sinfoniekonzert der Essener Philharmoniker, Spielzeit 2001/2002, o.S..

Die ersten beiden Konzerteinheiten des siebten Sinfoniekonzerts (18.04.2004, Stefan Soltesz) sind in standardisierter Reihenfolge angeordnet: Carl Maria von Webers *Euryanthe-Ouvertüre* und Bruchs *Violinkonzert Nr. 1 g-Moll op. 26*. Es folgt Kontrast stiftend Stravinskijs *Petruschka* (Fassung von 1947) als „Klassiker des 20. Jahrhunderts"[69].

Das achte Sinfoniekonzert (09.05.2004, Heinz Wallberg) erfüllt paradigmatisch die Konvention der standardisierten Reihenfolge: Schuberts *Ouvertüre im italienischen Stile op. post. 170 D 591*, Haydns *Cellokonzert C-Dur Hob. VIIb:1* und Brahms *Sinfonie Nr. 4 e-Moll op. 98*. Die abschließende Sinfonie reiht sich in den Kontext des „klassisch-romantischen" Repertoires ein.

Im starken Gegensatz zu dieser konventionellen Konzertdramaturgie ist das neunte Sinfoniekonzert (30.05.2004, Jos van Veldhoven) gestaltet. Georg Friedrich Händels *Suite Nr. 1 F-Dur HWV 348*, Joseph Martin Kraus' *Sinfonie c-Moll*, Bachs *Sinfonia aus der Kantate BWV 42* und Haydns *Sinfonie Nr. 95 c-Moll* stehen auf dem Programm, dessen konzertdramaturgische Bezüge erläutert werden:

> „Händel und Bach, Kraus und Haydn – gleich mehrfache Bezüge stellen sich zwischen den Werken des heutigen Programms her. Händel und Bach sind sich bekanntlich nie begegnet, obwohl sie im gleichen Jahr nur gut 100 Kilometer voneinander entfernt geboren wurden. Der Thomaskantor bewegte sich kaum über seinen Wirkungskreis in Thüringen und Sachsen hinaus, doch der weltläufigere Händel feierte seine größten Triumphe in London – ebenso wie Haydn. Auch Joseph Martin Kraus, gebürtig aus Miltenberg am Main, wurde erst im Ausland berühmt, nämlich als Hofkapellmeister im schwedischen Stockholm. Zu Kraus' größten Bewunderern wiederum gehörte niemand anderes als – Joseph Haydn."[70]

Hier wird die Vielfalt der verwendeten Kontexte der Konzertdramaturgie deutlich. Der nun folgenden Eröffnung der Philharmonie als neuer Spielstätte für das Orchester ist ein gesondertes Programm gewidmet, dessen Konzert (05./06.06.2004, Stefan Soltesz) als Event zu klassifizieren ist. Die Konzertdramaturgie ist eindeutig in diesem Eröffnungskontext zu verstehen, Bachs *Eingangschor der Kantate BWV 214 („Tönet, ihr Pauken! Erschallet Trompeten!")* markiert den festlichen Konzertbeginn und die erste Konzerteinheit in der neuen Spielstätte. Die nächsten beiden Konzerteinheiten sind in konventioneller Abfolge gestaltet, auf Mozarts *Klavierkonzert C-Moll KV 491* folgt Strauss' *Eine Alpensinfonie op. 64*. Die Programmierung eines Werkes von Strauss ist als Reminiszenz zu der Eröffnung der alten Spielstätte 1904 zu verstehen, bei der Strauss' *Sinfonia domestica* Bestandteil der Programmgestaltung unter dem Dirigat des Komponisten war. Ein anderer Bezug ergibt sich zum Dirigenten und dessen kontinuierlicher Strauss-Präferenz. Das Eröffnungs-Programmheft enthält bereits eine Vorschau auf die Programmgestaltung der **Institution Philharmonie Essen**, die nun unter der Intendanz von Michael Kaufmann geführt wird. Diese Programmgestaltung und die Eröffnungskonzerte führen zu Rezensionen und Artikeln in der überregionalen Presse.[71] Dort

---

69 Jahresprogrammheft der Essener Philharmoniker, Spielzeit 2003/2004, S. 3.

70 Konzertprogrammheft 9. Sinfoniekonzert der Essener Philharmoniker, Spielzeit 2001/2002, o.S..

71 Vgl. Philharmonie Essen (Hg.), Jahresvorschau Eröffnungsspielzeit 2004/2005, S. 30.

wird die „aufs Unanstößige und Lokalgeschichtliche reduzierte"[72] Programmgestaltung des Eröffnungszaubers mit seinen „unvermeidlichen Events" zwar teilweise kritisiert, auch wenn das „Orchester exzellent spielte" und die Events „ausverkauft" seien.[73] Die Essener Philharmoniker werden in diesem Zusammenhang
als das „beste Orchester des Ruhrgebiets" beschrieben.[74] Die Akustik und Variabilität der neuen Spielstätte werden im Anschluss an das Eröffnungskonzert positiv hervorgehoben.[75]

Das zehnte Sinfoniekonzert (11.07.2004, Stefan Soltesz) ist das erste dieser
Reihe in der neuen Spielstätte und wird mit einer populären Programmgestaltung
eröffnet: Čajkovskijs *Violinkonzert D-Dur op. 35* und *Sinfonie Nr. 5 e-Moll op.
64*. Die nur einen Komponisten umfassende Konzertdramaturgie ordnet sich hier
klar dem o.g. Konzertanlass unter.

Auch wenn die neue Spielstätte eine eindeutige Zäsur markiert, bleiben die
übrigen Konzertreihen unverändert. Die Eventkonzerte sind bis auf die Eröffnung
an der vorherigen Spielzeit orientiert. In dieser Spielzeit wird das Orchester prämiert: Die Kritiker der Zeitschrift „Opernwelt" zeichnen das Orchester im Rahmen einer Umfrage zum „Besten Opernorchester des deutschsprachigen Raumes"
aus. Dies ist als ein Indikator für den qualitativen Orchestererfolg zu deuten.

Spielzeit 2004/2005

Ab der Eröffnungsspielzeit 2004/2005 konzentriert sich die dramaturgische Analyse wie bisher auf die Symphoniekonzerte der Essener Philharmoniker in der
Philharmonie Essen als einen Eckfeiler der TuT GmbH. Somit ist eine Kontinuität
innerhalb der Analyse der symphonischen Konzerte gewährleistet, die für die
quantitative Auswertung der dramaturgischen Merkmale erforderlich ist. Andere
Konzertreihen, darunter auch jene anderer Veranstalter, – ab dieser Spielzeit sind
die Konzertreihen auch nach Veranstalter rubriziert und sortiert – erfahren eine
Analyse hinsichtlich ihrer Makro-Dramaturgie und globalen Intention und ihres
Stellenwertes im Marketingkonzept (jeweils am Kapitelende der Spielzeiten).

Ab dieser Spielzeit existieren zwei Jahresprogrammhefte: Wie bisher publi-
zieren die **Essener Philharmoniker** ihr Jahresprogrammheft, die **Philharmonie
Essen** veröffentlicht parallel dazu eine umfangreiche Jahresvorschau, in der
„Konzerte nach Rubriken" geordnet sind.[76] Diese Rubriken sind sehr vielschichtig, u.a. bilden Komponisten- und Interpretenschwerpunkte, verschiedene Abonn-
nements und die Konzerte der Essener Philharmoniker als Veranstaltungspartner

---

72 Struck-Schloen, Michael, in: Süddeutsche Zeitung vom 07.06.2004.
73 Goertz, in: Die ZEIT v. 09.06.2004.
74 Keim, in: Die Welt v. 07.06.2004.
75 Vgl. O.V., in: Frankfurter Allgemeine Zeitung v. 07.06.2004.
76 Philharmonie Essen (Hg.), Jahresvorschau Eröffnungsspielzeit 2004/2005, S. 44. An dieser
    Stelle wird die Ordnung der Konzerte erläutert – dies ist ein Indikator für die Komplexität in-
    nerhalb der Konzerte der Essener Philharmonie. Ein anderer Indikator dafür sind der Konzert-
    Kalender und v.a. ein Komponisten- und Interpretenindex.

eine Rubrik. Rubrik-Übersichten geben Auskunft über Konzertdramaturgie bzw. Beziehungen im Programm, auch über „verschiedene Konzerte hinweg".[77]

Das Vorwort des Jahresprogrammhefts der Essener Philharmoniker widmet sich gänzlich der neuen Spielstättensituation und stellt keine besondere konzert-dramaturgische Ausrichtung vor. Die Beziehung zwischen Essener Philharmonie und Essener Philharmonikern wird auch in der Jahresvorschau expliziert, indem den Erläuterungen des Intendanten der Philharmonie Essen eine Doppelseite Raum gegeben wird.

Das erste Sinfoniekonzert (16.09.2004, Stefan Soltesz) enthält ausschließlich Kompositionen von Richard Strauss, der einen besonderen Status innerhalb der Programmgestaltung und Konzertdramaturgie der Essener Philharmoniker ein-nimmt. *Träumerei am Kamin, Fünf Orchesterlieder* und *Ein Heldenleben op. 40* bestimmen das Programm, in dessen biographisch geprägtem konzertdramaturgi-schen Zentrum die Gattin von Strauss, Pauline Strauss-de Ahna, steht, um „die sich das gesamte Programm rankt".[78]

Das zweite Sinfoniekonzert (07.10.2004, Ilan Volkov) ist dem ehemaligen Essener Generalmusikdirektor und Ehrendirigenten Heinz Wallberg gewidmet, der kurz vor diesem Konzert verstorben ist. Janáčeks *Des Spielmanns Kind*, Beethovens *Klavierkonzert Nr. 4 G-Dur op. 58* und Šostakovičs *Sinfonie Nr. 9 Es-Dur op. 70* stehen auf dem Programm, das sich an der standardisierten Reihenfol-ge orientiert.

Das dritte Sinfoniekonzert (04.11.2004, Stefan Soltesz) beginnt mit Brahms' Vertonung von Schillers Gedicht *Nänie*, die die Funktion einer Ouvertüre bzw. eines einleitenden Chorwerks übernimmt. Die nun folgende *8. Sinfonie F-Dur op. 93* von Beethoven ist in einem kompositionsästhetischen und biographischen Be-zug zu Brahms zu sehen: Einerseits haben Beethovens Symphonien eindeutig eine Vorbildfunktion für Brahms. Andererseits hat gerade die 8. Symphonie nicht die Dimension und Monumentalität, die zu Brahms Zögern, Symphonien zu kompo-nieren, geführt hat. Analog dazu ist der (bewusst) nicht intensivierte Bezug zu Schiller evident, der durch eine Programmierung der 9. Symphonie Beethovens entstanden wäre. Kontrastierend zu Brahms ist die dritte Konzerteinheit (Čajkovskijs *Klavierkonzert Nr. 1 b-Moll op. 23*) zu deuten: Das erste Zusammen-treffen beider Komponisten wird zumindest von der Frau des Geigers Adolf Brodsky entsprechend charakterisiert.[79] Alle Konzerteinheiten verbindet die Be-ziehung zu Eduard Hanslick, so dass ein rezeptions- und rezensionsspezifisches konzertdramaturgisches Merkmal entwickelt wird.

Das vierte Sinfoniekonzert (09.12.2004, Oleg Caetani) besteht aus Mendels-sohn Bartholdys *Violinkonzert d-Moll* und Regers *Variationen und Fuge über ein lustiges Thema von Johann Adam Hiller op. 100*. Innerhalb dieses Konzerts wird

---

77 Philharmonie Essen (Hg.), Jahresvorschau Eröffnungsspielzeit 2004/2005, S. 7.
78 Konzertprogrammheft 1. Sinfoniekonzert der Essener Philharmoniker, Spielzeit 2004/2005, o.S..
79 Vgl. Konzertprogrammheft 3. Sinfoniekonzert der Essener Philharmoniker, Spielzeit 2004/2005, o.S..

ein Kontext geschaffen, der aus der Bach-Rezeption der beiden Komponisten besteht.

Das fünfte Sinfoniekonzert (06.01.2005, Marc Minkowski) folgt paradigmatisch der standardisierten Reihenfolge der Programmgestaltung: Beethovens *„Leonoren"-Ouvertüre Nr. 2 C-Dur op. 72a*, Jaques Offenbachs *Cellokonzert G-Dur* und Mendelssohn Bartholdys *Sinfonie Nr. 5 d-Moll op. 107*.

Das sechste Sinfoniekonzert (27.01.2005, Simone Young) orientiert sich im Rahmen von nur zwei Konzerteinheiten (Mozarts *Flötenkonzert C-Dur KV 299* und Bruckners *Sinfonie Nr. 7 E-Dur*) an der standardisierten Reihenfolge.

Auch das siebte Sinfoniekonzert (17.02.2005, Stefan Soltesz), das im Rahmen des Schönberg-Festivals stattfindet, beinhaltet zwei Konzerteinheiten: Nach Schönbergs *Pelléas und Mélisande op. 5* folgt Beethovens *Violinkonzert D-Dur op. 61*. Schönbergs Beethoven-Rezeption und -Interpretation – Schönberg leitete Beethovens Violinkonzert 1924 – bilden einen konzertdramaturgischen Kontext, der aus der zunächst negativen Rezeption der Uraufführungen der beiden Werke resultiert. Außerdem sind in diesem Kontext die Kadenzen des Beethoven-Konzerts zu deuten: Fritz Kreisler begegnet Schönberg 1890 und äußert sich über dessen Interesse für Beethoven-Kadenzen.[80]

Die Konzertdramaturgie des achten Sinfoniekonzerts (17.03.2005, HK Gruber) wird von dem Dirigenten, der auch als Komponist in diesem Konzert fungiert, explizit erläutert: Weill bildet einen konzertdramaturgischen Rahmen (*Auszüge aus „Der Silbersee"* und *Sinfonie Nr. 2*). Die Programmierung von Weill wird von Soltesz angeregt, Gruber gilt als Weill-Spezialist. In der Konzertmitte steht Grubers Werk *Rough Music*. Grubers Konzertdramaturgie erfüllt damit die gewünschte Konvention, indem dieses Werk ein Instrumentalkonzert darstellt.[81]

Zwischen den beiden Konzerteinheiten des neunten Sinfoniekonzerts (07.04.2005, Stefan Soltesz) ergeben sich v.a. biographische Bezüge: Schumanns *Violinkonzert d-Moll* und Brahms *Sinfonie Nr. 1 c-Moll op. 68*.

Das zehnte Sinfoniekonzert (12.05.2005, Stefan Soltesz) besteht aus Mahlers *Sinfonie Nr. 2 c-Moll* und ist in direkter Verbindung zu dem ebenfalls aus nur einer Konzerteinheit bestehenden elften Sinfoniekonzert (09.06.2005, Milan Horvat) zu deuten (Bruckners *Sinfonie Nr. 5 B-Dur*). Hier existiert ein konzertübergreifender Kontext, der v.a. durch die Länge, Dimensionierung und Monumentalität beider Werke geprägt ist.

Das zwölfte Sinfoniekonzert (07.07.2005, Stefan Soltesz) vereint zwei populäre Werke in standardisierter Reihenfolge, die über einen nationalspezifischen, hier: amerikanischen Kontext verbunden sind: Gershwins *Concerto in F* und Dvořáks *Sinfonie Nr. 9 e-Moll*.

---

80 Vgl. Konzertprogrammheft 7. Sinfoniekonzert der Essener Philharmoniker, Spielzeit 2004/2005, o.S..

81 Vgl. Konzertprogrammheft 8. Sinfoniekonzert der Essener Philharmoniker, Spielzeit 2004/2005, o.S..

Unabhängig von der Konzertreihenstruktur der Essener Philharmoniker, die mit Sonder[82]- und Foyerkonzerten weitergeführt wird, markiert die Eröffnungsspielzeit 2004/2005 der Philharmonie Essen eine Zäsur hinsichtlich der Faktoren Programmgestaltung, Konzertdramaturgie und Marketing. Die Vielfalt der Programmgestaltung der Essener Philharmonie, in der grundsätzlich nach eigenen Veranstaltungen und Partnerveranstaltungen unterschieden wird, gibt Aufschluss über zu erreichende breit gefächerte Zielgruppen, künstlerische Ausrichtung und v.a. über die angestrebte Positionierung in der deutschen und europäischen Orchester- und (Kultur-)Veranstaltungslandschaft. Bereits die die Spielstätte eröffnende Konzertreihe[83] „Eröffnungszauber" gibt dies paradigmatisch wieder, sie enthält

- diverse projekt- und festivalbezogene Konzertreihen („Schönberg-Festival", „Klavier-Festival Ruhr", „Ruhrtriennale", „Kulturpfadfest"),
- Konzerte mit lokalem Bezug und mit Nachwuchsinterpreten (Orchester und Jazz-Big-Band der Folkwang Hochschule, des Orchester Zentrums),
- Konzertevents (diverse „Italienische Nächte" als teilweise interdisziplinäre Events, „Proms"-Konzert und v.a. „Das Palast-Orchester und Max Raabe"),
- Jazzkonzerte (u.a. „Herbie Hancock & Friends" „Klassik & Jazz" als erstes Konzert im „RWE Pavillon"[84]),
- Education-Projekte („Kinder-Konzert"),
- internationale Toporchester/Interpreten (Sir Simon Rattle und die Berliner Philharmoniker mit Lang Lang als Solisten),
- Interdisziplinäre Konzerte („Begleitmusik zu einem Stummfilm"),
- kammermusikalische Ensembles („Alban-Berg-Quartett"),
- Chorkonzerte im Festivalkontext („Chorfestival 2004")
- Residence-Konzerte (Uri Caine und Frank Peter Zimmermann),
- und ein Symphoniekonzert der Essener Philharmoniker (Bezug zum lokalen Orchester).

In dieser Vielfalt des als „Eröffnungszauber" titulierten Programms sind v.a. die Mannigfaltigkeit in der Programmgestaltung sowie die Reputation und Popularität der Dirigenten und Interpreten Indikatoren für eine Ausrichtung des Organisationszwecks der Orchesterinstitution. Damit gehen hier eine neue Corporate Identity – samt neuem Corporate Design[85] – sowie eine bundes- bis europaweite Ziel-

---

82   Angesichts der Fülle an Eventkonzerten in der Essener Philharmonie werden Konzerte mit Eventcharakter der Essener Philharmoniker ab hier in der abschließenden Tabelle quantitativ dargestellt.

83   Diese groß dimensionierte Konzertreihe wird auch als „zweimonatiges Festival" bezeichnet. Siehe Hoddick 2004, S. 36.

84   Durch die Nennung der Sponsoren in den Titeln der Veranstaltungssäle wird die Dimension des Marketingeinsatzes deutlich. Auch der Hauptsaal („Alfried Krupp Saal") der Spielstätte ist entsprechend benannt.

85   Als Beispiele dafür fungieren das neue Logo und die neue Schrift. Das Logo, das laut Intendant auch als Programm fungieren soll, und die durch den „red dot design award" ausgezeichnete Schrift sollen Nachhaltigkeit und Wiedererkennungswert garantieren.

gruppenausrichtung und angestrebte -Diversifikation einher: Die strukturellen Merkmale der Besuchernachfrage[86] sind variiert.

Diese Indikatoren finden sich teilweise ebenfalls in den anderen Rubriken bzw. Konzertreihen[87] dieser Spielzeit wieder:

- weltbekannte Orchester und Interpreten („Weltstars in Essen"[88])
- Komponistenschwerpunkt mit Gattungsspezifik und epochensprengender Konzertdramaturgie („Johann Sebastian Bach": Schwerpunkt auf Orgelwerken und Kantaten bis hin zu Jazzkonzerteinheiten),
- spielzeitenübergreifende Komponistenzyklen („Beethoven- und Mahlerzyklus"),
- nationale und geographische Kontexte („Europäische Hauptstädte", „Vereinte Musiknationen", „Spanische Nächte"),
- zeitliche Kontexte („Fest- und Feiertage", „Jubiläen und Gedenktage"[89]),
- innovative Konzertreihe („Try This" fungiert als Plattform für diverse konzertdramaturgische Innovationen),
- Abonnements mit konzertdramaturgischer Intention[90],
- Kompositionsaufträge, Ur- und deutsche Erstaufführungen („Zukunfts-Musik in Essen").

Einige Konzerte sind mehreren Konzertreihen und Rubriken zugehörig – auch dies unterstreicht das weite Bezugsnetzwerk und die Vielfalt der Kontexte innerhalb der gesamten Konzertdramaturgie. Neben dieser umfangreichen und innovativen Programmgestaltung und Konzertdramaturgie markiert diese Spielzeit auch eine Zäsur im Marketing-Mix: Die **Leistungspolitik** wird immens expandiert, sowohl im Rahmen der Programmgestaltung und Konzertdramaturgie als auch anhand der Quantität und Reputation der Interpreten im Rahmen von Eigen- und Fremdveranstaltungen, die teilweise durch namhafte Konzertagenturen engagiert werden. Darüber hinaus öffnet sich die Leistungspolitik für „fremde" Bereiche wie Jazz, Pop, elektronische Musik und Experimente innerhalb des Konzertfor-

---

86 Vgl. Klein 2005, S. 135.
87 Konzertreihen, die bereits im „Eröffnungszauber" genannt sind, werden nicht erneut angeführt.
88 Der Titel dieser Konzertreihe bzw. Rubrik expliziert diese Ausrichtung. Darüber hinaus existiert der Anspruch „von Anfang an in der ersten Liga der Konzerthäuser mitzuspielen". Philharmonie Essen (Hg.), Jahresvorschau Eröffnungsspielzeit 2004/2005, S. 46. Auch der Anspruch im Rahmen der Abonnementkonzerte, „dass das neue Haus schon von Beginn an einen festen Platz in der internationalen Musikwelt hat", ist ein entsprechender Indikator. Ebenda, S. 134.
89 Innerhalb dieser Konzertreihe bzw. Rubrik sind v.a. die Konzerte im Rahmen des „Electronic Department" konzertdramaturgisch innovativ – z.B. „im Zwischenbereich von Konzert und Clubkultur". Philharmonie Essen (Hg.), Jahresvorschau Eröffnungsspielzeit 2004/2005, S. 91.
90 Jeder der 15 Abonnementzyklen weist eine konzertdramaturgische Intention auf: „Es ist von zentraler Bedeutung, dass innerhalb einer Themen- und Programm-Disziplin eine ganze Reihe von Konzerten ‚passt' [...]." Ebenda, S. 134.

mats. Dies sind Merkmale der Leistungsdifferenzierung und -innovation. Leistungsvariation ist durch die verschiedenen Abonnements gewährleistet. Expansiv ist auch der Bereich Value-Added-Services zu klassifizieren: Umfang und Aufbau des Programmhefts[91] und Verkauf der Namensrechte der Konzertsäle. In der **Preispolitik** ist zumindest bei den o.g. „Weltstars" eindeutig eine Premium-Preis-Strategie[92] verfolgt, auch wenn die Symphoniekonzerte der Essener Philharmoniker keine signifikanten preispolitischen Änderungen erfahren. Eine starke Preisdifferenzierung – in der Konzertreihe „Eröffnungszauber" schwanken die Ticketpreise von 15 bis zu 145 € – sind u.a. durch die Finanzierungsstruktur möglich.[93] Die **Distributionspolitik** der neuen Philharmonie Essen orientiert sich an ihrem Pendant der Essener Philharmoniker, neu sind jedoch Kooperationen mit der „Ruhr-Card" und der „Essen Marketing GmbH" und „ticket-online", so dass nun durch ein breites Netzwerk von Vorverkaufsstellen und Onlinelösungen Tickets erworben werden können. Diese distributionspolitische Ausrichtung korrespondiert mit der Leistungs- und Preispolitik der Institution – v.a. hinsichtlich der relevanten Zielgruppen. **Kommunikationspolitische** Neuerungen bestehen hauptsächlich aus dem o.g. Jahresprogrammheft und einer zeitgemäßen Internetpräsenz. Die Programmgestaltung der Eröffnungsspielzeit bzw. der „Eröffnungszauber" wird trotz des „von der Kölner Philharmonie abgeschauten Programms" als höchst anspruchsvoll charakterisiert[94] und explizit hinsichtlich seiner Konzertdramaturgie positiv bewertet[95].

Spielzeit 2005/2006

In der Spielzeit 2005/2006 sind verschieden motivierte Jubiläen Eckpfeiler der Konzertdramaturgie der **Essener Philharmoniker**: Der „100. Geburtstag" von Mahlers *6. Symphonie*, die im Essener Saalbau uraufgeführt wurde, stehen die runden Geburtstage von Mozart und Šostakovič gegenüber, die Anlässe für die Programmierung von Werken dieser Komponisten bieten. Darüber hinaus gibt das Vorwort des Jahresprogrammhefts der Essener Philharmoniker Aufschluss über einen weiteren Eckfeiler, der aus vielfältigen nationalspezifischen Kontexten besteht: Tschechien, Finnland, Frankreich, Russland, Rumänien und Ungarn als Geburtsland des Generalmusikdirektors.

Das erste Sinfoniekonzert (01.09.2005, Stefan Soltesz, auch als Open-Air-Konzert) greift mit der Programmierung von Rachmaninovs *Klavierkonzert Nr. 3 d-Moll op. 30* und Čajkovskijs *Sinfonie Nr. 4 f-Moll op. 36* einen nationalspezifischen Kontext (Russland) auf, der durch biographische Bezüge der beiden Kom-

91 S.o..
92 Vgl. Klein 2005, S. 375ff.
93 Vgl. Wolf, in: Neue Rhein Zeitung v. 26.05.2004.
94 Fasel, in: Berliner Morgenpost v. 28.05.2004.
95 Vgl. Hoddick 2004, S. 36f. Hier werden konzertdramaturgische Parameter wie dramaturgische Kontexte und das „Sandwich-Prinzip" positiv hervorgehoben.

ponisten ergänzt wird. Neben der Bezeichnung Čajkovskijs als „einen der bedeutendsten Vorgänger" für Rachmaninov ist dieser biographische Bezug durch die Lehrer-Schüler-Konstellation um den Lehrer Sergej Taneev nachgewiesen.[96]

Das zweite Sinfoniekonzert (22.09.2005, Stefan Soltesz) folgt der „Sandwich"-Dramaturgie, die jedoch in umgekehrter Reihenfolge der standardisierten Abfolge in die Programmgestaltung integriert ist. Schuberts *Sinfonie Nr. 5 B-Dur D 485* und Brahms' *Violinkonzert D-Dur op. 77* umrahmen dramaturgisch das Werk *Monodia* (Uraufführung von Boris Gurevich).

Auch die Konzertdramaturgie des dritten Sinfoniekonzerts (20.10.2005, Heinrich Schiff) ist als Variation der standardisierten Abfolge mit einem dramaturgischen Rahmen – hier Beethoven – zu interpretieren. Beethovens *Ouvertüre zu Collins Trauerspiel „Coriolan" c-Moll op. 62* ist die erste Konzerteinheit, gefolgt von Mahlers *Adagio aus der Sinfonie Nr. 10 Fis-Dur* und Beethovens *Tripelkonzert C-Dur op. 56.* Die Uraufführungen der Werke Beethovens trennt nur ein Jahr. Dies ist als zeitlicher Kontext zu klassifizieren, den ein eher formaler bzw. symbolischer Bezug ergänzt: Die Gattung der Symphonie ist in diesem von Beethoven bestimmten Konzert durch einen Auszug aus einer „10. Symphonie" repräsentiert.

Im Rahmen des vierten Sinfoniekonzerts (10.11.2005, Marc Minkowski) wird ein national- und epochenspezifischer Kontext aufgespannt: Berlioz' *Ouvertüre „Le carneval romain"*, Chaussons *Poème de l'amour et de la mer op. 19* und César Francks *Sinfonie d-Moll.* Die letzten beiden Konzerteinheiten sind außerdem erneut durch ein Lehrer-Schüler-Verhältnis ihrer Komponisten dramaturgisch verbunden.

Ausschließlich aus Werken von einem Komponisten besteht das fünfte Sinfoniekonzert (08.12.2005, Gerd Albrecht), in dem Dvořáks Zyklus *Natur, Leben und Liebe* und seine *Sinfonie Nr. 7 d-Moll op. 70* die Programmgestaltung bilden.

Das sechste Sinfoniekonzert hat einen konzertdramaturgischen Rahmen (Mozarts *Sinfonie Nr. 35 D-Dur KV 385* und Beethovens *Sinfonie Nr.7 A-Dur op. 92*) im Sinne des „klassisch-romantischen" Kernrepertoires[97]. In der Konzertmitte steht Šostakovičs *Cellokonzert Nr. 1 Es-Dur op. 107*, das sich wie die erste Konzerteinheit in den Jubiläumskontext einordnet. Hier sind angesichts der Bekanntheit und Popularität der Werke des dramaturgischen Rahmens zumindest Tendenzen zu einer „Sandwich-Dramaturgie" feststellbar.

Das siebte Sinfoniekonzert (26.01.2006, Olli Mustonen) enthält den angekündigten Finnlandkontext beginnend mit Olli Mustonens Werk *Drei Mysterien*, das in Personalunion von Dirigent und Komponist im Rahmen einer deutschen Erstaufführung realisiert wird. Nach Hindemiths *Die vier Temperamente* folgen zwei Werke Sibelius': *Sinfonie Nr. 6 d-Moll* und die Tondichtung *Finlandia op. 26*, die die nationalspezifische Konzertdramaturgie dieses Konzerts unterstreicht.

---

96 Vgl. Konzertprogrammheft 1. Sinfoniekonzert der Essener Philharmoniker, Spielzeit 2005/2006, o.S..

97 Auch auf die Programmierung der Werke dieses Repertoires wird im Vorwort des Jahresprogrammhefts hingewiesen.

Ebenfalls ein angekündigter nationalspezifischer Kontext wird im achten Sinfoniekonzert (16.02.2006, Stefan Soltesz) generiert, hier durch die Werke *Rumänische Rhapsodie A-Dur op. 11 Nr. 1* von George Enescu, *Klavierkonzert Nr. 1 Sz 83* von Bartók und *Atmosphères* von Ligeti ein rumänischer. Abgeschlossen wird das Konzert mit Kodálys *„Háry János"-Suite*, hier wird der ebenfalls ungarische Kontext aufgegriffen und mit dem rumänischen in Verbindung gesetzt.

Das neunte Sinfoniekonzert (16.03.2006, Martin Haselböck) steht im Jubiläumskontext, indem ausschließlich Werke Mozarts programmiert sind: Zunächst stehen Kirchensonaten Mozarts (*KV 278, 244, 336 und 329*) auf dem Programm, die „ohne Funktion in der heutigen Liturgie und ohne festen Platz im Konzertwesen"[98] sind. Dahingehend kontrastierend sind die folgenden Konzerteinheiten *Violinkonzert D-Dur KV 218* und *Sinfonie Nr. 41 C-Dur KV 551* programmiert.

Im zehnten Sinfoniekonzert (20.04.2006, Stefan Solymon) ist die Stadt Paris konzertdramaturgischer Ausgangspunkt. In Anknüpfung an das vierte Sinfoniekonzert steht hier Saint-Saëns' *Sinfonie Nr. 3 c-Moll op. 78* auf dem Programm – Saint-Saëns stand im Rahmen der (musik-)politisch motivierten Société nationale de la Musique in indirekter Konkurrenz zu Franck. Martinů (*Konzert für Streichquartett und Orchester G-Dur H 207*) und Stravinskij (*Der Feuervogel*) reihen sich durch langjährigen Aufenthalt und Bezug zu Paris in diesen Kontext ein.

In einem eindeutigen Jubiläumskontext mit explizitem Bezug zum Orchester steht das elfte Sinfoniekonzert (18.05.2006, Stefan Soltesz). Die *6. Sinfonie* Mahlers wurde am 27.05.1906 in Essen uraufgeführt, das 100-jährige Jubiläum wird auch in der Termindisposition konzertdramaturgisch berücksichtigt.

Auch das zwölfte Sinfoniekonzert (08.06.2006, Stefan Soltesz) ist mit einem eindeutigen konzertdramaturgischen Bezug zu der Stadt Essen verbunden. *Ein deutsches Requiem op. 45* von Brahms ist programmiert. Hier liegt der Bezug in der Person Georg Hendrik Witte[99], der das Brahms-Requiem präferierte und u.a. für sein Abschiedskonzert – dies ist das letzte Sinfoniekonzert in dieser Spielzeit – wählte.[100]

Das Jahresprogrammheft der Philharmonie Essen bietet wie in der letzten Spielzeit einen Überblick über die in dieser Spielzeit stattfindenden 13 Konzertreihen, denen jeweils eine Rubrik zugeordnet ist. Diesen Konzertreihen unterliegen verschieden motivierte und ausgerichtete Konzertdramaturgien, die teilweise an die vergangene Spielzeit anknüpfen:

– interpretationsspezifische Rubrizierung (s. „Weltstars in Essen" in der vergangenen Spielzeit, hier: „Stars in Essen" u.a. „Big Five"-Orchester, hier wird die Premium-Ausrichtung erneut deutlich, jedes Konzert ist hier mit einem Titel versehen, der häufig explizit über die Konzertdramaturgie informiert),

---

98 Haselböck, Marin, in: Konzertprogrammheft 9. Sinfoniekonzert der Essener Philharmoniker, Spielzeit 2005/2006, o.S..
99 Siehe Kapitel 1.4.3.
100 Vgl. Schüssler-Bach, Kerstin, in: Konzertprogrammheft 12. Sinfoniekonzert der Essener Philharmoniker, Spielzeit 2005/2006, o.S..

- komponistenspezifische Rubrizierung (hier: Johann Sebastian Bach),
- Jubiläen-Dramaturgie (Mozart, Schumann, Šostakovič, teilweise mit innovativer Konzertdramaturgie: Improvisation und Integration von Pop- und Rockmusik),
- Eventkonzerte,
- Fortsetzung der spielzeitenübergreifenden Konzertreihen, der innovativen Reihe „try this", der Education-Projekte und der breit gefächerten Abonnementkonzerte mit eigener Konzertdramaturgie[101],
- Integration von saisonalen Großevents in die Konzertdramaturgie: „WM 2006",
- interdisziplinäre Projekte in Kooperation mit anderen Veranstaltungsstätten (hier mit der Alten Synagoge und dem Folkwang Museum),
- neue innovative und länderübergreifende Konzertreihe für zeitgenössische Musik („YOUrope" ist ebenfalls Bestandteil der Bewerbung für die Kulturhauptstadt 2010 und mit der Rubrik der Kompositionsaufträge/Ur- und deutsche Erstaufführungen verknüpft.).

Ausgehend von dem Jahresprogrammheft haben sich darüber hinaus im Vergleich zu der vorangegangenen Spielzeit keine signifikanten Änderungen innerhalb des Marketing-Mix ergeben.

Spielzeit 2006/2007

Die Spielzeit 2006/2007 knüpft an die konzertdramaturgische Globalausrichtung an, indem Werke des klassisch-romantischen Repertoires im Mittelpunkt der Programmgestaltung stehen. Das Jahresprogrammheft enthält nun im Rahmen einer kurzen Beschreibung des Konzertprogramms teilweise auch Hinweise auf konzertdramaturgische Merkmale.

Im ersten Sinfoniekonzert (24.08.2006, Andrey Boreyko) steht der 100. Geburtstag von Šostakovič im dramaturgischen Mittelpunkt, dessen letzte Sinfonie *Sinfonie Nr. 15 A-Dur op. 141* kontrastierend zu Beethovens *Violinkonzert D-Dur op. 61* programmiert ist. Die Abfolge der beiden Konzerteinheiten ist konventionell gestaltet.

Mit Mendelssohn Bartholdys *Ouvertüre für Harmoniemusik* beginnt das zweite Sinfoniekonzert (21.09.2006, Stefan Soltesz). Dieser Ouvertüre folgt Bartóks *Musik für Saiteninstrumente, Schlagzeug und Celesta* und anschließend ein Werk Schumanns (*Klavierkonzert a-Moll*), so dass erneut ein Jubiläumskontext im Mittelpunkt steht.

---

101 Dass diese breitgefächerte Abonnementstruktur u.a. „Weltstars" als Dirigenten und Interpreten und Orchester enthält, unterstreicht den Anspruch, sich zu einem „der besten Konzerthäuser Europas zu etablieren". Philharmonie Essen (Hg.), Jahresvorschau Spielzeit 2005/2006, S. 122.

Das dritte Sinfoniekonzert (19.10.2006, Ulf Schirmer) vereint unter Berücksichtigung der standardisierten Abfolge konzertdramaturgisch konventionell Mozarts *Violinkonzert G-Dur KV 216* und Bruckners *Sinfonie Nr. 9 d-Moll* – ein Konnex ergibt sich zum ersten Sinfoniekonzert, da hier identische Gattungen in identischer Abfolge und die jeweils letzte Sinfonie eines Komponisten mit einem populären Violinkonzert kombiniert werden.

Das vierte Sinfoniekonzert (16.11.2006, Stefan Soltesz) ist durch mehrere Kontexte konzertdramaturgisch verknüpft. Zunächst steht das Instrument Klarinette im Fokus, durch die Programmierung von Jean Françaix' *Tema con variazioni für Klarinette und Streichorchester* und Debussys *Première Rhapsodie für Klarinette und Orchester*. Das Konzert beginnt mit Erik Saties *Gymnopédies Nr. 3 und 1*, hier ergeben sich der werkimmanente Bezug zu Debussy, der das Werk orchestriert hat, und entsprechende biographische Bezüge und solche zur Nationalspezifik (Frankreich). Ein weiterer Bezug ist durch die letzte Konzerteinheit (Mahlers *Das Lied von der Erde*) gegeben, indem das Jahr der Uraufführung identisch mit dem von Debussys Werk ist.

Als Prototyp der standardisierten Abfolge ist das fünfte Sinfoniekonzert (14.12.2006, Michael Boder) zu klassifizieren, indem Brahms' *Tragische Ouvertüre d-Moll op. 81*, Mendelssohn Bartholdys *Violinkonzert e-Moll op. 64* und Schumanns *Sinfonie Nr. 3 Es-Dur* die Programmgestaltung ausmachen. Durch Schumann ergibt sich erneut ein Jubiläumskontext, die Mendelssohn-Konzerteinheit ist als Kontinuität der Programmierung von Violinkonzerten in dieser Spielzeit einzuordnen.

Auch das sechste Sinfoniekonzert (11.01.2007, Stefan Soltesz) orientiert sich an der standardisierten Reihenfolge: Instrumentalkonzert (Mozarts *Klavierkonzert A-Dur KV 488*) und Symphonie (Brahms' *Sinfonie Nr. 2 D-Dur op. 73*). Aribert Reimanns *Sieben Fragmente* für Orchester bildet die erste Konzerteinheit, die durch ihre Dedikation („in memoriam Robert Schumann") einen Jubiläumskontext generiert.

Das siebte Sinfoniekonzert (01.02.2007, Stefan Soltesz) variiert die standardisierte Reihenfolge erneut: Strauss' *„Don Juan"-Tondichtung op. 20*, Haydns *Sinfonia concertante B-Dur Hob. I:105* und Beethovens *Sinfonie Nr. 5 c-Moll op. 67*. Bis auf die zahlreichen Bezüge zwischen Haydn und Beethoven sind hier keine expliziten Kontexte erkennbar.

An dieses Konzert knüpft das folgende achte Sinfoniekonzert (22.02.2007, Stefan Soltesz) an, hier steht Mahlers *Sinfonie Nr. 5 cis-Moll* auf dem Programm.

Auch das neunte Sinfoniekonzert (22.03.2007, Alessandro De Marchi) besteht nur aus einer Konzerteinheit: Gioachino Rossinis *Petite Messe solennelle*.

Im Zentrum des zehnten Sinfoniekonzerts (19.04.2007, Tan Dun) steht das in Personalunion von Komponist und Dirigent aufgeführte Werk *The Map*, das durch die Einbindung von Video interdisziplinären Charakter hat. Kontrastierend dazu sind die beiden ersten Konzerteinheiten zu sehen, die einen dramaturgischen Komplex bilden: Šostakovičs *Ouvertüre über russische und kirgisische Volksthemen op. 115* und Borodins *Polowetzer Tänze*.

Das elfte Sinfoniekonzert (10.05.2007, Zoltán Kocsis) ist von einem Komponistenkontext geprägt, ausschließlich Werke Liszts sind Bestandteil der Programmgestaltung: *Danse macabre, Klavierkonzert Nr. 2 A-Dur, Valse oubliée (Nr. 2 und 3), Valleé d'Obermann, Mazurka brillante* und *Mazeppa – Sinfonische Dichtung Nr. 6.*

Das zwölfte Sinfoniekonzert (14.06.2007, Stefan Soltesz) besteht aus Verdis *Messa da Requiem.*

Im Rahmen der Preispolitik ergeben sich marginale Änderungen: Käufer des Foyerkonzertabonnements und Abonnenten der Sinfoniekonzerte erhalten jeweils ein Konzert gratis. Unter dem Titel „Classic>Come in!" wird dem jungen Publikum ein Abonnement im unteren Preissegment für drei Konzerte angeboten.

Die Konzertreihenstruktur der Philharmonie Essen knüpft an die der vorherigen Spielzeit an, indem z.B. die interpreten- bzw. starorientierte Programmgestaltung fortgesetzt wird: Das Konzert mit dem Cleveland Orchestra ist im Rahmen der „Big Five" programmiert, Ornette Coleman und das Keith Jarrett Trio fungieren als Gaststars der Jazzkonzertreihen.[102] Diese Beispiele werden durch andere Starorchester, Starsolisten – auch in der Kammermusik – ergänzt. Sowohl Eventkonzerte – z.B. die Tschaikowski-Gala oder die AIDS-Gala – als auch Konzertreihen mit Komponistenschwerpunkten sind ebenfalls Bestandteil der Programmgestaltung, die erneut Jubiläumskontexte konzertdramaturgisch generiert. Auch breit gefächerte Education-Projekte und Kompositionsaufträge sowie zahlreiche Ur- und Erstaufführungen, die unter der Rubrik „Zukunftsmusik" zusammengefasst sind, komplettieren die Programmgestaltung. Erneut sind die Konzerte in eine groß disponierte Abonnementstruktur eingebettet, die aus 13 Reihen besteht. Außerdem werden unter der Rubrik „Einzelkonzerte anderer Veranstalter" z.T. populär ausgerichtete Konzerte und Events aufgeführt. Der internationale Anspruch[103] wird auch hier evident.

Spielzeit 2007/2008

Neben dem o.g. Kontrastprinzip als Kernstück der Programmgestaltung liegt für die Spielzeit 2007/2008 der Fokus der Konzertdramaturgie auf russischen Komponisten.

Dieser Schwerpunkt ist in dem ersten Sinfoniekonzert (23.08.2007, Stefan Soltesz) deutlich: Der standardisierten Abfolge entsprechend folgt auf Rachmaninovs *Klavierkonzert Nr. 2 c-Moll op. 18* Čajkovskijs *Sinfonie Nr. 6 h-Moll op. 74.*

Das zweite Sinfoniekonzert (27.09.2007, Milan Horvat) beginnt mit Haydns *Cellokonzert D-Dur op. 101 Hob. VIIb: 2.* Die Dramaturgie der Abfolge richtet sich auch hier nach der standardisierten Form, auch hier handelt es sich um eine

---

102 Die Relevanz dieser Jazzkonzerte lässt sich an zwei Rezensionen ablesen: Sander, in: FAZ v. 18.07.2007 und Steinfeld, in: Süddeutsche Zeitung v. 18.07.2007.
103 Philharmonie Essen (Hg.), Jahresvorschau Spielzeit 2006/2007, S. 8f.

populäre Symphonie mit Untertitel („Eroica"). Beethoven, dessen *Sinfonie Nr. 3 Es-Dur op. 55* anschließend programmiert ist, wird mit der Konzerteinheit Haydns biografisch verbunden.

Sibelius bildet einen konzertdramaturgischen Rahmen im dritten Sinfoniekonzert (18.10.2007, Stefan Solyom). *„Pohjolas Tochter" – Sinfonische Fantasie für Orchester op. 49* und *Sinfonie Nr. 1 e-Moll* sind programmiert. In der Konzertmitte ist kontrastierend Alexander Arutjunjans *Trompetenkonzert As-Dur* positioniert.

Das vierte Sinfoniekonzert (08.11.2007, Stefan Soltesz) orientiert sich erneut an der standardisierten Abfolge. Mozarts *Notturno D-Dur für vier Orchester KV 286* und Bartóks *Klavierkonzert Nr. 3 Sz 119* verbinden „serenadenartige Abschnitte"[104]. Den Konzertabschluss bildet Strauss' *Also sprach Zarathustra – Tondichtung op. 30* – dieses Werk wird bereits im Vorwort des Jahresprogrammhefts angekündigt und als Ergänzung des Kerns des klassischen Repertoires deklariert.[105]

Im fünften Sinfoniekonzert (13.12.2007, Heinrich Schiff) wird ein thematisch bestimmter Kontext, hier: Trauer aufgebaut: Zunächst durch Haydns *Sinfonie Nr. 98 B-Dur Hob. I:98*, die als Trauermusik zu Mozarts Tod komponiert sein soll. Karl Amadeus Hartmanns *Concerto funebre* transportiert diesen Kontext im Titel. Auch die Auszüge aus Prokof'evs abschließendem Werk *Romeo und Julia* verarbeiten Elemente des Trauermarsches.

Die Programmierung nicht abgeschlossener Kompositionen wird zum konzertdramaturgischen Prinzip des sechsten Sinfoniekonzerts (10.01.2008, Stefan Soltesz). Explizit durch den Untertitel („Unvollendete") richtet sich Schuberts *Sinfonie Nr. 7 h-Moll D 759* nach diesem Prinzip, auch Mozarts *Messe c-Moll KV 427* fällt in diese Kategorie.

Das siebte Sinfoniekonzert (07.02.2008, Stefan Soltesz) verbindet zwei Werke durch einen Kontext, der durch das Instrument Orgel geprägt ist: Händels *Orgelkonzert Nr. 14 A-Dur HWV 296a* und *Bruckners Sinfonie Nr. 7 E-Dur*. Beim zweiten Werk wird der Kontext durch Bruckners Orgelspiel aufgegriffen. Die standardisierte Abfolge wird auch hier eingehalten.

Ohne deklarierte Bezüge ist das achte Sinfoniekonzert programmiert (13.03.2008, Marc Minkowski), in dem Berlioz' *Harold en Italie* und Brahms *Sinfonie Nr. 4 e-Moll op. 98* die Programmgestaltung bilden.

Aus einer Konzerteinheit besteht das neunte Sinfoniekonzert (10.04.2008, Stefan Soltesz): *Mahlers Sinfonie Nr. 3 d-Moll*.

Das zehnte Sinfoniekonzert (08.05.2008, Stefan Hüge) folgt einer „Sandwich-Dramaturgie": Beethovens *„Leonoren"-Ouvertüre Nr. 3 C-Dur op. 72a* und Musorgskijs *Bilder einer Ausstellung* umrahmen Paul Crestons *Konzert für Marimba und Orchester op. 21*.

Auch das elfte Sinfoniekonzert (29.05.2008, Matthias Pintscher) ist an diese Dramaturgie orientiert: Ravels *Menuet antique* und Berlioz' *Symphonie fantastique* bilden einen konzertdramaturgischen Rahmen, in dessen Zentrum ein

---

104 Jahresprogrammheft der Essener Philharmoniker, Spielzeit 2007/2008, S. 14.
105 Vgl. Ebenda, S. 3.

zeitgenössisches Werk steht: Matthias Pintschers *„Transir" für Flöte und Kammerorchester*. Titel und Programmatik der zweiten Konzerteinheit sind somit zusätzlich dramaturgisch interpretierbar. Außerdem wird hier das Prinzip, eine Personalunion von Dirigent und Komponist im Konzert zu schaffen, aufgegriffen.

Das zwölfte Sinfoniekonzert (19.06.2008, Stefan Soltesz) verbindet zwei Konzerteinheiten u.a. durch ein Zitat als kompositionsästhetisches bzw. hier konzertdramaturgisches Merkmal: Šostakovičs *Violinkonzert Nr. 1 a-Moll op. 77* und Bartóks *Konzert für Orchester Sz 116* werden kombiniert. In Bartóks Werk ist ein Zitat aus der 7. Symphonie Šostakovičs eingebettet.[106]

Die Programmgestaltung der **Essener Philharmonie** ist von einem nationalspezifischen konzertdramaturgischen Schwerpunkt geprägt: Frankreich. Dieser thematisch breitgefächerte und interdisziplinär ausgerichtete Kontext zieht sich durch fast alle Konzertreihen – unterstützt durch themenbezogene Photographien im Jahresprogrammheft – und ist bei entsprechenden Konzerten explizit durch ein Symbol im Jahresprogrammheft gekennzeichnet. Die Gewichtung dieses Schwerpunkts ist überdeutlich:

> „Von den 83 Abonnementskonzerten nehmen immerhin 43 diesen roten Faden auf"[107].

Diese Relation demonstriert den Stellenwert des Schwerpunkts im Gesamt-(Abonnement-)-Programm, das auch aus interpretatorischer Perspektive durch die Verwendung von französischen Orchestern und Solisten diesem Schwerpunkt folgt. Leistungs- bzw. produktpolitische Relevanz ist dem Schwerpunkt auch wegen einer entsprechenden Sonderpublikation als Value-Added-Service beizumessen.

Dieser stringente Ansatz ist als Innovation in der Programmgestaltung zu bewerten. Die Struktur und Rubrizierung orientieren sich unabhängig davon an der Programmgestaltung der vorangegangen Spielzeiten.

Die Spielzeit 2007/2008 wird durch den Deutschen Musikverleger-Verband ausgezeichnet:

> „Auch in seinem 4. Saisonprogramm ist es dem Intendanten der Philharmonie Essen, Michael Kaufmann, gelungen, ein Konzertprogramm zusammen zu stellen, das der zeitgenössischen Musik und den weniger häufig gespielten Werken des 20. Jahrhunderts einen ebenso hohen Stellenwert einräumt wie dem klassisch-romantischen Konzertrepertoire. Der Jury erscheint dabei als besonders bemerkenswert, dass die Philharmonie Essen auch in der laufenden Saison ihrem Konzept treu geblieben ist, den Konzertbesuchern durch Konzentration auf Themenschwerpunkte, auf bewährte Portraitreihen und Kooperationsprojekten den Zugang zur unbekannten oder ungewohnten Musikliteratur erheblich zu erleichtern."[108]

Der stringente Einsatz konzertdramaturgischer Parameter führt offensichtlich zur Auszeichnung – also zum qualitativen Orchestererfolg.

---

106 Vgl. Szczepanski, Nils, in: Konzertprogrammheft 12. Sinfoniekonzert der Essener Philharmoniker, Spielzeit 2007/2008, o.S..

107 Stenger, in: Westdeutsche Allgemeine Zeitung v. 28.03.2007.

108 Begründung des Deutschen Musikverleger-Verbands (http://www.dmv-online.com/index. php?&id=17&backPID=16&begin_at=140&tt_news=1356&cHash=9d9407c800 [29.06.2013])

Spielzeit 2008/2009

Das Jahresprogrammheft informiert über die konzertdramaturgische Ausrichtung der Spielzeit 2008/2009: Das kontinuierlich fortgeführte Kontrastprinzip bildet ebenso einen Schwerpunkt wie Werke des Komponisten Haydn, dessen 200. Todestag Anlass für einen Jubiläumskontext bietet.

Die ersten beiden Konzerteinheiten des ersten Sinfoniekonzerts (25.08.2008, Vladimir Fedoseyev) – Musorgskijs / Rimskij-Korsakovs *„Eine Nacht auf dem kahlen Berge"* – *Sinfonische Dichtung* und Čajkovskijs *Serenade für Streichorchester C-Dur op. 48* – verbindet eine „raffinierte Orchestration."[109] Die anschließende Positionierung Dvořáks *Sinfonie Nr. 8 G-Dur op. 88* ist biographisch motiviert, die Komposition entstand nach einem Aufeinandertreffen von Čajkovskij und Dvořák.

Das zweite Sinfoniekonzert (11.09.2008, Milan Horvat) kombiniert zwei äußerst populäre Werke in Anlehnung an die standardisierte Abfolge, Mozarts *Klavierkonzert C-Dur KV 467* und Brahms' *1. Sinfonie c-Moll op. 68*.

Ausschließlich Werke aus dem 20. Jahrhundert sind im dritten Sinfoniekonzert (09.10.2008, Constantinos Carydis) enthalten. Einen durch ein folkloristisches Idiom geprägten konzertdramaturgischen Rahmen spannen die erste und dritte Konzerteinheit auf: Nikos Skalkottas *4 Images* und de Fallas *Der Dreispitz* vereint die kompositorische Integration folkloristischer Elemente Griechenlands bzw. Spaniens. Kontrastierend dazu steht in der Konzertmitte Šostakovičs *Klavierkonzert Nr. 2 F-Dur op. 102*.

In einem zeitlichen Kontext stehen die beiden Konzerteinheiten des vierten Sinfoniekonzerts (13.11.2008, Stefan Soltesz), da beide Werke – Saint-Saëns *Violinkonzert Nr. 3 h-Moll op. 61* und Mahlers *Sinfonie Nr. 1 D-Dur* – in den 1880er Jahren entstanden sind. Auch hier erfolgt eine Orientierung anhand der standardisierten Reihenfolge.

Diese wird ebenfalls im fünften Sinfoniekonzert (18.12.2008, Stefan Soltesz) angewandt. Hier steht zusätzlich die (Solo-)Trompete in einem instrumentationsspezifischen Kontext. Das Instrument erscheint in Charles Ives *The unanswered question* in einer exponierten und für das Stück charakteristischen Passage. Als Soloinstrument steht die Trompete im nun folgenden *Trompetenkonzert Es-Dur Hob VIIe: 1* von Haydn im Zentrum. Abschließend ist die symphonische Gattung durch die Programmierung Beethovens *Sinfonie Nr. 6 F-Dur op. 68* repräsentiert.

Im sechsten Konzert (15.01.2009, Thomas Hengelbrock) steht diese Gattung im konzertdramaturgischen Fokus: Mozarts *Sinfonie Nr. 25 g-Moll KV 183* und Schumanns *Sinfonie Nr. 4 d-Moll (1. Fassung)* umrahmen verschiedene Konzert- und Opernarien Mozarts (*KV 344, 383 und 580*).

Das siebte Sinfoniekonzert (19.02.2009, Gerd Albrecht) bildet einen Komponistenschwerpunkt. Schuberts *„Rosamunde"* – *Zwischenakt- und Ballettmusiken D 797* und seine *Sinfonie Nr. 8 C-Dur D 944* stehen auf diesem ebenfalls an der standardisierten Reihenfolge angelehnten Programm.

---

109 Jahresprogrammheft der Essener Philharmoniker, Spielzeit 2008/2009, S. 9.

Auch das achte Sinfoniekonzert (26.03.2009, Stefan Soltesz) enthält einen Komponistenschwerpunkt: Čajkovskijs *Nussknacker-Suite op. 71a* und *„Capriccio Italien" für Orchester op. 45* bilden die zweite und dritte Konzerteinheit. Eingeleitet wird das Konzert durch Krzysztof Pendereckis *Concerto Grosso*.

Wie im Jahresprogrammheft angekündigt stehen Werke Haydns im Zentrum dieser Spielzeit, hier ist seine *„Pauken-Messe" C-Dur Hob. XXII: 9* anlässlich seines 200. Todesjahrs programmiert. Im Kontrast dazu steht die erste Konzerteinheit: Strauss' *„Der Bürger als Edelmann" – Orchestersuite op. 60*.

In einem geographischen Kontext – hier: Paris – stehen die ersten beiden Konzerteinheiten des zehnten Sinfoniekonzerts (07.05.2009, Stefan Soltesz), Edgar Varèses *Intégrales* und Debussys *Nocturnes*. Statt der Sinfonie ist nach der Pause Brahms' *Klavierkonzert Nr. 1 d-Moll op. 15* programmiert, an dieser Stelle ist eine Reminiszenz an die in dieser Spielzeit verwendeten ersten Sinfonien von Brahms und Mahler als Konzertabschluss erkennbar.

Auch das elfte Sinfoniekonzert (04.06.2009, Stefan Soltesz) steht in einem geographischen Kontext, der hier durch Italien geprägt ist. Mendelssohn Bartholdys *Sinfonie Nr. 4 A-Dur* mit dem Untertitel „Italienische" wird mit Rossinis *Stabat mater* kombiniert. Die Programmierung von Mendelssohn Bartholdys populärer Sinfonie steht darüber hinaus anlässlich des 200. Geburtstags des Komponisten in einem Jubiläumskontext.

Das zwölfte erneut an die standardisierten Abfolge angelehnte Sinfoniekonzert (05.06.2009, Jiri Kout) greift das konzertdramaturgische Prinzip auf, erste Sinfonien bzw. Instrumentalkonzerte als Konzertabschluss zu verwenden. Šostakovičs *Sinfonie Nr. 1 f-Moll op. 10* folgt Dvořáks *Cellokonzert h-Moll op. 104*.

Die Programmgestaltung der **Philharmonie Essen** folgt erneut einem Themenschwerpunkt: „Stifter und Anstifter Neuer Musik – von den Fürsten Esterházy zu Paul Sacher". Neben einem eindeutigen biographischen Fokus auf Joseph Haydn, dessen Todestag sich in dieser Spielzeit zum 200. Mal jährt, stehen Förderer (der Musik) im programmgestalterischen Mittelpunkt. Der Schwerpunkt ist interdisziplinär ausgerichtet, im Rahmen einer Vortragsreihe wird das Thema aus verschiedenen – auch aktuellen – Blickwinkeln beleuchtet, bis hin zu der Thematik „Kulturstiftungen in NRW". Zwei ebenfalls das Thema aufgreifende Ausstellungen unterstreichen den interdisziplinären Ansatz. Das fünfjährige Bestehen der Philharmonie wird in dieser Spielzeit zum Anlass für einen bilanzierenden Kommentar durch den Intendanten, der im Jahresprogrammheft durch Einschätzungen von z.B. Dirigenten und Interpreten ergänzt wird.[110] Somit ist ein zweiter Spielzeitenschwerpunkt durch das Jubiläum geprägt. Die Konzertreihenstruktur ist an der vorherigen Spielzeit orientiert: Interpreten-, Komponisten und Epochenkontexte sowie Konzerte, die unter den Schwerpunkten rubriziert sind. Auch die Kooperation mit dem Konzertveranstalter „Pro-Arte" als „einzig verbleibendem Konzertveranstalter mit Abo-Reihe"[111] wird fortgesetzt. Die „Pro-Arte-Konzerte"

---

110 Jahresprogrammheft der Essener Philharmonie, S. 46–55.
111 Wolf, in: Neue Rhein Zeitung v. 11.04.2008.

sind zwar „nur" noch zu 85 % ausgelastet – im Gegensatz zu 100 % zu Beginn, diese Auslastungsquote und die absolute Anzahl von 1300 Abonnenten sind jedoch eindeutig als Erfolg zu bewerten.[112] Wie in der vergangenen Spielzeit sind Konzerte, die den Schwerpunkt – hier das fünfjährige Jubiläum – betreffen, entsprechend gekennzeichnet. Das Jahresprogrammheft bietet in dieser Spielzeit einen Überblick über die Fülle an Kompositionsaufträgen und Ur- und Erstaufführungen, 30 Kompositionsaufträge sowie 30 Uraufführungen und deutsche Erstaufführungen[113] sind eindeutig ein Beleg für den qualitativen Orchestererfolg. Tendenziell sind dabei eine „Annäherung der gegenwärtigen Musik zum symphonischen und kammermusikalischen Podium" und der Versuch, „das Abonnementspublikum anzusprechen", ablesbar.[114] Die **Preispolitik** im Rahmen des „U27"-Programms zielt eindeutig darauf, die entsprechend jüngere Zielgruppe zu erreichen: Zu einem Preis von 9 € zu fast allen Eigenveranstaltungen wird der Konzerteintritt Schülern, Studenten, Auszubildenden, Arbeitslosen und Hartz-IV- oder Sozialhilfeempfängern unter 27 Jahren angeboten.

Im Rahmen dieser Spielzeit erfolgt eine erneute Prämierung im Rahmen des Jahrbuchs Opernwelt 2008.

Spielzeit 2009/2010

Neben dem konzertdramaturgischen Kontrastprinzip bilden in der Spielzeit 2009/2010 die „runden Geburts- und Todestage von Komponisten wie Georg Friedrich Händel, Joseph Haydn oder Felix Mendelssohn Bartholdy"[115] den Schwerpunkt der entsprechenden Ausrichtung.

Das erste Sinfoniekonzert (17.09.2009, Stefan Soltesz) folgt paradigmatisch der standardisierten Abfolge. Nach Beethovens *Ouvertüre zu „Egmont" f-Moll op. 84* ist ein Instrumentalkonzert – Viktor Ullmanns *Klavierkonzert op. 25* – programmiert. Das Konzertende wird durch eine Sinfonie erreicht: Čajkovskijs *Sinfonie Nr. 5 e-Moll op. 64*. Ullmanns Werk ist hier im Sinne einer „Sandwich-Dramaturgie" durch zwei populäre Werke umrahmt.

Einen doppelten Jubiläumskontext bildet das zweite Sinfoniekonzert (15.10.2009, Andrés Orozco-Estrada), in dem Haydns 200. Todestag und Mendelssohn Bartholdys 200. Geburtstag ausschlaggebend für die Programmierung der *Sinfonie Nr. 7 D-Dur Hob. I:70* bzw. des *Violinkonzerts e-Moll op. 64* sind. Rachmaninovs *Sinfonische Tänze op. 45* bilden einen konzertdramaturgischen Kontrast – v.a. hinsichtlich der Popularität.

Konzertdramaturgische Bezüge sind im Rahmen des dritten Sinfoniekonzerts (05.11.2009, Michael Schønwand) ausschließlich anhand des grob abgegrenzten Kompositionszeitraums, der auf das 19. Jahrhundert fällt, auszumachen. Strauss'

---

112 Vgl. Ebenda.
113 Jahresprogrammheft der Essener Philharmonie, Spielzeit 2008/2009, S. 133.
114 Kostakeva 2008, S. 57.
115 Jahresprogrammheft der Essener Philharmoniker, Spielzeit 2009/2010, S. 2.

„Don-Juan"-Tondichtung op. 20, Schumanns *Cellokonzert a-Moll op. 129* und Elgars *„Enigma-Variationen" op. 36* bestimmen die Programmgestaltung, in der lediglich die zweite Konzerteinheit die Positionierung in der standardisierten Abfolge einnimmt.

Das vierte Sinfoniekonzert (26.11.2009, Tomáš Netopil) enthält nur eine Konzerteinheit, Smetanas *Má vlast – Tondichtung.*

Aus zwei Konzerteinheiten besteht das fünfte Sinfoniekonzert (10.12.2009, Stefan Soltesz): Mozarts *Oboenkonzert C-Dur KV 314* und Mahlers *Sinfonie Nr. 4 G-Dur.* Hier wird durch die Programmierung von Mahler ein Jubiläumskontext indirekt aufgegriffen, indem bewusst ein Jahr vor dessen 150. Geburtstag sein Werk programmiert und entsprechend legitimiert wird.[116]

Die Konzertdramaturgie des sechsten Sinfoniekonzerts (07.01.2010, Stefan Soltesz) wird von dem Dirigenten Michael Gielen, der ebenfalls Schönbergs *Ein Überlebender aus Warschau op. 46* mit Beethovens *Sinfonie Nr. 9 d-Moll op. 125* kombinierte, erläutert:

> „Dieses Stück über das Grauen zeigt, wohin die Aufklärung und der Idealismus, der ja in dem Schiller-Gedicht und sicher auch in Beethovens Brust präsent war, die Menschheit geführt hat: ins Ghetto von Warschau und nach Auschwitz.[...]"[117]

Die Konzertdramaturgie von Soltesz ist hier jedoch nicht vollständig dupliziert, sondern grenzt sich in einem entscheidenden Merkmal von der Gielens ab. In Gielens Programm ist Schönbergs Werk zwischen dem dritten und vierten Satz der Sinfonie Beethovens programmiert. Diese Konzertdramaturgie sprengt die Konvention der Einheit der Sätze der Gattung Symphonie zugunsten einer drastischen, aber in ihrer Umsetzung äußerst stringenten Konzertdramaturgie.

Das siebte Sinfoniekonzert (04.02.2010, Stefan Soltesz) besteht aus einer Konzerteinheit Brahms' *Ein deutsches Requiem op. 45.*

Šostakovičs *„Lady Macbeth von Mzensk" – Suite op. 29a* wird im achten Sinfoniekonzert mit Beethovens *Klavierkonzert Nr. 5 Es-Dur op. 7* kombiniert. Bis auf das Kontrastprinzip sind keine konzertdramaturgischen Bezüge erkennbar.

Neben einem Jubiläumskontext – Händels *Concerto a due cori HWV 333* bildet den Konzertabschluss – bestimmt ein zeitlicher das neunte Sinfoniekonzert (08.04.2010, Paul Goodwin). Das Programm bilden ausschließlich Werke des 18. Jahrhunderts: Glucks *Ballett-Suite aus „Sémiramis",* Carl Philipp Emanuel Bachs *Sinfonie G-Dur Wq 180,* Mozarts *Hornkonzert Nr. 4 Es-Dur KV 495* und Jean-Philippe Rameaus *Suite aus der Oper „Les Boréades".* Die vielfältigen Bezüge zwischen den Werken sind v.a. durch kompositionsästhetische und orchestrationsspezifische Merkmale gekennzeichnet.[118]

---

116 Vgl. Wragge, Ina, in: Konzertprogrammheft 5. Sinfoniekonzert der Essener Philharmoniker, Spielzeit 2009/2010, o.S..

117 Gielen, Michael, (o.J.) zitiert nach, : Wragge, Ina, in: Konzertprogrammheft 6. Sinfoniekonzert der Essener Philharmoniker, Spielzeit 2009/2010, o.S..

118 Goodwin, Paul, (2010) in: Konzertprogrammheft 9. Sinfoniekonzert der Essener Philharmoniker, Spielzeit 2009/2010, o.S..

Haydns *Sinfonie Nr. 104 D-Dur Hob.I:104* und Richard Strauss' *Vier letzte Lieder* sind durch ihre Position innerhalb des Œuvres ihrer Komponisten verbunden und entsprechend im zehnten Sinfoniekonzert (06.05.2010, Christoph Poppen) programmiert. Darüber hinaus kristallisiert sich in diesem Konzert ein geographisch geprägter Kontext, – hier: britisch – heraus. Der im Jubiläumskontext stehende Mendelssohn Bartholdy, dessen *Sinfonie Nr. 3 a-Moll op. 56* den Untertitel „Schottische" trägt, reiste auf die Britischen Inseln. Haydn, der hier ebenfalls im Jubiläumskontext steht, komponierte die hier verwendete Symphonie in London.

Das elfte Sinfoniekonzert (27.05.2010, Stefan Soltesz) kombiniert die „Sandwich-Dramaturgie" mit einer Umkehrung der an der standardisierten Abfolge orientierten Programmgestaltung: Schuberts *Sinfonie Nr. 3 D-Dur D 200*, Henzes *Appassionatamente plus* und Čajkovskijs *Klavierkonzert Nr. 1 b-Moll op. 23*. Dieses Konzert ist Bestandteil einer CD-Produktion.

Das zwölfte Sinfoniekonzert (24.06.2010, Stefan Soltesz) ist eindeutig vom konzertdramaturgischen Kontrastprinzip gekennzeichnet, Stravinkijs *Petruchka* und Beethovens *Violinkonzert D-Dur op. 61* werden kombiniert.

Die Programmgestaltung der **Philharmonie Essen**, die nun unter der Intendanz von Johannes Bultmann geführt wird[119], ist in der Spielzeit 2009/2010 thematisch an die „Emanzipation des Ichs"[120] angelehnt, ein entsprechender Schwerpunkt ist lokal eingefärbt: Die Geschichte der Mehrstimmigkeit im liturgischen Kontext seit der *Musicha Enchiriadis*, die in Essen-Werden geschrieben wurde[121], bis hin zu Henzes *Requiem*, das bereits ein Jahr vor „RUHR.2010" im Rahmen der „In Residence"- und „!SING Musica Enchiriadis-Konzertreihen" realisiert wird. Letztere Konzertreihe ist als interdisziplinär zu charakterisieren, sie ist eingebettet in sozial-, kirchen- und musikhistorische Symposien.

Die Konzertreihenstruktur ist wieder an die der letzten Spielzeit angelehnt, deren Präsentation ist jedoch nun in einem querformatigen Programmheft chronologisch statt thematisch angeordnet. Erneut sind Starorchester und -Solisten und Jazz- und Popkonzerte[122] Bestandteil der Programmgestaltung, deren Abonnementstruktur auf neun Konzertreihen reduziert ist. Konzertdramaturgische Bezüge der einzelnen Konzerte werden neben Informationen zu Interpreten nun bereits im Jahresprogrammheft dokumentiert.

Besonders innovativ unter dem Aspekt Musikvermittlung ist die Konzertreihe „Die Kunst des Hörens", in der Konzerte rubriziert sind, in die jeweils eine halbe Stunde vor deren Beginn eine vermittelnde Einführung durch die Interpreten realisiert wird – anstatt einer konventionellen Moderation oder Konzerteinführung.

---

119 Zum Intendantenwechsel: S. exemplarisch Goertz, in: Die ZEIT v. 02.10.2008, Rossmann, in: FAZ v. 02.10.2008 und Graalmann, in: Süddeutsche Zeitung v. 24.09.2008.
120 Jahresprogrammheft der Essener Philharmonie, Spielzeit 2009/20010, S. 11.
121 Vgl. Torkewitz 1999.
122 Als Beispiel für die Öffnung für Popmusik fungiert ein Konzert der Popgruppe „MIA", vgl. Schürmann, in: Westdeutsche Allgemeine Zeitung v. 07.09.2009.

3.3 BOCHUMER SYMPHONIKER

Spielzeit 2000/2001 (Programm: Steven Sloane)[123]

In der dramaturgischen Analyse der Programmgestaltung der Bochumer Symphoniker stehen ebenfalls die Symphoniekonzerte im Fokus, die in durchnummerierter Form eine Komponente des Programms darstellen. Eine andere Komponente ist durch „Projekte" präsentiert, deren Konzerte ebenso Bestandteile sämtlicher Konzertreihen sein können. Die Projekte können vielfältig und formal offen gestaltet sein, sind häufig interdisziplinär ausgerichtet und werden meist in einer Sonderpublikation ausführlich erläutert.

Die Konzertreihen, deren konzertdramaturgische Prinzipien in der Spielzeit 2000/2001 in einem Satz im Jahresprogrammheft[124] zusammengefasst werden, bestehen in dieser Spielzeit neben der symphonischen Reihe aus „Konzerte spezial" und „Sonderkonzerten" – Reihen, in denen Konzerte mit meist innovativer Konzertdramaturgie, interdisziplinären Konzepten und Formaten, unkonventionellen Besetzungen oder ungewöhnlichen Spielstätten rubriziert werden. Die Reihe „Next!" vereint Konzerte, die „ein Forum für Nachwuchskünstler bieten"[125]. „Basically Baroque" enthält „barocke" Werke in Kombination mit Werken der Moderne. Stadtteilkonzerte, Open-Air-Konzerte („Sommerkonzerte") und „Konzerte in Wattenscheid" sind ortspezifisch differenzierte Konzertreihen, die Stadtteilkonzerte weisen durch ihren unentgeltlichen Zugang eine preispolitische Besonderheit auf. Chor- und Kammerkonzerte sind besetzungsspezifisch differenziert, das Education-Programm ist in Familienkonzerten organisiert. „Sonderkonzerte" sind wegen ihrer besonderen Spielstätten- und externen Festivalkontexte gesondert rubriziert, die Konzertreihe „For[u]m21" widmet sich selten aufgeführten Werken – teilweise in einem interdisziplinärem Aufführungskontext.

Das Projekt[126] „...gegen das Vergessen" und die Konzertreihe „Tafelrunden" bilden die Schwerpunkte der Spielzeit 2000/2001. Der Projektuntertitel „Schostakowitsch – Komponieren unter Stalin" gibt den Inhalt des ersten Projekts exakt wieder: Šostakovičs Kompositionen und die im Verlauf von Stalins Terrorregime hervorgerufene Denunziation seiner und anderer Werke stehen im Mittelpunkt des Projekts, das mit einem „Konzert spezial" beginnt.

Eine weitere neue Reihe trägt den Titel „Tafelrunden". In ihr sind Werke, „die gekrönten Häuptern gewidmet sind, von ihnen selbst komponiert wurden oder die Kultur bei Hofe musikalisch widerspiegeln"[127], enthalten. Höfische Tanzmusik,

---

123 Der oder die Programmverantwortlichen werden im Jahresprogrammheft genannt.

124 Das Jahresprogrammheft der Spielzeit ist mit „The Art of Music" betitelt. Zur kommunikationspolitischen Relevanz und Rolle des Jahresprogrammhefts der Bochumer Symphoniker: Siehe Kapitel 4.

125 Jahresprogrammheft der Bochumer Symphoniker Spielzeit 2000/2001, S. 2.

126 Das der jeweiligen Spielzeit zugehörige Projekt wird vor der dramaturgischen Analyse der Symphoniekonzerte kurz vorgestellt. Diese Vorstellung ist teilweise an die Master-Arbeit von Jonas Becker angelehnt. Vgl. Becker 2010.

127 Jahresprogrammheft der Bochumer Symphoniker, Spielzeit 2000/2001, S. 5.

Triosonaten der Dresdener Hofkapelle und Werke, deren – häufig von Verlegern – hinzugefügte Titel mit dem Thema assoziiert werden, sind in dieser Reihe zusammengebracht, in der die Aufführung von Wagners *Tristan und Isolde* ihren Höhepunkt findet.

Das erste Symphoniekonzert (07.09.2000[128], Dietfried Bernet) vereint zunächst drei Konzerteinheiten, die thematisch durch ihre Untertitel konzertdramaturgisch verknüpft sind: Johann Strauß' *Kaiserwalzer op. 437*, Beethovens *Klavierkonzert Nr. 5 Es-Dur „Emperor"* und Haydns *Sinfonie Nr. 53. D-Dur Hob. I:53 „L'impériale"*. Die letzte Konzerteinheit – Hindemiths *Sinfonische Metamorphosen C. M. v. Weber'scher Themen für großes Orchester* reiht sich in diesen Kontext ein, indem der zweite Satz programmatisch Schillers „Turandot" – also aristokratische Themen – verarbeitet.

Zwei Konzerteinheiten enthält das zweite Symphoniekonzert (05.10.2000, Steven Sloane): Richard Strauss' *Vier letzte Lieder* und Mahlers *Symphonie Nr. 1 D-Dur*. Beide Konzerteinheiten sind durch ihre literarischen Vorlagen zumindest indirekt verbunden.

Dvořák steht im Mittelpunkt des dritten Symphoniekonzerts (23.11.2000, Michail Jurowski), indem zwei seiner Werke einen konzertdramaturgischen Rahmen bilden: *Karneval op. 92* und *Symphonie Nr. 7 d-Moll op. 70*. In der Konzertmitte steht die v.a. hinsichtlich ihres Soloinstruments kontrastierende Konzerteinheit *2. Konzert für Marimbaphon und Orchester* von Nebojša Jovan Živković.

Das vierte Symphoniekonzert (07.12.2000, Steven Sloane) ist an der standardisierten Abfolge orientiert: Debussys *Prélude à l'après-midi d'un faune*, John Adams *Violinkonzert* und Brahms' *Symphonie Nr. 2 D-Dur op. 73*. Die ersten beiden Konzerteinheiten verbindet die exponierte Rolle des Soloinstruments.

Das fünfte Symphoniekonzert (01.02.2001, Neal Stulberg) ist in die Konzertreihe „Tafelrunden" implementiert. Es beginnt mit der *Ouvertüre „Il re pastore"* von Friedrich II. von Preußen, gefolgt von Haydns *Symphonie Nr. 85 B-Dur „La Reine"* – beide Werke reihen sich durch ihre (Unter-)Titel und konzertdramaturgisch in den höfischen bzw. „königlichen" Kontext ein, ebenso das Konzert abschließende Werk Bernd Alois Zimmermanns *Musique pour les soupers de Roi Ubu*. Zuvor ist Händels *Feuerwerksmusik D-Dur HWV 351* programmiert, die sich durch ihre Werkgeschichte und ihren Originaltitel „Music for the royal fireworks" ebenfalls in diesen Kontext integriert.

Das sechste Symphoniekonzert (15.02.2001, Steven Sloane), das mit Strauss' *Ein Heldenleben* beginnt, entfaltet einen konzertdramaturgischen Kontext, in dem „Helden" im Fokus stehen und in den jeweiligen Werktiteln explizit werden: Korngolds *Suite aus dem Film „Robin Hood"* und Danny Elfmanns *Suite aus dem Film „Batman"*.

Das siebte Symphoniekonzert (08.03.2001, Steven Sloane/Maxim Šostakovič – der Sohn des Komponisten) ragt aus der üblichen Konzertdisposition heraus, indem das Konzert zeitlich geteilt wird: Am Donnerstag und mit einwöchiger

---

128 Die Symphoniekonzerte der Bochumer Symphoniker werden – wenn nicht anderes dargestellt – donnerstags und freitags, jeweils um 20:00 Uhr im Schauspielhaus aufgeführt.

Pause am Freitag werden andere Konzertinhalte aufgeführt: Šostakovičs *Tahiti Trott op. 16* ist die erste Konzerteinheit. Der Zugang zur westlichen Unterhaltungsmusik fungiert hier als dramaturgisches Axiom: Auch das nun folgende *Klavierkonzert Nr. 1 c-Moll op. 35* enthält entsprechende Tendenzen. Als Kontrast dazu ist Stravinkijs *Le Sacre du Printemps* programmiert. Dieses Konzert ist auch wie der zweite, am Freitag stattfindende Konzertteil Bestandteil des Projekts „...gegen das Vergessen". Im zweiten Teil stehen Šostakovičs *Symphonie Nr. 10 e-Moll op. 93* und Rachmaninovs *Symphonische Tänze op. 45* auf dem Programm, das in den Projektkontext v.a. durch biographische Bezüge eingebettet ist.

Im Rahmen der Konzertreihe „NEXT!" steht das achte Symphoniekonzert (26.04.2001, Carlos Kalmar). Der konzertdramaturgische Bezug ist in der Herausbildung eines „Nationalstils" als Bestandteil eines nationalspezifischen Kontextes zu sehen, der hier durch verschiedene Nationen pluralistisch eingefärbt und damit innovativ zu bewerten ist: Ravels *Rhapsodie espagnole*, Sibelius' *Violinkonzert d-Moll op. 47*, Griegs *Sigurd Jorsalfar op. 56* und Elgars *In the South op. 50*.

Das neunte Symphoniekonzert (17.05.2001, George Hanson) eröffnet einen Kontext, in dessen sphärischem Zentrum die Thematisierung des Überirdischen und der allegorischen Behandlung des Planetensystems steht. Steven Stuckys Werk *Son et lumière* und Holsts *Die Planeten op. 32* greifen diesen Kontext explizit auf, die in der Konzertmitte programmierte Symphonie Mozarts – *Symphonie Nr. 41 C-Dur KV 551* – implizit durch ihren Untertitel „Jupiter-Symphonie".

Die Konzertreihe „Tafelrunden" ist Bestandteil des letzten bzw. zehnten Symphoniekonzerts (07.06.2001, János Kulka). Hier entsteht ein programmatischer Kontext, der thematisch auf das Militärische ausgerichtet ist: Zunächst wird dieser durch den Untertitel „Militär-Symphonie" der ersten Konzerteinheit (Haydns *Symphonie G-Dur Hob I:100*) evident, in der zweiten Konzerteinheit (Kodálys *Háry-János-Suite*) durch das militärische Sujet des der Suite zu Grunde liegenden Singspiels. Die Gattung der Symphonie bildet darüber hinaus einen konzertdramaturgischen Rahmen, indem Beethovens *Symphonie Nr. 5 c-Moll op. 67* den Abschluss des Konzerts bildet – das Werk reiht sich durch die Anlehnung an die französische Revolutionsmärsche in den o.g. Kontext ein.

Konzerte, die durch einen Eventcharakter[129] geprägt sind, finden sich meist in den Projekt-Konzertreihen wieder oder sind Bestandteile der Reihen „Konzert spezial" bzw. „Sonderkonzerte". In der Spielzeit 2000/2001 zeichnen sich diese Konzerte durch eine Ergänzung um Tanz, Film, Sport und Kulinarik nach dem Konzert aus. Außerdem sind Event-Konzerte neben ihrer konventionellen Dispo-

---

129 Aufgrund des intensiven Mitwirkens der Bochumer Symphoniker an Festivals mit Eventcharakter – z.B. an der Ruhrtriennale – und Konzerten – z.B. den Konzerten in der Bogestra-Werkstatt – werden wegen der Vergleichbarkeit nur Konzerte mit Eventcharakter der Reihen „Symphoniekonzerte", „Konzerte spezial" und „Sonderkonzerte" erwähnt und gezählt. Diese Festivals finden jedoch eine qualitative Berücksichtigung im abschließenden vergleichenden Kapitel.

sition als Silvester- und Neujahrskonzert mit der Reihe „Musik im IndustrieRaum 2006" verknüpft.

Im Rahmen der **Preis-, Konditionen- und Rabattpolitik** existieren sieben Abonnements, zwei davon in Form einer flexiblen „Wahlmiete", die übrigen als konzertreihenspezifische „Festmiete". Institutionsübliche Ermäßigungen werden sowohl bei den Abonnements als auch bei den Einzelkonzerten für die üblichen Personengruppen angeboten. **Distributionspolitische** Besonderheiten sind nicht erkennbar, online sind (bisher) keine Kartenbestellungen möglich. Karten- und Abonnementbestellungen sind über die üblichen Vertriebskanäle – postalisch, telefonisch, über die Theater- und Konzertkasse im Schauspielhaus sowie über die Abendkasse – möglich. Die Internetpräsenz des Orchesters als **kommunikationspolitisches** Merkmal ist zu dem Zeitpunkt der Spielzeit 2000/2001 in der städtischen Internetpräsenz (www.bochum.de) eingebunden. Das Jahresprogrammheft des Orchesters ist durch seine je nach Spielzeit individuelle Gestaltung eindeutig als innovatives Element der Marketinginstrumente Leistungspolitik – hier Value-Added-Service – und Kommunikationspolitik zu klassifizieren.[130]

Spielzeit 2001/2002 (Programm: Steven Sloane)

Die Spielzeit 2001/2002 trägt den Titel „Dimensionen" und spiegelt damit den großdimensionierten Projektumfang wider: Zunächst enthält die Spielzeit das Projekt „Flower Power," das sich Werken der 1960er Jahre widmet. Dabei zielt das Projekt auf ein Aufheben der postulierten Trennung von E- und U-Musik. Des Weiteren nehmen die Bochumer Symphoniker an dem orchesterübergreifenden Projekt „Windrose" teil, in dem fünf Ruhrgebietsstädte jeweils die „Musik einer Himmelsrichtung" repräsentieren. Die Stadt Bochum folgt dieser geographisch ausgerichteten Konzertdramaturgie, indem ihr Orchester „südliche" Kompositionen von italienischen Komponisten zur Grundlage der Programmgestaltung und Konzertdramaturgie übernimmt. Innerhalb dieser Ausrichtung liegt der Schwerpunkt auf Luciano Berio, dessen Kompositionen in vier von sechs Konzerten vertreten sind.

Beethovens Liederzyklus *An die ferne Geliebte op. 98* ist für die Betitelung einer neuen Konzertreihe verantwortlich, die inhaltlich an Beethovens Werk ausgerichtet ist: Neben tanzperformativen Adaptionen von Schuberts *Winterreise* steht vor allem die Uraufführung von der von den Bochumer Symphonikern in Auftrag gegebenen Komposition von Gil Shohat mit dem Titel *Deutsche Symphonie nach Texten von Else Lasker-Schüler* im Zentrum. Die Flucht der Dichterin Else Lasker-Schüler vor den Nationalsozialisten aus Deutschland im Jahr 1933 integriert diese *Deutsche Symphonie* in den Projektkontext. Diese Uraufführung findet positive Resonanz in der überregionalen Presse.[131] Ebenfalls biographische Gründe sind für die projektimmanente Programmierung von Werken Schumanns

130 Siehe Kapitel 4.
131 Vgl. Demirsoy, in: Süddeutsche Zeitung v. 02.03.2002.

verantwortlich, der sich 1835 heimlich mit Clara Wieck verlobt. Der Projektabschluss ist aus seinem Titel abgeleitet: Beethovens Liederzyklus *An die ferne Geliebte op. 98*.

Das erste Symphoniekonzert (06.09.2001, David Effron) ist Bestandteil der Konzertreihe „An die ferne Geliebte", deren konzertdramaturgische Intention durch das Aufgreifen von Nymphen und liebenden Paaren in *Wagners Venusberg-Bacchanale aus „Tannhäuser"* erfüllt wird. Faurés *Pelléas und Mélisande* ist ebenfalls in diesem Kontext zu deuten – lediglich Rachmaninows *2. Klavierkonzert c-Moll, op. 18* stellt keinen eindeutigen Bezug zum Projekt dar – Ansätze für einen Zusammenhang bestehen bestenfalls im biographischen Sinne, wenn man die im Projekt thematisierte Ferne auf den Komponisten bezieht.

Der standardisierten Abfolge angelehnt ist das zweite Symphoniekonzert (25.10.2001, Steven Sloane), das einen symphonischen Kontext als Zusammenhang stiftendes Merkmal aufweist: Mozarts *Klavierkonzert Nr. 9 Es-Dur KV 271* und Mahlers *Sinfonie Nr. 5 cis-Moll*.

Das dritte Symphoniekonzert (08.11.2001, Steven Sloane), das sich erneut an der standardisierten Reihenfolge orientiert, ist durch einen Komponistenschwerpunkt als konzertdramaturgischen Rahmen geprägt. Beethovens *Leonoren-Ouvertüre Nr. 3 C-Dur op. 72* und seine *Symphonie Nr. 3 Es-Dur op. 55* verbindet darüber hinaus die musikhistorische Positionierung in den Jahren 1804 und 1805. Als Kontrast in der Konzertmitte sind Strauss' *Metamorphosen Es-Dur* eingebettet, die durch eine Anlehnung an den Trauermarsch in der Beethoven-Symphonie einen entsprechenden Bezug herstellt.

Das o.g. Projekt „Windrose" ist mit dem vierten Symphoniekonzert (13.12.2001, Audi-Max der Ruhr-Universität Bochum, Steven Sloane) verknüpft. Das in der Projektpublikation mit „Oper konzertant" betitelte Konzert enthält Verdis *Quattro Pezzi Sacri* und Giacomo Puccinis *Suor Angelica* – die Bezüge sind hier eindeutig nationalspezifisch, Italien ist das mit dem Projekt assoziierte „Gastland" des Orchesters.

Ein zeitlicher Kontext wird im Rahmen des fünften Symphoniekonzerts (10.01.2002, Steven Sloane) aufgespannt: Verschiedene Songs von Gershwin werden mit Korngolds *Symphonie in Fis op. 40* kombiniert, die Geburtsjahre der Komponisten liegen nur ein Jahr voneinander entfernt.

Das sechste Symphoniekonzert (07.02.2002, Daniel Klajner) ist in die Konzertreihe „An die ferne Geliebte" eingebettet. Die Konzertdramaturgie der Reihe wird durch die Thematik von Schumanns *„Manfred"-Ouvertüre es-Moll op. 115* und den Untertitel „Lamentatione" der folgenden Haydn-Symphonie (*Symphonie Nr. 26 d-Moll*) bestimmt – das Klagelied ist zumindest mit der Ferne assoziierbar. Eindeutiger ist die Projektzugehörigkeit im abschließenden Werk Zenders *Schuberts „Winterreise"– eine komponierte Interpretation für Tenor und Ensemble* ausgeprägt.

Kontrastdramaturgie ist das Prinzip des siebten Symphoniekonzerts (14.03.2002, Roland Kluttig). Stefan Heuckes *Cellokonzert* wird als Folge eines Kompositionsauftrages der Bochumer Symphoniker uraufgeführt. Dvořáks *8. Symphonie G-Dur op. 88* folgt.

Paradigmatisch wird die standardisierte Abfolge im achten Symphoniekonzert (18.04.2002, Emil Tabakov) eingehalten: Berlioz' *Ouvertüre zu „Benvenuto Cellnini"* folgen Paganinis *Violinkonzert Nr. 1 D-Dur op. 6* und Skrjabins *Symphonie Nr. 2 c-Moll*.

Das neunte Symphoniekonzert enthält das Programm der Israel-Tournee der Bochumer Symphoniker: Gil Shoats Werk wird im Rahmen des „Israel Festivals" in Tel Aviv als israelische Erstaufführung aufgeführt.

Das Projekt „Flower Power" ist durch das zehnte Symphoniekonzert (04.07.2002, Steven Sloane) vertreten, in dessen Mittelpunkt Filmmusik aus dem projektrelevanten Zeitraum steht, vorab ist Terry Rileys *In c* und Glass' *Konzert für Saxophonquartett* programmiert – beide Werke sind der Minimal Music dieser Zeit zuzuordnen.

Die Vielzahl von Eventkonzerten zeigt sich neben Silvester- und Neujahrskonzerten, im Rahmen des Festivals „Windrose", durch Ergänzungen durch Tanz, Film- und Videoinstallationen, in Form von Crossover-Konzerten, im sportlichen Kontext sowie in ungewöhnlichen Spielstätten. Das Crossover-Konzert mit Jethro Tull ist in der überregionalen Presse durch eine neutral bis kritische Rezension präsent.[132]

Die Intention der in der vorherigen Spielzeit etablierten Reihe „NEXT!", die eine Plattform für Nachwuchskünstler darstellt, wird nun auf die Rezipienten ausgeweitet, indem dieser Reihe nun drei Familienkonzerte zugeordnet sind. Außerdem ist die Konzertreihe „Kaffeekonzerte" neu, die eine zeitlich an die Tafelmusik angelehnte Programmgestaltung beinhaltet. Preispolitische Relevanz erreicht diese Reihe, indem der Eintrittspreis Kaffee und Kuchen beinhaltet.

Im Rahmen der **Preispolitik** hat sich die Abonnementzahl auf acht erhöht, das Abonnement „BoSy querbeet" ist ein Potpourri von Konzerten diverser Reihen.

Spielzeit 2002/2003 (Programm: Steven Sloane)

Die Spielzeit 2002/2003 trägt den globalen Titel „Soundscapes". Das musikalische Erkunden vielfältiger Klanglandschaften wird in zwei Schwerpunkten, die jeweils aus einem Projekt bestehen, realisiert. Das erste Projekt ist mit „lux æterna" betitelt und umfasst Kompositionen, die einen – religiös oder weltlich – motivierten transzendenten Bezug aufweisen und sich essentiellen Fragen des Lebens stellen. Das zweite große Projekt trägt den Titel *Lenny!* und widmet sich ausschließlich dem Komponisten Leonard Bernstein – der biographische Kontext wird zum konzertdramaturgischen Prinzip des Projekts.

Die religiös motivierte Konzertdramaturgie des Projekts „lux æterna" bestimmt das erste Symphoniekonzert (12.09.2002, David Effron). Joseph Haydns *Ouvertüre zum Oratorium „Die Schöpfung"*, Francks *Redemption, Morceau Symphonique*, John Taveners *Towards the Sun: Ritual Procession* und Mendelssohn

---

132 Vgl. Netz, in: Süddeutsche Zeitung v. 15.07.2002.

Bartholdys *Symphonie Nr. 5 d-Moll op. 107* mit dem Untertitel „Reformations-symphonie" sind eindeutig diesem Kontext zugehörig.

Das zweite Symphoniekonzert (17.10.2002, Steven Sloane) folgt einer „Sandwich-Dramaturgie" mit Symphonien als Rahmen: Mozarts *Symphonie Nr. 15 G-Dur KV 124* und Šostakovičs *Symphonie Nr. 5 d-Moll op. 47*. In der Kon-zertmitte ist Lutosławskis *Chain 2, Dialog für Violine und Orchester* program-miert, das mit der Šostakovič-Symphonie einen biographischen Bezug erzeugt, da beide Komponisten durch das Sowjet-Regime politischer Verfolgung ausgesetzt waren.

Konzertdramaturgisch innovativ in dem dritten Symphoniekonzert (07.11. 2002, Steven Sloane, auch in Marl und Dortmund aufgeführt) ist zunächst, dass Ravels *Daphnis et Chloé* separiert Konzertanfang und -Ende bestimmen. In chro-nologischer Reihenfolge sind *Ballettsuite Nr. 1* und *Nr. 2* entsprechend program-miert. Von diesen Suiten eingerahmt sind Skrjabins *Klavierkonzert fis-Moll op. 20* durch einen zeitlichen Bezug und Stravinkijs *Pulcinella-Suite* mit Gattungs-, nati-onalspezifischem und Zeitbezug. Die o.g. Innovation wird durch dieses vielfältige Beziehungsgeflecht, das ohne Projektkontext auskommt, verstärkt.

Im vierten Symphoniekonzert (12.12.2002, Steven Sloane) ist ein innovativ geprägtes „Sandwich-Prinzip" Grundlage der Konzertdramaturgie, die von dem Komponisten Dvořák geprägt ist: Dvořáks *Serenade für Bläser, Violoncello und Kontrabaß* markiert den Konzertbeginn, abgeschlossen wird das Konzert durch seine *Symphonie Nr. 9 e-Moll op, 95*. Als „ungewöhnliches" Werk in der Kon-zertmitte ist Frank Zappas *Greggary Peccary* eingefügt, somit wird das „Sand-wich-Prinzip" erweitert, da ein Werk der U-Musik programmiert ist.

Das fünfte Symphoniekonzert (23.01.2003, Steven Sloane) ist auf zwei Auf-führungstage verteilt. Das Konzert weist eine unterschiedliche Programmgestal-tung auf und ist sowohl der Konzertreihe „Symphoniekonzerte spezial" als auch dem Projekt „lux æterna" zugehörig. Beethovens *Missa solemnis op. 123* reiht sich explizit in den transzendent bzw. religiös motivierten Kontext ein, die zweite Hälfte markiert einen dramaturgischen Gegenpol: Im Werkkomplex aus Ernst Blochs *Suite für Viola und Orchester*, Bruckners *Symphonie Nr. 9 d-Moll* und Regers *Fantasie und Fuge d-Moll op. 135b* sind keine Gattungen mit liturgischer Verwendung präsent, statt dessen setzen sich die Komponisten in ihren Werken jeweils mit ihrer Religion auseinander.

Im Rahmen des sechsten Symphoniekonzerts (21.02.2003, Steven Sloane, auch aufgeführt in Marl und Köln), das ebenfalls in zwei Aufführungstage aufge-teilt ist, wird der Komponist Bernstein mit dem Projekt „Lenny!" präsentiert, zu-nächst durch seine Werke *Fanfare for the Inauguration of John F. Kennedy* und *Serenade nach Platons „Symposion"*. In einem amerikanisch eingefärbten Kon-text ist Roy Harris' *Dritte Symphonie* programmiert, der Stravinkijs Konzertsuite *Der Feuervogel* folgt, die einen Bezug zu Bernstein erzeugt, z.B. durch dessen exemplarische Verwendung in seinen bekannten Familienkonzerten *Young People's Concerts*. Ein interdisziplinärer Bezug ist in der zweiten Hälfte unter dem Dirigat von Wayne Marshall realisiert: Sowohl Ferde Grofés *Wheels* als auch Gershwins *Rhapsody in Blue (in der Jazz-Bearbeitung von Ferde Grofé)* sind in einem Jazzkontext einzuordnen, der Bezug zwischen Komponist und Arrangeur ist evident. Der Konzertabschluss besteht aus Bernsteins *Symphonie Nr. 2.*

Auch das siebte Symphoniekonzert (27.03.2003, Steven Sloane, auch in Marl und Mühlheim aufgeführt) ist in das Projekt „Lenny!" eingebunden. Bernsteins *Meditation aus „Mass"* und Mahlers *Symphonie Nr. 9 D-Dur* verbindet die hohe Einschätzung Mahlers aus der Sicht Bernsteins und eine der ersten Gesamteinspielungen durch den Dirigenten sowie die ähnliche Behandlung des Streicherapparats durch beide Komponisten.[133] Somit sind ein Rezeptionskontext und ein werkimmanenter Kontext Grundlage der Konzertdramaturgie.

Wie das siebte steht auch das achte Symphoniekonzert (10.04.2003, Michail Jurowski) unter dem Untertitel „Symphoniekonzerte spezial" und ist Bestandteil des Projekts „Lenny!", es setzt sich jedoch ab, indem es dem nun als Prinzip zu klassifizierenden Vorgang folgt, ein Symphoniekonzert mit unterschiedlicher Programmgestaltung an zwei verschiedenen Abenden aufzuführen. Schumanns *„Manfred"-Ouvertüre es-Moll op. 115* bildet die erste Konzerteinheit, darauf folgt Miklos Rosza *Theme, Variations und Finale op. 13.* Strauss' *Don Quixote op. 35* sowie Wagners *Meistersinger-Vorspiel* sind in der zweiten Konzerthälfte programmiert. Die Programmgestaltung ist innovativ, sie entspricht der von Bruno Walter aus dem Jahr 1943 in der Carnegie Hall. Walter musste krankheitsbedingt vom Dirigat zurücktreten, das von Bernstein übernommen wurde und somit seinen Durchbruch als Dirigent markierte.

Die zweite Hälfte des Symphoniekonzerts (18.04.2003, Steven Sloane) beginnt mit Stravinkijs *Psalmensymphonie,* Ives' *Fugue for small Orchestra* und Bernsteins *Symphonie Nr. 3.* Neben den oben bereits belegten rezeptions- und biographiespezifischen Verbindungen zwischen Stravinkij und Bernstein ist Ives' Werk in einen nationalspezifischen Kontext einzuordnen, der biographisch durch die Verbindung von Stravinkij und Ives ergänzt ist. Darüber hinaus existiert eine religiöse Komponente, die allen Werken zugehörig ist.

Das neunte Symphoniekonzert (15.05.2003, Carlos Kalmar, auch in Marl aufgeführt) ist von dem nicht explizit als Konzerttitel genannten konzertdramaturgischen Motto „Musik und Leben"[134] geprägt.: Jaques Iberts *Bacchanale* (programmatisch: „Leben gleich Tanz"), Eduardo Angulo *Gitarrenkonzert Nr. 2* (programmatisch: „Leben in der Unterwasserwelt") und Nielsens *Symphonie Nr. 4 op. 29* (Zitat Nielsens „Musik ist Leben").[135]

Die Personalunion von Dirigent und Komponist, die Gattung sowie Kontrast sind die konzertdramaturgischen Bezüge im zehnten Symphoniekonzert (05.06. 2003, Krzysztof Penderecki). Die jeweils vierten Symphonien des Dirigenten und Beethovens sind programmiert.

Das elfte Symphoniekonzert (03.07.2003, Daniel Klajner) steht in einem programmatischen Kontext, der hier aus Shakespeares „Ein Sommernachtstraum" besteht. Mendelssohn Bartholdys Ouvertüre *Ein Sommernachtstraum op. 61* mar-

---

133 Stammkötter, Franz B., in: Programmheft des siebten Symphoniekonzerts, S. 3.
134 Stübler, Klaus, in: Programmheft des neunten Symphoniekonzerts, S. 3.
135 Ebenda.

kiert den Konzertbeginn, gefolgt von – nicht in diesem Kontext stehend – Mozarts *Klarinettenkonzert A-Dur KV 622*. Alfred Schnittkes *(K)ein Sommernachtstraum* und Michael Tippetts *Ritual Dances aus Midsummer Nights Marriage* sind jedoch eindeutig in diesen Kontext eingegliedert.

Auch in der Spielzeit 2002/2003 existieren diverse Event-Konzerte mit gleichen Kriterien wie aus der vergangenen Spielzeit.

Fünf der nun elf Symphoniekonzerte stehen unter der Rubrik „Symphoniekonzerte Spezial". Gründe für diese Rubrizierung liegen in der gemeinsamen Aufführungsstätte[136] und in ihrer Zugehörigkeit zu einer speziellen Abonnementreihe. Diese Konzerte sind allesamt Projektbestandteile. Die auf elf Konzerte erweiterte Konzertreihe enthält somit de facto 14 Symphoniekonzerte. Die Reihe „Symphoniker vor Ort und Stadtteilkonzerte" ist nicht mehr Bestandteil des Jahresprogramms.

Spielzeit 2003/2004 (Programm: Steven Sloane, Marina Grochowski)

Die Spielzeit 2003/2004 trägt den Untertitel *10 Jahre Generalmusikdirektor Steven Sloane* und widmet sich dem Jubilar sowie dem Projekt „Composer in Residence", dessen Umfang sich auf drei Spielzeiten und drei Komponisten erstreckt. In der Spielzeit 2003/2004 startet das Projekt mit dem Schwerpunkt auf den Komponisten, Autor, Musiker und Regisseur Heiner Goebbels. Ein weiteres Projekt, das in die Struktur der Programmgestaltung integriert wird, ist mit „...sondern erlöse uns von dem Bösen" betitelt. Exemplarisch für dieses Projekt sei ein konzertdramaturgisch innovatives Sonderkonzert angeführt, in dem Auszüge aus Wagners *Parsifal* und Strauss' *Tod und Verklärung* programmiert sind. Diese beiden Konzerteinheiten umrahmen zwei besondere Werke, die bereits isoliert betrachtet einer stringenten Dramaturgie folgen: Samir Odeh-Tamimis *Halat Hissar – Belagerungszustand*, die Uraufführung eines Werks eines arabischen Komponisten (Kompositionsauftrags der Bochumer Symphoniker) wird mit einem Werk von Noam Sheriff (*Akedah – Die Opferung Issaks, in memory of Itzhak Rabin*) konfrontiert. Diese beiden Werke werden von Kompositionen von Strauss und Wagner, deren Aufführungen in Israel teils verboten und nicht unumstritten sind, umrahmt. Diese Konzertdramaturgie wird von Konflikt und auch Verständnis stiftenden Bezugsebenen bestimmt: Jüdische und arabische Kompositionen werden kontextuell mit Strauss und Wagner zusammengeführt und ergeben somit ein besonderes dramaturgisches Spannungsfeld. Damit erreichen die Bochumer Symphoniker einen spielzeitübergreifenden konzertdramaturgischen Höhepunkt.[137] Der dritte Schwerpunkt in dieser Spielzeit berücksichtigt mit dem Titel „X. Die Jubiläumsreihe" das Dienstjubiläum von Steven Sloane als GMD in Bochum. Neben einem Cross-Over-Projekt mit der Band „Icebraker" und dem Silvester- und Neujahrskonzert steht vor allem der *Mozartmarathon* im Reihenmit-

---

136 Aufführungsstätte: Auditorium Maximum der Ruhr-Universität Bochum.
137 Vgl. Becker 2010. S. 71f.

telpunkt. Dieser konstituiert sich aus einem zwölfstündigen Konzert mit diversen Interpreten.

Das erste Symphoniekonzert (18.09.2003, Steven Sloane, auch in Gütersloh aufgeführt) beginnt mit Heiner Goebbels' *Fanfare* im Rahmen einer Uraufführung des Kompositionsauftrags für die Bochumer Symphoniker. Dieser Konzerteinheit kontrastierend gegenübergestellt sind Beethovens *Symphonie Nr. 6 F-Dur op. 68* und Joseph Marx' *Verklärtes Jahr*, beide durch einen programmatischen Bezug verbunden.

Ein breit gefächerter nationalspezifischer Kontext verbindet die Konzerteinheiten des zweiten Symphoniekonzerts (16.10.2003, András Ligeti): Smetanas *Ouvertüre zu "Die verkaufte Braut"*, Kodálys *Variationen über das Volkslied „Der Pfau flog auf"* spannen einen tschechischen und ungarischen Kontext auf. Mit der Programmierung von Dvořáks *8. Symphonie G-Dur op. 88* ist eine Orientierung an die standardisierte Reihenfolge erkennbar.

Im Zentrum des dritten Symphoniekonzerts (27.11.2003, Steven Sloane) stehen die Instrumente Violine und Viola: Williams' *The Lark ascending* und Sally Beamish' *Violakonzert Nr. 2* sind die ersten beiden Konzerteinheiten. Mozarts *Sinfonia Concertante für Violine, Viola und Orchester Es-Dur KV 364* markiert – beide vorherigen Soloinstrumente kombinierend – einen stringenten Konzertabschluss.

Aus einer Konzerteinheit besteht das vierte Symphoniekonzert (11.12.2003, Steven Sloane), in dem Mahlers *Symphonie Nr. 10 (rekonstruierte Fassung von Deryck Cooke)* programmiert ist. Dieses Konzert greift spielzeitenübergreifend die Programmierung von Mahler-Symphonien auf.

Zwei Werke von Marx, dessen Gesamtwerk von den Bochumer Symphonikern eingespielt wird, bilden einen entsprechenden Komponistenschwerpunkt im fünften Symphoniekonzert (02.01.2004, Steven Sloane): *Romantisches Klavierkonzert* und *2. Klavierkonzert* – pro Aufführungstag wird ein Klavierkonzert aufgeführt. An die Standardreihenfolge anlehnend ist Joseph Haydns *Symphonie Nr. 103 Es-Dur* positioniert.

Das sechste Symphoniekonzert (12.02.2004, Steven Sloane) ist interdisziplinär ausgerichtet, indem der Stummfilm „Der Rosenkavalier" mit der Live-Musik von Strauss verbunden wird.

Das geteilte siebte Symphoniekonzert ist Bestandteil des Projekts „...sondern erlöse uns vor dem Bösen". Heiner Goebbels *Auszüge aus „Surrogate Cities"* thematisiert im weitesten Sinne das urbane Zusammenleben, Šostakovičs *Symphonie Nr. 8 c-Moll op. 65* ist durch die Kriegsassoziation mit dem Projekt verknüpft, die zweite Hälfte (26.03.2004, Steven Sloane) ebenfalls, hier ist Brittens *War Requiem op. 66* die einzige Konzerteinheit.

Die standardisierte Reihenfolge wird im achten Symphoniekonzert (22.04. 2004, David Effron) paradigmatisch eingehalten und mit der „Sandwich-Dramaturgie" in Verbindung gebracht. Brahms' *Tragische Ouvertüre op. 81*, Heuckes *Cellokonzert* (Uraufführung im Rahmen eines Kompositionsauftrags der Bochumer Symphoniker) und Schumanns *Symphonie Nr. 2 C-Dur op. 61* stehen auf dem Programm.

Bizets *Carmen* bildet einen konzertdramaturgischen Schwerpunkt im neunten Symphoniekonzert (06.05.2004, Wayne Marshall), indem Ščedrins *Carmen-Suite* mit dem ursprünglichen Komponisten bzw. seiner *Symphonie Nr. 1 C-Dur* kombiniert wird. Der Konzertbeginn, bestehend aus Gershwins *Concerto in F*, lässt sich nicht in diesen Konzertkontext einordnen.

Das zehnte Symphoniekonzert ist durch einen Komponistenschwerpunkt geprägt und ist an die standardisierte Reihenfolge angelehnt. Čajkovskijs *Konzert für Violine und Orchester D-Dur, op. 35* und die *"Manfred"-Symphonie in 4 Bildern op. 58* werden kombiniert und greifen damit das konzertdramaturgische Prinzip, sich in einem Konzert „nur" einem Komponisten zu widmen, aus den vergangenen Spielzeiten auf.

Das elfte Symphoniekonzert (07.07.2004, Steven Sloane, Jahrhunderthalle Bochum) enthält zwei Werke von Heiner Goebbels – *Aus einem Tagebuch* und *Ou Bien Sunyatta* (Uraufführung eines Kompositionsauftrags der Bochumer Symphoniker), die mit Stravinskijs *Le Sacre du Printemps* kombiniert werden. Die Konzertdramaturgie ist durch den Schwerpunkt Heiner Goebbels geprägt.

Die Reihen „NEXT!" und „FOR[u]M 21" werden eingestellt. Ab dieser Spielzeit ist eine innovative Kooperation zwischen den Bochumer Symphonikern und der Essener Philharmonie initiiert: der spielzeitenübergreifende Mahler-Zyklus, der sich der Symphonik des Komponisten widmet.

Die Konzert-Events orientieren sich an den vergangenen Spielzeiten, neu sind in dieser Spielzeit jedoch der Mozart-Marathon – mit einer extremen Ausdehnung der Konzertdauer auf 12 Stunden – und ein Open-Air-Konzert mit Feuerwerk zum zehnten Spielzeitenjubiläum des GMD.

Unter der Rubrizierung „BoSy on Tour" werden ab der Spielzeit 2003/2004 auswärtige (Tournee-)Konzerte des Orchesters präsentiert. Das Abonnement und die Konzertreihe „Die Symphoniker in Wattenscheid" werden eingestellt. Die Konzertreihe „Sonderkonzerte" ist ebenfalls nicht mehr Bestandteil des Jahresprogramms, das strukturell komprimiert wird.

Spielzeit 2004/2005 (Programm: Steven Sloane, Marina Grochowski)

Die Spielzeit 2004/2005 enthält unter dem Titel „Passagen" mehrere Projekte und mehrere neue Reihen: Zunächst wird die spielzeitenübergreifende Reihe „Composer in Residence" – diesmal mit dem Schwerpunkt Sofija Gubajdulina – fortgesetzt. Ein anderes Projekt, das teilweise konzertdramaturgisch mit „Composer in Residence" korrespondiert, vereint unter dem Titel „IMPROVISE!" vielschichtige Ausprägungen der Improvisation in der Musikgeschichte.

Das erste Symphoniekonzert (16.09.2004, Steven Sloane) beginnt mit einem Werk Gubajdulinas: *Offertorium, Konzert für Violine und Orchester*, an das Schumanns *3. Symphonie Es-Dur op. 97* anschließt. Zu Schumanns Symphonie sind keine eindeutigen Bezüge erkennbar.

Auch im zweiten Symphoniekonzert (14.10.2004, Horia Andreescu) bleiben eindeutige Kontexte aus, Enescus *Symphonie Nr. 1 Es-Dur op. 13* ist mit der Herkunft des Dirigenten in Verbindung zu setzen, Musorgskijs *Bilder einer Ausstellung* reiht sich nicht in diesen Kontext ein.

Das vier Konzerteinheiten beinhaltende dritte Symphoniekonzert ((25.11.2004, Michail Jurowski) steht in einem durch Mozart und Haydn und damit der „Wiener Klassik" bestimmten Kontext, der durch Čajkovskijs *Orchestersuite Nr. 4 G-Dur op. 61 „Mozartina"* angeregt wird, gefolgt von einer Konzerteinheit, in der Arien Mozarts aufgeführt werden. Somit ist der Bezug zu Mozart evident, Haydns *Symphonie Nr. 60 C-Dur „Il distratto"* leitet einen bestimmten Kontext ein. Prokof'ev, der Haydn-Symphonien zu seinem kompositorischen Vorbild erklärt, ist mit der *Symphonie Nr. 1 D-Dur op. 25* in diesem Kontext angeführt.

Ein programmatischer Kontext wird im vierten Symphoniekonzert (09.12.2004, Steven Sloane, auch in Mühlheim aufgeführt) durch Blochs *Hiver – Printemps. Deux poèmes* und Debussys *La Mer* initiiert, in den sich Beethovens *Klavierkonzert Nr. 5 Es-Dur op. 73* selbst durch seinen Untertitel „Emperor" nicht problemlos integrieren lässt.

Das aufgeteilte fünfte Symphoniekonzert (14.01.2005, Steven Sloane/Yves Abel) ist durch den „Composer in Residence" bestimmt: Die Werke Sofija Gubajdulinas *„Stimmen...Verstummen" Symphonie in 12 Sätzen"* und *Cellokonzert (UA)* werden mit Brahms' *Serenade Nr. 2 A-Dur op. 16* und Sibelius' *Symphonie Nr. 2* kombiniert, so dass eine innovative, weil auf zwei Konzerte angelegte, Orientierung an der standardisierten Reihenfolge – mit „Sandwich-Komponente" – entsteht. Die erste Hälfte ist darüber hinaus von einem biographisch geprägten Gattungskontext bestimmt: Die Angst Brahms', nach Beethoven Symphonien komponieren zu können, wird hier mit einer den konventionellen Rahmen sprengenden symphonischen Anlage von zwölf Sätzen kombiniert.

Bartók steht im konzertdramaturgischen Zentrum des sechsten Symphoniekonzerts (10.02.2005, Steven Sloane, auch in Köln aufgeführt): *Violakonzert* und *Der wunderbare Mandarin, Konzertsuite für Orchester op. 19.* Darüber hinaus existieren zwei programmatische Kontexte, die inhaltlich durch zwei Liebespaare und den Tod bestimmt sind. Wagners *Tristan-Vorspiel* und Berlioz' *Scène d'amour aus „Roméo et Juliette"* sind stringent in diesen konzertdramaturgischen Komplex integriert.

Die Trompete als Merkmal eines instrumentenbezogenen Kontextes verbindet zwei der vier Konzerteinheiten des siebten Symphoniekonzerts (17.03.2005, Julia Jones), repräsentiert durch Honeggers *Intrada* und Jolivets *Concertino Nr. 1 für Trompete, Streicher und Klavier*. Ravels *Le Tombeau de Couperin* und Hindemiths *Mathis der Maler* verbindet im weitesten Sinne das Aufgreifen programmatischer Elemente aus vergangenen Epochen.

Schönbergs *2. Streichquartett fis-Moll op. 10* (Fassung für Streichorchester und Sopran) ist mit Zemlinskys *Lyrischer Symphonie op. 18* im achten Symphoniekonzert (21.04.2005, Steven Sloane, auch in Essen aufgeführt) kombiniert. Ein zeitlicher und biographischer Kontext verbindet diese beiden Werke der Zweiten Wiener Schule, ohne dass in konventioneller Weise auf das „Sandwich-Prinzip" zurückgegriffen würde.

Das Improvisationsprojekt greift das neunte Symphoniekonzert (19.05.2005, Steven Sloane, auch in Dortmund aufgeführt) auf, hier wird die erste Konzerteinheit Markus Stockhausens *Werke für das Jazztrio MAP und Symphonieorchester* in Personalunion von Komponist und Interpret realisiert, gefolgt von den durch Improvisation geprägten Werken *Event synergy II* von Earle Brown und Duke Ellingtons *Three Black Kings*.

Konzertdramaturgisch innovativ ist das zehnte Symphoniekonzert (09.06.2005, Bernhard Klee), indem Teile von Schuberts *Orchesterfragmenten* mit Teilen von Wolfgang Rihms *Das Lesen der Schrift* „verwoben" werden, d.h. in abwechselnder Reihenfolge erscheinen. Das häufig postulierte, jedoch auch kritisierte pedantische Einhalten der Werkeinheit wird hier gebrochen, jedoch konzertdramaturgisch legitimiert: Das Fragment bedarf einer Entzifferung, die in Rihms Werk programmatisch umgesetzt wird. Bruckners *Symphonie Nr. 4 Es-Dur* wird hier kontrastierend am Konzertabschluss programmiert.

Ein zeitlicher Kontext – Uraufführungsjahr 1938 und 1936 – wird im elften Symphoniekonzert (30.06.2005, Alexander Drcar) aufgespannt, Poulencs *Concerto g-Moll für Orgel Streicher und Pauke* und Carl Orffs *Carmina Burana* sind programmiert.

Die an den vergangenen Spielzeiten orientierten Event-Konzerte werden um den Aspekt der Improvisation ergänzt, die als raison d'être des Projekts „IMPROVISE!" fungiert.

Hinsichtlich der Konzertreihendisposition ergeben sich in der Spielzeit 2004/2005 diverse Änderungen: Die „Kaffeekonzerte" werden eingestellt, „Sonderkonzerte" werden wieder eingeführt. Inhaltlich neu sind außerdem die Konzertreihen „Rush Hour" und „Intermezzo". „Rush Hour"-Konzerte werden mittwochs um 18:00 Uhr in den Kammerspielen des Schauspielhauses veranstaltet und sind moderiert. Der Konzertreihentitel zielt somit auf die Aufführungszeit der Konzerte ab. „Intermezzo" knüpft an die seit zehn Jahren bestehende Konzertreihe „Basically Baroque" an, indem deren Programmgestaltung um das klassisch-romantische Repertoire erweitert und durch einen Schwerpunkt auf den Komponisten Joseph Haydn konzertdramaturgisch spezifiziert wird.

CD-Aufnahmen des Komponisten Joseph Marx – samt Nominierung für den „Grammy" – sowie für das Computerspiel „Gothik 3" ergänzen die Produkt- bzw. Leistungspolitik des Orchesters in Form von Value-Added-Services. Die Grammy-Nominierung ist eindeutig als Indikator für den qualitativen Orchestererfolg einzuordnen. **Kommunikationspolitische** Relevanz erreicht die ab der Spielzeit 2004/2005 eingerichtete autonome Internetpräsenz (www.bochumer-symphoniker.de). Die erneute Auszeichnung für „das beste Konzertprogramm"[138] durch den Deutschen Musikverleger-Verband (DMV) für diese Spielzeit ist wie folgt legitimiert:

---

138 Bereits die Spielzeit 1996/1997 – auch in der Ära Steven Sloane – wurde entsprechend prämiert.

„Aufgrund des modernen und ideenreichen Programms entschloss sich die Jury zu einer erneuten Auszeichnung. Die vielfältigen und weit reichenden Initiativen schaffen vitale Konzerterlebnisse und erweisen sich als Gewinn für das Kulturleben der ganzen Region."[139]

„Besondere Bedeutung verdient die Reihe ‚Mahler meets Ives', ein gemeinsames Großprojekt der Bochumer Symphoniker und der Philharmonie Essen. Im Rahmen eines mehrjährigen Zyklus' wird das Gesamtwerk Gustav Mahlers zu Gehör gebracht. Der Zusammenschluss der benachbarten Veranstalter in diesem Projekt zeigt, wie man trotz Mittelkürzungen im Kulturbereich bedeutende Vorhaben realisieren kann."[140]

Dies belegt übrigens auch, dass den unterstellten Kannibalisierungstendenzen bei unmittelbar angrenzenden Orchestern auch durch Kooperation entgegengearbeitet werden kann.

Die Preisverleihung findet im Rahmen des Events „Wagner-Gala" in der Jahrhunderthalle Bochum statt, in der Winfried Jacobs (DMV) die Prämierung des Saisonprogramms begründet:

„Besonders hob er [Winfried Jacobs] neue Konzertvarianten wie ‚Improvise' und ‚Rush Hour' hervor. Auch die enge Zusammenarbeit mit zeitgenössischen Komponisten – Sofia Gubaidulina in dieser Saison – unter dem Titel ‚Composer in Residence' hat dazu beigetragen, den Preis nach Bochum zu vergeben."[141]

Spielzeit 2005/2006 (Programm: Steven Sloane, Marina Grochowski)

In der Spielzeit 2005/2006, die unter dem kulinarisch inspirierten Motto „Variationen" steht – Rezepte sind im Jahresprogrammheft[142] abgedruckt –, wird der dritte Teil des Projekts „Composer in Residence" mit dem Komponisten John Corigliano fortgeführt. Das thematische Projekt ist mit „Metropolis" betitelt, in diesem Zusammenhang wird das urbane Leben in der Metropole mit seinen positiven und negativen Facetten thematisch aufgegriffen und dient als Grundlage für die Konzertdramaturgie.

Im ersten Symphoniekonzert (29.09.2005, Steven Sloane) ist die Gattung des Cellokonzerts eine konzertdramaturgische Säule. Darius Milhauds *Cellokonzert Nr. 1 op. 136* und Saint-Saëns' *Konzert für Violoncello und Orchester Nr. 1 a-Moll op. 33* bzw. am anderen Aufführungstag Martins *Cellokonzert* markieren den Konzertbeginn, gefolgt – in Anlehnung an die standardisierte Reihenfolge – von Brahms' *Symphonie Nr. 4 e-Moll op. 98.*

Durch einen an Italien orientierten Kontext ist das zweite Symphoniekonzert (26.10.2006, Steven Sloane, auch in Mülheim aufgeführt) gekennzeichnet. Respighis *Antiche Danze ed Arie (Suite Nr. 1)*, Berios *„Naturale"* und Berlioz' *Harold in Italien* sind eindeutig in diesen Kontext einzuordnen.

---

139 Auszug aus der Vergabebegründung des DMV, zitiert in: O.V., in: Stadtspiegel Bochum, v. 13.04.2005.

140 Deutscher Musikverleger-Verband o.J, S. 1.

141 Küster, in: Ruhr-Nachrichten v. 18.04.2005.

142 Auch hier zeigen sich in der äußerst kreativen Umsetzung in der Gestaltung des Jahresprogramms innovative Elemente.

John Coriglianos *Mr. Tambourine Man* eröffnet das geteilte dritte Symphoniekonzert (25.11.2005, Steven Sloane, auch in Dortmund aufgeführt), gefolgt von Prokof'evs *Symphonie Nr. 5 B-Dur op. 100*, die hinsichtlich der Gattung und des Aufführungskontextes einen konzertdramaturgischer Kontrast bildet, sonst aber keine eindeutigen Bezüge zur ersten Konzerteinheit beinhaltet. Die Bezüge, die die beiden Komponisten verbinden, werden in der zweiten Hälfte (Dirigent: Mark Laycock) deutlich. Filmmusik von beiden Komponisten bilden den konzertdramaturgischen Schwerpunkt, eingeleitet durch Prokof'evs *Iwan der Schreckliche*, zwei Filmmusiken Coriglianos, Ausschnitte aus *The Red Violin* und *Altered States*. Stringent wird das Konzert mit Šostakovičs *Suite aus dem Film „Das goldene Zeitalter"* abgeschlossen.

Anknüpfend an diese Konzertdramaturgie wird der Kontext Filmmusik im vierten Symphoniekonzert (15.12.2005, Berndt Heller) erneut aufgegriffen, indem der Stummfilm *Der Rosenkavalier* mit von dem Dirigenten arrangierter Musik von Strauss „begleitet" wird.

Das aus drei Konzerteinheiten bestehende fünfte Symphoniekonzert (19.01.2006, Michail Jurowski) beginnt mit Vladimir Jurowskis *Ballettsuite aus „Purpursegel"*. Das verwandtschaftliche Verhältnis zwischen Dirigent und Komponist ist hier als Bezug zu nennen. Die an die Spannung eines Krimis erinnernde Entstehungsgeschichte[143] verbindet dieses Werk mit dem Konzertabschluss, bestehend aus Čajkovskijs *Symphonie Nr. 6 h-Moll op. 74*. An die standardisierte Reihenfolge anlehnend, ist Martinůs *Oboenkonzert B-Dur* in der Konzertmitte programmiert.

Zwei Kontexte stehen im Zentrum des sechsten Symphoniekonzerts (09.02.2006, Othmar Mága): der Komponist Haydn und das Instrument Horn. Haydns *Symphonie Nr. 87 A-Dur* und sein *Hornkonzert Nr. 2 D-Dur* sind Bestandteile des Konzertbeginns, dem Hindemiths *Hornkonzert* folgt. Haydn aufgreifend, bildet Brahms' *Variationen über ein Thema von Joseph Haydn op. 56a* den Konzertabschluss.

Schumann bildet einen Komponistenkontext im siebten Symphoniekonzert (02.03.2006, Steven Sloane), indem Ruzickas *Annäherung und Stille – Vier Fragmente über Schumann für Klavier und 42 Streicher* mit Schumanns *Symphonie Nr. 1 B-Dur op. 38 „Frühlingssymphonie"* in Verbindung gebracht wird. Zwischen diesen Konzerteinheiten stehen Regers *Orchesterlieder*.

Das achte Symphoniekonzert (16.03.2006, Rolland Kluttig) ist Bestandteil des Projekts „Metropolis" und der Konzertreihe „Composer in Residence". Der Projektkontext wird zunächst über die musikhistorisch bedeutenden Städte Mannheim und Paris aufgegriffen: Coriglianos *The Mannheim Rocket* und Gershwin *An American in Paris*. Explizit durch den Werktitel reiht sich Michael Daughertys *Metropolis Symphonie* hier stringent ein.

Auch das neunte Symphoniekonzert (06.04.2006, Steven Sloane) steht in diesem Kontext, hier werden „theatralische und musikalische Visionen menschlichen

---

143 Corvin, Matthias, in Programmheft des fünften Symphoniekonzerts, S. 2ff.

Zusammenlebens"[144] in Zusammenarbeit mit dem Schauspielhaus Bochum erarbeitet und aufgeführt, durch diesen innovativen und interdisziplinären Ansatz ist das Format des (Symphonie-)Konzerts eindeutig erweitert.

Kontrastierend dazu ist das zehnte Symphoniekonzert (11.05.2005, Jahja Ling) konzipiert: Messiaens *L'Ascension – Quatre Méditations* ist mit Bruckners *Symphonie Nr. 7 E-Dur* kombiniert. Verknüpfungen zwischen den Werken sind biografisch: die Hingabe zum Instrument Orgel und die tiefe katholische Religiosität.

Im zweigeteilten elften Symphoniekonzert (22.06.2006, Steven Sloane) werden sämtliche Klavierkonzerte Beethovens aufgeführt, auch hier sprengt die konzertdramaturgische Intention, den kompletten Zyklus „en bloc" aufzuführen, die konventionelle Konzertdisposition und Konzeption des Formats.

Event-Konzerte sind nach den Kategorien der vergangenen Spielzeit konzipiert – nur das o.g. neunte Symphoniekonzert bereichert den entsprechenden Katalog der Event-Konzerte.

Tischgespräche, also Einführungen in die Symphonie- und Sonderkonzerte, unterstützt durch prominente Gäste, werden im Jahresprogrammheft hervorgehoben. Die Konzertreihe „BoSy vor Ort - Stadtteilkonzerte" wird wieder eingeführt. Hinsichtlich des Education-Programms des Orchesters markiert die Spielzeit 2005/2006 eine Zäsur: Unter „Zukunfts-Musik" wird das stark expandierte Education-Konzept rubriziert, dem nun fünf Konzertreihen gewidmet sind.

Spielzeit 2006/2007 (Programm: Steven Sloane, Marina Grochowski)

Die Spielzeit 2006/2007 ist mit „Visionen" betitelt, die sich auf mehrere Aspekte beziehen: die beiden Projekte – „Artist in Residence" mit Wayne Marshall, Moritz Eggert und Wynton Marsalis und „Am Rande des Wahnsinns" – und die Perspektive des geplanten Konzerthauses in Bochum, der „Bochumer Symphonie". Das thematische Projekt „Am Rande des Wahnsinns" ist von Konzerten geprägt, die konzertdramaturgisch „Liebesrasen, Schaffensrausch, halsbrecherische Virtuosität, Größenwahn, extreme Publikumsreaktionen und verrückte Künstler"[145] verarbeiten.

Das erste Symphoniekonzert (07.09.2006, Steven Sloane) enthält Bernsteins *Symphonie Nr. 1 „Jeremiah"* und Šostakovičs *Symphonie Nr. 13 op. 113 „Babi Jar"*. Die Konzertdramaturgie ist geprägt von einem zeitlichen und gattungsspezifischen Kontext, der durch die Untertitel der Symphonie programmatisch verknüpft wird. Die erste Konzerteinheit hat einen hebräischen Text zur Grundlage, Šostakovičs „erinnert" in seiner Symphonie an die Verfolgung und Ermordung von 34.000 Juden durch die SS im September 1941. 1942 wird die erste Konzert-

---

144 Jahresprogrammheft der Bochumer Symphoniker der Spielzeit 2005/2006, S. 27.
145 Sloane, Steven, in: Jahresprogrammheft der Bochumer Symphoniker der Spielzeit 2006/2007, S. 7.

einheit uraufgeführt, dies ist ein weiterer zeitlicher Bezug zwischen den beiden Werken.

Das mit Weberns *Passacaglia op. 1* eröffnete zweite Symphoniekonzert (19.10.2006, Antony Hermus) ist an die standardisierte Reihenfolge angelehnt. Mozarts *Klavierkonzert Nr. 13 C-Dur KV 415* – hier ergibt sich ein Bezug zu Webern, der Mozart als kompositorisches Vorbild betrachtet – und Francks *Symphonie d-Moll* bilden die zweite und dritte Konzerteinheit. Weitere Bezüge ergeben sich nicht.

Konventionell beginnt auch das dritte Symphoniekonzert (09.11.2006, Steven Sloane): Wagners *Lohengrin-Vorspiel* und Haydns *Cellokonzert C-Dur Hob. VIIb:1*. Die zweite Konzerthälfte ist jedoch konzertdramaturgisch stark kontrastierend: Toshio Hosokawas *Ferne Landschaft III* und Blochs *Shelomo – Hebräische Rhapsodie* sind statt einer „konventionellen" Symphonie programmiert. Das letzte Werk ist in Verbindung mit Haydns Cellokonzert zu betrachten, da Blochs Cellokonzerte seinen eigenen Bekanntheitsgrad maßgeblich beeinflussen. Eine konzertdramaturgische Korrespondenz ist außerdem zwischen den anderen beiden Konzerteinheiten vorhanden: Innermusikalische Bezüge verbinden beide Werke.[146]

Das vierte Symphoniekonzert (14.12.2006, Michail Jurowski) kombiniert kontrastierend Bergs *Violinkonzert „Dem Andenken eines Engels"* und Bruckners *Symphonie Nr. 5 B-Dur*. Die Integration choralartiger Elemente, die zur Betitelung „Choralsymphonie" bei Bruckners Werk führten, verbindet beide Werke. Außerdem ist 1935 die von Robert Haas edierte Fassung uraufgeführt worden – dem Jahr der Uraufführung von Bergs Violinkonzert.

Neben einer Uraufführung von Jörg Achim Kellers *Konzert für Big Band und Orchester* im Rahmen eines Kompositionsauftrags der Bochumer Symphoniker bestimmen Werke der ersten Hälfte des 20. Jahrhunderts die Programmgestaltung des fünften Symphoniekonzerts (11.01.2007, Mark Laycock). Verschiedene kompositorische Strömungen dieser Zeit werden kombiniert, so dass ein zeitlicher Kontext entsteht: Weills *Kleine Dreigroschenmusik,* Stravinskijs *Tango,* Bártoks *Tanzsuite in sechs Sätzen* sowie Ravels *La Valse*.

Das sechste Symphoniekonzert (15.02.2007, Wayne Marshall) ist im Rahmen von „Artist in Residence" konzipiert und verarbeitet innovativ die Behandlung des Soloinstruments Klavier im Instrumentalkonzert, indem die Besetzung von zunächst einem, anschließend zwei bis hin zu drei Klavieren dramaturgisch motiviert gesteigert wird. Zunächst beginnt das Konzert mit zwei Werken, in denen ein Klavier die Besetzung prägt: Debussys *Petite Suite für Klavier* und Gershwins *Second Rhapsody für Klavier und Orchester*. Die Steigerung beginnt mit Poulencs *Konzert für 2 Klaviere und Orchester d-Moll* und endet mit Mozarts *Konzert für 3 Klaviere und Orchester F-Dur KV 242*.

In Anlehnung an die standardisiere Reihenfolge ist das siebte Symphoniekonzert (08.03.2007, Steven Sloane) aufgebaut: George Lenz' *Violakonzert* ist im

---

146 Vgl. Corvin, Matthias, in: Programmheft des dritten Symphoniekonzerts, S. 8.

Rahmen einer Deutschen Erstaufführung Schuberts *Großer C-Dur Symphonie D 944* gegenübergestellt.

Sibelius bildet einen konzertdramaturgischen Rahmen im achten Symphoniekonzert (29.03.2007, Pietari Inkinen): sein Werk *En Saga op. 9* und seine *Symphonie Nr. 5 Es-Dur op. 82*. Durch ein Instrumentalkonzert – Julius Rietz' *Klarinettenkonzert g-Moll op. 29* – orientiert sich die Programmgestaltung dieses Konzerts eher an der standardisierten Reihenfolge.

Auch die Programmgestaltung des neunten Symphoniekonzerts (03.05.2007, Steven Sloane) entspricht dieser Reihenfolge. Bezüge zwischen den beiden Werken – Bártoks *Violinkonzert Nr. 2* und Brahms' *Symphonie Nr. 1 c-Moll op. 68* – ergeben sich aus der Beethoven-Rezeption beider Komponisten und dem Bezug zur Volksmusik Ungarns.

Im Kontext des Projekts „Am Rande des Wahnsinns" steht das letzte bzw. zehnte Symphoniekonzert (31.05.2007, Steven Sloane). Hier ist die ekstatische Berlioz' Leidenschaft für Shakespeare projektspezifischer konzertdramaturgischer Ausgangspunkt für die erste Konzerteinheit *Le Roi Lear*. Den Mythos um Elvis Presley und seinen Tod verarbeitet Eric Knight in seinem Werk *Elvis Lives!*, das sich somit stringent in den Projektkontext integriert – ebenso wie die folgenden Konzerteinheiten: Waltons *Funeral March aus „Hamlet"* und Dvořáks *Othello* – hier erneut mit Bezügen zu Shakespeare – sowie mit explizitem, bereits im Werktitel formulierten Projektbezug: Skrjabins *Le Poème de l'Extase*.

Die Aufführung von *Die Soldaten* von Zimmermann im Rahmen der „Ruhrtriennale" erregt internationale Aufmerksamkeit und wird in der überregionalen Presse begeistert rezensiert.[147] Event-Konzerte sind an den vergangenen Spielzeiten orientiert – in der Spielzeit 2006/2007 ist „Das verrückte BoSy-Tanzvergnügen", dessen Titel mit dem thematischen Projekt korrespondiert, neu programmiert.

In Anlehnung an die eingestellte Konzertreihe „Kaffeekonzerte" wird das Prinzip, Konzerte mit Kulinarischem auch thematisch zu verbinden, unter dem Titel „Bosy à la carte" fortgeführt. Die Konzertreihe „Rush Hour" ist bereits in der Spielzeit 2006/2007 wieder eingestellt.

Spielzeit 2007/2008 (Programm: Steven Sloane, Marina Grochowski)

Neben der Fortführung des Projekts „Artist in Residence" – in der Spielzeit 2007/2008 mit Moritz Eggert – steht das Projekt „Illusionen" in der mit „Momente" betitelten Spielzeit im Zentrum. Das Projekt „Illusionen" verbindet Werke, die in einem Kontext von „Träumen, Maskeraden und Zaubereien"[148] stehen. Seit der

---

147 Dies wird in einer knappen, inhaltlichen Zusammenfassung von entsprechenden Rezensionen deutlich. Vgl. O.A., in: Jahresprogrammheft der Bochumer Symphoniker der Spielzeit 2007/2008, S. 18.

148 Sloane, Steven, in: Jahresprogrammheft der Bochumer Symphoniker der Spielzeit 2007/2008, S. 5.

Spielzeit 2007/2008 steht der Bau der neuen Spielstätte für die Bochumer Symphoniker fest, eine Stiftung zur Finanzierung wird gegründet.

In einem programmatischen – hier: militärisch ausgerichteten – Kontext steht das erste Symphoniekonzert (06.09.2007, Steven Sloane, aufgeführt in der Henrichshütte in Hattingen): Haydns *Symphonie Nr. 100 G-Dur „Militär-Symphonie"* und Šostakovičs *Symphonie Nr. 7 C-Dur op. 60 „Leningrader Symphonie"*.

Das zweite Symphoniekonzert (01.11.2007, Noam Sheriff) beginnt mit Ravels *Le Tombeau de Couperin*, gefolgt von Noam Sheriffs *La follia Variations* und Musorgskijs *Bilder einer Ausstellung*. Die letzte Konzerteinheit ist in Ravels Orchestrierung aufgeführt, so dass Ravel einen konzertdramaturgischen Bezug zu diesem Komponisten herstellt.

Haydns *Symphonie Nr. 22 Es-Dur „Der Philosoph"* ist die erste Konzerteinheit des dritten Symphoniekonzerts (22.11.2007, Steven Sloane, auch in die Reihe „Jugendkonzert!" integriert). Diese Konzerteinheit korrespondiert mit Strauss' *Also sprach Zarathustra op. 30*: Beide Werke verbindet im weitesten Sinne der Bezug zur Philosophie, der sich jedoch bei dem in der Konzertmitte programmierten Werk *Klavierkonzert Nr. 3* von Bártok nicht erschließt.

Die konzertdramaturgische Verwendung von Tageszeiten bildet einen Schwerpunkt des vierten, innovativen Symphoniekonzerts (06.12.2007, Steven Sloane). Wagners *Götterdämmerung* ist in Form des Vorspiels und des Finales der dramaturgische Rahmen, in dessen Mitte zwei Werke mit explizitem Bezug zur Tageszeit Nacht stehen: Berlioz' *Les Nuits d'été op. 7* und Nicholas Maws *The World in the evening*. Maws Werk wird im Rahmen einer Deutschen Erstaufführung in die Programmgestaltung integriert.

Das fünfte Symphoniekonzert (24.01.2008, Julia Jones) eröffnet einen zeitlichen Kontext: Der Zeitraum um das Jahr 1918 verbindet alle Konzerteinheiten dieses Konzerts, das mit Elgars *Cellokonzert e-Moll op. 85* beginnt. Nielsens *Pan und Syrinx, Pastorale für Orchester op. 45* und Janáčeks *Sinfonietta* folgen Elgars Werk.

Eggerts Werk *„Primus" – Konzert für Kontrabass und Orchester* ist in der Mitte des sechsten Symphoniekonzerts (07.02.2008, André de Ridder) programmiert, das im Rahmen von „Composer in Residence" konzipiert ist und in der Tradition der standardisierten Reihenfolge steht. Debussys *Prélude à l'après-midi d'un faune* und Beethovens *Symphonie Nr. 6 F-Dur op. 68 „Pastorale"* bilden einen von (Natur-)Programmatik geprägten konzertdramaturgischen Rahmen.

„Galionsfiguren zweier musikalischer Pole", die eine „unmögliche Kombination für einen Konzertabend" darstellen, werden im siebten Symphoniekonzert (13.03.2008, Yves Abel) verwendet: Brahms' *Violinkonzert D-Dur op. 77* und Liszts *Faust-Symphonie*.[149] Trotz dieses Kontrasts entspricht die Programmgestaltung erneut einem Auszug aus der standardisierten Abfolge.

Das achte Symphoniekonzert (24.04.2008, Steven Sloane) steht erneut im Rahmen von „Composer in Residence" – Eggerts *Number 9 IV „A Bigger Splash"* ist in der Konzertmitte positioniert, um die ein nationalspezifischer Kontext auf-

---

149 Fischer, Tilman: in Programmheft des siebten Symphoniekonzerts, S. 4.

gespannt wird, der von russischen Werken bestimmt ist: Šostakovičs *Suite aus der Operette Moskau – Cheryomushky* und Rachmaninovs *Symphonie Nr. 2 e-Moll op. 27*.

Wie in der vergangenen Spielzeit ist das Konzert – bzw. die letzten beiden Konzerte der Spielzeit 2007/2008 – mit Bezug zum thematischen Projekt am Ende der Spielzeit positioniert. Das neunte Symphoniekonzert (15.05.2008, Mark Laycock) ist mit dem Projekt „Illusionen" verknüpft. Eindeutig in dem Projektkontext ist die erste Konzerteinheit zu deuten: Paul Dukas' *Der Zauberlehrling*. Auch das folgende Werk, Prokof'evs *Suite aus der Oper „Die Liebe zu den drei Organen"*, verarbeitet programmatisch die Rolle eines Zauberers, die in die Handlung der Commedia dell'arte integriert wird. Milhauds *Scaramouche für Saxophon und Orchester* verarbeitet ebenfalls programmatisch eine Figur aus der Commedia dell'arte. Das Saxophon als im zweiten Weltkrieg von den Nationalsozialisten diskreditiertes Instrument findet in der folgenden Konzerteinheit ebenfalls Verwendung: Erwin Schulhoffs *Hot Sonate*. Das tragische Ende von Schulhoff, der 1942 von den Nazis ermordet wurde, korrespondiert mit Milhauds Werk biographisch. In einem explizit zeitlichen Kontext zur ersten Konzerteinheit samt Projektbezug steht Strauss' *Till Eulenspiegels lustige Streiche op. 28*. Die Konzertdramaturgie ist stringent konzipiert, indem im Mittelteil des Konzerts jeweils auf das vergangene konzertdramaturgische Merkmal rekurriert wird.

Debussys *Pelléas et Mélisande* in konzertanter Aufführung ist einziger Bestandteil des zehnten Symphoniekonzerts (Nur am 06.06.2008, Steven Sloane, aufgeführt in der Jahrhunderthalle Bochum). Hier wird der Projektkontext durch die „märchenhafte, irreale Atmosphäre, voll dunkler Bedrohung, vieldeutigen Vorzeichen und fatalistischen Geschehensabläufen"[150], die Maeterlinks Dichtung ausmacht, evident.

Das Education-Programm wird in der Spielzeit 2007/2008 erneut modifiziert, indem die Konzertreihe „Soundsafari" eingeführt wird. Interdisziplinarität sowie alters- und herkunftsunabhängige Integration von Jugendlichen stehen im Schwerpunkt dieses Workshops.

Eventkonzerte orientieren sich an der vergangenen Spielzeit.

Spielzeit 2008/2009 (Programm: Steven Sloane, Jörg Hillebrand)

Die Spielzeit 2008/2009 trägt den Titel „Meisterstücke", deren thematisches Projekt „Elemente" den inhaltlichen Schwerpunkt bildet. Jedes Element eröffnet einen konzertdramaturgischen Kontext. Außerdem steht die Finanzierung der neuen Spielstätte im Vordergrund dieser Spielzeit, die durch zwei Konzerte angeregt und unterstützt werden soll – eins davon in Kooperation mit Herbert Grönemeyer.

Das erste Symphoniekonzert (11.09.2008, Antony Hermus) enthält Smetanas *Mein Vaterland* und ist ohne Projektbezug konzipiert.

---

150 Ebenda.

Im Rahmen von „Symphoniekonzerte spezial" ist das zweite Symphoniekonzert (16.10.2008, Steven Sloane) der standardisierten Reihenfolge nachempfunden: Sibelius' *Violinkonzert d-Moll op. 47* wird mit Šostakovičs *Symphonie Nr. 10 e-Moll op. 93* kombiniert. Weitere Bezüge sind nicht identifizierbar.

Die ersten beiden Konzerteinheiten des dritten Symphoniekonzerts (06.11. 2008, Julia Jones) bilden einen Komponistenkontext: Mozarts *Klavierkonzert Nr. 18 B-Dur KV 456* und Messiaens *Un sourire*, Messiaens Werk ist Mozart dezidiert. Die nachfolgende Symphonie *Nr. 7 d-Moll op. 70* von Dvořák reiht sich nicht in diesen Kontext ein.

Im Rahmen des Projekts „Elemente" ist das vierte Symphoniekonzert (04.12.2008, Steven Sloane) mit „Wasser" untertitelt und evoziert so einen entsprechenden programmatischen Kontext, der durch die ersten drei Konzerteinheiten bereits in deren Titeln aufgegriffen wird: Takemitsus *I hear the water dreaming*, Schumanns *Symphonie Nr. 3 Es-Dur op. 97 „Rheinische"* und Debussys *La mer*. Die abschließende Konzerteinheit – Ausschnitte aus Bergs *Wozzeck* – gliedert sich in diesen Kontext stringent ein, indem in den hier gewählten Passagen aus dem Libretto der Oper das Element Wasser einerseits explizit thematisiert und andererseits symbolisch verarbeitet wird.

Čajkovskijs steht im Mittelpunkt des fünften Symphoniekonzerts (15.01.2009, Yves Abel) und bildet einen konzertdramaturgischen Rahmen, der mit *„Capriccio Italien"* beginnt und mit dem *Klavierkonzert Nr. 2 G-Dur op. 44* schließt. In der Konzertmitte ist Ravels *Rhapsodie espagnole* als spanisches Pendant zu Čajkovskijs italienisch geprägtem Werk programmiert, so dass ein nationalspezifischer Kontext – Italien und Spanien – beide Werke verbindet.

Einer ähnlichen Konzertdramaturgie, die hier Brahms in der Mittelpunkt stellt, folgt das sechste, unter „Symphoniekonzerte spezial" rubrizierte Symphoniekonzert (29.01.2009, Steven Sloane). *Rhapsodie für Alt, Männerchor und Orchester* und *Ein deutsches Requiem* bilden den Rahmen, in dessen Mitte Per Nørgårds *Remembering Child* steht. Diese „Sandwich-Dramaturgie" ist von einem Bezug der letzten beiden Konzerteinheiten gekennzeichnet, indem auch Nørgårds Werk Requiem-Charakter aufweist, da es anlässlich eines 1982 gestorbenen Mädchens im Kalten Krieg komponiert wurde.

Das Kontrastprinzip steht im Mittelpunkt des siebten Symphoniekonzerts (26.02.2009, Steven Sloane), Beethovens *Symphonie Nr. 4 B-Dur op. 60* wird mit George Antheils *Venus in Africa* verbunden. Die Beethoven-Rezeption Antheils kann als verbindendes konzertdramaturgisches Element aufgefasst werden.

Ein auf Spanien und England fokussierter nationalspezifischer Kontext ist im achten Symphoniekonzert (26.03.2009, Karl Heinz Steffens) für dessen Stringenz ausschlaggebend: de Fallas *Suite Nr. 2 aus „El sombrero de tres picos"* und Ferran Cruixents *Schlagzeugkonzert Focs d'artifici* sowie Williams *Fantasie über ein Thema von Thomas Tallis* und Elgars *„Enigma"-Variationen op. 36* bilden diese Kontexte. Darüber hinaus verbindet die letzten beiden Konzerteinheiten ihre Stellung als „Durchbruchs-Werk" im Œuvre der jeweiligen Komponisten.

Dem Element „Feuer" widmet sich das neunte Symphoniekonzert (07.05.2009, Steven Sloane), das als „Symphoniekonzert spezial" konzipiert ist.

Haydns *Symphonie Nr. 59 A-Dur „Feuersymphonie"* greift das Element durch ihren Untertitel auf. Mark-Anthony Turnages *Scorched* ist ebenfalls bereits durch seinen Titel, der sich auch auf John Scofield bezieht, dem Element Feuer zugeordnet.

Das zehnte, mit dem Zusatz „spezial" bezeichnete Symphoniekonzert (28.05.2009, Christof Prick) bildet eine durch seine Form mit nur einer Konzerteinheit eine Symmetrie zum ersten Symphoniekonzert. Die Programmgestaltung besteht aus Bruckners *Symphonie Nr. 5 B-Dur*.

Neu im Rahmen der Event-Konzerte sind ein Open-Air-Konzert zur 1000-Jahres-Feier der Stiepeler Dorfkirche und die „BoSy beim Bochumer Musiksommer" sowie Konzerte mit Take 6 und Maria Joao – in diesem Zusammenhang ist außerdem die (Projekt-)Konzertreihe „Klingt nach Bochum" relevant, deren Ziel sich aus der finanziellen Unterstützung der neuen Spielstätte konstituiert.

Spielzeit 2009/2010 (Programm: Steven Sloane, Jörg Hillebrand)

Die Disposition des Spielzeitenprogramms für 2009/2010 steht anlässlich des Kulturhauptstadtjahrs 2010, „RUHR.2010", das in dieser Spielzeit erreicht wird, unter der Titeltrias „Open Space – Open Minds – Open Doors". Das innovative Prinzip, Spielzeitenrestriktionen wegen des Großprojekts „RUHR.2010" bewusst zu überwinden, ist ursächlich für diese symmetrische Programmdisposition. In deren Mitte ist das für Orchester und Region einzigartige Großprojekt durch ein von autonomer Struktur geprägtes Programmheft besonders hervorgehoben: „Open Minds" ist die Sonderpublikation, die die Konzerte des Kulturhauptstadtjahres 2010 vereint. Der erste Teil, „Open Space", der als thematisches Projekt fungiert, soll anregen, „ein wenig innezuhalten, den Gedanken freien Raum zu geben und auf die Herausforderungen und Freuden vorzubereiten, die uns mit der Kulturhauptstadt, aber auch mit der Realisierung unserer zukünftigen Spielstätte"[151] verbinden.

Das erste Symphoniekonzert (03.09.2009, Steven Sloane) steht unter einem Komponistenschwerpunkt: Werke Dvořáks – *Scherzo capriccioso op. 66* und *Cellokonzert h-Moll op. 104* – markieren den Konzertbeginn und -Abschluss. Kontrastierend ist in der Konzertmitte Bernsteins *Konzert für Orchester „Jubilee Games"* programmiert.

Die Gattung „Tondichtung" verbindet zumindest zwei der drei Konzerteinheiten im zweiten Symphoniekonzert (01.10.2009, Jan Latham-Koenig): Weberns *Im Sommerwind* und Strauss' *Tod und Verklärung op. 24*. Zuvor wird das Konzert dramaturgisch unkonventionell durch Brahms' *Symphonie Nr. 3 F-Dur op. 90* eröffnet.

Antheils *The Brothers* steht im Rahmen einer (konzertanten) Europäischen Erstaufführung im Mittelpunkt des dritten Symphoniekonzerts (26.11.2009, Steven Sloane), in dem ebenfalls Stravinskijs *Le Sacre du Printemps* programmiert

---

151 Sloane, Steven, in: Vorwort des „Jahresprogrammhefts" „Open Space", S. 7.

ist. Die Verbindung zwischen den beiden Werken besteht aus der Stravinskij-Rezeption durch Antheil.

Einen ähnlichen Zeitraum der Komposition bzw. Uraufführung verbinden Nielsens *Symphonie Nr. 4 op. 29* und Rachmaninovs *Klavierkonzert Nr. 3 d-Moll op. 30* im vierten Symphoniekonzert (17.12.2009, Steven Sloane).

Das fünfte Symphoniekonzert (14.01.2010, Dennis Russell Davies) ist zugleich erstes Symphoniekonzert im Jahr 2010 und damit auch erstes Symphoniekonzert von „Open Minds", dem Sonderprogramm der Konzerte im Kulturhauptstadtjahr 2010. Das Projekt „Open Minds" vereint hier Symphoniekonzerte mit bestimmten Interpreten – thematisch ist hier ein eindeutiger Bezug zur Kulturhauptstadt erkennbar. Das „Henze-Projekt" und „Sing!" sowie der Beethoven-Zyklus „Sonntagssymphonie" sind Teilprojekte und teilweise mit den bisherigen Konzertreihen der Bochumer Symphoniker verflochten. Die Programmgestaltung des fünften Symphoniekonzerts ist kontrastierend: Haydns *Symphonie Nr. 70 D-Dur Hob. I: 70* steht in einem eindeutigen Gegensatz zu den beiden folgenden Konzerteinheiten aus dem 20. Jahrhundert: Stravinskijs *Konzert für Bläser und Klavier* und Glass' *Symphonie Nr. 2*, die im Rahmen einer deutschen Erstaufführung dargeboten wird. Zumindest in der Chronologie ist die Programmgestaltung stringent realisiert.

Die drei Konzerteinheiten des sechsten bzw. zweiten Symphoniekonzerts (18.02.2010, Steven Sloane) bestehen aus Adams' *The Chairman Dances*, Šostakovičs *Symphonie Nr. 6 h-Moll op. 54* und Beethovens *Violinkonzert D-Dur op. 61*. Bezüge ergeben sich ausschließlich aus einem politischen, jedoch nicht aufeinander zu beziehenden Kontext der ersten beiden Konzerteinheiten.

Debussys *Nocturnes* stehen im Mittelpunkt des siebten bzw. dritten Symphoniekonzerts (25.03.2010, Julia Jones) und werden geteilt und in ihrer Werkchronologie unterbrochen: Sie werden zur ersten – *Nuages* – und dritten – *Fêtes* – Konzerteinheit. In der Mitte ist Tan Duns *Konzert für Pipa und Streichorchester* als Pendant zu Debussys Rezeption fernöstlicher Musik programmiert. Die programmatische Komponente ist in der Verbindung zwischen Debussys Werk und Berlioz' abschließendem Werk *Symphonie fantastique op. 14a* zu sehen.

Das achte bzw. vierte Symphoniekonzert (22.04.2010, Mark Laycock) ist durch einen programmatischen – hier pastoralen – Kontext geprägt: Rameaus *Orchestersuite aus Naïs* und Beethovens *Symphonie Nr. 6 F-Dur op. 68 „Pastorale"* stehen wegen der Hirtenthematik bei Rameau und dem programmatischen Untertitel bei Beethoven in diesem Kontext. Nicht in diesen Kontext, jedoch im epochenspezifischen und damit zeitlichen Bezug zu Rameau steht Johann Sebastian Bach, dessen *Brandenburgisches Konzerts Nr. 1 F-Dur BWV 1046* die Konzertmitte markiert.

Ludvig Irgens-Jensen *Bols vise* und Mahlers *Symphonie Nr. 2 c-Moll „Auferstehungssymphonie"* sind die beiden Bestandteile des neunten bzw. fünften Symphoniekonzerts (12.05.2010, Steven Sloane). Wegen des Mitwirkens des Stavanger Symfoniorkester, das ebenfalls von Steven Sloane geleitet wird, und der ersten Konzerteinheit wird in diesem Konzert ein nationalspezifischer, hier: norwegischer Kontext eröffnet, in den sich Mahlers Symphonik jedoch nicht einordnen lässt.

Zwei „Stiefkinder des Konzertbetriebs"[152] – also ungewöhnlich lange Zeiträume, die zwischen Komposition und Uraufführung liegen – bestimmen die Programmgestaltung des zehnten bzw. sechsten Symphoniekonzerts (17.06.2010, Mario Venzago): Schumanns *Violinkonzert d-Moll* kam erst 84 Jahre nach der Komposition zur Uraufführung, Bruckners *Symphonie d-Moll „Nullte"*, die als zweite Konzerteinheit an der standardisierten Reihenfolge orientiert ist, erst im Jahr 1924.

Das siebte Symphoniekonzert (07.10.2010, Nicholas McGegan) der „Konzerte im Kulturhauptstadtjahr" ist Bestandteil des Abonnements 2010/2011, also der folgenden Spielzeit. Die Konzertdramaturgie ist von einem Wechsel zwischen Werken von Händel und Mozart geprägt: *Suite Nr. 3 G-Dur aus „Wassermusik"*, *Klavierkonzert Nr. 22 Es-Dur KV 482*, *Ballettmusik aus „Oreste"*, *Zwischenaktmusik KV 345*, *Suite Nr. 2 D-Dur aus „Wassermusik"*.

Jörg Widmanns *Violinkonzert* steht im Mittelpunkt des achten Symphoniekonzerts (04.11.2010, Steven Sloane). Der standardisierten Reihenfolge nachempfunden ist der Konzertabschluss durch Čajkovskijs *Sinfonie Nr. 4 f-Moll op. 36.*

„Lachen" ist der nicht explizit ausformulierte Titel des neunten Symphoniekonzerts (25.11.2010, Julia Jones). In diesem Kontext ist Prokof'evs *Suite aus „Die Liebe zu den drei Orangen" op. 33* zu deuten. In dieser Oper ist das Lachen „Dreh- und Angelpunkt des Geschehens"[153]. Diverse Kompositionen von Mnozil Brass – teilweise im Rahmen von Uraufführungen – sowie Strauss' *Till Eulenspiegels lustige Streiche op. 28* reihen sich stringent in diesen Kontext ein.

Die Personalunion von Komponist und Interpret – Widmanns *Fantasie für Klarinette solo* – sowie das „Henze-Projekt" – *Opfergang* im Rahmen einer Deutschen Erstaufführung – sind charakteristisch für das zehnte Symphoniekonzert (16.12.2010, Steven Sloane). Kontrastierend – auch hinsichtlich der Positionierung im kompositorischen Œuvre – ist Mozarts *Klarinettenkonzert A-Dur KV 622* programmiert. Dieses Konzert wird sehr positiv rezensiert.[154]

Konzertevents finden unabhängig von den Symphonie- und Sonderkonzerten – hier ist erneut eine stringente Kontinuität zu verzeichnen – wie oben beschrieben im Rahmen der vielfältigen Projekte der Kulturhauptstadt statt.

Die Stadtteilkonzerte „BoSy vor Ort" werden erst im in dieser Spielzeit durch eine Rubrik expliziert. Unter der Rubrik „Schichtwechsel" ist ein Konzert gelistet, das im Sinne von Cross-over ein Lounge-Projekt mit DJ und Mitgliedern der Bochumer-Symphoniker darstellt.

Die Konzertreihe „Intermezzo" wird in der Spielzeit 2009/2010 durch die Reihe „Sonntagssymphonie" abgelöst, die Spielstätte („Thürmer-Saal") und die Aufführungszeit (sonntags, 11 Uhr) bleiben hierbei konstant. Eine zyklische Aufführung sämtlicher Symphonien Beethovens wird zum Fundament der Pro-

---

152 Fischer, Tilman: in Programmheft des zehnten bzw. sechsten Symphoniekonzerts, S. 4.
153 Ebenda, S. 6.
154 Schreiber, in: Frankfurter Allgemeine Zeitung v. 20.12.2010.

grammgestaltung und Konzertdramaturgie, die durch „klassische und moderne Werke ergänzt"[155] werden. In dem Sonderprogramm zum Kulturhauptstadtjahr wird – unabhängig von Rubriken, die „RUHR.2010" betreffen" – die kammermusikalische bzw. Streichquartett-Konzertreihe „Bermuda 4" rubriziert. Für die Betitelung ist das „Bermuda-Dreieck" als Lokalbezug zum Aufführungsort ausschlaggebend. Markenpolitische Relevanz erreichen Titel und Aufführungsort mit der bewussten Adressierung eines in der Regel nicht kulturaffinen Publikums.

155 O.A., in: Vorwort des „Jahresprogrammhefts" „Open Space", S. 72.

4. AUSWERTUNG UND VERGLEICHENDE INTERPRETATION UNTER BERÜCKSICHTIGUNG DER INTERVIEWS

In diesem Kapitel werden zunächst der Befund und die dramaturgische Analyse der Konzertprogramme interpretiert, im ersten Schritt isoliert in Bezug auf die Orchester, im zweiten im Rahmen eines Vergleichs unter der Berücksichtigung von (signifikanten) Gemeinsamkeiten und Unterschieden. Auswertungen und Ergebnisse der Experteninterviews sind integriert – ebenfalls in o.g. Abfolge (isoliert – vergleichend). Wie in der Einleitung erwähnt, fungieren die jeweiligen Unterkapitel als Kategorien der Inhaltsanalyse, die als Orientierung für die Auswertung der Interviews dient. Orchesterspezifische Kennzahlen als statistisches Fundament sind in diesem Kapitel ebenfalls Bestandteile der Interpretationen. Mögliche perspektivische Schlussfolgerungen ergänzen die vergleichenden Abschnitte.[1]

4.1 PROGRAMMGESTALTUNG: KONZERTREIHEN

Die zwölf[2] Philharmonischen Konzerte stehen eindeutig im Zentrum der Programmgestaltung der **Duisburger Philharmoniker**. Sonderkonzerte nehmen eine ergänzende Funktion ein: Die im Rahmen dieser Konzertreihe programmierten Konzerte weisen häufig einen Eventcharakter auf, „Neujahrs"- und „Open-Air Sommer-Proms-Konzerte" und „Galakonzerte" mit „weltweit gefeierten Gesangstars"[3] sind kontinuierlich in dieser Konzertreihe rubriziert. Außerdem bietet diese Konzertreihe Spielraum für innovative Formate, die z.B. hinsichtlich des Aufführungsortes und des Aufführungskontextes – z.B. durch Konzertmoderation oder eine Spielstätte in der Industriekultur[4] – von der konventionellen symphonischen Konzertstruktur abweichen. Charakteristisch für diese Konzert-Events ist ein wiederholter Konnex zu Sportveranstaltungen („World-Games", MSV-Gala, Kanu-Weltmeisterschaft), der sich wie ein „roter Faden" durch die Konzertprogramme der Sonderkonzerte zieht und einen auch marketingrelevanten identitätsstiftenden Regionalbezug erzeugt. Dieser Bezug ist durch Charakteristika des Ambush Marketing geprägt.[5] Im Untersuchungszeitraum fällt die Anzahl der

---

1   Der Bezug zu den jeweiligen Orchestern ist durch Fettdruck markiert.
2   Ausnahme: In der Spielzeit 2002/2003, die als Jubiläumsspielzeit zu klassifizieren ist, existieren 13 Philharmonische Konzerte.
3   Tegethoff 2002, S. 56.
4   Dies bezieht sich auf die nur eine Spielzeit andauernde Reihe „Musik im Industrieraum", die unabhängig von der Ruhrtriennale initiiert wird.
5   Vgl. Günter / Hausmann 2012, S. 85.

Event-Konzerte jedoch mit maximal drei Events pro Spielzeit relativ gering aus. Auch die Anzahl von Ur- und deutschen Erstaufführungen (UA/EA) beträgt maximal drei pro Spielzeit, bis auf 2000/2001 und 2009/2010 ist in jeder Spielzeit mindestens eine UA/EA vorhanden. Konzertreihen mit der Spielstätte als Distinktionsmerkmal werden ebenfalls kontinuierlich – auch hinsichtlich der Aufführungszeit – gestaltet: „Konzerte im Opernfoyer", „Haniel-Akademie-Konzerte" und „Serenadenkonzerte". Hinsichtlich der verwendeten Gattungen, der epochalen Einordnung und Konzertdramaturgie folgen diese Konzertreihen keinem eindeutigen Muster. Diese Konzertreihen werden im Verlauf des Untersuchungszeitraums unter dem Titel "Konzerte!Konzerte" gruppiert. Diese plausible und stringente Zusammenfassung von ähnlichen Konzertreihen ist produkt- bzw. leistungspolitisch äußerst relevant: Das appellative Ausrufezeichen im Reihentitel fungiert als markenpolitisches Alleinstellungsmerkmal des Orchesters, das ebenfalls im globalen Spielzeittitel ab der Spielzeit 2007/2008 Verwendung findet („play!"). Diese Titelkorrespondenz zeigt sich auch in den Education-Projekten („Klasse!Klassik"). Im Untersuchungszeitraum ergeben sich einige Veränderungen in den Education-Konzertreihen, hier ist eine kontinuierliche Ausweitung zu konstatieren, die mit einem Wechsel in der Konzert-(Reihen-)Betitelung und deren Strukturierung einhergeht. Neben der konventionellen kammermusikalischen Konzertreihe ist die „Profile-Reihe" konzertdramaturgisch innovativ, indem ein interdisziplinärer Dialog zwischen verschiedenen Kunstsparten initiiert wird. Gattungs-, Spielstätten- und Epochenrestriktionen werden dabei bewusst überwunden. Neben einem sich intensivierenden Projektkontext („Klavierfestival", „Ruhrtriennale" und schließlich „RUHR.2010") wird die Reihe „Stadtteilkonzerte" neu eingeführt.

Aus Sicht des Intendanten der **Duisburger Philharmoniker**, Alfred Wendel, konstituiert sich das zentrale Prinzip der Programmgestaltung aus der Kombination von Werken des „großen Repertoires", das hier durch die Komponisten Haydn, Mozart, Beethoven und Brahms repräsentiert wird, und zeitgenössischen Werken bzw. dem Publikum eher „unbekannten" Werken. Die Zusammensetzung des „großen Repertoires" sei eindeutig auch von einer ästhetischen bzw. künstlerischen Publikumsorientierung geprägt. Um Neugier zu wecken, biete man dem Publikum zusätzlich und epochenunabhängig „Neues" an. Akzeptanz durch das Publikum sei ein subjektiver Indikator für die Qualität unbekannter Werke und bestimmt letztlich die Nachfrage nach solchen Werken, die nach einiger „Unruhe bei den Abonnenten"[6] aber stetig ansteige. Voraussetzung für diese Akzeptanz durch das Publikum sei neben Neugier ein erfolgreicher Erziehungsprozess.[7]

In Abgrenzung zu einem Unterhaltungsorchester oder einer Kurkapelle werde hinsichtlich der Publikumsorientierung, die hier nicht als Kundenorientierung in der Servicepolitik[8] verstanden wird, ein Mittelweg favorisiert: Einerseits haben Orchester und künstlerischer Leiter einen ästhetischen Anspruch, andererseits sind

6   Anhang AI 02.
7   Vgl. Anhang AI 01 / AI 02.
8   Siehe Kapitel 2.2.

die programmgestalterischen Präferenzen des Publikums relevant, die durch die Programmierung aus dem „großen und wichtigen Kanon der Meisterwerke"[9] erfüllt werden. Anspruchsvolle und künstlerisch wertvolle Programme werden vom Publikum akzeptiert. Durch Konzerteinführungen, Erläuterungen in den Programmheften und Vermittlung der Inhalte der Musik werde dieser Prozess der Akzeptanz forciert.[10]

Generell fänden im Rahmen der Sinfoniekonzerte zwei bis drei Treffen der Intendanz mit dem GMD statt, bei denen die Programme konzipiert und ausgearbeitet werden. Der GMD könne programmgestalterische Ansatzpunkte geben – z.B. durch die Vorgabe, die Aufführung sämtlicher Brahms-Sinfonien zu realisieren. Diese Ansatzpunkte seien Grundlage für die Konzertdramaturgie, die sich dann aus Kontexten zu diesen Sinfonien ergebe. Inhaltlicher Input vom Publikum und v.a. von dem Orchester, das aus „90 Experten"[11] für die Programmgestaltung bestehe, sei dabei hilfreich. Ein Kriterium im programmgestalterischen Prozess sei aus dem Anspruch abzuleiten, Wiederholungen zu vermeiden und selten von Orchestern interpretierte Werke aufzuführen. Die nächste Instanz in diesem Prozess sei die Auswahl der Interpreten für die gewünschte Programmgestaltung. Die Programmgestaltung könne sich bei Gastkünstlern jedoch auch nach deren künstlerischer Spezialisierung – z.B. auf Barockmusik – richten. Somit könne der Prozess der Programmgestaltung einerseits inhaltlich, andererseits interpretatorisch eingeleitet und beeinflusst werden. Ergebnisse von Publikumsbefragungen – in Eigenregie und durch externe Befragungen – würden in den Prozess der Programmgestaltung integriert.[12]

Im Essener Konzertwesen wird die Programmgestaltung institutionell differenziert: die **Essener Philharmoniker** mit eindeutig im Zentrum stehenden Symphoniekonzerten und die **Essener Philharmonie** mit einer breit gefächerten Programmgestaltung. Bei der Essener Philharmonie fungieren die Themenschwerpunkte sowie Abonnement- und später auch Themenreihen als entsprechende strukturstiftende Merkmale. Das Ereignis des Symphoniekonzerts steht jedoch auch hier im Vordergrund, entweder in den Konzerten der Essener Philharmoniker oder in den teilweise auf Starorchester und internationale Interpreten ausgerichteten Konzerten. Ur- und Erstaufführungen nehmen in der Essener Philharmonie einen großen Stellenwert ein, häufig jedoch nicht durch das „Hausorchester" realisiert. Eine eigene Konzertreihe („Zukunfts-Musik in Essen") unterstreicht den hohen Stellenwert von Konzerten mit Ur- und deutschen Erstaufführungen – teilweise in Form von Auftragskompositionen. Konzerte mit Eventcharakter der Essener Philharmoniker bestehen v.a. aus Gala- und Benefizkonzerten, Open-Air-Konzerten, „Konzerten für behinderte Essener Bürger" und aus den Neujahrskonzerten, die unter der Konzertreihe „Sonderkonzerte" rubriziert sind. Andere Konzertreihen der Essener Philharmoniker sind besetzungs- und spielstättenspezifisch

---

9   Anhang AI 07.
10   Vgl. Anhang AI 07.
11   Anhang AI 30.
12   Vgl. Anhang AI 30.

differenziert (Kammer- und Foyerkonzerte) oder sind dem Education-Segment zuzuordnen. Die Konzertreihen sind im Untersuchungszeitraum inhaltlich und strukturell konsequent und schlüssig konzipiert. In der Essener Philharmonie ist eine Fülle von Eventkonzerten erkennbar, insbesondere die Konzertreihe „Eröffnungszauber" beinhaltet eine große Eventkomponente. Darüber hinaus existieren diverse Eventformate – meist in Form von Galakonzerten, „italienischen Nächten" und „Proms-Konzerten" – , die auch in bestimmte Abonnement- oder Themenreihen eingebunden sein können. Wie oben dargestellt, ist der „Eröffnungszauber" paradigmatisch für die Konzertreihenstruktur in der Essener Philharmonie. Innovative Konzertformate sind z.B. in der Konzertreihe „Try This" oder „Sommernachtstraum" vorhanden. Innovative Konzertdramaturgie ist häufig durch die Vielfalt an Bezügen und die stringente Umsetzung innerhalb eines Konzerts oder innerhalb einer – auch spielzeitenübergreifenden – Konzertreihe gewährleistet. Die Integration von improvisierter Musik und interdisziplinären Bezügen leistet einen wichtigen Beitrag zu entsprechend innovativen Konzerten.

Die Programmgestaltung der **Philharmonie Essen** ist laut der Einschätzung des Intendanten, Johannes Bultmann, von einem Dreischritt geprägt: Interpretation, Kommunikation und Partizipation. Die Instanzen dieses dialektischen Dreichritts seien die Grundlage für die Konzeption von Konzertprogrammen und verschiedenen Programmlinien. Die Etymologie der ersten Instanz – Interpret, interprète, Übersetzer – führe zu der kommunikativen Funktion der Interpretation im wahrsten Sinne, nämlich zu einer Übersetzung von notierter Musik in einen dem Publikum verständlichen Code. Das Publikum, das bei hinreichend ausgeprägter (Informations-)Vermittlung an der Aufführung partizipiere und im Idealfall Feedback zum Ausführenden geben könne, übernähme dabei eine tragende Rolle. Die Auswahl der Interpreten sei Kern der langfristigen Konzeption der Programmgestaltung und Konzertdramaturgie. Dass Interpreten nicht nach der Angebotsstruktur der Agenturen, sondern hinsichtlich ihres Integrationspotentials in vorhandene und neue thematischer Linien der Programmgestaltung selektiert werden, sei eine Voraussetzung für den o.g. Dreischritt. Dieses Prinzip sei darüber hinaus als Gegensatz zu einer im Wesentlichen durch den Interpreten bestimmten Programmgestaltung und damit auch Konzertdramaturgie aufzufassen. Das implizite Ziel bestehe in dem Anspruch, Stringenz auch in von unterschiedlichen Orchestern, Solisten und Dirigenten interpretierten Konzertreihen garantieren zu können. Anhand der Themenreihen „Sehnsucht Schubert" und „Tristan-Akkord" wird dies exemplarisch evident.[13]

Die Philharmonie Essen werde etwa zu einem Drittel durch Subventionierung, zu einem Drittel durch Ticketerlöse und zu einem Drittel durch Spenden und Sponsoring finanziert. Der letzte Anteil sei als essentiell eingestuft und nehme im Rahmen der hauptsächlich durch die Grundsubventionierung getragenen Finanzierung eine immer stärkere Rolle ein. Dass Spenden und Sponsoring sich bundes-

---

13 Vgl. Anhang AII 01.

weit positiv direkt auf die Vielfalt und Qualität der Programmgestaltung von Orchestern auswirke, wird expliziert.[14]

Publikumsorientierung sei hier für die Praxis der Programmgestaltung nicht relevant, im Gegenteil, sie schränke demnach sowohl den kreativen Faktor der eigenen Konzeption als auch die Neugier des Publikums ein. Steigende Besucher- und Abonnementzahlen belegten den Erfolg von bewusstem Ignorieren von Publikumsorientierung. Vielmehr sei die Neugier des Publikums der Garant für langfristige Akzeptanz der Programmgestaltung. Auch an dieser Stelle wird die Rolle des Interpreten hervorgehoben, der inhaltsvermittelnd agiert. Der Ansatz, gar prozentuale Anteile publikumsorientierter Programmgestaltung auszumachen, wird klar abgewiesen.[15]

Das Feedback von Mitarbeitern sei für die konzeptionelle Phase der Programmgestaltung wichtig und fungiere als deren erster Erfolgsindikator. Diskussionen und Anregungen seien besonders hilfreich, wenn sie zielorientiert Klarheit, Geradlinigkeit und Stringenz evozierten. Einige Projekte erforderten langfristige Vorüberlegungen und Konzeptionen, die Jahre im Voraus initiiert werden können. Der gesamte Prozess der Programmgestaltung, der nicht zu pauschalisieren sei, sondern der inhaltlich programmabhängig sei, sei als „work in progress" zu verstehen, in dem der Zeitpunkt und Grad der Mitarbeiterpartizipation nicht pauschal festgelegt sein könnten. Außerdem wird dieser Prozess mit einem musikalischen Kompositionsprozess verglichen, in dem Konzertdramaturgie einen stark ausgeprägten zusammenhangstiftenden Stellenwert einnehme.[16]

Die Programmgestaltung der **Bochumer Symphoniker** ist eindeutig dynamisch konzipiert und umgesetzt: Unterschiedliche thematische Schwerpunkte, die meist in Projektformen realisiert sind, werden mit einer Vielzahl von verschiedenen und über den Untersuchungszeitraum wechselnden Konzertreihen kombiniert. Konzertreihen werden hinsichtlich ihrer Spielstätte, ihrer Aufführungszeiten, ihrer Programmgestaltung bzw. Konzertdramaturgie und ihrer Besetzung ausgerichtet und unterliegen einem dynamischen Prozess hinsichtlich der (Wieder-)Einführung neuer Reihen, Modifikationen und dem Einstellen der Reihen. Konzertreihen sind hier neben ihrer künstlerisch motivierten Funktion in ihrer strukturellen Anlage analog zu dem betriebswirtschaftlichen Produktlebenszyklus[17] (Einführungsphase – Wachstumsphase – Reifephase – Phase der Marktsättigung – Degenerationsphase) zu verstehen. In dieser Variabilität und Dynamik bilden die Konzertreihen „Symphoniekonzerte" bzw. „Symphoniekonzerte spezial" und „Sonderkonzerte" das Fundament der Programmgestaltung. Trotz einer Integration der Projektkonzerte in dieses Fundament beinhaltet die Programmgestaltung eine Vielzahl der thematischen Projekte, die hinsichtlich ihrer Komplexität und Dimensionierung einen „Festivalcharakter" aufweisen: Die durch Sonderpublikationen ergänzten und erläuterten Projekte sind trotz ihrer Verflechtung mit der Struktur der Pro-

14 Vgl. Anhang AII 18.
15 Vgl. Anhang AII 07.
16 Vgl. Anhang AII 09.
17 Vgl. Meffert / Burmann / Kirchgeorg 2012, S. 849ff.

grammgestaltung autonom stringent. Interdisziplinarität, Aktualitätsbezug und Innovation sind die wesentlichen Projektmerkmale. Konzerte mit Eventcharakter sind einerseits institutionsüblich innerhalb der „Sonderkonzerte" auffindbar: Neujahrs-, Silvester- und Galakonzerte. Andererseits bieten der Projektkontext und die variablen, teils interdisziplinär ausgerichteten Konzertreihen sowie die Partizipation an Festivals – insbesondere an der Ruhrtriennale – viel Freiraum für außergewöhnliche Spielstätten und Eventkonzerte allgemein. Dies ist jedoch stets unter der Prämisse der besonderen Spielstättensituation[18] in Bochum zu deuten. Uraufführungen und Deutsche Erstaufführungen finden vermehrt in den konzertreihenübergreifenden Projekten statt.[19] Insbesondere die spielzeitenübergreifende Projektkonzertreihe „Composer in Residence" stellt eine wichtige Plattform dafür dar. Innovative Programmgestaltung der Bochumer Symphoniker ist an verschiedenen Faktoren erkennbar: Die thematisch breit gefächerten Projekte bieten eine zentrale Säule für innovative Konzerte und Konzertformate, die sich teilweise üblichen Restriktionen widersetzen. Dieses bewusste Aufbrechen von Konventionen wird häufig durch die inhaltliche Ausrichtung des Projekts legitimiert. Außerhalb der Projekte sind die Vielfalt an Bezügen und intendierte, teilweise bis zur Konfrontation und Provokation gesteigerte Kontrastierungen für innovative Konzerte ursächlich.

Die Programmgestaltung der **Bochumer Symphoniker** ist aus der Perspektive ihres GMD, Steven Sloane, von Variabilität und stetiger Innovation geprägt. Im inhaltlichen Fokus stehe die Mischung aus „Brot-und-Butter-Konzertreihen"[20] – also Konzertreihen mit populären Komponisten aus „Klassik, Romantik und dem Anfang des 20. Jahrhunderts"[21], die als eine Säule bezeichnet werden – und Projekten. Die Projekte können z.B. zyklisch konzipiert sein oder Festivalcharakter aufweisen und dabei konzertreihenübergreifend positioniert sein.[22]

Kommunikation mit dem Publikum und entsprechendes Vertrauen in selbiges werden als Pflicht und Voraussetzung für das Eingehen von Risiken in der Programmgestaltung deklariert. Eine Publikumsorientierung sei dabei nicht synonym mit populistischer Programmgestaltung zu verstehen oder mit der Einschätzung geringer Anforderungen an das Publikum zu verbinden. Auch bei der Betrachtung der Risiken seien die Mitwirkenden – also die Orchestermusiker und Mitarbeiter der künstlerischen Verwaltung und des Managements und Marketings – bzw. deren Meinungen nicht zu vernachlässigen.[23]

An dem Prozess der Programmgestaltung seien die Orchesterdirektion, das Marketing-Management und der künstlerische Manager beteiligt. Insbesondere der GMD und der künstlerische Manager nähmen an vielen entsprechenden Sitzungen teil. Brainstorming und Ideenaustausch werden als methodische Merkmale

---

18   Siehe Kapitel 1.4.3.
19   Aus diesem Grund sind die Zahlen der Ur- und Erstaufführungen in den Symphonie- und Sonderkonzerten nicht übermäßig hoch.
20   Anhang AIII 01.
21   Anhang AIII 03.
22   Vgl. Anhang AIII 01.
23   Vgl. Anhang AIII 06.

dieses Prozesses angeführt, in dem ebenfalls die Ideen der Orchestermitglieder berücksichtigt werden. Dieser Prozess wird als spannend und zielführend charakterisiert.[24]

Gemeinsamkeiten in der Programmgestaltung der drei Orchester bestehen v.a. in der symphonischen Konzertreihe, die bei den zu untersuchenden Orchestern jeweils im Zentrum steht. Auch die Konzertreihen „Sonderkonzerte" folgen in den jeweiligen Orchesterinstitutionen ähnlichen Kriterien. Innovationen in der Programmgestaltung und im Konzertformat werden entweder in dieser Konzertreihe realisiert, finden im Projektkontext statt, oder sie werden in ausschließlich aus innovativen Konzerten bestehenden Konzertreihen umgesetzt. Übrige Konzertreihen weisen meist Gattungs-, Spielstätten- oder Epochencharakteristika als Distinktionsmerkmale aus. Partizipationen an regionalen Projekten und Festivals vereint die Orchester ebenso wie die Integration von Uraufführungen und Deutschen Erstaufführungen. Markante Unterschiede der Programmgestaltung aus Makroperspektive liegen neben den Musiktheaterverpflichtungen der Duisburger und Essener Philharmoniker in der Fokussierung auf innovative und dynamische Projekte (Bochumer Symphoniker), teilweise in einer eindeutigen Star-Ausrichtung samt Orientierung auf den Faktor Interpretation (Essener Philharmonie) und in dem Ansatz, dem Publikum konzertreihenunabhängig weitgehend bekanntes Repertoire mit zeitgenössischen oder unbekannten Werken kombiniert anzubieten (Bochumer Symphoniker und Duisburger Philharmoniker). Publikumsorientierung wird von allen Gesprächspartnern künstlerisch interpretiert und nicht als Bestandteil der Servicepolitik des Marketing-Management-Prozesses angesehen. Innerhalb dieser Interpretation ergeben sich jedoch unterschiedliche Einschätzungen: Während aus Essener Perspektive Publikumsorientierung vehement abgelehnt wird, ist in Duisburger Sichtweise ein Mittelweg zwischen ästhetischem Anspruch und Auftrag und prognostizierten Publikumspräferenzen gewählt. Aus Bochumer Perspektive ist Publikumsorientierung nicht zwangsläufig negativ konnotiert, geht also nicht mit einer populistischen Programmgestaltung einher. Kommunikation mit dem Publikum, insbesondere Inhaltsvermittlung, ist jedoch bei allen Orchestern stets Voraussetzung für die Akzeptanz von anspruchsvollen Programmen und für das Eingehen programmgestalterischer Risiken. Darüber hinaus ergeben sich Unterschiede im Prozess der Programmgestaltung und der Mitarbeiterpartizipation, die aus der Organisations- und Personalstruktur[25] resultieren. Die Integration von Ergebnissen aus Publikumsbefragungen in diesen Prozess findet bei den Duisburger Philharmonikern explizit Erwähnung.[26]

---

24 Vgl. Anhang AIII 12 / Anhang AIII 13.
25 Siehe Kapitel 1.4.3.
26 Aufgrund der thematischen Nähe von Programmgestaltung, Konzertdramaturgie und Innovation sind entsprechende perspektivische Schlussfolgerungen am Ende des Kapitels 4.6. angeführt.

4.2 KENNZAHLEN: KONZERTDRAMATURGIE, KOMPONISTEN UND KONZERTZAHLEN

Die Konzertdramaturgie in der Programmgestaltung der **Duisburger Philharmoniker** folgt – wie in der tabellarischen Übersicht[27] ablesbar – eindeutig wiederkehrenden Kriterien. Dies zeigt sich an einer konzertdramaturgischen Orientierung an Konzert(-reihen)Titeln und Bezügen zu entsprechend angekündigten Schwerpunkten sowie an der Anlehnung bzw. Orientierung an die standardisierte Reihenfolge im Konzert und Bezügen durch einen national und geographisch geprägten Kontext – diese drei Merkmale weisen die höchsten Häufigkeiten auf. Darüber hinaus ergeben sich konzertdramaturgische Kriterien mit den Häufigkeiten 10 bis 12: Bezüge und Korrespondenzen mit Werk(-unter)Titeln[28], biographische Bezüge, programmatische Bezüge, Jubiläendramaturgien, zeitliche Kontexte, gattungsspezifische Bezügen sowie Komponistenschwerpunkte. Kontexte, die sich aus Besetzung und Instrumentation, aus Werkrezeption und Bezügen zu anderen Konzerten ergeben, bilden den nächsten Komplex innerhalb der Merkmalsquantitäten.[29]

Die Komponistenhäufigkeiten der Philharmonischen Konzerte der Duisburger Philharmoniker sind eindeutig von Werken Mozarts bestimmt.[30] Nach der Anzahl der Werke Beethovens folgt ein großer Komplex von Komponistenhäufigkeiten, in dem diverse (eher bekannte) Komponisten – u.a. Mendelssohn Bartholdy, Haydn, Šostakovič, Bruckner und Sibelius – vertreten sind. Werke Johann Sebastian Bachs werden im Untersuchungszeitraum und Untersuchungsrahmen gar nicht programmiert. Die Komponistenbreite als Diversität innerhalb der Komponistenhäufigkeiten[31], die als Indikator für das intendierte Erreichen von breit gefächerten Zielgruppen fungiert, ist erheblichen Schwankungen ausgeliefert: Sie steigt zunächst an auf 27 Komponisten je Spielzeit.[32] Dieser Anstieg findet implizit auch in der Presse Erwähnung, indem der entsprechenden Spielzeit (2001/2002) „schillernde Vielfalt"[33] attestiert wird. Ein ähnlicher Sprung ist charakteristisch für den Wechsel von der Spielzeit 2003/2004 auf 2004/2005. Der Durchschnitt der Komponistenbreite beträgt 24,8. Die Anzahl der Konzerteinheiten ist dominiert von dem Wert drei: 53 % aller Konzerte weisen drei Konzerteinheiten auf, 19 % vier, 17 % zwei, 11 % eine – hier zeichnet sich hinsichtlich der Anzahl an Konzerteinheiten ein eindeutiger Trend zur standardisierten Abfolge

27 Siehe Anhang BI.
28 Werk(unter-)-titel beziehen sich sowohl auf vom Komponisten formulierte Titel als auch dem Werk nachträglich zugesprochene Titel.
29 Siehe Anhang BI.
30 Siehe Anhang BI.
31 Die Komponistendiversität bzw. Komponistenbreite ist die Anzahl der in einer Spielzeit verwendeten (verschiedenen) Komponisten.
32 Siehe Anhang BI. Die folgende Diskussion der Kennzahlen orientiert sich ebenfalls anhand dieser tabellarischen Darstellung.
33 Obiera, in: Neue Rhein Zeitung vom 24.04.2001.

ab. Dies verdeutlicht den Trend zu einer Orientierung an der standardisierten Abfolge im Konzert.

Die Anzahl der „Konzerte am Ort" schwankt zwischen 27 und 28, in der letzten Spielzeit im Untersuchungszeitraum ist ein eindeutiger Anstieg auf 34 zu beobachten. Als Grund ist das Kulturhauptstadtjahr „RUHR.2010" zu nennen, in dessen Kontext anlassbedingt zusätzliche Konzerte aufgeführt werden. Verschiedene Tourneen und Gastkonzerte des Orchesters bestimmen die „Konzerte auswärts", deren Anzahl in der Spielzeit 2007/2008 ihren Höhepunkt erreicht. Etwa ein Drittel der Konzerte sind in dieser Spielzeit außerhalb der heimischen Spielstätten aufgeführt. Zuvor ist ein sprunghafter Anstieg der „Konzerte auswärts" in der Spielzeit 2001/2002 abzulesen, der auch aus der ansteigenden Konzerttätigkeit im regionalen Umfeld resultiert.[34] Die absoluten Zahlen der Besucher der Konzerte vor Ort folgen keinem eindeutigen Trend und sind deutlichen Schwankungen unterworfen. Das Maximum innerhalb der Kennzahlen der absoluten Besucher liegt in der Spielzeit 2004/2005 (52.000), während in der Spielzeit 2002/2003 das Minimum erreicht ist (33.500). Als ein möglicher Grund für diese Schwankungen zu Beginn des Untersuchungszeitraums sind die wechselnden Spielstätten sowie entsprechende eher provisorische Lösungen zu nennen. Sowohl Ausgaben als auch Betriebseinnahmen steigen im relevanten Zeitraum, hier ist der Übergang der Spielzeit 2006/2007 zu 2007/2008 markant: Die Ausgaben steigen um 35 % an, während die Zuweisung je Einwohner sogar um 47 % steigt. Ein Hauptgrund für diese Anstiege und die o.g. hohe Zahl an Konzerten auswärts in der Spielzeit 2007/2008 liegt womöglich in der China-Tournee des Orchesters.

Die Konzertdramaturgie der **Essener Philharmoniker** folgt ebenfalls eindeutig wiederkehrenden Kriterien und ist häufig an die standardisierte Abfolge Ouvertüre – Instrumentalkonzert – Symphonie angelehnt, d.h. zwei dieser Konzerteinheiten treten in dieser Reihenfolge auf. Dabei wird bei ca. einem Viertel dieser Anzahl an Konzerten die „Sandwich-Dramaturgie" angewendet. Die Häufigkeit der Orientierung an die standardisierte Abfolge ist höher als die bei allen anderen konzertdramaturgischen Merkmalen. Biographische Bezüge, nationale bzw. geographisch geprägte Kontexte, Jubiläen und Komponistenschwerpunkte bilden in der quantitativen Hierarchie eine Gruppe mit identischer oder ähnlicher Ausprägung. Die nächste Gruppe mit etwa der Hälfte an Merkmalen besteht aus Bezügen zu anderen Konzerten, Werk(unter-)titeln und Besetzungs- bzw. Instrumentationskontexten sowie zeitlichen Kontexten.[35]

Die Komponistenhäufigkeiten sind eindeutig von Beethoven und Mozart angeführt, gefolgt von Čajkovskij, Brahms und Richard Strauss und anschließend einer Komponistengruppe, bestehend aus Mahler, Haydn, Bruckner, Šostakovič und Mendelssohn Bartholdy.[36] Die Komponistenbreite schwankt um den Wert 22, hier sind keine großen Sprünge oder Zäsuren zu erkennen, der Durchschnittswert

---

34   Siehe O.A. (P.O.), in Neue Rhein Zeitung vom 25.04.2001.
35   Siehe Anhang BII.
36   Siehe Anhang BII.

ist 21,7.[37] Die Anzahl der Konzerteinheiten ist dominiert von den Werten zwei und drei: 36 % und 41 %, also insgesamt 77 %. Diese hohen Einzelwerte und der hohe Summenwert unterstreichen die Tendenz zu der – auch anhand der Anzahl der Konzerteinheiten ablesbaren – standardisierten Programmabfolge.

Die Anzahl[38] der „Konzerte vor Ort" ist in Essen im Untersuchungszeitraum stark angestiegen. Die Eröffnung der **Essener Philharmonie** ist sicherlich dabei ein wesentlicher Erklärungsgrund. Der ansteigende Übergang von 73 „Konzerten vor Ort" in der Spielzeit 2009/2010 auf 91 in der Spielzeit 2010/2011 (außerhalb des Untersuchungszeitraums) kann durch die Kulturhauptstadt-Konzerte „RUHR. 2010" erklärt werden. Ein signifikanter Anstieg der absoluten Besucherzahlen ist bei der Berücksichtigung von Schwankungen in dem Übergang von Spielzeit 2001/2002 (35.337) zu 2002/2003 (40.015) und 2006/2007 (46.996) zu 2007/2008 (51.540) feststellbar. Die Eröffnungsspielzeit verzeichnet die größte Anzahl an absoluten Zuschauern (54.366), nach dieser Spielzeit sinkt diese Zahl, bleibt jedoch auf einem konstanten Niveau – die statistisch erfassten Auslastungszahlen (Saalbau) bestätigen diesen Trend. Ausgaben und Einnahmen steigen kontinuierlich an, die Einnahmen verzeichnen erwartungsgemäß in der Eröffnungsspielzeit mit der Erhöhung der Besucherzahlen einen sprunghaften Anstieg.

Die quantitativen Ausprägungen der Konzertdramaturgie der **Bochumer Symphoniker**, die eindeutig wiederkehrenden Kriterien folgt, sind durch Titel- und Projektbezüge dominiert. Dies unterstreicht den wichtigen Status von Projekten in der Programmgestaltung der Bochumer Symphoniker. Unabhängig von anderen Merkmalen zeichnet sich bei vielen Konzerten eine Orientierung an die standardisierte Abfolge ab, die auffälligerweise jedoch fast immer mit anderen konzertdramaturgischen Merkmalen kombiniert wird. Weitere wichtige konzertdramaturgische Merkmale bestehen im Untersuchungszeitraum aus programmatischen, von Komponistenschwerpunkten geprägten und nationalspezifischen Kontexten. Die nächste Merkmalsgruppe in der quantitativen Hierarchie besteht aus Kontexten, die durch den Werkuntertitel, biographische und zeitliche Bezüge konstituiert werden.[39]

Die absoluten Komponistenhäufigkeiten sind eindeutig von Beethoven und Haydn angeführt, gefolgt von Šostakovič, Brahms, Dvořák und Mozart.[40] Die Komponistenbreite schwankt stark zwischen dem Minimum von 21 und dem Maximum von 32, der Durchschnitt liegt bei einem arithmetischen Mittel von 25,5.[41] Die Anzahl der Konzerteinheiten ist bestimmt von dem konventionellen Wert drei, der sich aus der standardisierten Reihenfolge ergeben kann: 43 % der untersuchten Konzerte haben drei Konzerteinheiten, 28 % zwei und 18 % vier.

---

37 Siehe Anhang BII. Die folgende Diskussion der Kennzahlen orientiert sich ebenfalls anhand dieser tabellarischen Darstellung.

38 Die Anzahl der Konzerte „auswärts" ist konstant mit 0 beziffert – dies lässt auf eine nicht realisierte Erfassung entsprechender Kennzahlen schließen.

39 Siehe Anhang BIII.

40 Siehe Anhang BIII.

41 Siehe Anhang BIII. Die folgende Diskussion der Kennzahlen orientiert sich ebenfalls anhand dieser tabellarischen Darstellung.

Die Anzahl der „Konzerte vor Ort" schwankt zwischen 74 und 94. Dies belegt eine breit gefächerte und auch in seiner Makrostruktur dynamische Programmgestaltung. Ein hohes quantitatives Niveau der „Konzerte auswärts" ist als qualitativer Orchestererfolg durch die steigende Reputation des Orchesters zu bewerten.

Die Anzahl an absoluten Besuchern schwankt im Untersuchungszeitraum. Nachdem seit den 1990er Jahren ein starker Anstieg dieser Kennzahl und der Abonnementszahlen zu verzeichnen ist[42], sinkt diese Kennzahl auf ein Minimum in der Spielzeit 2004/2005 (42.043). Ab dieser Spielzeit steigt die Anzahl jedoch stetig und übertrifft in der Spielzeit 2008/2009 (52.243) das Niveau zu Beginn des Untersuchungszeitraums, das Maximum an absoluten Besuchern im Untersuchungszeitraum liegt in der Spielzeit 2009/2010 (53.374). Ausgaben und Einnahmen bleiben trotz einiger Schwankungen auf einem konstanten Niveau, lediglich die statistische Gruppierung der Einnahmen und öffentlichen Zuwendungen ändert sich.

Die Gemeinsamkeiten in der Konzertdramaturgie bzw. in den Häufigkeiten von deren Ausprägungen liegen – neben insgesamt beobachtbarer wiederkehrender Kriterien – eindeutig in der Orientierung an der standardisierten Reihenfolge, die bei den Essener Philharmonikern sogar die häufigste Ausprägung darstellt. Die Duisburger Philharmoniker und Bochumer Symphoniker profilieren sich, indem ein konzertdramaturgischer Fokus auf einen breit interpretierbaren Titelbezug bzw. den im Zentrum stehenden Projekt- und Titelkontext ausgerichtet ist. Die konzertdramaturgischen Merkmale Komponistenschwerpunkt und Nationalspezifik sind bei allen Orchestern häufig vertreten. Unterschiede bestehen in den Häufigkeiten von Jubiländramaturgie und biographischen Kontexten, die eine wichtige Rolle in der Konzertdramaturgie der Duisburger Philharmoniker und Essener Philharmoniker darstellen. Die Bochumer Symphoniker verwenden diese Merkmale kaum – stattdessen werden programmatische Kontexte verwendet. Auch hier wird der zentral positionierte Projektkontext der Bochumer Symphoniker, der ebenfalls durch programmatische Merkmale unterstützt wird, evident.

Die Komponisten sind in den Programmgestaltungen der untersuchten Orchestern quantitativ ähnlich vertreten: Trotz einiger teilweise jubiläen- und schwerpunktbedingter Abweichungen bilden die Komponisten Beethoven und Mozart das inhaltliche Fundament der Programmgestaltung – bei den Bochumer Symphonikern reiht sich Haydn statt Mozart in diese Gruppe ein. In der Hierarchie der Häufigkeiten folgt bei allen Orchestern mit einem Abstand ein Feld von ähnlichen Komponisten, das o.g. Abweichungen und Schwankungen unterworfen ist.

Der Durchschnittswert der Komponistenbreite, der als Indikator für programmgestalterische Vielfalt und das potentielle Erreichen eines breit gefächerten Zielgruppenspektrums fungiert, ist bei den Bochumer Symphonikern – ohne Musiktheaterverpflichtungen – erwartungsgemäß am höchsten ausgeprägt und ist ein Indiz für die Faktoren „Innovation" und „Dynamik" in der Programmgestaltung.

---

42 Vgl. Becker 2010, S. 86.

Die prozentuale Verteilung der Anzahl an Konzerteinheiten ist bei allen Orchestern mit einer eindeutigen Tendenz zu drei ausgeprägt. Dies entspricht einem quantitativ nachweisbaren Trend zu der standardisierten Abfolge. Darüber hinaus existieren Abweichungen zwischen den Orchestern bei der Verwendung von zwei oder vier Konzerteinheiten: Die Essener Philharmoniker verwenden häufiger zwei oder nur eine Konzerteinheit, während die Duisburger Philharmoniker und Bochumer Symphoniker jeweils fast bei 20 % der untersuchten Konzerten vier Konzerteinheiten aufweisen. Der Wert vier ist bei den Essener Philharmonikern nur bei etwa 6 % anzutreffen.

Anhand der statistischen Datenlage und der jeweiligen Spielstättensituationen lassen sich die Anzahlen der „Konzerte vor Ort", Konzerte „auswärts" nicht problemlos vergleichen, auch wenn sich ein globaler Trend zu einer entsprechenden Zunahme – u.a. wegen „RUHR.2010" – ablesen lässt. Dies gilt ebenfalls für die schwankenden, jedoch insgesamt ansteigenden budgetären Kennzahlen[43]. Somit lässt sich ein globaler Expansionstrend der zu untersuchenden Orchester ablesen.

Die absoluten Zuschauerzahlen sind nicht vergleichbar, hier sind verschieden erklärbare Schwankungen auszumachen, die teilweise – z.B. durch Spielstättenwechsel und -Eröffnungen – interpretierbar werden können. Ein eindeutiger Trend lässt sich somit anhand der absoluten Zuschauerzahlen nicht ausmachen, auch wenn die jeweiligen Zuschauerzahlen im Untersuchungszeitraum tendenziell ansteigen. Das folgende Diagramm stellt die absoluten Zuschauerzahlen der drei Orchester in kumulierter Form dar.

---

43 Die Kennzahlen „Öffentlichen Zuweisungen" und „Zuweisungen je Einwohner" in der Spielzeiten 2008/2009 (alle Orchester) sowie in der Spielzeit 2009/2010 (Bochumer Symphoniker) sinken sprunghaft auf einen Bruchteil des vorherigen Wertes ab. Kompensatorisch sind „besondere Finanzierungsmaßnahmen" an entsprechender Stelle angegeben.

Absolute Zuschauer

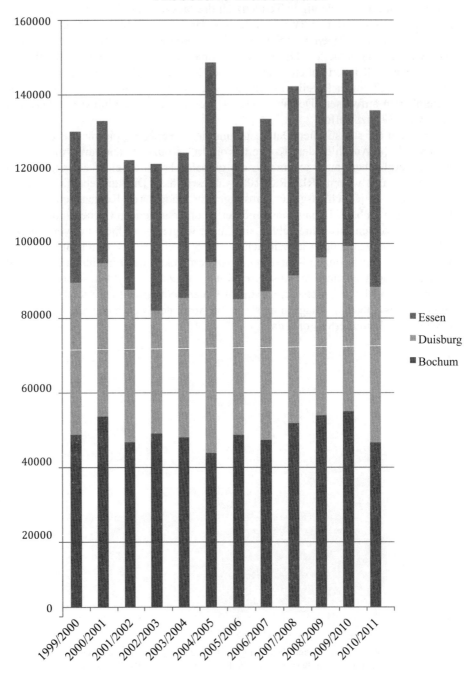

4.3 MARKETINGAKTIVITÄTEN, MARKETINGVERSTÄNDNIS UND MARKENPOLITIK

Hinsichtlich der Marketingaktivitäten der **Duisburger Philharmoniker** sind im Untersuchungszeitraum neben den direkt die Konzerte und Konzertreihen betreffenden Aspekten produkt- bzw. leistungspolitische Neuerungen beobachtbar. Als entsprechende Zäsur ist eindeutig der Wechsel des Jahresprogrammhefts 2007/2008 zu klassifizieren, der mit der o.g. markenpolitischen Neuerung (Gruppierung appellativer Konzertreihentitel) einhergeht. Der Trend zu einem ausführlicheren Programmheft hat sich bereits eine Spielzeit vorher angekündigt, die Philharmonischen Konzerte werden bereits im deutlich umfangreicheren Jahresprogrammheft 2006/2007 en détail beschrieben. Andere gravierende Änderungen, die womöglich aus neuen Konzertreihen resultieren und Marketingrelevanz aufweisen, sind nicht erkennbar – auch nicht im Rahmen preis- und rabattpolitischer Ausrichtungen. Sowohl das Abonnementsystem als auch die absolute Preissetzung bleiben fast unverändert. Das zeigt u.a. die Konstanz der repräsentativen Preise von Spielzeit 2003/2004 bis 2009/2010. Die Internetpräsenz als kommunikationspolitisches Merkmal hat sich im Untersuchungszeitraum geändert und ist ab der Spielzeit 2004/2005 nicht mehr fest im Kontext des kommunalen Internetauftritts verankert. Die Webseite ist zeitgemäß eigenständig. Der Weblog „dacapo" in der Spielzeit 2009/2010 ist als innovatives kommunikationspolitisches Alleinstellungsmerkmal zu klassifizieren. Im Rahmen der Distributionspolitik sind keine signifikanten Änderungen oder Besonderheiten feststellbar, hier wird institutionsüblich verfahren.[44]

Die Verbesserung der Qualität und damit der Reputation des Orchesters werden von Alfred Wendel, dem Intendanten der **Duisburger Philharmoniker**, als Fragen des Marketings gekennzeichnet bzw. als Marketingziele identifiziert. Kommunikationspolitik – auch durch die Kommunikation von positiven Rezensionen und Prämierungen – sei ein zentrales Marketinginstrument. Insbesondere müsse die Ankündigungspolitik kongruent mit ihrer tatsächlichen Umsetzung sein.[45] Im Rahmen der Kommunikationspolitik werde der Stellenwert des Publikums bzw. der Mundpropaganda und des Netzwerk-Marketings sehr hoch eingeschätzt und führe die Hierarchie der in der Werbung verwendbaren Medien an. Jegliche Printmedien ordneten sich hier hinsichtlich Relevanz und Wirksamkeit unter.[46] Markenpolitik – hier anhand der Betitelung des Jahresprogrammhefts dargestellt – und die Verzahnung von Stadtmarketing und Orchestermarketing stünden im Vordergrund. „Play!", das Jahresprogrammheft, sei das Rückgrat der Markenpolitik der Duisburger Philharmoniker.[47] Die Ziele dieser ursprünglich wegen der britischen Herkunft des GMD konzipierten Betitelung bestünden neben dem

---

44 Siehe Kapitel 3. Marginale Änderungen im Verlauf der Spielzeiten werden dort dokumentiert.
45 Vgl. Anhang AI 06.
46 Vgl. Anhang AI 31.
47 Siehe Kapitel 3.1 zu „play!".

eindeutigen Wiedererkennungswert aus der Identifikation mit dem Orchester.[48] Darüber hinaus übernehme die Betitelung auch eine Vermittlungsfunktion, indem über die Konzertdramaturgie informiert werde. Die Betitelung ziele jedoch auch eindeutig auf die Generierung von Anreizen, Konzerte zu besuchen.[49] Auch qualitativ hochwertige CD-Einspielungen seien ein „gutes Marketinginstrument"[50]. Die Erläuterung bzw. die Vermittlung von Konzertdramaturgie und deren Merkmalen werden explizit als Marketinginstrumente, also Value-Added-Services der Leistungspolitik, identifiziert. Stadtspezifische Profilschärfe – hier wird explizit Duisburg als „Arbeiterstadt"[51] dargestellt – sei bei jeglicher Konzeption von Marketing wichtig, die Zielgruppe bestehe jedoch eindeutig aus allen Bürgern der Stadt. Dadurch entstünde eine zu pflegende, enge und persönliche Bindung zu dem Orchester als Fundament der Kommunikationspolitik. Die Profilschärfe sei Grundlage der Marketing-Strategie, der Corporate Identity und insbesondere der Programmheftgestaltung. Am Ende bestünden Unterschiede zwischen den regional angrenzenden Orchestern nur in Nuancen.[52]

Marketingrelevante Besonderheiten oder Zäsuren der Programmgestaltung sind im Beobachtungszeitraum der **Essener Philharmoniker** kaum auffindbar. Die die Programmgestaltung betreffende Leistungspolitik ist für ein Symphonieorchester typisch umgesetzt. Preispolitische Besonderheiten bestehen aus der „Theatercard", die als von gängigen Normen abweichendes Merkmal der Preisdifferenzierung klassifiziert werden kann. Im Rahmen des vielschichtigen Abonnementsystems ist eine differenzierte Konditionen- und Rabattpolitik umgesetzt. Distributions- und Kommunikationspolitik sind als zeitgemäß und schlüssig anzusehen.

Von Beginn an ist die professionelle Realisierung eines umfassenden Marketingkonzepts der **Essener Philharmonie** gewährleistet. Corporate Identity, Corporate Design und die eindeutig zu identifizierende Marketingstrategie sind – wie oben dargestellt[53] – Belege dafür. Die Vielfalt an internationalen Interpreten von Weltrang und v.a. an gattungs- und spartenübergreifenden Konzerten und Events und an Abonnementreihen ist eindeutig ein Indikator für eine entsprechende Marktpositionierung. Die entsprechenden Vorworte in den Jahresprogrammheften und Artikel in der überregionalen Presse unterstreichen dies. Diese Ausrichtung ist jedoch nicht auf Kosten von programmgestalterischen oder konzertdramaturgischen Innovationen realisiert, spiegelt sich jedoch in der Preispolitik wider: Hier wird auf der einen Seite zumindest bei internationalen Orchestern und Interpreten von Weltrang eine Premium-Strategie verfolgt. Auf der anderen Seite werden jedoch bewusst – insbesondere für das „junge" Publikum" – preiswerte Tickets angeboten.[54] Die Distributions- und Kommunikationspolitik sind zeitgemäß umge-

48   Vgl. Anhang AI 09.
49   Vgl. Anhang AI 23.
50   Anhang AI 33.
51   Anhang AI 15.
52   Vgl. Anhang AI 15.
53   Siehe Kapitel 3.2, Spielzeit 2004/2005 „Eröffnungszauber".
54   Als Beispiel sei die Spielzeit 2008/2009 angeführt („U27").

setzt und in bestehende regionale und überregionale Institutionen und Netzwerke eingebunden, hier sind Änderungen und Innovationen in der Gestaltung des Jahresprogrammhefts zu beobachten, als Beispiel fungiert der Spielzeitenschwerpunkt „Frankreich".

Marketing wird aus der Sicht von Johannes Bultmann (**Philharmonie Essen**) als einer der „ganz existentiellen Bereiche" eines Unternehmens interpretiert. Hier werde nicht zwischen Konzerthaus und konventionellem (privaten) Unternehmen differenziert. Im Zeitraum der letzten zwanzig Jahre werde Marketing als ein umfassendes Phänomen identifiziert. Die Kenntnisse und der Einsatz von Marketing im Orchesterkontext werden als selbstverständlich angesehen. Der Vergleich zur Ankündigungspolitik demonstriere die Relevanz von Marketing. Aufwendig konzipierte und Inhalt vermittelnde – also konzertdramaturgisch stringente – Konzerte seien nur dann sinnvoll, wenn sie das Publikum erreichten. Im heutigen Konzertwesen sei das Angebot quantitativ und qualitativ viel stärker ausgeprägt als vor zwanzig Jahren. Diese Konkurrenzsituation setze auch im Bereich eines sinnvollen Einsatzes von Marketing Zielgenauigkeit und besondere Profilierungen im Sinne eines Wettbewerbsvorteils bzw. USP[55] voraus.[56] Von einem modernen Marketingverständnis[57] zeuge außerdem die kritische Beurteilung der „praktisch nur auf Entmündigung des Kunden ausgerichteten"[58] Reduzierung des Marketingbegriffs. Marketing im regionalen Kontext bedeute, dass Publika im Umkreis von ca. 70 Kilometern erreicht werden sollten. Ziele dieser Form von Marketing seien das Wecken von Neugier beim potentiellen Publikum, Profilschärfe und der Fokus auf Interpretation. Diese Ziele – v.a. Profilschärfe und das Wecken von Neugier – könnten durch Innovation in der Programmgestaltung und Konzertdramaturgie erreicht werden. Profilschärfe fungiere dann auch als Distinktionsmerkmal, bezogen auf die anderen Konzerthäuser Nordrhein-Westfalens. Um gar einem (inter-)nationalen Anspruch gerecht werden zu können, sei es also zwingend erforderlich, „Marketing für Dramaturgie"[59] durchzuführen.[60] Im Rahmen der Markenpolitik sei die Konzertreihe „Sommernachtstraum" beispielhaft, indem sie als jedes Jahr wiederkehrende Marke definiert werde. Das Konzertformat und der Konzerttitel werden somit zu einem Markenbegriff, der auch ohne Bezug zu dem künstlerischen Inhalt des Konzerts auskommen könne.[61] Generell wird die Betitelung von Konzerten und Konzertreihen als wichtig eingeschätzt, da sie v.a. Abonnements steigern lasse und auch die Reichweite erhöhe. Markenbegriffen und deren Kommunikation wird eine psychologische Dimension zugesprochen, die das Memorieren forciere – auch, wenn sie zunächst nur eine verbale Hülle darstellten. Für eine erfolgreiche Markenführung werden von Bultmann die Konzertreihe

---

55 Vgl. Meffert / Burmann / Kirchgeorg 2012, S. 57.
56 Vgl. Anhang AII 04.
57 Siehe Kapitel 2.2.
58 Anhang AII 04.
59 Anhang AII 04.
60 Vgl. Anhang AII 04.
61 Vgl. Anhang AII 11.

„Essener Jugendstil" und die Konzertreihen „Zeitinseln" und „Junge Wilde" des Konzerthauses Dortmund herangezogen.[62]

Die Marketingaktivitäten der **Bochumer Symphoniker** stellen hinsichtlich verschiedener Aspekte eine Sonderrolle dar. Als äußerst innovativ ist die Gestaltung der Jahresprogrammhefte als Bestandteil der Leistungspolitik – hier der Value-Added-Services – sowie als zentrales Organ der Kommunikationspolitik zu klassifizieren: Distinktion, Autonomie und Individualität sind die Grundprinzipien der jeweiligen Programmheftgestaltung. Die substantiellen Faktoren wie (Corporate-)Design, Layout, Stil, Satz und sogar (Druck-)Format werden stets variiert bzw. entgegen der ansonsten allgemein gültigen Kontinuität konsequent ignoriert – zu Gunsten einer spezifischen Ausrichtung auf das jeweilige Thema der Spielzeit.

Moderate Preispolitik samt der üblichen Ermäßigungen und differenzierten Abonnementstruktur sind charakteristisch für das Marketinginstrumentarium der Bochumer Symphoniker. In der Umsetzung der Distributionspolitik fehlt ein zentraler, spielstättenübergreifender Online-Vertriebskanal. Ein direkter Ticketbezug ist nur über die jeweiligen Webseiten der Spielstätten möglich.[63]

Ein umfassendes Marketingverständnis ist nach Aussage von Steven Sloane (**Bochumer Symphoniker**) elementar für die Programmgestaltung, insbesondere die Kommunikationspolitik nimmt hier einen hohen Stellenwert ein. Der Erfolg von Programmgestaltung und Konzertdramaturgie – und damit der Orchestererfolg – seien wesentlich vom kommunikationspolitischen Erfolg beeinflusst bzw. abhängig. Innovation und Kreativität bis hin zum bewussten Abweichen von gültigen Normen – als Beispiel wird hier ein in puncto (Corporate) Design ständig wechselndes Jahresprogrammheft als kommunikationspolitisches Alleinstellungsmerkmal angeführt – seien Bestandteile der Marketingstrategie, in der Transparenz als zentraler Faktor fungiere.[64] Markenpolitik bzw. die Betitelung von Projekten, Konzertreihen und Einzelkonzerten hätten einen hohen Stellenwert und seien wichtig für den Transport von Inhalten, Stimmungen und Atmosphären. Titel wirkten – auch im Projektkontext – inhaltlich strukturstiftend und könnten Emotionen und Stimmungen auslösen bzw. transportieren.[65] Auszeichnungen und Prämierungen werden zwar nicht explizit als Erfolgsindikator deklariert, sie seien jedoch dem Gesamtmarketing und insbesondere in der Kommunikationspolitik hilfreich.[66]

Grundsätzlich ist im Rahmen des strategischen Marketings als Bestandteil des Prozesses des Marketingmanagements eine Differenzierung notwendig: Die Orchester Duisburger Philharmoniker, Essener Philharmoniker und Bochumer Symphoniker weisen ähnliche Ausrichtungen auf. Im Gegensatz dazu verfolgt die strategische Marketingausrichtung der Institution Essener Philharmonie eindeutig das

---

62   Vgl. Anhang AII 15.
63   Stand: 15.10.2013.
64   Vgl. Anhang AIII 08 / Anhang AIII 09 / Anhang AIII 10.
65   Vgl. Anhang AIII 17.
66   Vgl. Anhang AIII 18.

Erreichen eines breiteren Zielgruppenspektrums. Neben regional ausgerichtetem Marketing wird der Anspruch der Essener Philharmonie, bundes- bzw. europaweit Zielgruppen zu erschließen und zu erreichen, deutlich. Dies zeigt sich einerseits in der Programmgestaltung, teilweise in der Preispolitik, andererseits im Marketingverständnis[67] und explizit in den jeweiligen Hinweisen[68] in den Jahresprogrammheften.

Gemeinsamkeiten der drei Orchester bestehen hinsichtlich der (operativen) Marketingaktivitäten und eines nach eigener Einschätzung „modernen Marketingverständnisses": Die Relevanz von Marketing im Orchesterkontext wird bei allen Orchestern evident. Marketingkritische Äußerungen[69] sind – auch nicht im Ansatz – erkennbar. Die Forderung nach einem „modernen Marketingverständnis" wird bei der Essener Philharmonie und den Bochumer Symphoniker expliziert[70]. Die Duisburger Philharmoniker verfolgen eindeutig ein stakeholder-orientiertes Marketingverständnis.[71]

Auch in der Leistungspolitik bestehen grundlegende Gemeinsamkeiten: Trotz der signifikanten Differenzen bzgl. der Musiktheaterverpflichtungen und einem Projektfokus besteht die Grundlage der Programmgestaltung und damit der Leistungspolitik in der symphonischen Konzertreihe. Konzerte und Konzertreihen mit inhaltlichen Titeln sind aus Marketingsicht grundsätzlich erfolgreicher.[72] Dies zeigt sich in der Praxis in der Markenpolitik als Bestandteil der Leistungspolitik: Hier sind konsensuale Ausrichtungen feststellbar, Konzert(reihen-)Titel nehmen einen wichtigen Stellenwert ein. Die Duisburger Philharmoniker präsentieren sich bzgl. der Markenpolitik besonders affin. Dies wird einerseits aus der Rolle von „Play!" deutlich, andererseits durch explizite Verwendung von Konzerttiteln in der symphonischen Konzertreihe sowie durch den Titelbezug als häufig verwendetes konzertdramaturgisches Merkmal. Darüber hinaus vereinen die drei Orchester preispolitische und distributionspolitische Grundausrichtungen. Von dieser preispolitischen Grundausrichtung bzw. Konstanz weicht die Essener Philharmonie teilweise ab, indem die o.g. Premiumstrategie bei Starorchestern verfolgt wird und sich somit der globalen Marketingausrichtung der Institution anpasst. Das (Jahres-)Programmheft als leistungs- und kommunikationspolitisches Instrument ist hinsichtlich dessen Relevanz – unabhängig von dessen Gestaltung – ein zentraler Aspekt, in dem sich die unterschiedliche Ausrichtung der Orchester widerspiegelt: Während die Programmhefte der Essener Philharmoniker und Duisburger Philharmoniker im Sinne einer auf Kontinuität und Wiedererkennungswert intendierten Marketingstrategie ausgelegt sind, ist die Programmheftgestaltung der Bochumer Symphoniker besonders kreativ. Die Vielfalt und hohe Anzahl an Konzertreihen und Konzerten, die teilweise mehreren Reihen zugehörig sind und von

---

67   S.o. und vgl. Anhang AII 04.
68   Siehe Kapitel 3, dort Hinweise zu der internationalen Ausrichtung.
69   Siehe Kapitel 2.2.
70   S.o..
71   Siehe Kapitel 2.2, vgl. Anhang AI 33.
72   Siehe Kapitel 2.1.7.

Fremdveranstaltern durchgeführt werden, sind für den Umfang des ausführlichen Jahresprogrammhefts der Essener Philharmonie verantwortlich.

Im Untersuchungszeitraum ist eine eindeutige Professionalisierung und Dynamisierung der Marketinginstrumente aus der Programmgestaltung ablesbar, die Relevanz von Marketing und dessen professionelle Umsetzung wird voraus- und größtenteils auch umgesetzt. Handlungsempfehlungen bestehen hier allenfalls in der Erfüllung eines konsequenten Kontinuitätsansatzes hinsichtlich aktueller kommunikations- und distributionspolitischer Maßnahmen, um möglichst keine Publikumsschichten auszuschließen. Dies gilt auch im personalpolitischen Sinne z.B. in Form entsprechender Stellen- und Kompetenzzuweisungen für aktuelle kommunikationspolitische Maßnahmen. Markenpolitische Empfehlungen sind wegen der verschiedenen spezifischen Orchesterprofile kaum angemessen.

4.4 VERSTÄNDNIS VON KONZERTDRAMATURGIE

Aus der Perspektive der Intendanz der **Duisburger Philharmoniker** ist Konzertdramaturgie sowohl auf die einzelnen Programme als auch auf die gesamte Spielzeit zu beziehen. In den einzelnen Programmen garantiere ein „roter Faden"[73] erfolgreiche Konzertdramaturgie, die mit einer Honorierung durch das Publikum einhergehe. Qualität und Quantität von konzertdramaturgischen Parametern seien für den Konzerterfolg ausschlaggebend – dies wird anhand von biografischen, thematisch-inhaltlichen und programmatischen Kontexten exemplifiziert. Entsprechende Erklärungen dieser Kontexte in Form von Inhaltsvermittlung z.B. durch Publikationen und Programmhefte seien wichtig.[74]

Analog zu der Konzertdramaturgie von Festivals wird die einer gesamten Spielzeit angeführt, hier sei es jedoch wegen der hohen Anzahl von 12 Konzerten im Abonnement nicht möglich und nicht im Sinne des Publikums intendiert, dies flächendeckend zu garantieren: „Das Publikum hört das Konzert als ein geschlossenes Ding."[75] Konzertdramaturgie wird außerdem als Gegenpol zur Zufälligkeit im Konzertkontext definiert. An dieser Stelle führt Wendel die Konzertreihe „Zeitinsel" des Konzerthauses Dortmund als positives Beispiel für eine sinnvolle Zusammenfassung von Konzerten an.[76] Darüber hinaus eigne sich eine historische Komponente für die Konzertdramaturgie, die einerseits durch Jubiläumskontexte repräsentiert werde. Andererseits ermöglichten entsprechende Konzertdramaturgien homogene Programme durch die Programmierung von Werken, deren Kompositions- oder Aufführungszeiträume sich ähneln oder identisch seien.[77] Außerdem bestehe der Anspruch, Epochenvielfalt und hinsichtlich der Stilistik und Kontexte auch Vielfalt in der Herkunft von Komponisten in der Konzertdramatur-

---

73 Anhang AI 05.
74 Vgl. Anhang AI 04 / Anhang AI 05.
75 Anhang AI 05.
76 Vgl. Anhang AI 05.
77 Vgl. Anhang AI 22.

gie garantieren zu können, um eine „möglichst gute Mischung"[78] im Repertoire zu gewährleisten.

Konzertdramaturgie wird von Bultmann als Intendant der **Essener Philharmonie** generell in zwei zu differenzierenden Dimensionen betrachtet: die Dramaturgie eines einzelnen Abends und die spielzeitenbezogene Konzertdramaturgie.[79] Für Letztere wird exemplarisch eine Konzertreihe angeführt, in deren Zentrum der „Tristan-Akkord" stehe und thematischer Ausgangspunkt für die Konzeption sei. In dieser Konzertreihe werden epochenübergreifend Werke vereint, die hinsichtlich der Faktoren Tonalität, schwebende Tonalität, Atonalität und Dodekaphonie Übergangswerke bzw. zäsurprägende Werke seien.[80] Die Forderung, dass Individualität und Inhaltsvermittlung in Form einer künstlerischen „Handschrift"[81] an die Stelle von Addition von Konzertquantitäten rücke – also eine implizite Forderung und Legitimation von Konzertdramaturgie –, wird zum Prinzip einer intendantengeführten Konzertinstitution erklärt. Inhaltsvermittlung und der „sinnstiftende Aufbau eines singulären Konzerts"[82] seien neben Gestaltung und Integration von Spannungsbögen die wesentlichen Bestandteile der Dramaturgie eines einzelnen Konzertabends. Konzertdramaturgische Merkmale werden dabei in beiden Fällen zu Instrumenten der Inhaltsvermittlung.[83] Konzertdramaturgie wird mit einer musikalischen Komposition verglichen, in der dem Publikum Zusammenhänge und Verzahnung vermittelt werden. Ziel sei es somit, kein Zufallsprodukt zu generieren.[84] Generell wird für die Konzertdramaturgie hinsichtlich ihrer Konzeption Langfristigkeit postuliert.[85]

Dramaturgie und die Tätigkeit eines Dramaturgen sind aus der Sicht von Sloane als GMD der **Bochumer Symphoniker** häufig negativ und (zu) intellektuell konnotiert und charakterisiert, sie könnten gegenüber dem Publikum eine eher abschreckende Wirkung haben. Dies führe dazu, dass eine so verstandene Dramaturgie die Kommunikation musikalischer Impulse verhindern könne. Die Verwendung des Terminus „Dramaturgie" im Kontext der Tätigkeit eines Dramaturgen zeugt allerdings von der Beschreibung einer „allgemeinen Dramaturgie".[86] Im Gegensatz dazu stehe die dennoch als allgemein und begrüßenswert bezeichnete Konzertdramaturgie, die für Ereignisorientierung und Individualisierung eines jeden Konzerts verantwortlich sei. Sloanes Verständnis von Konzertdramaturgie umfasst demnach eine „bestimmte Idee oder Vision und „rote Fäden"[87] in der Programmgestaltung. Als gelungenes Beispiel für Konzertdramaturgie in diesem Sinne wird das Projekt „Die Wunde Wagner" angegeben. Konzertdramaturgie sei

---

78 Anhang AI 30.
79 Vgl. Anhang AII 02.
80 Vgl. Anhang AII 01.
81 Anhang AII 02.
82 Anhang AII 02.
83 Vgl. Anhang AII 02.
84 Vgl. Anhang AII 09.
85 Vgl. Anhang AII 01.
86 Siehe Kapitel 2.1.
87 Anhang AIII 02.

auch für die an ihrem Konzeptionsprozess partizipierenden Akteure „wichtig und interessant"[88]. Programmgestaltung und Konzertdramaturgie werden terminologisch und inhaltlich explizit als eigenständige Phänomene definiert.[89]

Die Zusammenschau der drei Positionen aus der Praxis bestätigt das theoretisch entwickelte Verständnis von Konzertdramaturgie[90]: Konzertdramaturgie als Phänomen wird terminologisch und inhaltlich eindeutig identifiziert, von einer „allgemeinen Dramaturgie" abgegrenzt und anhand ihrer Kriterien exemplifiziert und legitimiert. Diese Kriterien finden sich ebenfalls im konzertdramaturgischen Befund wieder.[91] Konzertdramaturgie und deren Ziele werden von den Gesprächspartnern mit den Begriffen und Zielen „roter Faden", „Gestaltung von Spannungsbögen", „künstlerische Handschrift" und „Visionen" assoziiert, von einer zufälligen Addition von Konzertquantitäten abgegrenzt und hinsichtlich ihrer Dimensionierung – Konzertdramaturgie eines Abends bzw. einer Spielzeit – differenziert. Dies entspricht der theoretischen Definition von Konzertdramaturgie. Bezüglich der Konzertdramaturgie einer Spielzeit wird aus Duisburger Perspektive deutlich, dass eine konsistente Stringenz flächendeckend nicht möglich und auch vom Publikum nicht gewünscht ist – in diesem Kontext ist die Konzertdramaturgie eines singulären Konzerts für ein entsprechendes Honorieren durch das Publikum und für den Orchestererfolg weitaus relevanter. Aus der Perspektive der Essener Philharmonie zeigt sich hingegen ein anderer, langfristig orientierter Fokus auf die Konzertdramaturgie der verschiedenen Konzertreihen. Dieser Unterschied resultiert allerdings eindeutig aus der unterschiedlichen Organisations- und v.a. Konzertreihenstruktur der Orchester. Darüber hinaus wird die Inhaltsvermittlung von Konzertdramaturgie und deren Kriterien als wichtige Aufgabe klassifiziert. Diese Inhaltsvermittlung kann von der Institution bzw. Person einer „allgemeinen Dramaturgie" übernommen werden. Darüber hinaus wird deutlich, dass die Darstellung und v.a. explizite Erläuterung der konzertdramaturgischen Kriterien in den Programmheften im Untersuchungszeitraum tendenziell zunimmt. Signifikante Unterschiede im Begriffsverständnis von Konzertdramaturgie liegen somit nicht vor – lediglich aus Bochumer Perspektive distanziert man sich von einer als elitär verstandenen „allgemeinen Dramaturgie".

---

88   Anhang AIII 02.
89   Vgl. Anhang AIII 02.
90   Siehe Kapitel 2.1.
91   Auch dies bestätigt den theoretischen Definitionsversuch.

4.5 ERFOLGSINDIKATOREN[92] UND PRESSEREZENSIONEN

(Orchester-)Erfolg der **Duisburger Philharmoniker** wird aus der Perspektive von Wendel definiert als ein Zusammenspiel von „gutem Verkauf an Eintrittskarten"[93] und der Verbesserung der Qualität und Reputation des Orchesters. Hierbei müsse jedoch der Bildungsauftrag Berücksichtigung finden.[94] Andere Erfolgsindikatoren ergäben sich durch Prämierungen bzw. Auszeichnungen, CD-Einspielungen samt etwaigen Auszeichnungen und dem gelungenen „Überzeugen" von Politikern und Sponsoren.[95]. Die Kommunikation des Orchestererfolgs, der darüber hinaus durch verliehene Preise geprägt sei, sei über Rezensionen möglich, auch wenn das Publikum den besten Werbeträger darstelle. Stringente und erfolgreiche Programmgestaltung sei realisierbar, wenn man eine Qualitätsgarantie verfolge und Neugier beim Publikum wecke.[96] Überregionale Presserezensionen in der FAZ, der FR oder der ZEIT seien jedoch nur bei „großen Projekten" erzielbar, regionale Berichterstattung sei für ein „kommunales Orchester" entscheidender, da diese das Publikum informieren solle – auch wenn punktuell Anzeigen in der ZEIT geschaltet würden.[97]

Orchestererfolg, der auch über die Presse kommuniziert werden könne, trage dazu bei, Politiker – also auch die über die Subventionierung entscheidenden Akteure – und Sponsoren zu überzeugen. So entstünde ein direkter Zusammenhang, der Anreize für Orchestererfolg generiere.[98]

Eine selbstkritische ex-post-Analyse von durchgeführten Konzerten in der **Philharmonie Essen** wird von Bultmann als sinnvoller angesehen als eine Reduktion auf das Ablesen von orchesterspezifischen Kennzahlen. Auch Abende, die nicht ausverkauft seien, könnten „von der Durchführung her"[99] erfolgreich sein. Positiv gestimmte Presserezensionen seien trotz ihrer Wirkung nicht überzubewerten, sie repräsentierten lediglich die Meinung eines Journalisten bzw. Rezensenten.[100] Auch wenn positive Rezensionen vorhanden und wichtig seien, sei die eigene Reflexion ein relevanterer Erfolgsindikator.[101]

Kennzahlen und Rezensionen sind aus der Perspektive Sloanes als GMD der **Bochumer Symphoniker** zwar quantitative bzw. qualitative Erfolgsindikatoren. Ein subjektives Gefühl der Akteure sei jedoch eher für die Einschätzung des Or-

---

92 Kennzahlen fungieren zumindest als Trendindikator des quantitativen Orchestererfolgs. Siehe Kapitel 4.2 und Kapitel 2.1.10.
93 Anhang AI 06.
94 Vgl. Anhang AI 06.
95 Vgl. Anhang AI 33.
96 Vgl. Anhang AI 31 / Anhang AI 33.
97 Vgl. Anhang AI 18.
98 Vgl. Anhang AI 33.
99 Anhang AII 14.
100 An dieser Stelle ist jedoch die Positionierung der Rezensionen anzumerken: „... erste Seite Feuilleton der FAZ, in der Süddeutschen in der Welt..." (Anhang AII 14). Diese Positionierung signalisiert eine bundesweite Aufmerksamkeit.
101 Vgl. Anhang AII 14.

chestererfolgs relevant. Der Orchestererfolg sei nicht problemlos zu identifizieren
– Prämierungen und Auszeichnungen könnten jedoch im Rahmen des „Gesamtmarketing" hilfreich sein.[102]

Kennzahlen bzw. Umsatzzahlen und Presserezensionen werden von allen
Akteuren zwar als potentielle quantitative und qualitative Erfolgsindikatoren akzeptiert. Eine höhere Gewichtung wird jedoch einem subjektiven und nicht quan-
tifizierbaren Indikator (Essener Philharmonie und Bochumer Symphoniker) bei-
gemessen, nämlich einer kritischen (Selbst-)Reflexion und Evaluation des eigenen
programmgestalterischen und konzertdramaturgischen Handelns. Auch wenn
(überregionale) Presserezensionen als qualitative Erfolgsindikatoren wahrgenommen werden, wird deren praktische Relevanz als Erfolgsindikator nicht über-
bewertet (Essener Philharmonie und Duisburger Philharmoniker).

Im Untersuchungszeitraum ergeben sich hinsichtlich der Erfolgsindikatoren
ähnliche Ergebnisse bei den drei Orchestern: Jedes Orchester wurde einmal mit
dem Preis „Bestes Konzertprogramm der Saison" des Deutschen Musik-
Verlegerverbands ausgezeichnet. Dies unterstreicht einerseits die individuelle
Qualität der Orchester in Form des qualitativen Orchestererfolgs. Andererseits
dokumentiert die Prämierung von drei Orchestern des Ruhrgebiets[103] in einem
Zeitraum von 10 Jahren die bundesweite Relevanz, Reputation und Qualität der
Orchester des Ruhrgebiets. Die Begründungen für die Prämierungen enthalten
konzertdramaturgische Faktoren oder basieren gar auf diesen – dies führt zu dem
Schluss, dass Konzertdramaturgie zum (qualitativen) Orchestererfolg beitragen
kann.[104] Analog dazu zählen die Nominierungen und Prämierungen von CD-
Produktionen der Orchester zu den qualitativen Erfolgsindikatoren. Ergänzend
dazu fungieren die Auszeichnungen der Essener Philharmoniker durch die Fach-
zeitschrift „Opernwelt" für die Leistungen als Orchester mit Musiktheaterverpflichtungen.

Überregionale Presserezensionen – z.B. in den Tageszeitungen, FAZ, FR und
Süddeutsche Zeitung und in Wochenzeitungen wie der ZEIT –, deren Gewichtung
von den befragten Akteuren jedoch in Frage gestellt wird, thematisieren bzgl. der
drei Orchester einerseits hauptsächlich außergewöhnliche (Projekt-)Konzerte und
international bekannte Interpreten aus den Bereichen Klassik, Jazz und Popularmusik. Andererseits sind zäsurbestimmte Ereignisse wie GMD-, Intendanten- oder
Spielstättenwechsel ausschlaggebend für entsprechende Rezensionen und Artikel.
Innovative Programmgestaltung und Konzertdramaturgie finden hier nur selten
Berücksichtigung.[105] „Konventionelle" Symphoniekonzerte werden regelmäßig
von der Lokalpresse rezensiert, dort wird häufig auch auf die Konzertdramaturgie
rekurriert.

---

102 Vgl. Anhang AIII 16 / Anhang AIII 18.

103 Das in unmittelbarer geographischer Nähe lokalisierte Orchester „Bergische Symphoniker"
erhält für die Spielzeit 2000/2001 ebenfalls diese Auszeichnung.

104 Zusätzlich sei an dieser Stelle auf das Kapitel 3 hingewiesen, in dem stringente Konzertdramaturgie als Erfolgsindikator nachgewiesen wird.

105 Als ein Beispiel sei die Berichterstattung der „Sommernachtstraum-Konzertreihe" der Philharmonie Essen angeführt. Siehe Kapitel 3.2.

Eindeutige und uneingeschränkt vergleichbare Indikatoren für den Orchestererfolg existieren nicht, vielmehr ist hier ein breites Spektrum an Indikatoren samt subjektiven Ausprägungen – auch aus den Interviews – abzuleiten. Publikumsbefragungen als Instrument zur Informationsgewinnung analog zu diversen Befragungsformen im privatwirtschaftlichen Sektor[106] würden zwar Vergleichbarkeit erleichtern, sprengten jedoch bei adäquater und professioneller Umsetzung häufig die Orchesterbudgets.

4.6 INNOVATIONEN IN DER PROGRAMMGESTALTUNG UND KONZERTDRAMATURGIE

Auch wenn die Notwendigkeit, das Konzertformat zu verändern und zu erneuern, aus der Perspektive der **Duisburger Philharmoniker** erkannt wird, sei eine entsprechende Realisierung lediglich im Einzelfall sinnvoll – gar eine Substitution der konventionellen Formate ist ausgeschlossen. Das klassische Konzert sei in seiner Struktur durch die aufzuführenden Werke an das konventionelle Format gebunden. Dies wird an der Aufführung einer Mahler-Sinfonie exemplifiziert. Diese Position werde durch die Urheberschaft eines Komponisten legitimiert, dessen Werk – z.B. eine Sinfonie – hinsichtlich der Programmierung einzelner Sätze unangetastet bleiben müsse. Auch der Faktor Innovation sowie die Realisierung von Eventkonzerten seien wichtig, um junges Publikum zu adressieren. Innovation und Eventcharakter von Konzerten könnten erreicht werden durch Modifikation der zeitlichen Struktur im Konzert, Integration visueller Eindrucke, Moderationen, Spielszenen auf der Bühne und gastronomische Angebote.[107] Auch wenn der Einsatz interdisziplinärer Kontexte im Rahmen der philharmonischen Konzerte eingeschränkt sei, biete sich insbesondere das Projekt als Konzertformat für diese Integration an. Als Beispiel wird ein Bild angeführt, das Henze zur Komposition angeregt habe. Die Präsentation dieses Bildes erweitere durch seine explizite Positionierung im Konzert das konventionelle Konzertformat.[108] Im Hinblick auf die jüngere Zielgruppe wird angemerkt, dass man „vielleicht noch nicht mutig genug"[109] für abweichende Konzertformate sei.

Durch den Einsatz eines hauptamtlichen Konzertpädagogen nahmen die Duisburger Philharmoniker eine Vorreiterposition in Bezug auf Musikvermittlung ein.[110] Altersspezifische Angebote, Professionalität und individuell zugeschnittene Konzertformate seien unerlässlich, um das junge Publikum an die Musik heranzuführen.[111]

---

106 Meffert / Burmann / Kirchgeorg 2012, S. 161ff.
107 Vgl. Anhang AI 24 / Anhang AI 25.
108 Vgl. Anhang AI 22.
109 Anhang AI 28.
110 Siehe Kapitel 3.1.
111 Vgl. Anhang AI 29.

Die innovative Konzertreihe „Sommernachtstraum" der **Essener Philharmonie** wird von Bultmann als Gegenbeispiel für ein seit 200 Jahren statisches Konzertformat angesehen. Selbstkritisch wird der zu gering ausfallende Anteil von den den konventionellen Rahmen sprengenden Konzerten beurteilt. Neugier, Grenzüberschreitung und der damit einhergehende Erziehungsprozess des Publikums stünden dabei im Vordergrund.[112] Im Rahmen der Konzertdramaturgie könnten außermusikalische Kontexte in Bezug auf den o.g. Dreischritt inspirativ sein und als inhaltliche Verdichtung fungieren. Als ein Beispiel für solche Kontexte wird die Konzertreihe „Sommernachtstraum" angeführt, die kontinuierlich an einem festen Tag im Jahr aufgeführt werde und den zeitlichen und inhaltlichen Rahmen eines konventionellen Konzerts sprenge. Somit haben diese Konzerte, die als Marke geführt werden, Eventcharakter. Sie seien jedes Jahr von einem anderen außermusikalischen Sujet geprägt und integrierten spartenübergreifende Kunstformen in den Konzertkontext. Dass Elfriede Jelinek durch eine Lesung zu der Realisierung einer dieser außermusikalischen Kontexte beigetragen habe, unterstreicht die o.g. Positionierung der Philharmonie Essen.[113]

Durch einen Sponsor sei die Education- und Musikvermittlungsabteilung breit aufgestellt: Differenzierte und zielgruppenadäquate Programme würden hier im Rahmen eines „5-Säulen-Aufbaus (von Neugeborenen bis zu den 90-Jährigen)"[114] realisiert. Das Education-Programm für Erwachsene umfasse eine Konzerteinführung durch Musiker des Orchesters, und nicht wie üblich durch Musikwissenschaftler oder Dramaturgen. Die Konzerteinführung werde deutlich von dem tatsächlichen Konzertkontext abgetrennt, indem Musiker Zäsur stiftend die Kleidung wechseln, während das Publikum im Saal bleibe.[115]

Neben den o.g. „Brot-und-Butter-Konzertreihen" sei es nach Sloane ein Ziel der **Bochumer Symphoniker**, die Grenzen von Konzertereignissen neu zu definieren, obwohl die konventionelle und standardisierte Konzertabfolge „Ouvertüre – Konzert – Symphonie" ein „tried-and-true-Prinzip" darstelle. Der prozessuale Charakter der Programmgestaltung und die Entwicklung des Orchesters hinsichtlich seines Repertoires stünden im Vordergrund.[116] Im Rahmen eines globalen Kunstverständnisses, in dem Musik nicht als Vakuum, sondern als Teil einer gesamten Kunst aufgefasst werde, sei eine disziplinäre Trennung der Kunstsparten kontraproduktiv. Gesellschaftsrelevante Kontexte wie z.B. in Form politischer oder sozialer Bezüge in der Konzertdramaturgie, die nicht unmittelbar mit Musik- oder anderen Kunstformen assoziierbar seien, könnten die interdisziplinäre Programmgestaltung ergänzen.[117]

---

112 Vgl. Anhang AII 12 / Anhang AII 13.
113 Vgl. Anhang AII 11.
114 Anhang AII 16.
115 Vgl. Anhang AII 16 / Anhang AII A17.
116 Vgl. Anhang AIII 03.
117 Vgl. Anhang AIII 05.

Die Einschätzungen der drei Akteure bestätigen erwartungsgemäß die allgemeine Forderung nach einem Aufbrechen einer standardisierten Programmgestaltung. Die Entwicklung des Konzertformats samt seiner standardisierten Form sowie Anzahl und Abfolge von Konzerteinheiten stagnieren, das Konzert unterliegt somit stark ausgeprägten Restriktionen.[118] Dies wird unisono von den drei Akteuren erkannt und als orchesterspezifische Problematik identifiziert. Die generelle Bereitschaft, von dieser Norm abweichende Formate zu etablieren, wird ebenfalls expliziert. Dass zum einen trotzdem weitestgehend an konventionellen Formaten festgehalten wird, ist wie oben dargestellt unterschiedlich begründet, z.B. wegen Urheberschafts- und Authentizitätsbedenken bei den (mehrsätzigen) Werken oder wegen ökonomischer Aspekte. Zum anderen ist die Motivation, innovative Formate zumindest einmalig, partiell oder zeitlich limitiert zu etablieren, ebenfalls differenziert zu beurteilen: Hier ist von einem Abweichen von „langweiligen" Normen zu Gunsten von Neugier und einem Erziehungsprozess des Publikums bis hin zu dem Einfordern einer Neudefinition des Konzertereignisses ein breites Spektrum an Innovationspotential[119] erkennbar. Außermusikalische und interdisziplinäre Kontexte eignen sich insbesondere im Projekt, um andere Kunstformen in das Konzert zu integrieren und somit einen Beitrag zum Aufbrechen o.g. Restriktionen zu leisten. Die expansive Entwicklung von Education-Projekten spiegelt sich sowohl in der Programmgestaltung[120] als auch in der personellen und inhaltlichen Organisationsstruktur der Orchester wider. Altersspezifisch differenzierte Musikvermittlungskonzepte und konzertpädagogische Education-Projekte als deren Bestandteile nehmen einen wichtigen Stellenwert in der Programmgestaltung ein.[121]

Anhand der konzertdramaturgischen Merkmale, der Komponistenhäufigkeiten und der Konzertreihenstruktur zeigt sich eine Tendenz zu dem häufig diskutierten und kritisierten „konventionellem" Aufbau der Programmgestaltung als potentiellem Innovationshemmer.[122] Vielfältige Projekte, innovative Spielstätten und die Integration vielschichtiger Konzertdramaturgie in den Kontext eines vermeintlich konventionellen Konzertformats – Symphoniekonzertreihe mit Trend zu einer standardisierten Abfolge – sind jedoch ein Indiz für ein Aufbrechen entsprechender Konventionen. Die Bereitschaft dafür und für eine Dynamisierung des Konzertformats ist grundsätzlich vorhanden, ihre Umsetzung ist jedoch mit der intendierten Publikumsorientierung nicht immer vereinbar.

Es lassen sich Handlungsempfehlungen auf regionaler Ebene aus der unmittelbaren „Nähe" der Orchester ableiten: Programmgestaltung und Konzertdramaturgie – insbesondere in Form von Jubiläendramaturgie – erfordert hier mehr Abstim-

---

118 Siehe Kapitel 2.1.7.
119 Zahlreiche innovative Projekte und Konzerte sind im Kapitel 3 angeführt.
120 Siehe Kapitel 3 der jeweiligen Orchester. Dort lässt sich diese Expansion in der Programmgestaltung und v.a. Programmreihengestaltung der drei Orchester ablesen.
121 Die zu untersuchenden Orchester verfügen über ein breit gefächertes Education-Programm für verschiedene Altersstufen. Die Zunahme entsprechender Konzertreihen und Projekte ist anhand des Kapitels 3 abzulesen.
122 Siehe Kapitel 2.1.7.

mung, um zeitliche und inhaltliche Parallelität und Kongruenz zu vermeiden. Komplexe Konzertdramaturgie bedarf einer eindeutigen Vermittlung, eine entsprechende Dokumentation relevanter Informationen in Programmheften ist – wie die drei Untersuchungsbeispiele zeigen – insbesondere bei komplexem Konzertaufbau zwingend erforderlich.

In Bezug auf innovative Programmgestaltung der hier zu analysierenden Orchester zeigt sich eine produktive Ausgewogenheit: Einerseits ergeben sich Chancen hinsichtlich einer konsequenten Innovation des Konzertformats und damit ein ständiger Auftrag dazu, andererseits sprechen die Honorierung durch das Publikum, durch die (Fach-)Presse und durch Prämierungsinstitutionen nicht für eine radikale Abkehr von der aktuellen Praxis. Programmgestaltung und Konzertdramaturgie stehen mit ihrer Vielfalt und Vielschichtigkeit in einer von allen Stakeholdern honorierten Balance zwischen Konvention und Innovation.

ANHANG

A INTERVIEW-TRANSKRIPTIONEN

AI Transkription - Alfred Wendel (Duisburger Philharmoniker)

Jonas Becker	Welche Programmgestaltung ist typisch für die Duisburger Philharmoniker?
Alfred Wendel (AI 01)	Was die Programmgestaltung betrifft, haben wir seit der Zeit von Jonathan Darlington versucht, immer eine Kombination zu bringen zwischen dem großen Repertoire – also den Klassikern Haydn, Mozart, Beethoven und Brahms, die das Konzertpublikum gerne hört – und – dann aber immer kombiniert – zeitgenössischen Werken oder aber unbekannten ‚Schönheiten‘, um einfach dem Publikum immer wieder Neues anzubieten und die Neugier zu wecken.
Jonas Becker	Das kann man anhand der Programme ja auch gut ablesen.
Alfred Wendel (AI 02)	Genau, Sie haben die ja studiert, da sieht man immer mal wieder, dass es eine Reihe von Werken gibt, die selten gespielt werden. Die Reaktion des Publikums war da ganz interessant: Zu Anfang gab es etwas Unruhe bei den Abonnenten. Aber nachdem sie bemerkt haben, dass die Qualität der Werke eben doch immer gut ist, wurde das dann nach und nach akzeptiert, und inzwischen verlangen die Leute regelrecht danach, auch Neues und Unbekanntes vorgespielt zu bekommen. Ein Zeichen dafür, dass man das Publikum durchaus auch erziehen kann, wenn man es nicht in eine Richtung zwingt, sondern garantiert, dass es sich lohnt, das anzuhören. Es ist ein Kriterium für gute Musik, dass sie auch berührt und nicht am Zuhörer vorbeigeht. Das wird am Ende vom Publikum auch sehr honoriert. Das ist das Profil, das wir uns in den letzten Zeiten gegeben haben und was auch jetzt der neue GMD Giordano Bellincampi weiterführt
Jonas Becker	Gerade diesen Prozesscharakter, den Sie gerade ansprachen, finde ich interessant. Wenn der Erziehungsprozess des Publikums in der Form aufgeht, ist das sehr schön.
Alfred Wendel (AI 03)	Das hat uns auch Freude gemacht, man darf das sicherlich nicht übertreiben und das Publikum überfordern, aber immer wieder so etwas anzubieten, kommt am Ende ganz gut an.
Jonas Becker	Unabhängig von Duisburg, was würden Sie spontan zu dem Begriff ‚Konzertdramaturgie‘ sagen?
Alfred	Meinen Sie damit den Aufbau der einzelnen Programme oder der

Wendel (AI 04)	Saison?
Jonas Becker	Sowohl als auch: Einmal die innere Dramaturgie in den einzelnen Konzerten, aber auch in Bezug auf die globale Spielzeit oder Saison.
Alfred Wendel (AI 05)	In den einzelnen Programmen gibt es unterschiedliche Möglichkeiten, einen roten Faden einzubringen. Wenn man das tut, wird das meiner Meinung nach vom Publikum immer sehr honoriert. Ich glaube, es ist auch wichtig, dass man in den Publikationen dem Publikum erklärt, warum das Programm jetzt so und so zusammengestellt ist. Wir haben da ja eine ganze Reihe von Beispielen, ich denke da etwa an das Konzert mit der Symphonie von Ahmed Adnan Sygun – das war z.B. ein unbekanntes Werk, bei dem die Leute neugierig waren, den Namen hatte man kaum jemals gehört. Das wurde dann aber eben sinnvoll kombiniert mit einem Werk von Vincent d'Indy und Béla Bartók. Bei hatten miteinander zu tun und gingen in die gleiche Richtung: Volksmusikforschung und das Schüler-Lehrer-Verhältnis. Solche Dinge erklären sich vielleicht nicht direkt dem Zuhörer, aber wenn man es darstellt, freut man sich, weil man zeigt: Das Programm ist nicht zufällig entstanden, sondern hat irgendwie einen Sinn. Das ist so gewissermaßen die biographische Möglichkeit, wie man Verbindungen herstellen kann. Dann gibt es auch thematische Möglichkeiten: Wir hatten z.B. ein Programm, das bestand ausschließlich aus Pelléas-Vertonungen, also drei mal ‚Pélleas et Mélisande' – das ist eine Möglichkeit. Oder dann gab es ein Programm zum Thema Märchen, bei dem man eben unterschiedliche Kompositionen, die in irgendeiner Form mit dem Thema zu tun haben, auf den Spielplan setzt. Und das finden die Leute immer ganz interessant. Nun kann man so etwas auch für eine ganze Saison machen – das wird mitunter ja auch bei Festivals so gemacht. Wir haben darauf verzichtet, weil, erstens ist es bei 12 Konzerten – unser Abonnement hat 12 Konzerte – nicht ganz einfach, dort wirklich konsequent ein Thema durchgängig anzubieten. Und außerdem ist meine Erfahrung: Es ist dem Publikum nicht wahnsinnig wichtig. Das Publikum hört das eine Konzert als geschlossenes Ding. Das Publikum registriert zwei Konzerte später den Bezug nicht mehr. Man kann solche Inseln machen, das finde ich z.B. sehr spannend, z.B. die ‚Zeitinseln', die das Konzerthaus Dortmund entwickelt hat. So einen Themenschwerpunkt haben wir auch gelegentlich gemacht, sei es zu einem Komponisten oder zu einem Thema – das kann man machen, man würde dann eben drei oder vier Konzerte zusammenfassen. Das halte ich für sinnvoll.
Jonas Be-	Das finde ich sehr spannend, was Sie eben ansprachen: der rote Faden – da würde ich gleich auch noch einmal zu kommen. Ich kann

cker	das kurz erläutern: In diesem ersten Fragekomplex – ich will es jetzt einmal so formulieren – geht es um das Begriffsverständnis von Konzertdramaturgie, was ich eben schon ansprach, und in diesem Zusammenhang würde ich gerne auch noch einmal wissen, was Sie allgemein unter Marketing bzw. erfolgreichem Marketing verstehen – immer bezogen auf den Orchesterkontext.
Alfred Wendel (AI 06)	Das ist so: Erfolgreich heißt bei uns – wenn man es einmal ganz platt sieht –: guter Verkauf an Eintrittskarten. Also, wenn ich den Saal voll habe, dann ist das erst einmal erfolgreich – so wird das jedenfalls im Augenblick eingestuft. Nun ist das eine etwas zwei-schneidige Sache: Das darf natürlich nicht dazu führen, dass es das einzige Kriterium ist. Das verlangt die Politik im Augenblick sehr häufig von uns, also: Volles Haus ist in Ordnung, wenn die Zahlen sinken, wird das moniert. Jetzt sind wir aber nicht dazu da, als Kul-turorchester ausschließlich die Highlights zu präsentieren, die sich das Publikum immer wünscht, sondern wir haben ja gewissermaßen einen Bildungsauftrag zu erfüllen. Und ich finde, das muss auch sein – das ist erst einmal eine gewisse Voraussetzung. Erfolg ist nicht ausschließlich, dass man das Haus voll hat, Erfolg wird auch dadurch bestimmt, dass ich die Qualität des Orchesters verbessere und damit natürlich auch nach Möglichkeit die Reputation des Or-chesters. Das ist dann auch wieder eine Frage des Marketings: Wenn das Orchester gut ist, muss ich das natürlich auch irgendwie kommunizieren. Das kommuniziert sich insbesondere und sehr glaubwürdig durch gute Rezensionen. Ich kann das natürlich auch durch das Marketing befördern, indem ich einfach – wenn ich Preise gewonnen habe usw. – auch entsprechend darauf hinweise, also alles, was gut ist, auch zeige. Ich muss aber immer darauf achten, dass ich die Versprechen, die ich in der Ankündigung mache, dann auch halten kann. Das ist, glaube ich, ein ganz wichtiger Punkt, den ich jedenfalls hier sehr stark immer beachte, dass wir das, was wir anbieten, auch 100 %-ig leisten.
Jonas Be-cker	Das finde ich auch sehr wichtig. Noch einmal zu der Publikumsori-entierung, die eben angesprochen wurde. Sie meinten, es sei immer schwierig, dort eine Balance zu finden. Welche Rolle spielt dann Kundenorientierung de facto? Wo sagt man, man realisiert ein Pro-gramm, das sich schon sehr an den Publikumswünschen orientiert? Oder man will gerade in den symphonischen/philharmonischen Konzerten Experimente wagen. Wie sehen Sie die Balance zwi-schen diesen beiden Faktoren?
Alfred Wendel (AI 07)	Ich glaube, da muss man einfach einen vernünftigen Mittelweg fin-den: Einerseits hat man einen Anspruch, den man an sich selber stellt – also auch als künstlerischer Leiter. Dann stellt natürlich auch das Orchester selber die entsprechenden Ansprüche – dadurch un-terscheidet man sich ja von der Kurkapelle –, so dass ich die Wün-

	sche des Publikums im Blick haben werde. Und das Gute ist, das stimmt meistens überein mit dem großen und wichtigen Kanon der Meisterwerke, die wir sowieso immer auch spielen wollen. Nur bediene ich eben nicht wie der Kollege aus Holland dann nur eine einzige Nische, wo ich ganz genau weiß: Das ist das, was die Leute auf jeden Fall hören wollen. Dann wäre man letzten Endes ein Unterhaltungsorchester. Wir bieten dagegen auch immer Dinge an, die anspruchsvoll sind. Es gibt eben auch Musik, die nicht schön, aber trotzdem künstlerisch wertvoll ist. Die wird in unserem Orchester auch immer gespielt. Und, wie schon gesagt, ich denke, das Publikum erkennt das auch mit der Zeit. Man muss ihm mit Sicherheit ein bisschen helfen – und da sind dann eben solche Mittel wie gut gemachte Konzerteinführungen natürlich wichtig – oder eben auch Erläuterungen im Programmheft, in dem man die Leute darauf hinweist: Warum mache ich das jetzt? Wenn ich z.B. weiß, das ist ein Werk, das auf den Krieg irgendwie Bezug nimmt, dann erwarten die Leute natürlich nicht, dass das ein ‚Fröhliches Dingelchen‘ ist. Dann wissen die schon, dass es eine ernste Stimmung sein wird und dass das Publikum auch vielleicht einmal dramatisch berühren wird. Und dann kann man damit umgehen, ich glaube, das Wichtigste ist einfach, dass man die Inhalte der Musik eben auch gut vermittelt.
Jonas Becker	Diesen Wandel in den Programmheften fand ich sehr interessant.
Alfred Wendel (AI 08)	Haben Sie da etwas festgestellt?
Jonas Becker	Zunächst waren sie ja relativ dünn und ohne nähere Erläuterungen, mittlerweile sind sie en détail richtig ausformuliert.
Alfred Wendel (AI 09)	Genau, das war wichtig, als ich anfing. Nun ist das so, wenn man irgendwo neu anfängt, will man auch irgendetwas Neues machen. Und da ich von den Festivals die Erfahrung gemacht habe, dass eben die Ankündigung der Programme schon wichtig ist, haben wir angefangen, dieses ‚play!‘ aufzulegen, mit dem die Menge an Informationen deutlich mehr geworden ist. Ein zweiter Aspekt – und das ist marketingtechnisch auch nicht uninteressant gewesen – besteht darin, dass wir zusätzlich zu den reinen Informationen zu den Konzerten auch immer ein bisschen etwas über die Stadt Duisburg und zu benachbarten Kunstgattungen einbringen, etwa zum Lehmbruck-Museum oder über Künstler in der Stadt, die möglicherweise die Illustrationen zu dem Programmheft beigesteuert haben. Und das führt einfach dazu, dass die Leute dieses Buch nicht nach einer Saison wegwerfen, sondern sich ins Regal stellen und immer mal wieder drin blättern. Und das hat einen sehr, sehr positiven Effekt und führt, glaube ich, auch zu einer stärkeren Identifikation mit der Sache und letztendlich mit dem Orchester. Das merkte man z.B. an

	dem Namen: Nun ist es ja ein bisschen ungewöhnlich, dass man so ein Heft ‚play!' nennt oder dass man das als Überschrift nimmt. Das sollte ursprünglich nicht der Titel sein, aber wir hatten seiner Zeit einen britischen Generalmusikdirektor, das rechtfertigte den Titel so ein wenig. Und es sollte einfach eine Aufforderung verbunden sein oder ein positiver Ausruf: „Spielt! Duisburger Philharmoniker, spielt!'. Und dann ist das übernommen worden, und die Leute sprechen in ganz Duisburg nur noch vom ‚play!-Heft' und nicht vom ‚Jahresprogrammheft der Duisburger Philharmoniker'. Das sind auch so Sachen, die dann manchmal zufällig gelingen.
Jonas Becker	Das ist mir bei der Durchsicht aufgefallen, dass das im Verlauf der Jahre auch immer detailreicher wurde.
Alfred Wendel (AI 10)	Genau.
Jonas Becker	Auch die Beschreibungen, was diese roten Fäden angeht, die Sie gerade ansprachen.
Alfred Wendel (AI 11)	Ja, richtig.
Jonas Becker	Die Programme wurden ja richtig erläutert, in den ersten Programmen handelte es sich mehr um eine Auflistung.
Alfred Wendel (AI 12)	Ganz genau. Das hat sich nach und nach als Marketinginstrument entwickelt. Man kriegt ja auch vom Publikum Rückmeldung. Wie beim Facelifting eines Autos [werden die Programme] nach und nach immer noch ein bisschen optimiert.
Jonas Becker	Was Sie gerade zum Zusammenhang zwischen Programmheft und dem regionalen Umfeld oder dem städtischen Umfeld andeuteten: Wie würden Sie den Stellenwert des Marketings einordnen im Hinblick auf das Stadtmarketing oder die Rolle des Marketings in der Stadt?
Alfred Wendel (AI 13)	Bei der Gestaltung des Programmbuches und der Gestaltung des gesamten Marketings und der Corporate Identity haben wir überlegt: Wir haben sehr viele Orchester hier in der Region, und da muss man sich in irgendeiner Weise ein Profil geben. Das Ganze muss wiedererkennbar sein, und es muss nach Möglichkeit anders sein und ein bisschen auch den Charakter dieser Stadt widerspiegeln. Das ist nicht immer so ganz leicht. Wir haben das aber über die Jahre ganz gut realisiert, immer einen Aspekt von Duisburg fotografisch unterzubringen. Im ersten Band von ‚play!' war das der Stahl. Das war ganz schön, weil eben der klingende Stahl auch Symbol für Leidenschaft ist – das war ein ziemlich guter Einstieg. Die Leute haben verstanden, was das sein soll. Auch der Stil, in dem man schreibt, der Stil des Orchesters, muss eben profiliert sein, und das muss in die Stadt passen. Wir sind hier eine Arbeiterstadt in

	Duisburg, da gibt es keine ausgesprochene Schickeria. Und deshalb kann ich auch kein so super elegantes Orchester haben, das zu weit über den Dingen steht. Wir wollen erdverbunden sein, weil wir uns ganz klar definieren als Orchester für alle Menschen dieser Stadt. Dementsprechend macht auch das Orchester in seinem Auftritt – und da gleichen wir die ganzen Kommunikationsmittel an – einen sehr natürlichen, offenen Eindruck. Und es ist in der Tat so, dass auch immer wieder darauf hingewiesen wird, dass die Duisburger Philharmoniker nicht nur ein Spitzenorchester sind, sondern auch ein ausgesprochen sympathisches Orchester. Und das ist, glaube ich, neben der musikalischen Leistung heute sehr, sehr wichtig – vielleicht nicht so sehr wie in München oder in Berlin, wo das Publikum anders strukturiert ist. Aber hier bei uns gibt es eine enge, persönliche Verbindung zwischen dem Orchester und dem Publikum. Die muss man pflegen.
Jonas Becker	Diesen Aspekt finde ich sehr interessant – v.a., wenn Sie sagen, man wolle sich abgrenzen von den anderen Orchestern in der Region.
Alfred Wendel (AI 14)	Genau.
Jonas Becker	Wie grenzt sich Duisburg genau von den Orchestern in Essen, Bochum und Düsseldorf ab?
Alfred Wendel (AI 15)	Das ist schwer zu sagen, am Ende sind das Nuancen. Ich habe bei den Kollegen nebenan erlebt, dass sie nach und nach ihr Erscheinungsbild deutlich geändert haben und dieses auch ein bisschen aufwändiger gestaltet haben. Die Düsseldorfer haben eine ein bisschen internationaler ausgelegte Programmstrategie oder Darstellungsstrategie, das sieht man schon an den Namen der Konzertreihen. Sie haben auch in ihrer Plakatserie – ich glaube, es ist jetzt noch so – sehr abstrakte Geschichten nur mit Namen. Das ist eine Art und Weise, die ein Publikum von Kennern anspricht. Man kann davon ausgehen, dass jeder, den das interessiert, bei der Namensnennung sofort weiß, was gemeint ist. Das ist bei uns anders, wir neigen mehr dazu, ein bisschen etwas zu erläutern und über das Bild unmittelbar und emotional anzusprechen. Wir haben da zwei verschiedene Serien, die beide gut laufen: Das eine ist die Kammermusik-Serie. Da zeigen wir immer die Portraits der Akteure, das bringt viel rüber, das ist ein Klassiker, das machen ganz viele so. Und bei den philharmonischen Konzerten zeigen wir immer die Illustration, die ja jeweils speziell für unser ‚play!' ausgesucht oder meistens sogar speziell dafür produziert wird. Da gibt es einen Wiedererkennungswert. Wenn ich das jetzt vergleichen sollte, beispielsweise zu Dortmund, ist der Unterschied schwer in Worte zu fassen. Vielleicht können Sie das als Außenstehender viel besser.

Jonas Be-cker	Wenn man sich das z.B. im Vergleich zur Philharmonie Essen mit ihren Gastorchestern anguckt ...
Alfred Wendel (AI 16)	Ja, genau.
Jonas Be-cker	... und die ja ein starkes Profil – wie Sie eben schon sagten – in der internationalen Ausrichtung hat, das ist ja schon ein Unterschied.
Alfred Wendel (AI 17)	Genau.
Jonas Be-cker	Vielleicht ist das auch vom Publikum her motiviert, man sagt, man wolle andere Publikumsschichten erreichen oder man habe einen anderen regionalen Anspruch, entsprechende Schichten zu errei-chen?
Alfred Wendel (AI 18)	Das ist z.B. auch ganz wichtig, glaube ich, dass man sich irgend-wann darüber klar wird: Wen will ich erreichen? Oder, was ist das Wichtigste oder die wichtigste Zielgruppe, die ich erreichen will? Natürlich freut es jedes Orchester, wenn man in den überregionalen Zeitungen präsent ist. Auch da hatten wir lange Zeit einen ver-schärften Ehrgeiz, das zu schaffen. Nun, dann muss man sehen, das ist ein Ding der Unmöglichkeit: Wir werden nicht drei- oder viermal im Jahr die ‚Frankfurter Allgemeine' hier im Konzert haben. Das gelingt hin und wieder mit großen Projekten, so wie ‚der Sympho-nie der Tausend', oder im Kulturhauptstadtjahr hatten wir ein, zwei andere Projekte. Wenn wir z.B. Hans-Werner Henze gespielt haben, dann kam auch überregionale Presse. Ansonsten schaffen wir das aber nicht, die für uns zu interessieren. Und letzten Endes ist es so: Das ist natürlich schön, wenn man den Sponsoren gegenüber auf Seiten aus der ‚ZEIT' oder der ‚Rundschau' verweisen oder über-haupt veröffentlichen kann: ‚Guckt mal da, liebes Publikum, die Zeitungen berichten über Eure Duisburger Philharmoniker'. Aber darauf zu viel Energie zu verwenden, lohnt sich letzten Endes nicht. Am Ende ist es viel entscheidender, dass ich hier die Presse der Re-gion gewinne. Das ist natürlich ganz viel wert, weil sie natürlich unser Publikum auch informiert. Wir müssen uns darüber im Klaren sein: Wir haben verschiedene Kanäle, auf denen wir kommunizie-ren. Das ist die Presse, und dann haben wir auch das Internet, da ist es ja kein Problem, international präsent zu sein. D.h. die Leute, die sich für bestimmte Sachen interessieren, z.B. für einen Gastkünstler, den wir haben – das habe ich jetzt etwa bei Carolin Widmann gese-hen –, die kommen von weit her angereist. Weil sie einfach suchen: ‚Wo spielt denn Frau Widmann? Duisburger Philharmoniker, da fahre ich hin!' Das erledigt sich da drüber. Gut, dazu haben wir dann tatsächlich auch einmal Anzeigen in der ‚ZEIT' geschaltet, weil uns schon klar war, dass sie als Artist in Residence schon Leu-

	te von weiter her interessieren könnte. Das hat dann auch geklappt. Aber ansonsten muss ich eben meine Energien [bedenken] – und die sind ja leider immer begrenzt, sowohl finanziell als auch personell. Und da muss ich abwägen, wo ich am meisten investiere, um meinen Saal zu füllen. Wenn mir dies letzten Endes egal wäre und ich lieber einen großen Namen hätte, dann müsste ich vielleicht anders vorgehen. Das kann aber für ein kommunales Orchester nicht Sinn der Sache sein. Unsere Aufgabe ist es, die Leute hier vor Ort mit Musik zu versorgen.
Jonas Be-cker	Das klappt ja auch hervorragend.
Alfred Wendel (AI 19)	Das klappt – Gott sei Dank – ganz gut.
Jonas Be-cker	Ich verlasse jetzt diesen allgemeineren Rahmen und möchte mich der konkreten Programmgestaltung bzw. der Konzertdramaturgie widmen.
Alfred Wendel (AI 20)	Wollen wir mal gucken, ob ich das noch alles im Sinn habe. [lacht]
Jonas Be-cker	Wie werden hier Konzerte in den Programmen dramaturgisch ver-knüpft? Da hatten Sie eben z.B. die biographische Komponente angesprochen...
Alfred Wendel (AI 21)	Genau.
Jonas Be-cker	..., die thematische und die interdisziplinäre – durch Anknüpfungs-punkte zu anderen Kunstsparten?
Alfred Wendel (AI 22)	Hin und wieder ist das natürlich der Fall, z.B. bei einem der Henze-Konzerte, da bot sich das an. Da haben wir ein Bild, das der Auslö-ser dieser Komposition gewesen ist, im Saal gezeigt. Interdisziplinär haben wir insofern in den Philharmonischen Konzerten weniger gearbeitet, bei Projekten geht das schon einmal eher. Wir haben das beispielsweise bei dem Wiegenlieder-Projekt sehr intensiv gemacht, dass wir also die bildenden Künste natürlich dazu bemüht haben, zu diesem ganzen Thema ‚Wiegenlied' – international übrigens, aus aller Welt, aus allen Kontinenten –, [sich der Frage zu widmen], wie funktioniert das Wiegenlied auf der Welt? Im Vergleich zu dem, was wir hier machen, sieht man dann interessanterweise, wie ähn-lich das jeweils ist. Ein anderer Aspekt ist immer ein Ausgangs-punkt, den man wählen kann: Die historische Komponente: Wie liegen die Musiken zueinander: entweder in der Reihung oder aber vielleicht in einem musikhistorisch relevanten Zeitraum, in dem sich eine ganze Menge in der Musik verändert hat wie z.B. am An-fang des 20. Jahrhunderts, wo es sehr auseinanderstrebende Rich-

	tungen gibt, wo dann der eine noch ganz klassisch komponiert und der andere schon völlig andere Welten erschlossen hat. Solche Dinge sind natürlich dann auch spannend. Oder man konzentriert sich auf einen kleinen Zeitraum, um dann ein homogenes Programm zu haben. Das bietet sich dann immer an, wenn Jubiläen anstehen oder familienbezogen, wenn wir 2014 C. Ph. E. Bachs Geburtstag feiern, dann kann man natürlich die anderen Bach-Söhne dazu nehmen oder eben den Vater. Das ist auch ganz interessant, weil man dann Stilvergleiche für das Publikum ermöglicht. Das sind die hauptsächlichen Mittel, die man hat.
Jonas Becker	Sie hatten anfangs erwähnt, dass die Titel von Konzertreihen auch immer ein wichtiger Faktor für deren Erfolg seien. Hat es da auch einen Wandel gegeben, wie man Konzerte benennt – z.B. ‚1. Philharmonisches Konzert‘ – oder durch spezielle Titel, die dann vielleicht auch über die intendierte Konzertdramaturgie direkt Aufschluss geben?
Alfred Wendel (AI 23)	Ja, das haben wir eben überlegt, dass es dem Publikum hilft. Und das wird auch bestätigt, wenn ich eine Überschrift habe. Manchmal ist es nicht ganz einfach, da etwas zu finden. Aber wenn ich jetzt etwa bei einem der letzten Philharmonischen Konzerte die Überschrift habe: ‚Vom Kino in den Konzertsaal‘, dann ist das Kino für die Leute ein Stichwort, das erst einmal aufhorchen lässt: ‚Aha, was sagt mir das denn?‘ Und dann sieht man eben, das ist Musik von Erich Wolfgang Korngold und von Prokof'ev eben eine richtige Filmmusik für ‚Lieutenant Kijé‘. Und das finden die Leute spannend. Wenn ich das mit einem Schlagwort oder einem kurzen Satz schon einmal auf das Plakat bringen kann, dann guckt man da etwas mehr hin und denkt: ‚Aha, das könnte mich ja interessieren.‘ Das ist mehr Anreiz als der Titel ‚5. Philharmonisches Konzert‘ – zählen können die Leute ja selber.
Jonas Becker	Dann im Kontext dieser Philharmonischen Konzerte: Für wie wichtig halten Sie den Faktor Innovation in Bezug auf das Konzertformat und auf den Eventcharakter?
Alfred Wendel (AI 24)	Wir brauchen, glaube ich, beides. Wir müssen sicherlich, um jüngeres Publikum zu erreichen, auch andere Konzertformate entwickeln. Denn es gibt da natürlich sehr unterschiedliche Rezeptionsgewohnheiten. Bei einem jungen Publikum ist es so, die sagen immer: ‚Ach, die Stücke sind so furchtbar lang, das kann ich gar nicht aushalten.‘ Und das ist ja mitunter schon auch so, dass so eine Sinfonie mal 45 oder sogar 90 Minuten dauern kann. Das an einem Stück durchzuhalten, ist schwierig – darauf muss man ebenso Rücksicht nehmen wie auf das stille Sitzen über zwei Stunden vor einer entfernten Bühne, auf der letztendlich auch ziemlich Gleichförmiges dargeboten wird. Das ist auch schwierig für 12- bis 18-Jährigen. Die können damit schwer umgehen. Dafür muss ich dann Formate entwickeln,

	die das berücksichtigen: etwas kürzere Zeitfolgen, visuelle Eindrücke oder auch Moderationen oder Spielszenen auf der Bühne hinzufügen. Oder ein gastronomisches Angebot, wie wir das bei unserer Serie ‚playlist!' im Kulturzentrum umgesetzt hatten – dies lockert die Sache enorm auf. Wir müssen dahin kommen, diesen Ruf des Steifen, des Eingestauchten loszuwerden. Wobei wir das – und das will ich ganz deutlich sagen – auf der anderen Seite brauchen. Wenn ich eine Mahler-Sinfonie spielen will, dann brauche ich Stille im Saal. Die Sinfonie dauert nun mal lange. Aber da muss ich die Leute nach und nach hinführen. Ich glaube, das klassische Konzert wird es immer geben, weil das für unsere Musik die einzig mögliche Darbietungsform ist, die der Kunst gerecht wird. Und der Rest, was ich da drum herum mache, mit anderer Musik und mit so ‚Häppchen zum Anfüttern' erst einmal – das ist eine andere Form für eine spezielle Zielgruppe. Es kann aber nicht das Ziel sein, alles dahin gehend umzumodeln. Das Konzert wird bleiben und muss bleiben.
Jonas Becker	Ich finde, das ist eine eindeutige Aussage. Es gibt ja auch Tendenzen, Konzerte so zu gestalten, dass man einzelne Sätze aus Sinfonien herausreißt etc. – dies galt ja immer eigentlich als Sakrileg.
Alfred Wendel (AI 25)	Ja, da wäre ich jetzt gar nicht so päpstlich, das kann im Einzelfall vielleicht einmal sinnvoll sein, so wie man ja bestimmte Dinge kombinieren kann, die eigentlich nicht zusammengehören. Olli Mustonen hat das z.B. bei einer CD-Aufnahme gemacht: Bach-Inventionen und Shostakovich zu kombinieren. Da lassen sich Dinge machen, die man natürlich in einer ungewohnten Art und Weise zusammenbringen kann. Wenn das Sinn macht, ist das auch in Ordnung. Aber das sind natürlich Einzelfälle. Ein Konzert normalerweise zusammenzustellen aus lauter einzelnen Sätzen kann nicht Sinn der Sache sein. Und da sind wir dem Urheber, also dem Komponisten, etwas schuldig. Wir sind ja hier die Sachwalter der Kunst europäischer Kultur. Und da müssen wir auch eine gewisse Strenge walten lassen, finde ich.
Jonas Becker	Ich sehe das persönlich auch so. Ich habe das aufgegriffen, weil es in der aktuellen Literatur teilweise diskutiert wird, in der ja Formen des Event-Konzerts im Vordergrund stehen...
Alfred Wendel (AI 26)	Ja, natürlich.
Jonas Becker	...Und dass man alle formalen Kriterien zumindest diskutiert.
Alfred Wendel (AI 27)	Das ist auch richtig, dass man das diskutiert. Es gab ja ein ganz nettes Buch von Herrn Tröndle.
Jonas Be-	Genau, darauf wollte ich hinaus.

cker	
Alfred Wendel (AI 28)	Das hat eine Menge Staub aufgewirbelt, und das war richtig. An manchen Stellen sind wir vielleicht noch nicht mutig genug. Das ist ganz richtig. Gerade wenn es um das junge Publikum geht, da bin ich erst einmal völlig offen für alles. Aber das darf eben nicht heißen – und das ist ganz wichtig –, dass das die normale Darbietung ersetzt.
Jonas Becker	Dann noch einmal zu den Musikvermittlungs- bzw. Education-Konzepten, die Sie hier verfolgen: Da haben Sie ja eine Schlüsselposition bundesweit. Wie würden Sie da den Stellenwert einordnen? Vielleicht auch in Bezug auf die Entwicklung in den letzten zehn Jahren?
Alfred Wendel (AI 29)	Ja, inzwischen ist es so: Wir hatten da einmal eine Vorreiter-Position, weil wir die ersten waren, die einen hauptamtlichen Konzertpädagogen eingestellt haben. Das war von meinem Vorgänger sehr klug gesehen. Das ist natürlich ganz wichtig, junges Publikum zu finden und zu uns zu holen. Die Möglichkeiten für junge Leute, mit klassischer Musik in Berührung zu kommen, sind ausgesprochen gering. Weder im Fernsehen noch im Radio hören sie einen Ton klassischer Musik, wenn sie nicht bewusst den entsprechenden Sender einschalten – das tun sie natürlich nicht. Im Schulunterricht gibt es selten überhaupt noch Musik, und wenn, beschäftigt er sich auch nicht unbedingt mit Klassik. Und deshalb müssen wir selber dafür sorgen, dass die Kinder an die Musik herangeführt werden. Und das war der Grund dafür zu sagen, wir müssen professionell Konzertpädagogik aufbauen, für die verschiedenen Altersgruppen unterschiedliche Angebote machen. Wir arbeiten sowohl mit Kindergärten zusammen also auch mit Grundschulen und Gymnasien. Es gibt mehrere Arten von Kinderkonzerten, Familienkonzerten. Kinderkonzerte richten sich an Kinder von 3–6 Jahren, Familienkonzerte an Kinder von 6-12 Jahren und natürlich an ihre Begleitung. Was am schwierigsten ist, sind die Konzerte für junge Leute, also die über 12-Jährigen – insbesondere die 17- bis 25-Jährigen. Die wären uns ja sehr lieb, aber die sind schwer zu kriegen. Und da experimentieren wir auch noch, über welche Schiene das geht. Wir haben jetzt letzte Saison sehr erfolgreich ein Filmmusik-Konzert gemacht, und das ist z.B. eingeschlagen wie eine Bombe. Da kamen eine ganze Menge junger Leute, weil die einfach die Titel der Filme erkannten und dachten: ‚Ah ja, das klingt spannend, das höre ich mir einmal an.' Das war dann mit Spielszenen verbunden und moderiert – so etwas klappt. Da muss man immer sehen, an welcher Stelle kann ich die erreichen? Das machen inzwischen alle Orchester – alle Orchester in Deutschland erreichen da sicher 8–10.000 Kinder jedes Jahr. So viel schaffen wir jedenfalls, wir gehen in die Schulen, in die Kindergärten und holen sie auch ins Haus, richten

	Probenbesuche ein usw.
Jonas Becker	Dann noch einmal zu dem Prozess der Programmgestaltung: Ganz allgemein: Wie verläuft ein solcher? Setzt man sich da zusammen, wird Brainstorming betrieben? Wie würden Sie so einen Prozess charakterisieren?
Alfred Wendel (AI 30)	Im Prinzip läuft es so: Das verteilt sich meist über zwei bis drei Treffen mit dem Generalmusikdirektor. Es gibt dann durchaus auch Input vom Orchester. Es gibt auch hin und wieder Input vom Publikum. Wir haben einmal vor langer Zeit eine Befragung gemacht: ‚Was wären denn Eure Lieblingswerke?‘ Ganz interessant war ja auch die Serie ‚Lieblingsstücke‘ des Westdeutschen Rundfunks. Was dabei herausgekommen ist, das hat übrigens immer gezeigt – sowohl unsere eigene Befragung als auch die vom WDR –, dass die Bandbreite doch sehr, sehr breit ist. Man darf das Publikum nicht unterschätzen. Die Menge an Lieblingsstücken ist viel, viel größer, als man denkt – also ein sehr breites Repertoire. Das sind so Anhaltspunkte, die man hat. Dann kommt etwas vom Orchester natürlich – wir haben hier 90 Experten sitzen, Experten für Musik. Die wissen natürlich ganz viel darüber, sie machen auch anderswo Erfahrungen, auch einmal im Ausland. Sie geben immer wieder Anregungen: ‚Das und das könnte spannend sein‘. Dann setzen wir uns zusammen und fangen an zu überlegen: ‚Welche Künstler möchten wir gerne einmal einladen?‘ Damit fängt es in der Regel an. ‚Den und den Gastdirigenten möchten wir einmal haben und die und die Solisten wollen wir einmal haben.‘ Und das ist der Ausgangspunkt zu sagen: „Was können wir denn mit denen spielen?‘ Da muss man immer im Blick haben, was wir in den letzten fünf Saisons gemacht haben, damit keine Wiederholungen auftreten. Die Möglichkeiten schränken sich dann so langsam ein. Und dann geht man dahin zu sagen: ‚Gut, ein paar ganz wichtige Werke wollen wir haben.‘ Z.B. war die Maßgabe des neuen Generalmusikdirektors Giordano Bellincampi: ‚Wir haben lange keinen Brahms gespielt. Wir wollen jetzt erst einmal die vier Brahms-Sinfonien in den nächsten Saisons spielen.‘ Das ist dann ein Ansatzpunkt. Dann guckt man, was man damit verbinden kann, und gestaltet ein Programm daraus. Und dann haben wir z.B. einen besonderen Solisten so wie jetzt Carolin Widmann, die ist eben u.a. Expertin für neue Musik, dann ist also klar: ‚Aha, wir müssen da einen Schwerpunkt ‚Neue Musik‘ einbauen.‘ Oder, die Gastsolisten haben natürlich auch ihre Vorstellungen, die bringen eine Menge Input mit. Wir haben ja jetzt Carl St. Clair eingeladen, der gleich eine tolle Idee hatte für ein Programm mit neuer Musik von Tōru Takemitsu für Schlagzeuger. Das ist ganz schön, wir sind ganz bemüht – das ist auch noch ein Aspekt –, unsere eigenen Leute mal als Solisten einzubringen und einen befreundeten Kollegen mal vorne stehen und als Solist wirken zu las-

	sen. Ja, so kommt nach und nach so ein Programm zusammen. Man muss immer sehen: ‚Welche Künstler habe ich, was können diese machen, was machen sie gerne und wie habe ich dann ein ausgeglichenes Programm, so dass ich über die Saison eben auch verschiedene Facetten anbiete?' Es gibt auch ein paar feste Komponenten, so dass wir mindestens einmal in einer Saison ein Programm mit alter Musik machen, mit Barockmusik oder Frühklassik und dafür auch immer seit vielen Jahren einen Experten einladen. Das kann ein Ton Koopman sein oder Reinhard Goebel, also Leute, die wirklich mit historischer Musizierpraxis vertraut sind. Das heißt, da haben wir dann schon immer so einen Schwerpunkt in der Richtung. Nach und nach wird der Teppich immer enger, wenn man so überlegt, von bestimmten Punkten ausgehend, was passt denn dazu? Dann dauert das insgesamt so zwei bis drei Monate, dann hat man das fertig stehen. Zwischendurch sagt immer mal wieder einer ab, so wie jetzt kürzlich, dann kriegt man eine Absage von einem Dirigenten, dann kann man das Programm vergessen und fängt an der Stelle wieder von vorne an. Aber ansonsten bemühen wir uns auch, über alle Epochen ein bisschen etwas anzubieten und ausgeglichen auch über die unterschiedlichen Stile der Welt, also französisches, deutsches oder dann vielleicht auch einmal amerikanisches Repertoire anzubieten, um dann die Farben ein bisschen auch von einer Saison zu der anderen zu verändern, so dass das möglichst gut gemischt ist – nach dem alten Motto: Wer vieles bringt, wird manchem etwas bringen.
Jonas Becker	Ja dann zum Abschluss: Was würden Sie unter erfolgreicher und stringenter Programmgestaltung bzw. Konzertdramaturgie verstehen?
Alfred Wendel (AI 31)	Ja, ich glaube, am wichtigsten ist die Qualitätsgarantie, das ist erfolgreich. Wenn man da stringent ist, dann wird man auch erfolgreich sein, wenn ich dem Publikum keine schlechten Konzerte zumute. Die Konzerte können sehr anspruchsvoll sein, sie müssen immer ein bisschen abwechslungsreich sein. Wir sind kein Spezial-Ensemble oder kein Festival für Neue Musik, das muss man sehen. Aber wenn es gelingt, die Neugier des Publikums immer wieder zu wecken und das Publikum zu berühren mit der Musik – das ist dann natürlich auch Sache des Orchesters, so zu spielen, dass man auch berührt wird –, dann läuft es eigentlich von selbst erfolgreich. Die Sache spricht eben extrem für sich und das ist werbe- und marketingmäßig noch ein wichtiger Aspekt: Die besten Werbeträger, die wir haben, sind unsere Zuhörer, das ist das Publikum selbst. Wenn die Gutes über uns erzählen und uns weiterempfehlen, ist es die beste Werbung und dann kommen immer mehr, genau so funktioniert das. Das ist mehr wert als alles bedruckte Papier. Von daher: Kundenpflege ist sicherlich das Allerwichtigste auch bei uns, was

	man tun kann.
Jonas Be-cker	Sie sprachen eben – das fand ich interessant – mögliche Indikatoren für den Erfolg an: einmal diese absoluten Zahlen wie Auslastung etc., dann Rezensionen, lokal, überregional.
Alfred Wendel (AI 32)	Ja, genau.
Jonas Be-cker	Welche Faktoren könnten Sie sich darüber hinaus vorstellen, was könnte noch als Indikator in Frage kommen? (Auszeichnungen, Prämierungen?)
Alfred Wendel (AI 33)	Wenn man Glück hat, wird man einmal ausgezeichnet. Wir hatten ja das Glück, vom Verband der Deutschen Musikverleger den Preis für das beste Konzertprogramm zu bekommen. Oder: Einen Echo-Klassik haben wir gewonnen für eine CD-Einspielung. CD-Einspielungen sind übrigens auch ein gutes Marketing-Instrument, weil ich natürlich damit die Musik und die Qualität des Orchesters über eine große Fläche kommunizieren kann. Ein anderer Indikator dafür, dass man gut gewesen ist, dass man die Politiker überzeugt, dass man auch da entsprechend wichtige Leute gewinnt, weil sie einfach sehen: Das bewirkt etwas für uns. Es ist auch wichtig, dass ich auch im Sponsoring erfolgreich bin, da spielen eine ganze Menge verschiedener Aspekte eine Rolle. Ein Sponsor belohnt es natürlich, wenn er sieht: ‚Aha, das wird gut gemacht, die Qualität passt zu meinem Unternehmen.' Das ist immer ganz wichtig. Und ansonsten sieht er eben auch: ‚Die Presse bespricht die Konzerte gut, also dieses positive Image passt zu mir, deshalb fördere ich weiter.' Das ist auch immer so ein Indikator, wer Sponsoren hat, ist auch in der Regel erfolgreich – und umgekehrt.
Jonas Be-cker	Ich danke Ihnen für das Gespräch.

AII Transkription - Johannes Bultmann (Essener Philharmonie)

Jonas Becker	Welche Programmgestaltung ist typisch für die Philharmonie Essen?
Johannes Bultmann (AII 01)	Ich kann nur für die Ära meiner Intendanz sprechen. Ich habe mir zur Grundlage gemacht, einen Dreischritt zu etablieren, auf dem die Programmatik aufgebaut wird. Das eine ist Interpretation, wir legen einen ganz großen Wert auf die Auswahl der Interpreten; der nächste Schritt ist Kommunikation, d.h., wenn ich einen großartigen Interpreten habe, der nicht einfach nur Tasten drückt und Noten abspielt, sondern der wirklich etwas mit dem Werk zu sagen hat. Interpret, ,interprète' heißt im Französischen Übersetzer, daher kommt der Begriff und daher muss der Interpret etwas, was musikalisch notiert ist, in eine Übersetzung bringen – dadurch entsteht Kommunikation in Richtung Publikum. Diese Kommunikation ist für uns deshalb so wichtig, weil – jetzt kommt der nächste Schritt von diesem Dreischritt, den ich immer als Grundlage nehme – aus der Kommunikation entsteht dann, wenn sie gelingt, Partizipation: also die Teilnahme des Publikums im gedanklichen Bereich, ein Mitvollziehen von Auseinandersetzung. Und im Glücksfall gibt es dann Momente, auf die wir gleich noch kommen, auf verschiedene Konzertformate, wo es dann wiederum eine Kommunikation, ein Feedback vom Publikum zum Künstler gibt. Also: Diese Dreieckskonstellation Interpretation, Kommunikation und Partizipation ist das Grundgerüst. Auf diesem Grundgerüst habe ich jetzt verschiedene Programmlinien aufgebaut: Das eine ist erst einmal die Voraussetzung, dass wir Künstler ganz bewusst auswählen, nicht einfach nur so, dass wir die Angebote von Agenturen sehen und sagen: Das passt, das passt nicht. Wir machen es genau umgekehrt: Wir sind ein kreatives selbstproduzierendes Haus. Ich plane so viele Jahre im voraus, dass ich für die thematischen Linien, die ich umsetzen will, ganz bestimmte Künstler und Interpreten oder Orchester oder Dirigenten genau für diese Projekte anfragen kann. Das bedeutet also wirklich, sie müssen Jahre im voraus geplant haben, damit sie mit dem Timing zurecht kommen – und auch dass die Künstler die Programmplanung mir entsprechend ausrichten und ich nicht umgekehrt deren Programmplanung übernehme. Entsprechend haben wir Themenreihen aufgebaut: Wir haben in einem Jahr ein Schwerpunktthema gehabt: ,Sehnsucht Schubert'. Schubert ist für mich einer der noch verkanntesten und unterrepräsentiertesten Komponisten überhaupt, und auf der anderen Seite ist er für mich einer der größten Komponisten. Und ,Sehnsucht Schubert' deshalb, weil Schubert einer der ersten Komponisten überhaupt war, der in seinem Werk, in seinem ästhetischen Ausdruck auch sein individuelles Seelenleben hat widerspiegeln können. Bis zu der Zeit war ja überwiegend eine neutrale Äs-

thetik angesagt, Schubert hat sich darum nicht gekümmert. Wenn man diese Abgründe, diese Ozeane der Seelenabgründe, die im Schubertschen Werk immer wieder kommen – v.a. in der Klaviermusik, in den Streichquartetten –, wenn man die thematisieren will, muss man sich ganz genau die Solisten und Streichquartett-Formationen angucken. Es gibt Musiker, die überhaupt keinen Zugang zu Schuberts Musik haben, Künstler, die einfach nur die Noten spielen. Und es gibt Musiker, die verstehen ganz genau, was Schubert da gemacht hat, und haben gleichzeitig auch den Mut, einen ‚Seelenstriptease' selber zu machen. Auch als Interpret erlebt man das Gleiche ja noch einmal, und das verlangt von einem Interpreten sehr viel. Das war jetzt zum Beispiel eine Themenreihe. Eine andere Themenreihe hatten wir jetzt in dieser laufenden Spielzeit, also 2012/13 – wir alle wissen, dass wir 2013 zwei große Komponisten-Jubiläen haben, Wagner und Verdi. Ich bin im Prinzip kein Freund von Komponisten-Jubiläen, weil sowieso alle immer dann entsprechende Werke machen. Und ich habe mir vor Jahren schon Gedanken dazu gemacht und mir überlegt: Wir werden nur etwas zu Wagner machen, wenn uns ein ganz originärer Zugang einfällt, möglichst etwas, was ein Unikat ist, was weltweit möglichst niemand macht. Und so kam ich auf die Idee, eine Themenreihe zu konzipieren, die den simplen Titel hat: ‚Tristan-Akkord'. Wir alle, die sich in der Musikwissenschaft halbwegs auskennen, wissen, dass der Tristan-Akkord der Beginn – sagt man ja immer – der Emanzipation der Dissonanz ist. Nach der traditionellen Harmonielehre ist der Tristan-Akkord am Schluss nicht wirklich aufgelöst. Er wird durch Klangfarbe und durch Repetition so komponiert, dass man sich irgendwann daran gewöhnt, und ihn als aufgelöst empfindet – nach der klassischen, traditionellen Harmonielehre ist er es aber nicht. Ich habe dies zum Anlass genommen, dass wir eine Themenreihe aufbauen mit dem Thema ‚Tristan Akkord'. In den darauf folgenden fünfzig Jahren, also bis zum Jahre 1910/20, haben wir zentrale Werke herausgesucht, wo Tonalitätsthemen weiter fortentwickelt werden, vom Tristan-Akkord beginnend: Wir haben in ‚Also sprach Zarathustra' von Richard Strauss diese berühmte Fuge, die schon auf einem 12-Ton-Motiv basiert, wir gehen dann soweit, dass wir bis zu Schönberg gehen mit ‚Pelléas et Mélisande', bevor Schönberg dann in die atonale Phase überschreitet, d.h. wo er mit dem Werk die Grenzbereiche der Tonalität auflöst. Dann mit ‚Le Poème de l'extase' von Skrjabin haben wir jemanden, der fast schon auf der Kippe ist, wo Tonalität nicht mehr im Mittelpunkt der Bedeutung steht, sondern eher die Klangfarben-Entwicklung sich als nächstes Thema in der Komposition abzeichnet. Und wir haben auch ganz bewusst, obwohl es chronologisch falsch ist – aber wir wissen alle, wie wichtig dieses Werk für Wagner war, Wagner hat ja sehr viel

	durch seinen Schwiegervater Franz Liszt gelernt und auch bei ihm geklaut –deswegen haben wir ganz bewusst in diese Reihe Liszts ‚Faust-Symphonie‘, die er drei Jahre vor dem Tristan-Akkord komponiert hat, noch mit aufgenommen, weil in der Faust-Symphonie schon diese 12-Ton-Motivik als zentrales Thema aufgenommen wird. Natürlich ist das Spätwerk von Liszt im Klavier auch in dieser Reihe vorhanden, und dementsprechend suche ich dann natürlich auch die einzelnen künstlerischen Partner dafür. Ich habe die Spielzeit direkt damit eröffnet, das war ein Debütkonzert der Münchener Philharmoniker – die Münchener Philharmoniker waren noch nie hier, gelten aber als das Strauss-Orchester. Und somit haben wir mit Lorin Maazel sowohl Strauss' ‚Zarathustra‘ gemacht als auch natürlich zu Beginn der ganzen Themenreihe ‚Tristan-Vorspiel‘ und ‚Liebestod‘. So durchzieht sich das Ganze, also die Suche der Interpreten und Orchester, dann durch die weiteren Konzerte durch.
Jonas Becker	Ich finde es interessant, dass Sie den Tristan-Akkord als Ausgangspunkt nehmen für einen Kontext, der dann über lange Zeit gültig ist. Meine nächste Frage: Was verstehen Sie generell unter ‚Konzertdramaturgie‘?
Johannes Bultmann (AII 02)	Konzertdramaturgie muss man sicherlich von zwei Seiten beleuchten: Einmal sowohl eine Dramaturgie für den einzelnen Abend, als auch natürlich eine Konzertdramaturgie für eine ganze Spielzeit. Zu der ganzen Spielzeit habe ich gerade schon ein Beispiel genannt. Das halte ich persönlich für sehr wichtig, dass also in einem intendantengeführten Konzerthaus in jeder Spielzeit auch eine Handschrift zu spüren ist, dass man nicht einfach nur ein Konzertleben versteht als zufällige Addition und Entstehung von Quantitäten von Konzerten, sondern dass Konzerte auch Inhalte vermitteln. Das zu der Spielzeitdramaturgie. Zu der Dramaturgie eines Konzertes muss man schon sehr wohl wissen, wie man einen Abend, also ein singuläres Konzert von einer Dauer von zwei Stunden inklusive einer Pause sinnstiftend aufbaut. Das hat sowohl etwas mit Inhaltsvermittlung zu tun, als aber auch mit einer Dramaturgie, die Spannungsbögen aufbaut.
Jonas Becker	Ich handele in dem ersten Fragenkomplex allgemeine Fragen ab, danach gehe ich in die Tiefe, was Programmgestaltung und Dramaturgie im Detail angeht. Deshalb meine nächste Frage: Was verstehen Sie unter ‚Marketing‘ bzw. unter ‚erfolgreichem Marketing‘ im Kontext des Konzertwesens bzw. der Konzertinstitutionen?
Johannes Bultmann (AII 03)	Marketing im Kontext von Dramaturgie oder Marketing grundsätzlich?
Jonas Becker	Grundsätzlich einmal bezogen auf das Haus, aber vielleicht auch auf – wie Sie es gerade ansprachen – Dramaturgie.

| Johannes Bultmann (AII 04) | Also Marketing grundsätzlich ist in unserer heutigen Zeit einer der ganz existenziellen Bereiche eines Unternehmens, es ist völlig egal, ob ich es auf ein Kulturunternehmen beziehe oder auf ein Dienstleistungs-, Wirtschafts- oder Industrieunternehmen. Wir leben in einem Jahrhundert, das seit ungefähr 20 Jahren durch Marketing dominiert ist. Ähnlich einer politischen Entwicklung, wo wir fast nur noch über Ankündigungspolitik leben, also Politiker kündigen etwas an, die Medien greifen es groß auf, und nach einer Woche ist wieder alles vergessen und niemand hinterfragt mehr nach drei Wochen, was der Politiker angekündigt hat, ist das auch in die Realität umgesetzt worden oder war es nur heiße Luft? Leider ist es aber so, dass wir von dieser Ankündigungspolitik leben und davon sehr wenig umgesetzt wird. Auf Marketing bezogen gibt es natürlich auch die Tendenzen seit 20 Jahren, dass Marketing wichtiger ist als Inhalte, dass man also mehr verspricht. Das berühmteste Beispiel ist der Verpackungsschwindel: Wenn bei Cornflakes eine große Verpackung verkauft wird, glaubt der Verbraucher, dass er für wenig Geld viel Inhalt bekomme. Aber das Meiste oben ist erst einmal Luft und der Kunde ist hinters Licht geführt worden. In dem Sinne, den Kunden praktisch zu entmündigen und hinters Licht zu führen, verstehe ich Marketing in einem Kulturbetrieb überhaupt nicht, eher im Gegenteil. Marketing ist wichtig. Es macht ja keinen Sinn, dass wir uns gedanklich über verschiedene Konzerte und musikalische Inhalte auseinandersetzen und den Menschen nicht erreichen. Es macht keinen Sinn, dass wir Konzertabende für Holzstühle machen, sondern auf diesen Holzstühlen sollen ja Menschen sitzen, die dafür eine Bereicherung erfahren an dem Abend, vielleicht zu einem Perspektivenwechsel zu sich selber und zur Gesellschaft kommen. Um diesen Menschen zu gewinnen, ist Marketing wichtig. Ich glaube, dass es heute viel schwieriger geworden ist im Kulturbereich als noch vor zwanzig Jahren, wo a) die Anzahl der Angebot deutlich geringer waren, es gab wahrscheinlich pro Woche in einer großen Stadt wie hier im Ruhrgebiet vielleicht zwei oder drei Konzerte, ob die dann alle so hochkarätig waren, ist vielleicht auch in Abrede zu stellen. Aber heutzutage hat man so viele verschiedene Angebote von Kleinfestivals zu Großfestivals, da macht die Oper etwas, Ballett, Schauspiel, Kammermusik-Ensembles, Kirchenkonzerte, alles am gleichen Tag, dann gibt es noch ein Konzerthaus, das natürlich auch aktiv ist. Das heißt, man muss dem Kunden schon deutlich machen, was passiert, und ihm natürlich auch möglichst deutlich machen, wo vielleicht die Entscheidung hingehen könnte, wenn er an dem Tag in ein Konzert geht. Und das alles passt in das Paket ‚Marketing‘, das ist erst einmal Marketing, um die Menschen zu erreichen. Das andere Marketing, was Sie ansprachen, ist ein regionales Marketing. Jedes Konzerthaus lebt eigentlich davon, dass Besucher in ei- |

	nem Umfeld von ca. 70 Kilometern in die Stadt kommen. Da ist natürlich die Dramaturgie wichtig, auch, um sich abzuheben von anderen Konzerten, die parallel laufen, aber auch, um vor allem die Menschen neugierig zu machen. Überhaupt, die Neugier bei den Menschen zu wecken, ist mit das Wichtigste im Marketing – und die Menschen auch neugierig halten: immer auch klar zu machen, wenn ich jetzt einmal ‚Beethovens Fünfte' gehört habe, heißt das nicht, dass ich in meinem Leben nicht noch einmal ‚Beethovens Fünfte' hören muss oder soll, weil es eben – jetzt kommen wir wieder auf den Dreischritt zurück – um Interpretation geht. Jeder Interpret hat einen anderen Zugang zu ‚Beethovens Fünfter'. Dementsprechend ist ‚Beethovens Fünfte' jedes Mal neu, auch wenn Sie die gleichen Töne von Beethoven hören. Aber zu dem dramaturgischen Marketing ist es wichtig deshalb, weil man über die Region hinaus einem Konzerthaus damit eine Profilschärfe verschaffen kann. Viele Konzerthäuser – und wir haben ja in Nordrhein-Westfalen nicht wenige – leben ja auch davon, dass die Künstler heutzutage alles reisende Künstler sind. Bestimmte Künstler kann ich in dem Konzerthaus in Nordrhein-Westfalen hören, in dem einen Haus, in dem anderen Haus. Davon unterscheiden wir uns ja gar nicht mehr. Wir haben auch ein Interesse, dass jede Spielzeit in jedem einzelnen Konzerthaus auch unterschiedlich zum anderen Konzerthaus ist, so dass wir unterscheidbar bleiben. Was nicht heißt, dass man nicht auch mal etwas Gemeinsames ko-produzieren kann. Aber unterm Strich sollte sich jede Spielzeit von einem Konzerthaus von der eines anderen Konzerthauses unterscheiden. Um diese Profilschärfe über die Region hinaus bis sogar zum nationalen Auftritt deutlich zu machen, müssen Sie auch ein Marketing für eine Dramaturgie machen.
Jonas Becker	Diesen Ansatz mit der Interpretation verbunden mit der Profilschärfe finde ich sehr interessant. Wie Sie schon sagten, ist die Orchesterdichte hier im Ruhrgebiet extrem hoch. In Essen ist dies äußerst gut gelungen, so wie sich das Orchester und Konzerthaus in Essen herausstellt.
Johannes Bultmann (AII 05)	Nur damit das klar ist: Mit dem Orchester habe ich nichts zu tun. Ich bin quasi Intendant dieser Immobilie, und wir machen hier 110 eigene, also von mir erdachte Konzerte.
Jonas Becker	Die Fragen beziehen sich immer auf die Philharmonie Essen als Institution und nicht auf die Essener Philharmoniker.
Johannes Bultmann (AII 06)	Genau, das ist Herr Soltesz.
Jonas Becker	Sie sprachen gerade diese Profilschärfe an, wie wichtig erscheint Ihnen Publikumsorientierung in der Programmgestaltung? Eine reine Publikumsorientierung sei immer fehl am Platze – wird in der Literatur behauptet. Wie würde Sie das hinsichtlich des Stellenwerts

	einordnen?
Johannes Bultmann (AII 07)	Ehrlich gesagt, darüber mache ich mir überhaupt keine Gedanken, weil ich nämlich glaube, dass ein interessantes Programm die Breite im Publikum anspricht. Wenn ich mir von vorneherein Gedanken mache, was das Publikum interessieren könnte und dann feststellen würde, ich müsste vielleicht 30 Konzerte im Jahr machen mit ‚Bilder einer Ausstellung' und Smetanas ‚Moldau', dann wäre ich verloren. Ich setze vielmehr darauf – und ich glaube, wir können das auch hier beweisen, weil wir jedes Jahr, seitdem ich hier Intendant bin, mehr Karten verkauft haben und eine Auslastungssteigerung hatten – ich glaube, dass das Publikum nicht so träge ist, für wie man es vielleicht halten könnte, sondern dass das Publikum genau so neugierig ist wie ein Intendant selber. Und wenn wir hier tolle Programme entwickeln mit herausragenden Interpreten, ist das Publikum sofort überzeugt davon und offen und geht diesen Weg auch mit, so dass man erst gar nicht denken muss: Was könnte dem Publikum gefallen? Und ab wann wird es prozentual zu viel, dass ich nur noch auf Publikumsmeinung achte? – Nein, ich glaube, diesen Gedanken sollte man erst gar nicht aufkommen lassen. Wenn das Konzept, dass ein toller Interpret eine musikalische Botschaft vermittelt, gelingt, ist es ein jubelnder Abend, das Publikum ist glücklich und geht die nächsten Jahre diesen Weg auch mit.
Jonas Becker	Ich finde, dieser Ansatz, dass man im Voraus nicht gezielt darauf achtet...
Johannes Bultmann (AII 08)	...wäre völlig falsch, dann kommen Sie in die Wüste. Sie müssen frei im Kopf sein, und wenn Sie dann von einer Idee wirklich überzeugt sind und auch eine Leidenschaft dafür entwickeln, dann sollte es gut sein. Ich diskutiere dann natürlich auch mit den Mitarbeitern im Team diese Ideen. Und wenn ich dann merke, wow, die fangen Feuer, dann denke ich: Ja, das können wir machen. Umgekehrt wäre es, glaube ich, ein falscher Weg.
Jonas Becker	Wenn man dann von den Zahlen bestätigt wird, zeigt sich, es ist ein guter Weg. Sie sprachen gerade das Diskutieren im Team an: Wie werden solche programmgestalterischen Entscheidungen realisiert, gibt es da Absprachen im Team, gibt es einen langwierigen Prozess oder Brainstorming?
Johannes Bultmann (AII 09)	Es gibt Sachen, die ich mir Jahre vorher überlege und ausdenke. Dann habe ich Mitarbeiter im Team in der Konzertplanung und im künstlerischen Betriebsbüro, die ich dann einbinde in diese Thematik – dann spüre ich schon: Sind die begeistert? Es kommt auch vor, dass dann gesagt wird, an dem Punkt würde ich vielleicht das und das machen. Wir diskutieren darüber, und wenn Vorschläge eine Verbesserung und Verklarung der Ideen und Linien darstellen, bin ich sofort dafür. Ich neige immer dazu, etwas nicht anzunehmen, wenn es eher verwässernd wirkt. Ich bin immer für eine saubere und

	ganz klare Diktion und für einen Linienaufbau, nicht ‚könnte man hier nicht noch was machen, oder hier...'. Dieses ‚könnte' kann schnell zu einer Beliebigkeit werden bzw. zu einer Verwässerung. Aber es kommen durchaus auch konstruktive Ideen, es gibt auch Sachen, wo ich bei null anfange, erst einmal nur eine Idee habe, die noch gar nicht weit entwickelt ist, wo ich die Teams mit einbinde und wir dann den ganzen Nachmittag darüber diskutieren, Brainstorming machen, dann auseinander gehen und uns nach drei Wochen wieder treffen. Jeder ist dann damit schwanger gegangen und man stellt fest, dass man davon die Hälfte wieder wegschmeißen kann, aber wenn einer sagt ‚ich habe die Idee', der Andere ‚die Idee', dann kann daraus etwas werden. Das ist zum Teil natürlich auch ‚work in progress' und entwickelt sich dann auch von selbst, wie eine Komposition. Deswegen, um noch einmal auf Dramaturgie zurück zu kommen: auch die Dramaturgie eines Konzertabends, wie diese 120 Minuten aufgebaut sind, sollte im Idealfall so sein, dass man als Gast eines Konzertes das Gefühl hat, es wäre eine Komposition, auch wenn ich vier verschiedene Werke erlebe. Wenn es sich so verzahnt wie ich meine, dann habe zum Beispiel eine Beethovensymphonie, danach ein Mozart-Klavierkonzert, und der Hörer versteht dann, warum und wieso da ein Zusammenhang ist. Meinetwegen endet es dann mit einer Haydn-Symphonie – das Ganze ist dann im Idealfall ein komponierter Abend und kein Zufallsprodukt. Programme zu entwickeln – und ohne da einem Komponisten zu nahe treten zu wollen, das ist eine ganz hohe Kunst – ist wie etwas zu komponieren.
Jonas Becker	Im Sinne eines gesamten Kunstwerks?
Johannes Bultmann (AII 10)	Ja, genau.
Jonas Becker	Wo Sie gerade diese Verknüpfungen oder Kontexte ansprachen, wie wichtig sind denn dann außermusikalische Kontexte, die jetzt Brücken bauen etc., Werke verbinden und verknüpfen etc.?
Johannes Bultmann (AII 11)	Außermusikalische Kontexte können sehr inspirativ sein und eine Verdichtung noch einmal bringen zu dem, was ich eben nannte: Interpretation, Kommunikation, Partizipation. Wir haben ein Format hier kreiert, das einmal im Jahr stattfindet und zwar immer an einem Samstag, meistens ist es der dritte Samstag im Juni. Dieses Format hat jedes Jahr als Überbegriff, – und damit es so etwas wie eine Marke wird – den Titel ‚Sommernachtstraum'. Das hat jetzt aber nichts mit Shakespeare zu tun oder mit der Komposition von Mendelssohn, sondern ist nur der Markenbegriff. Wir haben Sommer, und wir haben Nacht, und die Nacht ist so phantasievoll und offen. Dieser ‚Sommernachtstraum' beginnt in der Regel um 18 Uhr und

endet um Mitternacht. Es ist immer ein dreiteiliger Abend, der meistens von einem außermusikalischen Sujet inspiriert ist. Bei diesem außermusikalischen Sujet – in einem Jahr hieß es: ‚Was mir die Liebe erzählt‘ – ging es also um die Liebe. In dem Jahr darauf, also in diesem Sommer, hatten wir das Thema ‚Blicke nicht zurück‘, wo wir uns mit dem Orpheus-Mythos auseinandergesetzt haben. Und in 2013 ist das Thema ‚paradise lost‘, wo es also um die Sehnsucht des Menschen nach Natur und Schöpfung geht und auf der anderen Seite um das ambivalente Verhältnis, dass der Mensch seine eigenen Sehnsüchte nach dieser Paradies-Urzuständigkeit durch Technologie, durch Umweltverschmutzung und durch zunehmende Art von Naturfeindlichkeit zerstört. Diese Dialektik ist Thema des ‚Sommernachtstraums‘ in 2013. Wir leisten uns da den Luxus, dass wir in diesen drei Veranstaltungsblöcken – jeder Block dauert ungefähr 1,5 Stunden – mit unterschiedlichen künstlerischen Sprachen und Genres arbeiten, ganz bewusst, damit der Abend auch diskursiv wahrgenommen wird und jede Kunstform eine eigene Auseinandersetzung mit diesem Thema hat. Im ‚Sommernachtstraum‘ dieses Sommers, ‚Blicke nicht zurück‘, haben wir die erste Oper des Abendlandes, also ‚Orfeo‘ von Monteverdi konzertant aufgeführt. Danach gab es eine einstündige Pause, dann hatten wir uns vorher überlegt: Was können wir als wahnsinnig starken Kontrapunkt gegen dieses Werk – 400 Jahre her, erste Oper in der Musikgeschichte – was können wir da finden? Uns war dann relativ schnell klar, bei Monteverdi geht es primär um die männliche Person Orpheus, also haben wir die Frage gestellt: Was ist mit Eurydike? Also lassen wir uns doch in dem zweiten Teil als Kontrapunkt zu Monteverdi und Orpheus auf Eurydike konzentrieren. Dann war uns relativ schnell klar, wenn wir das wollen, muss es in die Sprachlichkeit des 21. Jahrhunderts sein – also nicht etwas Altes. Und wer kann so etwas machen? Dann war klar, es sollte eine Frau schreiben. Und jetzt waren wir ganz mutig: Wir waren in Kontakt mit Elfriede Jelinek, haben sie getroffen, ihr das ganze Konzept dargelegt, und wir hatten wahnsinnig viel Glück, dass sie dann gesagt hat, ja, sie macht das, sie schreibt für uns als Frau über Eurydike im 21. Jahrhundert. Da war uns klar, dass wir jetzt einen ganz starken und eigenständigen Kontrapunkt haben für den zweiten Teil als Schauspiel. Auch wenn wir ein Konzerthaus bleiben wollen, einmal im Jahr erlauben wir uns, in dieser Immobilie Grenzen zu sprengen und neugierig zu sein auf andere Künste, auf andere Sparten, auf andere Ausdrucksformen in der Kunst. Wir hatten also dann im zweiten Teil eine Uraufführung von Elfriede Jelinek über Eurydike als Schauspiel, dann gab es wieder eine Stunde Pause. Und im dritten Teil – bei gutem Wetter bauen wir eine Bühne in den Stadtgarten, deshalb auch ‚Sommer-Nachts-Traum‘ – enden wir dann immer mit Tanz, d.h. wir binden auch die Schwesterkunst

	zur Musik, Tanz, bewusst mit ein, um eine andere Sprache, eine andere Ausdrucksform zum Gesamtthema zu finden. Da hatten wir eine ganz wunderbare Choreographie ‚cherché, trouvé, perdu‘, wo es um das Finden zweier Menschen, eines Paares, und das Auseinanderdriften und sich gegenseitig wieder Suchen geht, also wie bei Orpheus und Eurydike, nur im Tanz dargestellt. Daran sehen Sie, dass auch die außermusikalischen Sujets und Inspirationen für uns wahnsinnig wichtig sind.
Jonas Becker	So eine Programmgestaltung ist äußerst innovativ und sprengt den Rahmen des ‚normalen‘ Konzertformats bewusst – v.a. durch die außermusikalischen Sujets.
Johannes Bultmann (AII 12)	Ja, genau, sie müssen sich vorstellen, seit – da können Sie aber auch noch einmal nachschauen – rund 200 Jahren gibt es ein öffentliches Musikleben. Mit der Gründung der Freunde des Konzerthauses in Wien usw. kamen dann die Philharmonischen Vereinigungen. Dann der Umbruch der Französischen Revolution, wo aus der Kirche oder den Adelshöfen das Musikleben ins Bürgertum kam. Seitdem hat sich dieses Konzertformat, wie wir es jahraus, jahrein kennen, nicht mehr verändert.
Jonas Becker	Darauf wollte ich hinaus.
Johannes Bultmann (AII 13)	Ich habe mir dann immer Gedanken gemacht: Das ist doch zu langweilig! So schön man auch mehrere hundert Abende im Jahr in dieser Form erlebt, keine Frage. Aber so neugierig muss ich doch sein als Mensch: Soll das jetzt die nächsten 200 Jahr so weitergehen oder fällt mir etwas ein, wie ich zumindest einmal im Jahr die Formen, die Grenzen durchbrechen kann? Wir neigen ja dazu, in unseren demokratischen Gesellschaften überhaupt nicht mehr neugierig zu sein und Grenzen zu sprengen. Ich mag es aber, Grenzen zu überwinden, um mal zu sehen: Was ist hinter der Grenze? Deswegen bin ich auf diese Idee des ‚Sommernachtstraums‘ gekommen, zu einem Thema verschiedenste Zugänge findet, verschiedenste künstlerische Formen zum Ausdruck kommen lässt, so dass der Besucher am Ende des Abends ein größeres Bild zu diesem Thema hat, eine größere innere Auseinandersetzung und Anregung und vielleicht auch in seiner eigenen Entwicklung ein Stück weiter nach vorne gekommen ist.
Jonas Becker	Ich finde diesen Ansatz spannend und denke, das ist auch in Essen konsequent verfolgt worden – das ist ja auch der Presse zu entnehmen etc. Was Sie gerade ansprachen, wäre für mich auch noch einmal interessant, weil Sie den Beginn des Konzertwesens ansprachen, mit der Standard-Reihenfolge ‚Ouvertüre-Konzert-Symphonie‘, wenn man sich bewusst davon abgrenzt, innovativ programmiert und die Grenzen sprengt, dann kann man ja auch davon sprechen, dass man dadurch erfolgreich wird. Wann, würden Sie sagen, ist so eine Programmgestaltung, so eine Innovation, stringent und erfolgreich?

	Unabhängig von Zahlen, die man ablesen kann?
Johannes Bultmann (AII 14)	Das ist, glaube ich, schwer zu beurteilen. Und da, glaube ich, muss man auch als derjenige sehr selbstkritisch sein, der das dramaturgisch programmiert und auch zum Teil federführend mit entwickelt. Ich glaube, ob man erfolgreich war oder nicht, kann man nur für sich selber beantworten, das würde ich nie anhand von reinen Zahlen machen. Es gibt Abende, die nicht ausverkauft sind, es aber vom Ansatz und von der Durchführung her ein erfolgreicher Abend waren. Ich kann nicht immer alles abhängig machen davon, wie viele Karten verkauft worden sind. Wenn ich kritisch mich selber hinterfrage und auch nach so einem Abend feststelle: An der Stelle wäre vielleicht das Gedicht doch besser gewesen und dieses Musikstück hätten wir vielleicht lieber durch ein anderes ersetzt, dann ist das die kritische Auseinandersetzung und ich glaube, wir selber müssen feststellen: Ist es gelungen, ist es aufgegangen oder eben nicht? Es ist schön, wenn dann anschließend positive Kritiken erscheinen – beim letzten ‚Sommernachtstraum' hatten wir wahnsinnig große Presse, erste Seite Feuilleton der ‚FAZ', in der ‚Süddeutschen', in der ‚Welt' –, aber selbst wenn da stünde, das und das war nicht gut, heißt das für mich noch nicht, dass es nicht gut war. Letztendlich, auch wenn es in einer Zeitung 500.000 Mal gedruckt wurde, es ist eine Meinung eines Schreibers. Das nehme ich ernst, aber letztendlich muss ich nur für mich wissen: Hätte ich etwas noch besser machen können, oder war es richtig so, war es rund, ist es aufgegangen, das Konzept? Ich glaube, das muss man für sich selber entscheiden.
Jonas Becker	Das finde ich vom Ansatz her spannend, weil man sonst als Indikatoren, wie Sie gerade ansprachen, die Presserezensionen und natürlich die nackten Zahlen hat. Darüber hinaus ist die subjektive Ebene des Akteurs vielleicht auch wichtig, das haben Sie ja gerade auch so gesagt. Dann vielleicht noch eine Frage – das hatten Sie glaube ich gerade auch schon am Rand erwähnt: Sie haben ja bestimmte Themenreihen wie ‚Sommernachtstraum' etc. mit Titeln versehen. Wie wichtig sind solche Titel, wie würden Sie den Stellenwert solcher Titel im Gesamtprogramm einordnen?
Johannes Bultmann (AII 15)	Ich glaube, dass es wichtig ist – sonst hätten wir es auch nicht gemacht. Ich kann Ihnen gleich mehrere Sachen nennen, die wir hier eingeführt haben. Ich habe eine ganz konsequente Reihe und damit auch neue Musikform zur Alten Musik eingeführt, die es hier vorher noch nicht gab: ‚Alte Musik im Kerzenschein'. Das ist mittlerweile ein starker Titel. A) Die Abos steigen jedes Jahr, B) die Besucher bzw. Anhänger der Alten Musik kommen mittlerweile aus ganz Nordrhein-Westfalen zu diesen Konzerten. Ein anderer Titel: ‚Essener Jugendstil'. Bei dem Titel ‚Essener Jugendstil' spielen wir sprachlich mit diesem Begriff des ‚Gelsenkirchener Barock'. Und Jugendstil meint einfach nicht die historische Art-Decó-Linie, son-

	dern dass wir als Stil hier einführen, dass wir sonntags – an acht Sonntagen im Jahr ungefähr – jeweils um elf Uhr junge Künstler präsentieren, die jetzt schon halbwegs einen internationalen Namen haben, bei CD-Firmen schon gut aufgestellt sind, aber noch auf dem Sprung sind, jetzt die richtig große Weltkarriere zu machen. Wir wollen sie relativ früh abholen, hier präsentieren und nach ein paar Jahren wird man sie dann möglichst in allen Feuilletons wiederfinden können. D.h., es ist eine Reihe für international auf dem Sprung stehende junge Künstler. Und ich glaube, diese Begrifflichkeiten sind insofern wichtig, als dass man an diesen Markenbegriffen eine bestimmte Idee festmachen kann, und mit der Idee auch eine Identität. Das ist genauso wichtig, wie ein Mensch, ein Individuum, einen Namen braucht. Der Mensch in seiner Psyche braucht so etwas. Wenn etwas keinen Namen hat, glaube ich, nimmt der Mensch es vermutlich auch gar nicht wahr oder prägt sich das nicht ein. Erst mit dem Moment, wo etwas einen Namen bekommt, setzt es sich fest. Insofern glaube ich, dass diese Begrifflichkeiten, diese Markentypen, die wir hier aufgebaut haben – sie sind natürlich erst einmal nur eine Hülle – wichtig sind. In Dortmund hat mein Kollege Benedikt Stampa auch so ein paar wunderbare Marken kreiert, wie die ‚Zeitinseln‘. Der Begriff ‚Zeitinseln‘ bedeutet, dass er für vier, fünf Tage jeweils einen thematischen Schwerpunkt definiert. Er hat auch eine Reihe mit jungen Künstlern, die in Dortmund ‚Junge Wilde‘ heißt. Mittlerweile kennt jeder in Dortmund und Umgebung diesen Begriff ‚Junge Wilde‘, jeder weiß, was damit gemeint ist. Das ist zu einem Hype, einer Begehrlichkeit geworden. Er hat mittlerweile bei diesen jungen Künstlern zum Teil ausverkaufte Häuser – das müssen Sie sich mal vorstellen. Dieser Begriff hat eine Dynamik schon in sich, ohne diesen Begriff wäre es irgendein Konzert mit irgendeinem jungen, anonymen Künstler. Aber wenn ich über Jahre so etwas aufbaue, glaube ich, muss es einen Namen haben.
Jonas Becker	Ja, v.a., wenn dieser Name sich wie ein roter Faden durch die ganzen Veranstaltungen zieht. Mit diesem interessanten Ansatz kann ich viel anfangen. Sie hatten gerade die ‚Jugend‘ angesprochen. Von der anderen Richtung: Musikvermittlungskonzepte und Education-Programme sind en vogue. Wie würde Sie das hier in Essen einschätzen?
Johannes Bultmann (AII 16)	Ich habe hier relativ früh in meiner Zeit einen guten Partner gefunden, der das finanziell unterstützt, und zwar die Peter-Ustinov-Stiftung, Ustinov, der für Toleranz und kulturelle Bildung steht. Ich konnte hier eine Education-Abteilung aufbauen, eine Profikraft ist dadurch finanziert, und wir haben diesen Education-Bereich auf fünf Säulen aufgebaut. Die eine Säule ist, dass wir von den Neugeborenen bis zu den 90-Jährigen etwas anbieten, was die Altersrange anbelangt. Die andere Säule ist, dass wir jeweils pro Schuljahr zwei

Produktionen erarbeiten. In einem Schulhalbjahr arbeiten wir primär mit Primarstufenklassen, wo wir dann drei bis vier Schulen aussuchen – jeweils mit einer Schulklasse in der Primarstufe – und mit denen ein- bis zweimal die Woche über mehrere Stunden ein halbes Jahr lang an einem Projekt arbeiten, wo die Schüler selber komponieren, selber die Story entwickeln, selber die Inszenierung, die Aufführung machen. Die Endaufführung ist dann hier bei uns im Saal, praktisch als Höhepunkt, zur Motivation, zum Abschluss. D.h. unser Ansatz ist, dass man am besten Musik lernt, versteht und vermittelt bekommt, wenn man selber komponiert. Letztendlich ist das ein ganz alter Ansatz von Hans Werner Henze, dem Komponisten. In deutschen Schulen dürfen wir im Deutschunterricht Gedichte schreiben, im Kunstunterricht dürfen wir malen, witzigerweise ist es in Deutschland nach wie vor so, dass wir im Musikunterricht nur rezipieren, passiv sind. Niemand erwartet bei diesen kleinsten Kompositionsversuchen, wo es auch manchmal nur um Geräuschcollagen geht, dass ein zweiter Beethoven entdeckt wird. Aber ich verstehe viel mehr von der Grammatik, von der Sprachlichkeit, von der Syntax der Musik, wenn ich selber mir für 60 Minuten mit anderen Kindern oder Schülern anhand einer Story eine musikalische Dramaturgie ausdenke. Und schon bin ich mitten im Thema der Parameter der Musik. Das hilft viel besser, Musik zu verstehen und als Sprache zu erkennen, als wenn ich abstrakt irgendwelche Sonaten analysiere. In dem anderen Schulhalbjahr arbeiten wir mit der Sekundarstufe I und II nach dem gleichen Modell. Des Weiteren schicken wir im Vorfeld zu ca. 15 Klassikkonzerten jeweils Musikvermittler in bestimmte Schulen, die dann mehrere Musikunterrichtseinheiten in einer Schulklasse übernehmen. Nach diesen verschiedenen Vorbereitungen besuchen die Schüler dann auch das Konzert bei uns. Dann gibt es immer noch eine Unterrichtseinheit nachher, wo alles nachbesprochen, bewertet und bearbeitet wird. Ferner gibt es noch den Bereich ‚Philharmonie Avantgarde‘. Wir haben ja hier ein eigenes Festival für zeitgenössische Musik, und da gehen Kompositionsstudenten der Folkwang Universität der Künste mit Education-Profis in Schulklassen, machen auch wieder kompositorische Versuche mit diesen Schülern. Das ist aber dann meist schon Sek. I und Sek. II. Und dann, nach diesen intensiveren Auseinandersetzungen, besuchen sie auch die Konzerte bei uns und haben am Schluss dann auch noch einmal eine eigene Präsentation an einem eigenen Tag, an dem sie ihre Werke aufführen können. Vermutlich völlig neu in Deutschland könnte die Zusammenarbeit mit der Universität Essen-Duisburg sein. Im Rahmen des Bachelor-Studiums gibt es pro Semester ein Seminar, das an fünf oder sechs jeweils kompletten Wochenenden stattfindet – unter Anleitung von Profis. Man muss sich für dieses Seminar bewerben. Das Erfreuliche ist: Das Seminar hat maximal

	Plätze für 45 Leute. Es gibt jetzt – wir machen das seit drei Jahren – mittlerweile viel mehr Bedarf bei den Studenten und Anmeldungen, als wir annehmen können. Das ist schon einmal ein gutes Zeichen. An verschiedenen Wochenenden werden gezielt Konzertprogramme analysiert, die Studenten bekommen Werkeinführungen, Epochen- und Stilkunde, diese ganzen Sachen, und besuchen dann auch – entsprechend, was sie vorher erarbeitet haben – die Konzerte bei uns. Und wer alles erfolgreich abgeschlossen hat am Ende des Semesters – sie müssen auch hinterher Testate schreiben –, bekommt dafür credit points, die dann auch auf den Bachelor angerechnet werden. Das ist hoch spannend, und witzigerweise melden sich mehr kulturfremde Studenten dort an, die z.B. Chemie oder Biologie studieren, als Germanisten, die ein bisschen mit künstlerischen und kulturellen Sachen zu tun haben. So, dann haben wir noch ein Angebot für die Erwachsenen: Es gibt sechs bis acht Konzerte pro Spielzeit, wo eine halbe Stunde vor Konzertbeginn mit den Beteiligten – nicht durch einen Musikwissenschaftler in einem Raum, der dann CDs auflegt – sondern das Orchester sitzt auf der Bühne, der Dirigent ist da und dann übernimmt der Dirigent mit dem Orchester bestimmte Schwerpunkte bei einem Werk – ob es jetzt Instrumentierung ist, Harmonik, Architektur einer Komposition –, erklärt das, spielt ein paar Takte an mit dem Orchester, erklärt dann wieder etwas. Das Ganze nennen wir ‚Die Kunst des Hörens'. Der Saal ist voll, das dauert eine halbe Stunde, dann geht ganz schnell das Orchester von der Bühne, zieht sich die Fräcke an, d.h., es gibt keine richtige Pause, das Publikum bleibt auch sitzen, das Licht geht dann noch einmal für ein paar Minuten an, und dann geht das Konzert los.
Jonas Becker	Das ist ein spannender Ansatz: dass – wie sie es gerade ansprachen – es nicht durch einen Dramaturgen oder Musikwissenschaftler geschieht, sondern...
Johannes Bultmann (AII 17)	... durch den Künstler selber.
Jonas Becker	Ich hätte noch eine abschließende Frage, die Sie gerade schon beantwortet haben: Welche Perspektiven und Chancen sehen Sie in einer modernen Programmgestaltung oder in einem modernen Konzertevent, das die Formate sprengt? Wie wichtig ist Sponsoring in dem Zusammenhang?

Johannes Bultmann (AII 18)	Wir sind ja grundsätzlich ein Haus, das über eine Grundsubventionierung verfügt. Aber ich glaube, es gibt kein Kulturunternehmen mehr, auch kein Sportunternehmen, auch wenn sie eine Grundsubventionierung haben –, das sich nicht auch einen bestimmten Anteil selber erwirtschaften muss, erwirtschaften durch Karteneinnahmen, erwirtschaften dadurch, dass man das Haus auch vermieten kann, und natürlich durch Förderung. Ein Drittel ungefähr ist durch Spenden und Sponsorings, ein Drittel durch Ticketerlöse und ein Drittel durch Subventionen finanziert – das zeigt, wie wichtig eigentlich dieser Bereich ist. Ohne diesen Bereich würden die Programme und die Veranstaltungen in ganz Deutschland deutlich anders sein und viel bescheidener ausfallen. Deswegen muss man eine große Dankbarkeit den Spendern, Förderern und Sponsoren und Stiftungen gegenüber zeigen.
Jonas Becker	Vielen Dank für das Gespräch.

AIII Transkription - GMD Steven Sloane (Bochumer Symphoniker)

Jonas Becker	Welche Programmgestaltung würden Sie als typisch bezeichnen für die Bochumer Symphoniker?
GMD Steven Sloane (AIII 01)	Das ist schon eine gute Frage. Was typisch für uns ist, dass wir jedes Jahr etwas Anderes anbieten. Inzwischen existiert ein gewisser Rahmen, den wir immer wieder wiederholen. Das Orchester macht eine Mischung zwischen ‚Brot-und-Butter-Konzertreihen‘, würde ich sagen, und Projekten. Wie diese Projekte aussehen, ist immer unterschiedlich: manchmal in einem Festivalcharakter, manchmal in einem Zyklus, manchmal an einem Tag, manchmal in Verbindung mit mehreren Reihen. Die kommen immer anders vor, aber es ist doch immer diese Mischung.
Jonas Becker	Das ist für mich interessant, da ich mich mit den Programmen beschäftige. Daran schließt sich meine nächste Frage an: Was würden Sie zu dem Begriff ‚Konzertdramaturgie‘ sagen?
GMD Steven Sloane (AIII 02)	Dramaturgie ist für mich ein Wort, das oft falsch oder fast negativ assoziiert wird. Wenn man an einen Dramaturgen denkt, denkt man nur intellektuell und gegen normale und entspannte musikalische Impulse. Dramaturgie ist für mich ein allgemeines Thema, das ich sehr begrüße, weil ich glaube, dass wir versuchen, dass jedes unserer Konzerte ein Ereignis wird, ein Ereignis, das manchmal auch eine Vision bzw. einen ‚roten Faden‘ hat. Da spielt Dramaturgie eine große Rolle – z.B. bei unserem, wie ich finde, sehr gelungenen Projekt ‚Die Wunde Wagner’, das wir in der letzten Saison gemacht haben. Da waren die Dramaturgie und die Programmierung in so einem Projekt erhebliche und ganz wichtige Teile. Ich glaube, am Ende ist das doch wichtig und interessant – nicht nur für unsere Zuschauer, sondern auch für uns als Mitwirkende, die einer bestimmten Idee, Vision bzw. Dramaturgie folgen.
Jonas Becker	Könnten Sie noch einmal konkretisieren, was Sie mit einem ‚roten Faden‘ genau meinen?
GMD Steven Sloane (AIII 03)	Es gibt immer mehrere Ziele, die man erreichen will: 1. Zuschauern ein Programm anzubieten, das wirklich attraktiv und interessant wird. 2. Dazu begleiten uns immer die Visionen, die Grenzen von normalen Konzertereignissen neu zu definieren. Diese sind aufgelöst von ‚Sandwich-Konzerten‘ wie Ouvertüre – Concerto – Symphonie –, obwohl diese ein ‚tried-and-true-Prinzip‘ darstellen, jedoch nicht das Einzige. 3. Ich habe immer die Entwicklung des Orchesters im Hinterkopf – was das Repertoire angeht. Egal welches Programm wir haben, für mich ist es wichtig, dass das Orchester das gesamte Repertoire spielt und auch das ‚Brot-und-Butter-Repertoire‘, also Klassik/Romantik/Anfang 20. Jahrhundert immer da bleibt und eine ganz wichtige Säule innerhalb unseres Orchesters ausmacht.
Jonas	Wie wichtig sind außermusikalische Kontexte bei Projekten, die Sie

Becker	gerade ansprachen?
GMD Steven Sloane (AIII 04)	Was meinen Sie genau?
Jonas Becker	Kontexte, die interdisziplinär sind: Man macht Theater dazu, man verbindet das mit Ausstellungen – wie häufiger schon in Verbindung mit dem Museum Bochum. Oder man macht ganz moderne Konzepte, z.B. wie Sie sie mit Harald Schmidt zusammen realisiert haben.
GMD Steven Sloane (AIII 05)	Ich glaube, es ist nicht nur das Repertoire, an dessen Grenzen man stößt. Die ganze darstellende Kunst sollte angesehen werden als eine große Form von Kunst überhaupt. Die Frage ist, inwieweit Musik eine Rolle spielt und inwieweit andere Disziplinen mit Musik verbunden werden. Ich finde es ganz wichtig, dass man Musik nicht in einem Vakuum darstellt, sondern als einen Teil unserer gesamten Kunst – und Kunst als einen Teil unserer gesamten Gesellschaft. Man kann diese Sachen häufig nicht voneinander trennen. Deshalb kommen einige Programme nicht nur mit einem künstlerischen und musikalischen Hintergrund, sondern mit anderen Hintergründen, z.B. politische Hintergründe: politische Themen oder soziale Themen oder Themen, die auf den ersten Blick nicht direkt mit Musik- oder Kunstformen zu tun haben.
Jonas Becker	Dies spiegelt sich in Ihren zahlreichen Projekten wider. Sie haben Programme der Klassik, Romantik und des 19. Jahrhunderts erwähnt. Wie wichtig ist da eine Publikumsorientierung, wie würden Sie das einschätzen?
GMD Steven Sloane (AIII 06)	Wir sollten nie vergessen, dass wir für das Publikum spielen. Nicht dass es populistisch sein muss oder geringe Anforderungen an uns oder unsere Zuschauer stellt, wir müssen die [das Publikum] mitnehmen. Wir sind in der Pflicht, ständig zu kommunizieren und aktiv an unser Publikum zu gehen. Immer sollten wir dies nicht nur in den Hinter-, sondern in den Vordergrund stellen, für wen wir das machen. Ich glaube, dass inzwischen ein so großes Vertrauen aufgebaut wurde zwischen Orchester und Zuschauer, dass wir gewisse Risiken eingehen können. Diese Risiken stehen immer in einem Raum: Was wird nicht nur für uns als Mitwirkende, sondern auch für unsere Zuschauer interessant?
Jonas Becker	Ich finde, das ist ein sehr interessanter Aspekt, wenn man abwägen muss zwischen ganz innovativer Programmgestaltung und einer Publikumsorientierung, die Sie eben ansprachen. Wenn wir schon bei Publikumsorientierung sind, würde ich Sie gerne noch nach Ihrem Verständnis von Marketing – generell – fragen. Was ist Ihr Verständnis von Marketing?
GMD Steven	Ich sage immer: Ein Programm kann nur so gut sein, wie es kommuniziert wird. Marketing hat für uns einen ganz hohen Stellenwert. Auf

Sloane (AIII 07)	die Kommunikation unserer Botschaft, unsere Kunstform so breit wie möglich an alle Bürgerinnen und Bürger unserer Stadt und an alle, die sich für unser Programm interessieren, zu verbreiten, legen wir sehr viel Wert. Wir haben keine Angst, wir probieren alles aus, haben oft sehr verrückte Ideen. Und ich finde es auch gut, dass wir – z.B. was Marketing angeht – alle Regeln brechen. Z.B. unsere Jahreshefte: Man sagt immer, man solle – als Marketing-Strategie – immer Wiedererkennungsmomente generieren, so dass gesagt werden kann, es sei so wie im letzten Jahr.
Jonas Becker	Noch einmal zum Marketing, ich finde Ihre Aussage sehr spannend, dass Sie immer das Format Ihrer Programmhefte variieren.
GMD Steven Sloane (AIII 08)	Weil wir wechseln, haben wir jedoch auch einen Wiedererkennungswert: Wir machen es immer wieder neu. Das hat uns international bereits geholfen. Die Leute warten auf unsere Jahreshefte. Diese Neugier finde ich sehr hilfreich.
Jonas Becker	Dies ist, denke ich, eine gute Strategie, um sich abzugrenzen.
GMD Steven Sloane (AIII 09)	Niemand macht das! Ich kenne kein anderes Orchester, das mit diesem Mut agiert und umgeht.
Jonas Becker	Wie würden Sie im Hinblick auf die Stadt Bochum und die Region die Bochumer Symphoniker mit ihren Marketingaktivitäten einschätzen?
GMD Steven Sloane (AIII 10)	Ich kann nicht alle in der Region beurteilen. Aber das Feedback, das wir bekommen, entspricht unserem Image: Aktiv, transparent, wir gehen auf die Leute zu. Ob die anderen das in dieser Form tun, kann ich nicht beurteilen. Wir sind in unserem Kiez ganz gut aufgestellt.
Jonas Becker	Das lässt sich ablesen an den stark angestiegenen Abonnementzahlen bei Ihnen und an dem Publikumszuspruch – speziell seit Sie hier begonnen haben. Würden Sie sagen: Es hat sich ein Wandel vollzogen in den Programmen von Beginn Ihres Wirkens an im Vergleich zu dem Status heute?
GMD Steven Sloane (AIII 11)	Eigentlich sind wir immer experimentierfreudig. Man hat immer wieder Mut weiterzumachen, und ich muss sagen, ich bin in meinem 19. Jahr und fühle mich, als hätte ich gestern angefangen! Immer neue Ideen, v.a. mit der Perspektive auf unser neues Musikzentrum, das für unsere Stadt, unser Orchester und das gesamte Musikleben in Bochum einen ganz erheblichen neuen Schwung bringen wird!
Jonas Becker	...um das Orchester auch adäquat präsentieren zu können, mit ‚richtiger' Akustik. Eine kurze Frage noch zur Programmgestaltung: Wie läuft ein solcher Prozess ab, welche Personen sind daran beteiligt?
GMD	Vor allem der künstlerische Manager, ich und unsere Orchesterdirek-

Steven Sloane (AIII 12)	torin und Marketing-Managerin, Frau Peters und Frau Grochowski (unsere künstlerische Managerin). Vor allem ich und unser künstlerischer Manager, aber auch die anderen haben sehr viele Sitzungen. Wir machen viel Brainstorming und Ideenaustausch. Am Ende landen wir dort, wohin wir wollen – es ist ein sehr schöner und spannender Prozess. Man denkt, z.B. man habe eine gute Idee, schläft drüber und hat am nächsten Tag eine bessere.
Jonas Becker	Wie wichtig ist Kommunikation in diesem Prozess?
GMD Steven Sloane (AIII 13)	Auch das Orchester hat viele Ideen, das begrüßen wir auch! Über die Jahre haben die Orchestermitglieder sehr viel Einfluss genommen auf unser Programm.
Jonas Becker	Inwieweit mussten Sie bisher Rücksicht nehmen auf die Spielstättensituation?
GMD Steven Sloane (AIII 14)	Wir mussten sehr viel Rücksicht nehmen! Nur Rücksicht! Das ist schwierig für uns. Aber es hat einen Vorteil: Ein Vorteil, dass man immer nur denken muss: Wie können wir diese komplizierte und teilweise nicht gute – von der Akustik her – Spielstätte ausnutzen? Da muss man immer kreativ sein. Das wird auch unsere Herausforderung bleiben, wenn der neue Saal kommen wird: Dass wir weiterhin auch in anderen Spielstätten präsent sind, dass wir nicht nur in unserem Saal bleiben und warten, bis alle kommen.
Jonas Becker	Wie wichtig würden Sie Tourneen einschätzen? Da wir gerade bei anderen Spielstätten sind...
GMD Steven Sloane (AIII 15)	Tourneen sind aufgrund vieler Aspekte sehr wichtig für uns. Zuerst wegen der Säle mit guter Akustik. Das ist für uns wie Luft, wenn wir in einem guten Raum spielen, ist das ganz wichtig für das Orchester – für unseren Ruf, unsere Botschaft und unsere Kunst, dass wir Programme öfter spielen, in einem Rhythmus, der uns fast in eine Routine bringt. Es ist gut für uns, wenn wir Stücke mehr als ein- oder zweimal spielen.
Jonas Becker	Wann ist ein Programm aus Ihrer Sicht erfolgreich?
GMD Steven Sloane (AIII 16)	Das ist schwer zu schätzen, gute Frage, ich habe gar keine direkte Antwort. Es ist vielleicht ein etwas subjektives Gefühl bzw. ein subjektiver Instinkt. Man kann immer messen, wie viele Zuschauer kommen, wie ist die Kritik. Aber am Ende wissen wir, ob es erfolgreich ist! Es ist sehr schwer zu deklamieren, wie das genau ist.
Jonas Becker	Das glaube ich. Dann habe ich noch eine Frage zu Titeln, Titeln der Programme, der einzelnen Konzerte. Inwieweit korrespondieren diese mit den Konzerten, wie wichtig sind Titel bei den Konzerten für Sie?
GMD Steven	Sie sind wichtig insofern, als sie einen Rahmen oder eine Stimmung geben. Symphoniekonzerte sind unsere Hauptreihe, wir haben Son-

Sloane (AIII 17)	derkonzerte, wir hatten lange Zeit eine Reihe ‚basically baroque‘, deren Titel inhaltlich beschreiben, was wir gespielt haben. Ich finde es gut, dass man Titel findet – auch im Rahmen unserer Projekte –, die Inhalte und Atmosphären entsprechend transportieren.
Jonas Becker	Dann eine abschließende Frage zu den Projekten, die ja auch mehrfach prämiert wurden: Für wie wichtig würden Sie solche Prämierungen einschätzen, Auszeichnungen wie ‚bestes Konzertprogramm‘ vom DMV...?
GMD Steven Sloane (AIII 18)	Es ist natürlich ganz nett, wenn Kollegen unser Programm anerkennen. Es ist für uns eine große Ehre, dass wir diese Auszeichnungen bekommen. Es hilft uns in unserem Gesamtmarketing, in der Kommunikation unseres Programms, weil unser Orchester nicht nur innerhalb Bochums, sondern auch in anderen Kreisen einen guten Ruf bekommt – das ist gut für uns!
Jonas Becker	Vielen Dank für das Gespräch.

B TABELLEN

BI Duisburger Philharmoniker

Konzertdramaturgisches Merkmal	00/01	01/02	02/03	03/04	04/05	05/06	06/07	07/08	08/09	09/10	Summen	Prozentual
Titelbezug, Projektbezug, Bezug zum Schwerpunkt	3	0	0	2	4	5	3	0	2	4	23	13,45%
Orientierung: Standard-Abfolge	4	4	2	0	1	3	1	1	0	3	19	11,11%
Nationaler Kontext	0	4	2	1	4	1	1	1	0	3	17	9,94%
Werk(unter-)-Titel	2	0	1	2	1	3	1	0	2	0	12	7,02%
Biographischer Kontext	1	1	0	0	3	0	1	3	3	0	12	7,02%
Programmatischer Kontext	1	0	0	0	0	1	2	1	3	3	11	6,43%
Jubiläum	0	1	7	0	0	1	0	0	2	0	11	6,43%
Zeitlicher Kontext	0	0	0	4	1	0	1	3	0	1	10	5,85%
Gattungseinheit/ -Schwerpunkt	0	2	2	0	0	1	3	1	0	1	10	5,85%
Komponisten-Schwerpunkt	0	0	2	1	1	1	0	2	0	3	10	5,85%
Rezeption	0	0	0	0	0	0	3	0	1	1	5	2,92%
Bezug zu anderen Konzerten	0	1	0	1	2	0	1	0	0	0	5	2,92%
Besetzung/Orchestrierung/Instrumentenschwerpunkt	0	0	0	3	0	1	0	0	0	1	5	2,92%
Aufführungsort	1	0	0	0	0	0	1	0	1	0	3	1,75%
Fassung/Bearbeitung	0	1	0	0	0	0	0	1	0	1	3	1,75%
"Sandwich-Dramaturgie"	0	1	1	0	0	0	0	0	0	1	3	1,75%
Standard-Abfolge	1	1	0	0	0	0	0	0	0	0	2	1,17%
Ohne Bezug	0	0	0	0	0	0	1	0	1	0	2	1,17%
Zitat	1	0	0	0	0	0	0	1	0	0	2	1,17%
Literarische Vorlage	0	0	0	0	0	1	1	0	0	0	2	1,17%
Dedikation	0	0	0	0	0	0	0	0	2	0	2	1,17%
Original und Bearbeitung	1	0	0	0	0	0	0	0	0	0	1	0,58%
Autorschaft	0	1	0	0	0	0	0	0	0	0	1	0,58%
Innermusikalische Verbindungen	0	0	0	0	0	0	0	0	1	0	1	0,58%
UA/EA-Schwerpunkt	0	0	0	0	0	0	1	0	0	0	1	0,58%
Widmung: Ehemaliger GMD	0	1	0	0	0	0	0	0	0	0	1	0,58%

Konzerteinheiten												
Eins	2	2	2	1	2	1	0	0	2	1	13	10,83%
Zwei	0	2	4	1	3	0	4	2	4	0	20	16,67%
Drei	8	4	6	8	4	7	7	7	4	9	64	53,33%
Vier	1	4	1	2	3	4	1	3	2	2	23	19,17%
Fünf	0	0	0	0	0	0	0	0	0	0	0	0,00%

Kennzahlen[1]	00/01	01/02	02/03	03/04	04/05	05/06	06/07	07/08	08/09	09/10
Preis 1 (in €)	25	29	29	30	30	30	30	30	30	30
Preis 2	221	254	254	266	266	266	266	266	266	266
UA/EA (SYK/SONDK/KS)	0	1	2	1	1	0	3	1	0	1
Konzert-Events (SYK/SONDK/KS)	2	3	2	3	2	3	2	2	1	3
Orchestermitglieder	93	93	93	93	93	93	93	93	93	93
Konzerte am Ort	27	27	27	27	28	28	27	27	28	34
Konzerte auswärts	5	11	12	3	4	6	7	13	9	7
Besucher	41800	41500	33500	38000	52000	37000	40500	40200	43000	45000
Ausgaben (in T€)	7179	6849	7323	7259	7646	7562	7769	10472	10440	10950
Betriebseinnahmen	404	416	358	422	375	343	486	567	665	898
sonstige Einnahmen	41	99	85	140	78	82	231	197	206	295
Öffentliche Zuweisungen	5627	5168	5611	5531	6040	6393	5952	8718	266	9757
Zuweisungen je Einwohner (in €)	21,37	10,09	11,03	10,92	11,97	12,75	11,93	17,55	0,54	19,83
Anmerkungen								8313 besondere Finanzierungsmaßnahmen		295 sonstige Einnahmen: Spenden, Programmheftverkauf, Erträge aus Anzeigenwerbung

1 Bis auf die ersten vier Kennzahlen sind die Daten der Kennzahlen der Statistik des Deutschen Bühnenvereins entnommen. Siehe Deutscher Bühnenverein, 2002–2011.

Komponistenhäufigkeit	00/01	01/02	02/03	03/04	04/05	05/06	06/07	07/08	08/09	09/10	Summen
Mozart, Wolfgang Amadeus	6	0	1	3	2	7	1	0	1	3	24
Beethoven, Ludwig van	3	2	6	1	0	2	0	0	3	2	19
Mendelssohn Bartholdy, Felix	4	1	0	1	2	1	0	1	1	1	12
Haydn, Joseph	2	2	0	2	0	1	0	0	2	2	11
Šostakovič, Dmitrij Dmitrievič	0	0	1	0	1	4	2	1	1	0	10
Bruckner, Anton	0	1	1	2	1	0	2	1	1	0	9
Sibelius, Jean	1	2	0	0	0	1	0	3	1	1	9
Čajkovskij, Pëtr Il'ič	1	1	0	0	1	0	1	2	1	1	8
Debussy, Claude	0	0	1	1	0	0	1	4	0	1	8
Dvořák, Antonín	1	0	1	1	1	1	1	1	1	0	8
Mahler, Gustav	1	2	1	0	2	1	1	0	0	0	8
Stravinskij, Igor	0	1	1	2	1	0	1	0	1	1	8
Strauss, Richard	1	1	0	0	0	1	2	0	2	0	7
Berlioz, Hector	0	1	1	1	0	1	0	1	1	0	6
Brahms, Johannes	0	0	1	0	1	1	0	1	1	1	6
Britten, Benjamin	0	0	1	1	1	1	0	0	1	1	6
Prokof'ev, Sergej Sergeevič	0	0	2	0	1	0	0	2	0	1	6
Bartók, Béla	1	0	1	0	0	1	2	0	0	0	5
Ravel, Maurice	0	1	1	0	0	1	1	1	0	0	5
Rachmaninov, Sergej Vasil'evič	0	1	0	0	2	0	1	1	0	0	5
Wagner, Richard	0	1	0	0	1	1	1	0	1	0	5
Berg, Alban	1	1	0	0	0	0	1	1	0	0	4
Elgar, Edvard	0	0	0	0	1	1	1	1	0	0	4
Henze, Hans Werner	1	0	0	0	0	0	0	0	0	3	4
Saint-Saëns, Camille	1	0	0	0	1	0	0	1	0	1	4
Schubert, Franz	0	0	0	1	1	1	1	0	0	0	4
Schumann, Robert	0	0	0	0	0	2	0	0	1	1	4
Vaughan-Williams, Ralph	0	0	0	0	0	0	0	2	1	2	5
Bach, Carl Philipp Emanuel	0	0	0	3	0	0	0	0	0	0	3
Copland, Aaron	0	1	1	0	0	0	0	0	1	0	3
Hindemith, Paul	2	1	0	0	0	0	0	0	0	0	3
Lutosławski, Witold	0	2	0	0	0	0	0	0	0	1	3
Musorgskij, Modest Petrovič	0	1	0	0	0	0	2	0	0	0	3
Trojahn, Manfred	0	0	1	1	1	0	0	0	0	0	3
Barber, Samuel	1	0	0	0	0	0	0	0	1	0	2
Falla, Manuel de	0	0	1	0	0	0	1	0	0	0	2
Liszt, Franz	0	0	0	0	1	1	0	0	0	0	2
Strauss, Johann	0	0	0	0	0	2	0	0	0	0	2
Janáček, Leoš	0	0	0	0	0	1	0	0	1	0	2
Nielsen, Carl	0	0	0	0	0	0	0	0	1	1	2
Poulenc, Francis	0	1	0	0	0	0	0	0	0	1	2
Rimskij-Korsakov, ikolaj Andreevič	0	1	0	0	0	0	1	0	0	0	2
Schönberg, Arnold	0	0	0	0	1	0	0	1	0	0	2
Kodály, Zoltán	0	0	0	0	1	1	0	0	0	0	2
Baur, Jürg	0	0	0	0	0	1	0	0	0	0	1
Berheide, Hauke	0	0	0	0	0	0	0	0	0	1	1
Bernstein, Leonard	0	0	1	0	0	0	0	0	0	0	1
Blacher, Boris	0	0	0	1	0	0	0	0	0	0	1
Martinů, Bohuslav	0	0	0	0	0	1	0	0	0	0	1
Bruch, Max	0	0	0	0	0	0	0	0	0	1	1
Chausson, Ernest	0	0	0	0	1	0	0	0	0	0	1
Chopin, Frédéric François	0	0	0	1	0	0	0	0	0	0	1
d'Indy, Vincent	0	0	0	0	0	0	0	0	1	0	1
Danner, Wilfried Maria	0	0	0	0	0	0	1	0	0	0	1
Dutilleux, Henri	0	0	1	0	0	0	0	0	0	0	1
Fauré, Garbiel	0	0	0	0	0	0	0	1	0	0	1
Goldmark, Karl	0	0	0	0	0	0	0	0	0	1	1

Komponistenhäufigkeit	00/01	01/02	02/03	03/04	04/05	05/06	06/07	07/08	08/09	09/10	Summen
Holliger, Heinz	1	0	0	0	0	0	0	0	0	0	1
Holst, Gustav	1	0	0	0	0	0	0	0	0	0	1
Honegger, Arthur	0	0	0	0	1	0	0	0	0	0	1
Bach, Johann Christoph Friedrich	0	0	0	0	0	0	1	0	0	0	1
Jolivet, André	0	0	0	0	0	0	0	1	0	0	1
Kagel, Mauricio	0	0	1	0	0	0	0	0	0	0	1
Kilar, Wojciech	0	0	0	0	0	0	0	0	0	1	1
Korndorf, Nikolai Sergejewitsch	0	0	1	0	0	0	0	0	0	0	1
Korngold, Erich Wolfgang	0	0	0	0	0	0	0	1	0	0	1
Kurtág, György	0	0	0	0	1	0	0	0	0	0	1
Ljadov, Anatolij Konstantinovič	0	1	0	0	0	0	0	0	0	0	1
Haydn, Michael	0	0	0	0	1	0	0	0	0	0	1
Messiaen, Olivier	0	1	0	0	0	0	0	0	0	0	1
Meyer, Krzysztof	0	1	0	0	0	0	0	0	0	0	1
Paganini, Niccòlo	0	1	0	0	0	0	0	0	0	0	1
Pärt, Arvo	0	0	0	1	0	0	0	0	0	0	1
Pepping, Ernst	0	1	0	0	0	0	0	0	0	0	1
Reger, Max	1	0	0	0	0	0	0	0	0	0	1
Respighi, Ottorino	0	0	1	0	0	0	0	0	0	0	1
Revueltas, Silvestre	0	0	0	0	0	0	1	0	0	0	1
Ropartz, Joseph Guy	0	0	0	0	0	0	0	0	0	1	1
Roussel, Albert	0	0	0	0	0	0	1	0	0	0	1
Różycki, Ludomir	0	0	0	0	0	0	0	0	1	0	1
Salieri, Antonio	0	0	0	0	1	0	0	0	0	0	1
Saygun, Ahmed Adnan	0	0	0	0	0	0	0	0	1	0	1
Schnittke, Alfred	0	0	0	0	0	0	0	0	0	1	1
Schreker, Franz	0	0	0	0	1	0	0	0	0	0	1
Sheng, Bright	0	1	0	0	0	0	0	0	0	0	1
Skrjabin, Aleksandr Nikolaevič	0	0	0	0	1	0	0	0	0	0	1
Smetana, Bedřich	0	0	0	0	0	0	0	0	1	0	1
Söderlind, Ragnar	0	0	0	0	0	0	0	0	0	1	1
Stäbler, Gerhard	0	0	0	0	0	0	1	0	0	0	1
Szymanowski, Karol	0	0	0	0	0	0	0	0	1	0	1
Takemitsu, Tōru	1	0	0	0	0	0	0	0	0	0	1
Tan Dun	0	0	0	0	0	0	1	0	0	0	1
Tansman, Alexandre	0	0	0	0	0	0	0	1	0	0	1
Telemann, Georg Philipp	0	0	0	0	0	0	1	0	0	0	1
Thomas, Ambroise	0	0	1	0	0	0	0	0	0	0	1
Tüür, Erkki-Sven	0	0	0	0	0	0	0	1	0	0	1
Vivaldi, Antonio	0	0	0	1	0	0	0	0	0	0	1
Walton, William	0	0	0	0	0	0	1	0	0	0	1
Webern, Anton	0	0	0	0	0	1	0	0	0	0	1
Weill, Kurt	0	0	0	0	0	1	0	0	0	0	1
Weismann, Julius	1	0	0	0	0	0	0	0	0	0	1
Wilms, Johann Wilhelm	0	0	0	0	0	0	0	0	0	1	1
Witt, Friedrich	0	1	0	0	0	0	0	0	0	0	1
Zemlinsky, Alexander	0	0	0	0	0	0	0	1	0	0	1
Komponistenbreite	20	27	23	17	27	32	27	23	26	26	248
Komp.-Breite (Durchschnitt)											24,8

BII Essener Philharmoniker

Konzertdramaturgisches Merkmal	00/01	01/02	02/03	03/04	04/05	05/06	06/07	07/08	08/09	09/10	Summen	Prozentual
Orientierung: Standard-Abfolge	2	2	2	3	2	3	4	5	3	2	28	16,97%
Nationaler Kontext	1	4	0	1	1	5	1	1	2	1	17	10,30%
Biographischer Kontext	1	2	1	2	4	2	2	1	1	0	16	9,70%
Jubiläum	1	1	0	1	0	3	4	0	2	4	16	9,70%
Komponisten-Schwerpunkt	4	1	1	1	2	3	1	1	2	0	16	9,70%
Bezug zu anderen Konzerten	1	0	3	0	1	0	2	0	1	0	8	4,85%
"Sandwich-Dramaturgie"	1	1	0	0	0	1	0	2	0	2	7	4,24%
Werk(unter-)-Titel	0	1	2	0	0	0	0	0	2	1	6	3,64%
Zeitlicher Kontext	0	2	0	1	0	1	1	0	1	0	6	3,64%
Besetzung/Orchestrierung/Instrumentenschwerpunkt	1	0	0	0	0	0	1	1	2	1	6	3,64%
Rezeption	0	2	0	0	3	0	0	0	0	0	5	3,03%
Innermusikalische Verbindungen	1	1	0	0	1	0	1	0	0	1	5	3,03%
Standard-Abfolge	0	0	0	1	1	0	1	0	0	1	4	2,42%
Ohne Bezug	0	0	0	0	0	0	0	1	0	3	4	2,42%
Aufführungsort	0	0	1	1	0	2	0	0	0	0	4	2,42%
Gattungseinheit/ -Schwerpunkt	0	0	1	0	0	2	0	0	1	0	4	2,42%
Programmatischer Kontext	0	0	0	0	0	0	0	1	1	1	3	1,82%
UA/EA-Schwerpunkt	0	1	1	0	0	1	0	0	0	0	3	1,82%
Titelbezug, Projektbezug, Bezug zum Schwerpunkt	0	0	0	0	0	0	0	1	0	0	1	0,61%
Original und Bearbeitung	1	0	0	0	0	0	0	0	0	0	1	0,61%
Zitat	0	0	0	0	0	0	0	1	0	0	1	0,61%
Fassung/Bearbeitung	0	0	0	0	0	0	0	1	0	0	1	0,61%
Dedikation	0	0	0	0	0	0	1	0	0	0	1	0,61%
Widmung: Ehemaliger GMD	0	0	0	0	1	0	0	0	0	0	1	0,61%
Personalunion Komponist/Interpret	0	0	0	0	0	0	0	1	0	0	1	0,61%

Konzerteinheiten												
Eins	1	3	2	2	2	2	3	1	0	2	18	15,25%
Zwei	4	5	5	3	5	1	2	6	7	4	42	35,59%
Drei	5	3	5	5	5	5	6	4	5	5	48	40,68%
Vier	1	1	0	0	0	4	0	1	0	0	7	5,93%
Fünf	1	0	0	0	0	0	1	0	0	1	3	2,54%

Kennzahlen[2]	00/01	01/02	02/03	03/04	04/05	05/06	06/07	07/08	08/09	09/10
Preis 1 (in €)	221	240	246	215	288	288	288	288	288	307
Preis 2	23	25	26	27	30	30	34	34	34	36
UA/EA (SYK/SONDK/KS)	2	2	3	0	0	1	0	0	0	0
Konzert-Events (SYK/SONDK/KS)	4	9	9	6	8	7	7	5	6	4
Orchestermitglieder	100	100	100	100	100	100	100	100	100	100
Konzerte am Ort	45	44	63	64	59	64	64	80	84	73
Konzerte auswärts	0	0	0	0	0	0	0	0	0	0
Besucher	38742	35337	40015	39575	54366	46996	46996	51540	52932	48008
Ausgaben (in T€)	6791	6927	6908	6978	7027	7021	7021	7043	7507	7743
Betriebseinnahmen	493	750	690	585	827	738	738	719	730	814
sonstige Einnahmen	48	53	48	51	38	40	40	64	127	154
Öffentliche Zuweisungen	6251	6124	6170	6342	6162	6243	6243	6260	150	6775
Zuweisungen je Einwohner (in €)	10,50	10,35	10,54	10,76	10,48	10,66	10,66	10,75	0,26	11,76
Anmerkungen									Besondere Finanzierung: 6500	154 sonstige Einnahmen

2   Bis auf die ersten vier Kennzahlen sind die Daten der Kennzahlen der Statistik des Deutschen Bühnenvereins entnommen. Siehe Deutscher Bühnenverein, 2002–2011.

Komponistenhäufigkeit	00/01	01/02	02/03	03/04	04/05	05/06	06/07	07/08	08/09	09/10	Summen
Beethoven, Ludwig van	0	1	3	1	4	3	2	2	1	4	21
Mozart, Wolfgang Amadeus	2	1	2	0	1	5	2	2	3	2	20
Čajkovskij, Pëtr Il'ič	0	3	1	2	1	1	0	1	3	2	14
Brahms, Johannes	1	1	1	1	2	1	2	1	2	1	13
Strauss, Richard	4	0	2	1	1	0	1	1	1	2	13
Mahler, Gustav	1	1	1	0	1	2	2	1	1	1	11
Bruckner, Anton	2	0	1	2	2	1	1	1	0	0	10
Haydn, Joseph	0	0	1	2	0	0	1	2	2	2	10
Šostakovič, Dmitrij Dmitrievič	1	1	0	0	1	1	2	1	2	1	10
Mendelssohn Bartholdy, Felix	0	1	0	1	2	0	2	0	1	2	9
Schubert, Franz	1	0	0	1	0	1	0	1	2	1	7
Schumann, Robert	1	0	1	0	1	0	2	0	1	1	7
Dvořák, Antonín	0	1	0	0	1	2	0	0	2	0	6
Bach, Johann Sebastian	5	0	0	1	0	0	0	0	0	0	6
Rachmaninov, Sergej Vasil'evič	1	1	0	1	0	1	0	1	0	1	6
Sibelius, Jean	1	1	0	0	0	2	0	2	0	0	6
Liszt, Franz	0	0	0	0	0	0	5	0	0	0	5
Stravinskij, Igor	1	0	1	1	0	1	0	0	0	1	5
Bartók, Béla	0	0	0	0	0	1	1	2	0	0	4
Elgar, Edward	2	0	1	0	0	0	0	0	0	1	4
Händel, Gerorg Friedrich	1	0	0	1	0	0	0	1	0	1	4
Schönberg, Arnold	1	1	0	0	1	0	0	0	0	1	4
Musorgskij, Modest Petrovič	0	0	1	0	0	0	0	1	1	0	3
Ravel, Maurice	1	0	1	0	0	0	0	1	0	0	3
Saint-Saëns, Camille	0	1	0	0	0	1	0	0	1	0	3
Berlioz, Hector	0	0	0	0	0	1	0	1	0	0	2
Debussy, Claude	0	0	0	0	0	0	1	0	1	0	2
Falla, Manuel de	0	1	0	0	0	0	0	0	1	0	2
Gershwin, George	0	1	0	0	1	0	0	0	0	0	2
Hindemtih, Paul	0	1	0	0	0	1	0	0	0	0	2
Kodály, Zoltán	0	0	0	1	0	1	0	0	0	0	2
Prokof'ev, Sergej Sergeevič	1	0	0	0	0	0	0	1	0	0	2
Smetana, Bedřich	0	1	0	0	0	0	0	0	0	1	2
Webern, Anton	0	1	1	0	0	0	0	0	0	0	2
Weill, Kurt	0	0	0	0	2	0	0	0	0	0	2
Vaughan-Williams, Ralph	0	1	1	0	0	0	0	0	0	0	2
Verdi, Giuseppe	0	0	0	1	0	0	1	0	0	0	2
Borodin, Aleksandr Porfir'evič	0	0	0	1	0	0	1	0	0	0	2
Rossini, Gioacchino	0	0	0	0	0	0	1	0	1	0	2
Battle, Edgar	0	1	0	0	0	0	0	0	0	0	1
Berg, Alban	0	0	0	1	0	0	0	0	0	0	1
Bizet, Georges	1	0	0	0	0	0	0	0	0	0	1
Bruch, Max	0	0	0	1	0	0	0	0	0	0	1
Bach, Carl Philipp Emanuel	0	0	0	0	0	0	0	0	0	1	1
Chausson, Ernest	0	0	0	0	0	1	0	0	0	0	1
Gluck, Christoph Willibald	0	0	0	0	0	0	0	0	0	1	1
Grieg, Edvard	1	0	0	0	0	0	0	0	0	0	1
Halffter, Cristóbal	0	1	0	0	0	0	0	0	0	0	1
Henze, Hans Werner	0	0	0	0	0	0	0	0	0	1	1
Janáček, Leoš	0	0	0	0	1	0	0	0	0	0	1
Keuris, Tristan	1	0	0	0	0	0	0	0	0	0	1
Korndorf, Nikolai	0	0	1	0	0	0	0	0	0	0	1
Ljadov, Anatolij Konstantinovič	1	0	0	0	0	0	0	0	0	0	1
Lutosławski, Witold	0	0	1	0	0	0	0	0	0	0	1
Martinů, Bohuslav	0	0	0	0	0	1	0	0	0	0	1
Piazolla, Astor	1	0	0	0	0	0	0	0	0	0	1
Reger, Max	0	0	0	0	1	0	0	0	0	0	1

Komponistenhäufigkeit	00/01	01/02	02/03	03/04	04/05	05/06	06/07	07/08	08/09	09/10	Summen
Rimskij-Korsakov, ikolaj Andreevič	0	0	1	0	0	0	0	0	0	0	1
Segerstam, Leif	1	0	0	0	0	0	0	0	0	0	1
Stäbler, Gerhard	0	1	0	0	0	0	0	0	0	0	1
Stokwski, Leopold	1	0	0	0	0	0	0	0	0	0	1
Tan Dun	0	0	0	0	0	0	1	0	0	0	1
Zemlinsky, Alexander	0	1	0	0	0	0	0	0	0	0	1
Zimmermann, Bernd Alois	0	1	0	0	0	0	0	0	0	0	1
Meßlinger, Dieter	0	0	1	0	0	0	0	0	0	0	1
Reinecke, Carl	0	0	1	0	0	0	0	0	0	0	1
Pfitzner, Hans	0	0	1	0	0	0	0	0	0	0	1
Davies, Peter Maxwell	0	0	1	0	0	0	0	0	0	0	1
Lenz, Günter	0	0	1	0	0	0	0	0	0	0	1
Petersen, Wilhelm	0	0	0	1	0	0	0	0	0	0	1
Ščedrin, Rodion Konstantinovič	0	0	0	1	0	0	0	0	0	0	1
Weber, Carl Maria von	0	0	0	1	0	0	0	0	0	0	1
Kraus, Joseph Martin	0	0	0	1	0	0	0	0	0	0	1
Offenbach, Jaques	0	0	0	0	1	0	0	0	0	0	1
Gruber, HK	0	0	0	0	1	0	0	0	0	0	1
Gurevich, Boris	0	0	0	0	0	1	0	0	0	0	1
Franck,César	0	0	0	0	0	1	0	0	0	0	1
Mustonen, Olli	0	0	0	0	0	1	0	0	0	0	1
Enescu, George	0	0	0	0	0	1	0	0	0	0	1
Ligeti, György	0	0	0	0	0	1	0	0	0	0	1
Françaix,Jean	0	0	0	0	0	0	1	0	0	0	1
Reimann, Aribert	0	0	0	0	0	0	1	0	0	0	1
Arutjunjan, Alexander	0	0	0	0	0	0	1	0	0	0	1
Hartmann, Karl Amadeus	0	0	0	0	0	0	0	1	0	0	1
Paul Creston	0	0	0	0	0	0	0	1	0	0	1
Pintscher, Matthias	0	0	0	0	0	0	0	1	0	0	1
Skalkottas, Nikos	0	0	0	0	0	0	0	0	1	0	1
Ives, Charles	0	0	0	0	0	0	0	0	1	0	1
Penderecki, Krzysztof	0	0	0	0	0	0	0	0	1	0	1
Varèse, Edgar	0	0	0	0	0	0	0	0	1	0	1
Ullmann, Viktor	0	0	0	0	0	0	0	0	0	1	1
Rameau, Jean-Philippe	0	0	0	0	0	0	0	0	0	1	1
Komponistenbreite	24	23	23	21	18	24	20	21	21	22	217
Komp.-Breite (Durchschnitt)											21,7

BIII Bochumer Symphoniker

Konzertdramaturgisches Merkmal	00/01	01/02	02/03	03/04	04/05	05/06	06/07	07/08	08/09	09/10	Summen	Prozentual
Titelbezug, Projektbezug, Bezug zum Schwerpunkt	4	4	7	1	2	1	1	2	2	0	24	15,00%
Orientierung: Standard-Abfolge	1	3	0	2	1	2	3	3	1	1	17	10,63%
Programmatischer Kontext	1	0	2	1	2	0	2	4	2	2	16	10,00%
Komponisten-Schwerpunkt	1	1	1	2	2	3	1	1	2	1	15	9,38%
Nationaler Kontext	1	1	3	1	0	2	1	1	2	1	13	8,13%
Zeitlicher Kontext	0	1	1	0	3	0	2	1	0	2	10	6,25%
Werk(unter-)-Titel	3	0	0	0	1	0	1	2	2	0	9	5,63%
Biographischer Kontext	1	0	3	0	2	1	1	1	0	0	9	5,63%
Rezeption	0	0	2	0	0	0	1	0	1	2	6	3,75%
Gattungseinheit/ -Schwerpunkt	0	0	1	0	1	1	2	0	0	1	6	3,75%
Besetzung/Orchestrierung/Instrumentenschwerpunkt	1	0	0	1	1	1	1	1	0	0	6	3,75%
"Sandwich-Dramaturgie"	0	0	2	1	1	0	0	0	1	0	5	3,13%
Ohne Bezug	0	0	0	1	2	0	0	0	1	1	5	3,13%
Innermusikalische Verbindungen	0	1	1	0	0	0	2	0	0	0	4	2,50%
Interdisziplinär	0	0	0	1	0	3	0	0	0	0	4	2,50%
Standard-Abfolge	0	1	0	1	0	0	0	0	0	0	2	1,25%
Literarische Vorlage	2	0	0	0	0	0	0	0	0	0	2	1,25%
Personalunion Komponist/Interpret	0	0	1	0	1	0	0	0	0	0	2	1,25%
Original und Bearbeitung	0	0	0	1	0	0	0	0	0	0	1	0,63%
Fassung/Bearbeitung	0	0	1	0	0	0	0	0	0	0	1	0,63%
Bezug zu anderen Konzerten	0	0	0	0	0	1	0	0	0	0	1	0,63%
Dedikation	0	0	0	0	0	0	0	0	1	0	1	0,63%
Entstehungsgeschichte	0	0	0	0	0	1	0	0	0	0	1	0,63%

Konzerteinheiten												
Eins	0	0	1	3	0	1	0	1	2	0	8	7,34%
Zwei	1	4	2	2	5	2	4	2	3	5	30	27,52%
Drei	5	5	6	7	3	7	2	5	3	4	47	43,12%
Vier	4	0	5	0	3	2	2	1	2	1	20	18,35%
Fünf	1	0	0	0	0	0	2	1	0	0	4	3,67%

Kennzahlen[3]	00/01	01/02	02/03	03/04	04/05	05/06	06/07	07/08	08/09	09/10
Preis 1 (in €)	161	161	196	196	196	196	180	180	200	200
Preis 2	23	23	26	26	26	26	26	26	29	29
UA/EA (SYK/SONDK/KS)	0	2	0	3	1	0	1	2	0	2
Konzert-Events (SYK/SONDK/KS)	5	8	7	7	5	6	5	5	7	5
Orchestermitglieder	85	85	80	80	85	85	85	85	85	85
Konzerte am Ort	88	80	79	74	94	79	80	89	95	92
Konzerte auswärts	19	18	29	15	24	26	32	26	28	32
Besucher	51996	45006	47325	46283	42043	46965	45578	50182	52243	53374
Ausgaben (in T€)	6969	7532	7304	7607	7694	7607	7477	7962	7944	7892
Betriebseinnahmen	603	691	853	728	657	784	418	384	437	502
sonstige Einnahmen	51	94	95	84	242	146	466	741	491	7209
Öffentliche Zuweisungen	6315	6747	6356	6795	6734	6677	6593	6837	162	181
Zuweisungen je Einwohner (in €)	16,15	17,30	16,34	17,55	17,50	17,31	17,18	17,92	0,43	0,48
Anmerkungen									6854 durch besondere Finanzierung	6842 durch besondere Finanzierung

3   Bis auf die ersten vier Kennzahlen sind die Daten der Kennzahlen der Statistik des Deutschen Bühnenvereins entnommen. Siehe Deutscher Bühnenverein, 2002–2011.

Komponistenhäufigkeit	00/01	01/02	02/03	03/04	04/05	05/06	06/07	07/08	08/09	09/10	Summen
Beethoven, Ludwig van	2	2	2	1	1	5	0	1	1	1	16
Haydn, Joseph	3	1	1	1	1	2	1	2	1	2	15
Brahms, Johannes	1	0	0	1	1	2	1	1	2	2	11
Šostakovič, Dmitrij Dmitrievič	3	0	1	1	0	1	1	2	1	1	11
Dvořák, Antonín	2	1	2	1	0	0	1	0	1	2	10
Mozart, Wolfgang Amadeus	1	1	2	1	1	0	2	0	1	1	10
Stravinskij, Igor	1	0	3	1	0	0	1	0	0	2	8
Bernstein, Leonard	0	0	5	0	0	0	1	0	0	1	7
Čajkovskij, Pëtr Il'ič	1	0	0	2	1	1	0	0	2	0	7
Debussy, Claude	1	0	0	0	1	0	1	2	1	1	7
Strauss, Richard	1	1	1	1	0	1	0	2	0	0	7
Ravel, Maurice	1	0	2	0	1	0	1	1	1	0	7
Schumann, Robert	0	1	1	1	1	1	0	0	1	1	7
Berlioz, Hector	0	1	0	0	1	1	1	1	0	1	6
Bruckner, Anton	0	0	1	0	1	1	1	0	1	1	6
Wagner, Richard	0	1	1	0	1	0	1	2	0	0	6
Bartók, Béla	0	0	0	0	2	0	2	1	0	0	5
Gershwin, George	0	1	1	1	0	1	1	0	0	0	5
Mahler, Gustav	1	1	1	1	0	0	0	0	0	1	5
Prokof'ev, Sergej Sergeevič	1	0	0	0	1	2	0	1	0	0	5
Sibelius, Jean	1	0	0	0	1	0	2	0	1	0	5
Rachmaninov, Sergej Vasil'evič	1	1	0	0	0	0	0	1	0	1	4
Corigliano, John	0	0	0	0	0	4	0	0	0	0	4
Elgar, Edward	1	0	0	0	0	0	0	1	1	0	3
Hindemtih, Paul	1	0	0	0	1	1	0	0	0	0	3
Nielsen, Carl	0	0	1	0	0	0	0	1	0	1	3
Skrjabin, Aleksandr Nikolaevič	0	1	1	0	0	0	1	0	0	0	3
Webern, Anton	1	0	0	0	0	0	1	0	0	1	3
Bloch, Ernest	0	0	1	0	1	0	1	0	0	0	3
Goebbels, Heiner	0	0	0	3	0	0	0	0	0	0	3
Marx, Joseph	0	0	0	3	0	0	0	0	0	0	3
Gubajdulina, Sofija	0	0	0	0	3	0	0	0	0	0	3
Berg, Alban	0	0	0	0	0	0	1	0	1	0	2
Strauss, Johann	2	0	0	0	0	0	0	0	0	0	2
Kodály, Zoltán Kodály	1	0	0	1	0	0	0	0	0	0	2
Korngold, Erich Wolfgang	1	1	0	0	0	0	0	0	0	0	2
Mendelssohn Bartholdy, Felix	0	0	2	0	0	0	0	0	0	0	2
Messiaen, Olivier	0	0	0	0	0	1	0	0	1	0	2
Musorgskij, Modest Petrovič	0	0	0	0	1	0	0	1	0	0	2
Poulenc, Francis	0	0	0	0	1	0	1	0	0	0	2
Reger, Max	0	0	1	0	0	1	0	0	0	0	2
Schubert, Franz	0	0	0	0	1	0	1	0	0	0	2
Smetana, Bedřich	0	0	0	1	0	0	0	0	1	0	2
Franck, César	0	0	1	0	0	0	1	0	0	0	2
Adams, John	1	0	0	0	0	0	0	0	0	1	2
Heucke, Stefan	0	1	0	1	0	0	0	0	0	0	2
Glass, Philip	0	1	0	0	0	0	0	0	0	1	2
Vaughan-Williams, Ralph	0	0	0	1	0	0	0	0	1	0	2
Milhaud, Darius	0	0	0	0	0	1	0	1	0	0	2
Eggert, Moritz	0	0	0	0	0	0	0	2	0	0	2
Antheil, George	0	0	0	0	0	0	0	0	1	1	2
Bizet, Georges	0	0	0	1	0	0	0	0	0	0	1
Britten, Benjamin	0	0	0	1	0	0	0	0	0	0	1
Falla, Manuel de	0	0	0	0	0	0	0	0	1	0	1
Fauré, Gabriel	0	1	0	0	0	0	0	0	0	0	1
Grieg, Edvard	1	0	0	0	0	0	0	0	0	0	1
Händel, Georg Friedrich	1	0	0	0	0	0	0	0	0	0	1

Komponistenhäufigkeit	00/01	01/02	02/03	03/04	04/05	05/06	06/07	07/08	08/09	09/10	Summen
Holst, Gustav	1	0	0	0	0	0	0	0	0	0	1
Honegger, Arthur	0	0	0	0	1	0	0	0	0	0	1
Bach, Joahnn Sebastian	0	0	0	0	0	0	0	0	0	1	1
Janáček, Leoš	0	0	0	0	0	0	0	1	0	0	1
Jolivet, André	0	0	0	0	1	0	0	0	0	0	1
Liszt, Franz	0	0	0	0	0	0	0	1	0	0	1
Lutosławski, Witold	0	0	1	0	0	0	0	0	0	0	1
Martinů, Bohuslav	0	0	0	0	0	1	0	0	0	0	1
Paganini, Niccòlo	0	1	0	0	0	0	0	0	0	0	1
Respighi, Ottorino	0	0	0	0	0	1	0	0	0	0	1
Saint-Saëns, Camille	0	0	0	0	0	1	0	0	0	0	1
Schnittke, Alfred	0	0	1	0	0	0	0	0	0	0	1
Schönberg, Arnold	0	0	0	0	1	0	0	0	0	0	1
Takemitsu, Tōru	0	0	0	0	0	0	0	0	1	0	1
Walton, William	0	0	0	0	0	0	1	0	0	0	1
Weill, Kurt	0	0	0	0	0	0	1	0	0	0	1
Zemlinsky, Alexander	0	0	0	0	1	0	0	0	0	0	1
Zimmermann, Bernd Alois	1	0	0	0	0	0	0	0	0	0	1
Lenz, George	0	0	0	0	0	0	1	0	0	0	1
Verdi, Giuseppe	0	1	0	0	0	0	0	0	0	0	1
Ščedrin, Rodion Konstantinovič	0	0	0	1	0	0	0	0	0	0	1
Enescu, George	0	0	0	0	1	0	0	0	0	0	1
Ives, Charles	0	0	1	0	0	0	0	0	0	0	1
Penderecki, Krzysztof	0	0	1	0	0	0	0	0	0	0	1
Rameau, Jean-Philippe	0	0	0	0	0	0	0	0	0	1	1
Živković, Nebojša Jovan	1	0	0	0	0	0	0	0	0	0	1
Friedrich II. (Preußen)	1	0	0	0	0	0	0	0	0	0	1
Elfman, Danny	1	0	0	0	0	0	0	0	0	0	1
Stucky, Steven	1	0	0	0	0	0	0	0	0	0	1
Puccini, Giacomo	0	1	0	0	0	0	0	0	0	0	1
Zender, Hans	0	1	0	0	0	0	0	0	0	0	1
Riley, Terry	0	1	0	0	0	0	0	0	0	0	1
Tavener, John	0	0	1	0	0	0	0	0	0	0	1
Zappa, Frank	0	0	1	0	0	0	0	0	0	0	1
Harris, Roy	0	0	1	0	0	0	0	0	0	0	1
Grofé, Ferde	0	0	1	0	0	0	0	0	0	0	1
Rosza, Miklos	0	0	1	0	0	0	0	0	0	0	1
Ibert, Jaques	0	0	1	0	0	0	0	0	0	0	1
Angulo, Eduardo	0	0	1	0	0	0	0	0	0	0	1
Tippett, Michael	0	0	1	0	0	0	0	0	0	0	1
Beamish, Sally	0	0	0	1	0	0	0	0	0	0	1
Stockhausen, Markus	0	0	0	0	1	0	0	0	0	0	1
Brown, Earle	0	0	0	0	1	0	0	0	0	0	1
Ellington, Duke	0	0	0	0	1	0	0	0	0	0	1
Rihm, Wolfgang	0	0	0	0	1	0	0	0	0	0	1
Orff, Carl	0	0	0	0	1	0	0	0	0	0	1
Martin, Frank	0	0	0	0	0	1	0	0	0	0	1

Komponistenhäufigkeit	00/01	01/02	02/03	03/04	04/05	05/06	06/07	07/08	08/09	09/10	Summen
Berio, Luciano	0	0	0	0	0	1	0	0	0	0	1
Ruzicka, Peter	0	0	0	0	0	1	0	0	0	0	1
Daugherty, Michael	0	0	0	0	0	1	0	0	0	0	1
Hosokawa, Toshio	0	0	0	0	0	0	1	0	0	0	1
Keller, Jörg Achim	0	0	0	0	0	0	1	0	0	0	1
Rietz, Julius	0	0	0	0	0	0	1	0	0	0	1
Knight, Eric	0	0	0	0	0	0	1	0	0	0	1
Sheriff, Noam	0	0	0	0	0	0	0	1	0	0	1
Maw, Nicholas	0	0	0	0	0	0	0	1	0	0	1
Dukas, Paul	0	0	0	0	0	0	0	1	0	0	1
Schulhoff, Erwin	0	0	0	0	0	0	0	1	0	0	1
Norgard, Per	0	0	0	0	0	0	0	0	1	0	1
Cruixent, Ferran	0	0	0	0	0	0	0	0	1	0	1
Turnage, Mark-Anthony	0	0	0	0	0	0	0	0	1	0	1
Irgens-Jensen, Ludvig	0	0	0	0	0	0	0	0	0	1	1
Komponistenbreite	30	21	32	22	30	23	29	23	23	22	255
Komp.-Breite (Durchschnitt)											25,5

C LITERATURVERZEICHNIS

Sekundärliteratur

Adorno, Theodor W. (1975): Einleitung in die Musiksoziologie, Reinbek bei Hamburg 1975

Baumol, William J. / Bowen, William G. (1966): Performing Arts. The Economic Dilemma, New York 1966

Becker, Jonas (2010): Orchestermarketing der Bochumer Symphoniker seit 1994 (unveröffentlichte Masterarbeit, Folkwang Universität der Künste Essen), 2010

Behne, Klaus-Ernst / Nowak, Adolf (1997): Artikel Musikästhetik, in: Die Musik in Geschichte und Gegenwart, hg. von Ludwig Finscher, Sachteil Bd. 6, Kassel u.a. [2]1997, Sp. 968–1016

Benedixen, Peter: Einführung in die Kultur- und Kunstökonomie, Wiesbaden [2]2001

Benedixen, Peter: Einführung in das Kultur- und Kunstmanagement, Wiesbaden [3]2006

Berger, Christian (1999): Artikel Berlioz, (Louis-)Hector, in: Die Musik in Geschichte und Gegenwart, hg. von Ludwig Finscher, Personenteil Bd. 2, Kassel u.a. [2]1999, Sp. 1322–1352

Blankart, Charles B. (2006): Öffentliche Finanzen in der Demokratie, München [6]2006

Blaukopf, Kurt (1972): Symphonie, Konzertwesen, Publikum, in: Die Welt der Symphonie, hg. von Ursula Rauchhaupt, Hamburg 1972, S. 9–16

Blaukopf, Herta u. Kurt (1986): Die Wiener Philharmoniker, Hamburg/Wien 1986

Bloch, Dieter (1973): Vom Stadtmusicus zum philharmonischen Orchester – 550 Jahre Musik in Bochum, Bochum 1973

Böggemann, Markus (2007): Komplexitätsreduktion oder Qualitätsmaßstab: Anmerkungen zum musikalischen Kanon, in: Musik – Bildung – Textualität, hg. von Andreas Jacob, Erlangen 2007, S. 133–142

Brandi, Paul (1949): Essener Städtisches Orchester und Musikverein, Essen 1949

Brezinka, Thomas (2005): Orchestermanagement, Kassel 2005

Brinker, Henry C. (2006): Klassik zwischen Kunst und Kommerz, in: Das Orchester, 54. Jg., Heft 3, 2006, S. 8–13

Dahlhaus, Carl (1981): Soziale Gehalte und Funktionen von Musik, in Funk-Kolleg Musik, hg. von demselben, Bd. 2., Frankfurt a. M. 1981, S. 193–222

Dahlhaus, Carl (1983): Vom Musikdrama zur Literaturoper, München/Salzburg 1983

Dahlhaus, Carl (2001a): Dramaturgie der italienischen Oper, in ders.: Gesammelte Schriften in 10 Bänden, hg. von Hermann Dauser, Bd. 2, S. 467–545

Dahlhaus, Carl (2001b): Was ist ein musikalisches Drama?, in ders.: Gesammelte Schriften in 10 Bänden, hg. von Hermann Dauser, Bd. 2, S. 546–564

De la Motte-Haber, Helga (2004): Aus der Neuen Welt. Die Rezeption der amerikanischen Musik in Europa, in: Die Geschichte der Musik, Bd. 3, hg. von Matthias Brzoska und Michael Heinemann, Laaber [2]2004, S. 312–321

Deutscher Bühnenverein (Hg.) (1994–2011): Theaterstatistik, Köln 1994–2011 (Spielzeiten 1992/1993 – 2010/2011)

Deutscher Musikverleger-Verband (o.J.): Das Beste Konzertprogramm (Begründung für die Auszeichnung der Bochumer Symphoniker für die Spielzeit 2004/2005), o.O. o.J.

Dinger, Hugo (1904/1905): Dramaturgie als Wissenschaft, 2 Bd., Leipzig 1904/1905

Dudenredaktion (Hg.) (2006): Das Herkunftswörterbuch – Etymologie der deutschen Sprache, Mannheim/Zürich [4]2006

Ellmenreich, Maja (2003): Der Kampf ums Publikum, in: Handbuch Kulturmanagement, Bd. D 1.4, Stuttgart 2003, S. 1–14

Engländer, Richard (1961): Zur Geschichte des Konzertprogramms, in: Österreichische Musikzeitschrift, 16. Jg., Heft 10, S. 465–472

Fein, Markus (2009): Musikkurator und RegieKonzert, in: Das Konzert – Neue Aufführungskonzepte für eine klassische Form, hg. von Martin Tröndle, Bielefeld 2009, S. 211–218

Feldens, Franz (1955): Die Anfänge des öffentlichen weltlichen Musiklebens in Essen, in: Beiträge zur Musikgeschichte der Stadt Essen, hg. von Karl Gustav Fellerer, Köln/Krefeld 1955, S. 92–99

Feldens, Franz (1973): 75 Jahre Städtisches Orchester Essen 1899–1974, Essen 1973

Frei, Marco / Scherz-Schade, Swen (2008): Das Profil im Programm, in: Das Orchester, 56. Jg., Heft 12, S. 21–22

Frei, Marco (2008): Die unbekannten Bekannten – Publikumserwartungen und Programmierung, in: Das Orchester, 56. Jg., Heft 12, S. 26–27

Fritzsche, Carmen (2003): Das Abonnementsystem auf Erfolgskurs – am Beispiel der Dresdner Philharmonie, in: Handbuch Kulturmanagement, Bd. D 1.16, Stuttgart 2003, S. 1–30

Fuhrimann, Daniel (2004): Opern- und Konzertpublikum in der deutschen Literatur des langen 19. Jahrhunderts, Bern 2004

Giller, Jan (1992): Marketing für Sinfonieorchester, Bamberg 1992

Gottschalk, Ingrid (2004): Kulturökonomik, in: Kompendium Kulturmanagement, hg. von Armin Klein, München 2004, S. 233–262

Gottschalk, Ingrid (2006): Kulturökonomik, Wiesbaden 2006

Gebesmair, Andreas (2001): Grundzüge einer Soziologie des Musikgeschmacks, Wiesbaden 2001

Gläser, Jochen / Laudel, Grit (2010): Experteninterviews und qualitative Inhaltsanalyse, Wiesbaden [4]2010

Günter, Bernd / Hausmann, Andrea (2009): Kulturmarketing, Wiesbaden 2009

Günter, Bernd / Hausmann, Andrea (2012): Kulturmarketing, Wiesbaden [2]2012

Härtel, Klaus (2012): Konzertdramaturgie, in: Clarino, 6/2012, Buchloe 2012, S. 24f

Hasitschka, Werner / Hruschka, Harald (1982): Nonprofit-Marketing, München 1982

Heidlberger, Frank (2005): Hector Berlioz und die Deutsche Oper, in: Hector Berlioz – Ein Franzose in Deutschland, hg. von Matthias Brzoska / Hermann Hofer / Nicole K. Strohmann, Laaber 2005, S. 271–287

Heinrichs, Werner / Klein, Armin (2001): Kulturmanagement von A–Z, München [2]2001

Heinz, Andrea (2007): Artikel Dramaturg u. Dramaturgie, in: Metzler Lexikon Literatur, begr. von Günther und Irmgard Schweikle, hg. von Dieter Burdorf / Christoph Fasbender / Burkhard Moennighoff, Stuttgart/Weimar [3]2007, S. 169f

Heister, Hanns-Werner (1983): Das Konzert: Theorie einer Kulturform, Wilhelmshaven u.a. 1983

Heister, Hanns-Werner (1996a): Artikel Konzertwesen, in: Die Musik in Geschichte und Gegenwart, hg. von Ludwig Finscher, Sachteil Bd. 5, Kassel u.a. [2]1996, Sp. 686–710

Heister, Hanns-Werner (1996b): Programmzettel und Pausenzeichen, in: Musik bewegt – Musik vermittelt (= Peter Rummenhöller zum 60. Geburtstag), hg. von Thomas Ott und Heinz von Loesch, Augsburg 1996, S. 65–74.

Helms, Hans G. (2001): Musik zwischen Geschäft und Unwahrheit (= Musik-Konzepte, Heft 111), München 2001

Henschen, Hans-Horst (1990): Hamburgische Dramaturgie, in: Kindlers neues Literatur-Lexikon, Chefredaktion: Rudolf Radler, Bd. 10, München 1990, S. 315–318

Heß, Frauke (1994): Zeitgenössische Musik im bundesdeutschen Sinfoniekonzert der achtziger Jahre, Essen 1994

Hoddick, Ingo (2004): Eröffnungs-Zauber – Essen hat eine neue Philharmonie, in: Das Orchester, 562 Jg., Heft 10, S. 36–37

Hoegl, Clemens (2006): Das ökonomische Dilemma: Musik um welchen Preis?, in: Musik und Kulturbetrieb, hg. von Arnold Jacobshagen / Frieder Reininghaus (=Handbuch der Musik im 20. Jahrhundert, Bd. 10), Laaber 2006, S. 166–177

Horkheimer, Max / Adorno, Theodor W. (1944): Dialektik der Aufklärung, Frankfurt a.M. 1944

Hutter, Michael (2009): Der Einfluss ökonomischer Größen auf die Entwicklung des Konzertwesens, in: Das Konzert - Neue Aufführungskonzepte für eine klassische Form, hg. von Martin Tröndle, Bielefeld 2009, S. 53–59

Jacobshagen, Arnold (2000): Strukturwandel der Orchesterlandschaft, Köln 2000

Jacobshagen, Arnold (2002): Artikel Dramaturg, in: Praxis Musiktheater, hg. von demselben, Laaber 2002, S. 142–145

Jeune-Maynart, Isabelle (Hg.) (2007): Stichwort Dramaturge, in: Le petit Larousse illustré, Paris 2007, S. 336

Jost, Ekkehard (1982): Sozialpsychologische Dimensionen des musikalischen Geschmacks, in: Systematische Musikwissenschaft (=Neues Handbuch der Musikwissenschaft, Bd. 10), hg. von Carl Dahlhaus und Helga de la Motte-Haber, Wiesbaden 1982, S. 245–268

Kaden, Christian (1997): Artikel Musiksoziologie, in: Die Musik in Geschichte und Gegenwart, hg. von Ludwig Finscher, Sachteil Bd. 6, Kassel u.a. [2]1997, Sp. 1618–1670

Kammertöns, Christoph (1995): Artikel Essen, in: Die Musik in Geschichte und Gegenwart, hg. von Ludwig Finscher, Sachteil Bd. 3, Kassel u.a. [2]1995, Sp. 158–161.

Kalbhenn, Dorothee (2011): Konzertprogramme, Frankfurt a. M. 2011

Kaufmann, Michael (2006): Die Marke ist das, woran Du glaubst – Das Beispiel der Philharmonie Essen, in: Kulturbranding ?, hg. von Steffen Höhne und Ralph P. Ziegler, Leipzig 2006, S. 9–20

Kausch, Michael (1988): Kulturindustrie und Populärkultur, Frankfurt a. M. 1988

Kehr, Klaus Peter (1998): Sinn und Grenzen einer Spielplandramaturgie, in: Repertoire und Spielplangestaltung, hg. von Isolde Schmid-Reiter, Anif (Salzburg) 1998, S. 122–125

Keuchel, Susanne (2009): Vom „High Tech" zum „Live Event" – Empirische Daten zum aktuellen Konzertleben und den Einstellungen der Bundesbürger, in: Das Konzert – Neue Aufführungskonzepte für eine klassische Form, hg. von Martin Tröndle, Bielefeld 2009, S. 83–99

Kirchberg, Volker (2009): Annäherung an die Konzertstätte, in: Das Konzert – Neue Aufführungskonzepte für eine klassische Form, hg. von Martin Tröndle, Bielefeld 2009, S. 155–171

Klein, Armin (2001): Kulturmanagement von A–Z, München [2]2001

Klein, Armin (2004): Kulturmarketing, in: Kompendium Kulturmanagement, hg. von demselben, München 2004, S. 385–400

Klein, Armin (2005): Kultur-Marketing, München [2]2005

Klein, Armin (2011): Kompendium Kulturmarketing, München 2011

Kloke, Eberhard (2010): Wieviel Programm braucht Musik?, Saarbrücken 2010

Kosfeld, Christian (1997): Provokation und Publicity: das Geheimnis des Erfolgs, in: nmz – neue musikzeitung, 45. Jg., Heft 6, S. 12

Kostakeva, Maria (1997): Interview mit Steven Sloane, in: Das Orchester, 45. Jg, Heft 10, S. 28–30.

Kostakeva, Maria (2008): Geistige Impulse für die Gesellschaft geben, in: Das Orchester, 56. Jg, Heft 07/08, S. 57

Kotler, Philip (2011): Grundlagen des Marketing, München [5]2011

Kotler, Philip / Bliemel, Friedhelm (2001): Marketing-Management, Stuttgart [10]2001

Kotte, Andreas (2005): Theaterwissenschaft, Köln 2005

Kruppe, Holger (1999): Orchesterbilder in der Praxis, in: Handbuch Kulturmanagement, Bd. C 2.10, Stuttgart 1999, S. 1–24

Larousse, Pierre (1870): Artikel Dramaturgie, in: Grand Dictionnaire universel du XIXe Siècle, Bd. 6, Paris 1870, S. 1187f

Lichtenfeld, Monika (1977): Zur Geschichte und Typologie des Konzertprogramms im 19. Jahrhundert, in: musica 31, S. 9–12

Lingle, C. (1992): Public Choice and Public Funding of the Arts, in: Cultural Economics, hg. von R. Towse und A. Khakee, Berlin/Heidelberg 1992, S. 21–30

Lorenz, Christian (2006): Neue Hörer, neue Partner, in: Das Orchester, 54. Jg., Heft 3, S. 14–21

Lukas, Clemens (1994), Führung im Musiktheater, Frankfurt a. M. 1994

Mahling, Christoph-Hellmut / Rösing, Helmut (1997): Artikel Orchester, in: Die Musik in Geschichte und Gegenwart, hg. von Ludwig Finscher, Sachteil Bd. 7, Kassel u.a. [2]1997, Sp. 811–852

Mandel, Birgit (Hg.) (2008): Audience Development, Kulturmanagement, Kulturelle Bildung, München 2008

Mandelartz, Carl / Falcke, Wilm (1977): 100 Jahre Duisburger Sinfoniker 1877–1977, hg. von der Stadt Duisburg – Dezernat für Kultur und Bildung, Duisburg 1977

Mark, Desmond (1998): Wem gehört der Konzertsaal?, Wien 1998

Mark, Desmond (2002): Konzertwesen und Orchesterrepertoire, in: Österreichische Musikzeitung, 35. Jg., Heft 1, S. 17–31

Meffert, Heribert / Bruhn, Manfred (2012): Dienstleistungsmarketing, Wiesbaden [7]2012

Meffert, Heribert / Burmann, Christoph / Kirchgeorg, Manfred (2008): Marketing, Wiesbaden [10]2010

Meffert, Heribert / Burmann, Christoph / Kirchgeorg, Manfred (2012): Marketing, Wiesbaden [11]2012

Mertens, Gerald (2010): Orchestermanagement, Wiesbaden 2010

Meuser, Michael / Nagel, Ulrike (2011): Experteninterview, in: Hauptbegriffe qualitativer Sozialforschung, hg. von Ralf Bohnsack / Winfried Marotzki / Michael Meuser, Opladen [3]2011, S. 57f

Meyer, Jürgen (2004): Akustik und musikalische Aufführungspraxis, Frankfurt a. M. [5]2004

Meyer-Tödten, Friedrich (1960): Duisburg als Musikstadt in Vergangenheit und Gegenwart, in: Beiträge zur Musikgeschichte der Stadt Duisburg (=Beiträge zur rheinischen Musikgeschichte Heft 37), hg. von Günter v. Roden und Friedrich Meyer-Tödten, Köln 1960, S. 12–35

Mörchen, Raoul (2003): Viele Möglichkeiten bleiben ungenutzt, in: Willamowski, Gerd / Nellen, Dieter / Bourrée, Manfred: Ruhrstadt. Kultur kontrovers, Essen 2003, S. 528–553

Münch, Richard (2007): Die soziologische Perspektive: Allgemeine Soziologie – Kultursoziologie – Musiksoziologie, in: Musiksoziologie, hg. von Helga de la Motte-Haber und Hans Neuhoff (= Handbuch der systematischen Musikwissenschaft, Bd. 4), Laaber 2007, S. 33–59

Mueller, John H. (1951): The American Symphony Orchestra: A Social History of Musical Taste, Bloomington 1951

Munkwitz, Matthias (2008): Der Markt, in: Kulturmarketing, hg. von Hardy Geyer, München 2008. S. 13–26

Perloff, Jeffrey M. (2004): Microeconomics, Boston u.a. [3]2004

Rädel, Matthias (2006): Markt, Sponsoring und Subvention: die Schnittstelle von Ökonomie und Politik, in: Musik und Kulturbetrieb, hg. von Arnold Jacobshagen und Frieder Reininghaus (=Handbuch der Musik im 20. Jahrhundert, Bd. 10), Laaber 2006, S. 160–165

Pommerehne, Werner W. / Frey, Bruno S. (1993): Musen und Märkte: Ansätze zu einer Ökonomik der Kunst, München 1993

Reimann, Michaela / Rockweiler, Susanne (2005): Handbuch Kulturmarketing, Berlin 2005

Rhein, Stefanie (2010): Musikpublikum und Musikpublikumsforschung, in: Das Kulturpublikum, hg. von Patrick Glogner und Patrick S. Föhl, Wiesbaden 2010, S. 153–193

Richter, Christoph (2007): Wie ein Orchester funktioniert, Berlin 2007

Ringger, Rolf U. (1972): Konzertpublikum und Konzertprogramm, in: NZ – Neue Zeitschrift für Musik, 133. Jg., S. 303–312

Rischbieter, Henning (1980): Produktionsdramaturgie, in: Produktionsdramaturgie – Mitbestimmung, hg. von Eckhard Schulz (=Schriften der Dramaturgischen Gesellschaft, Bd. 13), Berlin 1980, S. 34–37

Salmen, Walter (1988): Das Konzert – eine Kulturgeschichte, München 1988

Sandhack, Monika (2001): Artikel Dramaturg u. Dramaturgie, in: Theaterlexikon, hg. von Manfred Brauneck und Gérard Scheilin, Bd. 1, Reinbek bei Hamburg [4]2001, S. 301–308

Schaal, Hans Jürgen (2012): Weltreisen und Aha-Effekt – Über klassische Konzertprogramme, in: Clarino, 6/2012, Buchloe 2012, S. 30f

Scheidewind, Petra (2006): Betriebswirtschaft für das Kulturmanagement, Bielefeld 2006

Scherliess, Volker / Forchert, Arno (1996): Artikel Konzert, in: Die Musik in Geschichte und Gegenwart, hg. von Ludwig Finscher, Sachteil Bd. 5, Kassel u.a., [2]1996, Sp. 628–686

Scherz-Schade, Swen (2008): Glück? – Programmplanung bei Orchestern, in: Das Orchester, 56. Jg., Heft 12, S. 10–12

Scherz-Schade, Swen (2008b): Mit oder ohne – Spielplangestaltung an Häusern mit und ohne eigenem Etat, in: Das Orchester, 56. Jg., Heft 12, S. 15–18

Scheuch, Fritz (2007): Marketing, München [6]2007

Schlömer, Winfried (2002): Viermal so viele Abonnenten wie zuvor, in: Das Orchester, 50. Jg., Heft 3, S. 2–8

Schlömer, Winfried (2003): Spiele Gutes und rede darüber, in: Ruhrstadt. Kultur kontrovers, hg. von Willamowski, Gerd / Nellen, Dieter / Bourrée, Manfred, Essen 2003, S. 554–561

Schmidt-Ott, Thomas (1998): Orchesterkrise und Orchestermarketing, Frankfurt a. M. 1998

Schmidt-Ott, Thomas (2011): Orchestermarketing, in: Kompendium Kulturmarketing, hg. von Armin Klein, München 2011, S. 261–288.

Schmierer, Elisabeth (2002): Artikel Dramaturgie, in: Lexikon der Oper, Bd. 1, hg. von derselben, Laaber 2002, S. 421

Schmitt, Julia (2004): Ruhrtriennale 2002–2004, Essen 2004

Schugk, Michael (1996): Betriebswirtschaftliches Management öffentlicher Theater und Kulturorchester, Wiesbaden 1996

Schüssler, Kerstin (1999): Die Geschichte der Essener Philharmoniker, in 100 Jahre Essener Philharmoniker, hg. v. Theater & Philharmonie Essen, Essen 1999

Schulze, Gerhard (1993): Die Erlebnisgesellschaft, Frankfurt a. M./New York 1993

Schulze, Gerhard (2009): Die Erfindung des Musik Hörens, in: Das Konzert – Neue Aufführungskonzepte für eine klassische Form, hg. von Martin Tröndle, Bielefeld 2009, S. 45–52

Schwab, Heinrich (1971): Konzert (=Musikgeschichte in Bildern, Bd. 4) Leipzig 1971

Schwab, Heinrich (1977): Konzert und Konzertpublikum im 19. Jahrhundert, in: musica 31, S. 19–21

Schwarzmann, Winfried (2000): Entwurf eines Controllingkonzepts für deutsche Musiktheater und Kulturorchester in öffentlicher Verantwortung, Aachen 2000

Siebenhaar, Klaus (2009): Audience Development, Berlin 2009

Siegel, Jobst (2003): Bau-Boom nach Noten, in: Ruhrstadt. Kultur kontrovers, hg. von Willamowski, Gerd / Nellen, Dieter / Bourrée, Manfred, Essen 2003, S. 466–473

Stegemann, Bernd (2009): Dramaturgie, Berlin 2009

Stöckler, Eva Maria (2008): „Produkt Musik". Eine musikwissenschaftliche Annäherung, in: Musikrezeption, Musikdistribution und Musikproduktion, hg. von Gerhard Gensch / Eva Maria Stöckler / Peter Tschmuck, Wiesbaden 2008, S. 267–292

Stresemann, Wolfgang (1994): ...und abends in die Philharmonie, Frankfurt a. M./Berlin 1994

Stritzky, Otto O. von (1970): Produktpolitik, München 1970

Stutterheim, Kerstin / Kaiser, Silke (2009): Handbuch der Filmdramaturgie, Bd. 1, Frankfurt a. M. 2009

Tegethoff, Michael (2002): 150 Jahre Duisburger Philharmoniker, hg. von der Stadt Duisburg – Die Oberbürgermeisterin, Duisburg 2002

Theede, Michael (2007): Management und Marketing von Konzerthäusern, Frankfurt a. M. 2007

Throsby, David (2000): Economics and culture, Cambridge 2000

Torkewitz, Dieter (1999): Das älteste Dokument zur Entstehung der abendländischen Mehrstimmigkeit (=Beihefte zum Archiv für Musikwissenschaft 44), Stuttgart 1999

Tröndle, Martin (2003): Das Konzertwesen: Eine Geschichte der Aufmerksamkeit. In: Selbstmanagement im Musikbetrieb: Handbuch für Musikschaffende, hg. von Petra Schneidewind und Martin Tröndle, Bielefeld 2003, S. 16–33

Tröndle, Martin (2008): Man muss das Konzert verändern, um es zu erhalten. Eine Forschungsskizze zur Musikvermittlung, in: Audience Development, Kulturmanagement, Kulturelle Bildung, hg. von Birgit Mandel, München 2008, S. 133–143

Tröndle, Martin (2009): Das Konzert – Neue Aufführungskonzepte für eine klassische Form, Bielefeld 2009

Turner, Cathy / Behrndt, Synne K. (2008): Dramaturgy and Performance, New York 2008

Vogt, Annemarie (2002): Repertoire und Programmgestaltung des Berliner Philharmonischen Orchesters 1945–2000, Berlin 2002

Vogt, Annemarie (2008): Vom Potpourri zur Dramaturgie – Über die Entwicklung der Konzertprogramme, in: Das Orchester, 56. Jg., Heft 12, S. 30–31

Wahl-Zieger, Erika (1975): Theater und Orchester zwischen Marktkräften und Marktkorrektur, München 1975

Wahrig, Gerhard / Krämer, Hildegard / Zimmermann, Harald (Hg.): Artikel Dramaturg, Dramaturgie, in: Der große Brockhaus, Bd. 16, Wiesbaden/Stuttgart 1981, S. 278

Wegner, Nora (2011): Evaluation im Kulturmarketing, in: (2011): Kompendium Kulturmarketing, hg. von Armin Klein, München 2011, S. 187–200

Westphal, Kurt (1966): Zur Uniformität der Programme unserer Symphoniekonzerte, in: Das Orchester, Heft 7–8, S. 168–172.

Wildhage, Janine (2008): Neue Musik auf dem Weg zum Publikum, Saarbrücken 2008

Wimmer, Constanze (2010): Musikvermittlung im Kontext, Regensburg 2010.

Wöhe, Günter (2008): Einführung in die allgemeine Betriebswirtschaftslehre, München [23]2008

Ziegler, Rainer (1994): Musiktheater und Produktpolitik, in: Musiktheater-Marketing (=Musiktheater-Management, Bd. 2), hg. von Isolde Schmid-Reiter und Christiane Zentgraf, Thurnau 1994, S. 137–145

Zeitungsartikel / Rezensionen

Corvin, Matthias, in: Kölnische Rundschau v. 10.04.2004

Demirsoy, Anke, in: Süddeutsche Zeitung v. 02.03.2002

Demirsoy, Anke, in: Süddeutsche Zeitung v. 10.01.2003

Fasel, Andreas, in: Berliner Morgenpost v. 28.05.2004

Goertz, Wolfram, in: Die ZEIT v. 09.06.2004

Goertz, Wolfram, in: Die ZEIT v. 02.10.2008

Graalmann, Dirk, in: Süddeutsche Zeitung v. 24.09.2008

Keim, Stefan, in: Die Welt v. 07.06.2004

Küster, Hanns, in: Ruhr-Nachrichten v. 18.04.2005

Loesch, Richard: in Westdeutsche Allgemeine Zeitung v. 12.10.2002.

Lücke, Martin, in: Ruhr-Nachrichten v. 08.05.2003

Mark, Karsten, in: Ruhr-Nachrichten v. 08.04.2000

Mark, Karsten, in: Westfälische Rundschau v. 29.04.2005

Netz, Dina, in: Süddeutsche Zeitung v. 15.07.2002

Obiera, Pedro, in: NRZ v. 21.02.2003

O.V., in: Frankfurter Allgemeine Zeitung v. 22.03.2000

O.V., in: Frankfurter Allgemeine Zeitung v. 07.06.2004

O.V., in: Stadtspiegel Bochum, v. 13.04.2005

O.V., in: Westdeutsche Allgemeine Zeitung v. 10.07.2001

O.V., in: Westdeutsche Allgemeine Zeitung v. 11.10.2002

O.V., in: Westdeutsche Allgemeine Zeitung v. 14.07.2003

Rossmann , Andreas, in: FAZ v. 02.10.2008

Sander, Wolfgang, in: Frankfurter Allgemeine Zeitung v. 10.12.1998

Sander, Wolfgang, in: Frankfurter Allgemeine Zeitung v. 18.07.2007

Schürmann, Maren, in: Westdeutsche Allgemeine Zeitung v. 07.09.2009

Schrahn, Martin, in: Ruhr-Nachrichten v. 08.06.1998

Schraven. David, in: Süddeutsche Zeitung v. 12.12.2002

Schreiber, Ulrich, in: Frankfurter Rundschau v. 30.11.1998

Schreiber, Wolfgang, in: FAZ v. 20.12.2010

Sloane, Steven, zitiert in: Ruhr-Nachrichten v. 03.07.1996
Steinfeld, Thomas, in: Süddeutsche Zeitung v. 18.07.2007
Stenger, Michael, in: Westdeutsche Allgemeine Zeitung v. 28.03.2007
Struck-Schloen, Michael, in: Süddeutsche Zeitung v. 07.06.2004
Tegethoff, Michael, in: Rheinische Post v. 11.05.2001
Westernströer, Sven, in: Westdeutsche Allgemeine Zeitung v. 12.06.2004
Westernströer, Sven, in: Westdeutsche Allgemeine Zeitung v. 23.06.2005
Wolf, Christof, in: NRZ v. 11.04.2008
Von Wangenheim, Ronny, in: Ruhr-Nachrichten v. 22.06.2005

Programmhefte

Bochumer Symphoniker: Programmhefte (Projekt-, Jahres-, Monats- und Tagesprogrammhefte)
Duisburger Philharmoniker: Programmhefte (Projekt-, Jahres-, Monats- und Tagesprogrammhefte)
Essener Philharmonie/Essener Philharmoniker: Programmhefte (Projekt-, Jahres-, Monats- und Tagesprogrammhefte)

Webseiten (Exakte Angaben und Konsultationszeitpunkte sind in den Fußnoten dargestellt)

http://www.bochumer-symphoniker.de
http://www.essener-philharmoniker.de
http://www.philharmonie-essen.de
http://www.duisburger-philharmoniker.de
http://www.miz.org
http://www.dmv-online.com
http://www.bochum.de
http://www.theater-essen.de
http://www.duisburg.de

D REGISTER

ARCHIV FÜR MUSIKWISSENSCHAFT — BEIHEFTE

Herausgegeben von Albrecht Riethmüller in Verbindung mit Ludwig Finscher,
Frank Hentschel, Hans-Joachim Hinrichsen, Birgit Lodes, Anne Shreffler
und Wolfram Steinbeck.

Franz Steiner Verlag   ISSN 0570–6769